Aufgedrängte Nothilfe, Notwehr und Notwehrexzess

Schriften zum Strafrecht und Strafprozeßrecht

Herausgegeben von Manfred Maiwald

Band 85

PETER LANG
Frankfurt am Main · Berlin · Bern · Bruxelles · New York · Oxford · Wien

Rouven Seeberg

Aufgedrängte Nothilfe, Notwehr und Notwehrexzess

PETER LANG
Europäischer Verlag der Wissenschaften

Bibliografische Information Der Deutschen Bibliothek
Die Deutsche Bibliothek verzeichnet diese Publikation in der Deutschen Nationalbibliografie; detaillierte bibliografische Daten sind im Internet über <http://dnb.ddb.de> abrufbar.

Zugl.: Göttingen, Univ., Diss., 2004

Gedruckt auf alterungsbeständigem,
säurefreiem Papier.

D 7
ISSN 0938-6181
ISBN 3-631-53824-3

Printed in Germany 1 2 3 4 5 7

www.peterlang.de

Meinen Eltern

Vorwort

Die vorliegende Arbeit wurde im Wintersemester 2004/2005 von der Goerg-August-Universität zu Göttingen als Dissertation angenommen.

Mein besonderer Dank gilt Herrn Professor Dr. Fritz Loos für die vorzügliche Betreuung dieser Arbeit. Ich habe nicht nur die stets angenehmen und ergiebigen Gespräche, sondern auch die wissenschaftliche Freiheit, mit der ich mein Dissertationsthema wählen und bearbeiten konnte, sehr geschätzt. Zudem möchte ich mich an dieser Stelle für die schnelle Erstbegutachtung bedanken. Ebenso danke ich Herrn Professor Dr. Kai Ambos für die zügige Zweitbegutachtung sowie Herrn Professor Dr. Manfred Maiwald für die Aufnahme in die von ihm herausgegebene Reihe „Schriften zum Strafrecht und Strafprozessrecht“.

Bedanken möchte ich mich auch bei Herrn Rechtsreferendar Klaus Kleinbauer, der die Mühsal des Korrekturlesens auf sich genommen hat.

Ganz herzlich möchte ich schließlich meinen lieben Eltern danken, die mich in den zurückliegenden Jahren in jeglicher Hinsicht unterstützt haben. Ihnen ist diese Arbeit gewidmet.

Rouven Seeberg

Inhaltsverzeichnis

Einleitung

§ 32 StGB lautet: „Wer eine Tat begeht, die durch Notwehr geboten ist, handelt nicht rechtswidrig. Notwehr ist die Verteidigung, die erforderlich ist, um einen gegenwärtigen rechtswidrigen Angriff von sich oder einem anderen abzuwenden."

Die vorliegende Arbeit beschäftigt sich mit der „aufgedrängten Nothilfe". Die unter dieser Rubrik diskutierte Problematik ist bekannt: Obwohl sich jemand einem gegenwärtigen rechtswidrigen Angriff ausgesetzt sieht, möchte sich der Angegriffene von einem Dritten nicht verteidigen lassen. Eine von ihrem Ehemann attackierte Frau kann etwa verbieten wollen, dass sich eine fremde Person in den Notwehrkonflikt einmischt.[1] Der BGH hat in einem Grundsatzurteil aus dem Jahre 1953 eine Nothilfeschranke errichtet, indem die Befugnis zur Fremdverteidigung an den Verteidigungswillen des Angegriffenen angeknüpft wird. Später hat er diesen Leitsatz wiederholt. Auch die Literatur hält eine aufgedrängte Nothilfe seitdem zumindest im Grundsatz für unzulässig.

Um beurteilen zu können, ob diese Aussage und die damit verbundenen Konsequenzen – Versagung einer Rechtfertigung trotz Abwehr eines gegenwärtigen rechtswidrigen Angriffs – Zustimmung finden kann, ist in einem ersten Kapitel aufzuhellen, welchen Zweck der Gesetzgeber mit der Notwehr und Nothilfe verfolgt. Dient die in § 32 StGB institutionalisierte Fremdverteidigung lediglich dem Schutz des Angegriffenen, so wird diesem zumindest im Grundsatz die Befugnis zuerkannt werden können, über seine Verteidigung autonom entscheiden zu dürfen. Ist die Befugnis zur Nothilfe hingegen nur deshalb Gesetz worden, um Dritten zu ermöglichen, durch die Abwehr gegenwärtiger rechtswidriger Angriffe potentiellen Rechtsbrechern die Überlegenheit des Rechts zu demonstrieren, so muss der Wille des Angegriffenen hinter einer solchen kollektivistischen Zielsetzung zurücktreten.

In einem zweiten Kapitel wird das aus der ratio legis des § 32 StGB abgeleitete Ergebnis an den in der Literatur im Zusammenhang mit der aufgedrängten Nothilfe vorgetragenen sachspezifischen und sonstigen dogmatischen Gesichtspunkten überprüft. Auch dieser Abschnitt befasst sich damit mit der Frage, ob bzw. wann eine unerwünschte Verteidigungshandlung nach § 32 StGB gerecht-

1 Vgl. zu weiteren denkbaren Gründen des Angegriffenen für die Untersagung einer Nothilfe unten 2. Kap. III. 1.

fertigt ist. Die Frage der *Rechtfertigung* einer aufgedrängten Nothilfe hat das wissenschaftliche Interesse gerade in jüngerer Zeit bereits häufiger geweckt.

Im letzten Abschnitt dieser Schrift soll die Thematik der aufgedrängten Nothilfe aus der Perspektive des § 33 StGB untersucht werden. Hält man den Willen des Angegriffenen für relevant im Hinblick auf das Nothilferecht Dritter, so ist eine Verteidigungshandlung, die in die Rechtsgüter des Angreifers eingreift, rechtswidrig. Kann nun die privilegierende Norm des § 33 StGB eingreifen, wenn sich der Nothelfer nur aus Furcht um den Angegriffenen über dessen entgegenstehenden Willen hinweggesetzt hat? Diese Fälle sollen den im Schrifttum bisher im Rahmen des § 33 StGB erörterten Anwendungsfeldern gegenübergestellt werden. Dabei wird sich zeigen, dass die Frage, ob dem Exzedenten eine aufgedrängte Nothilfe nachgesehen werden kann, nicht mit einer formalen Argumentation, sondern nur über die Bestimmung des teleologischen Gehalts der Vorschrift des § 33 StGB beantwortet werden kann.

1. Kapitel: Die Grundgedanken der Notwehr

Auch ein Resultat, dass allgemein oder zumindest überwiegend auf Zustimmung stößt, muss, um dogmatisch unangreifbar zu sein, rational begründet werden. Eine erste Annäherung zur Konkretisierung der Reichweite und Grenzen der Notwehr und Nothilfe kann daher nur über die Bestimmung des teleologischen Gehalts des § 32 StGB erfolgen.[2] Auch die Lösung der hier zu untersuchenden Problematik wird im Wesentlichen von der Vorfrage beeinflusst, warum der Gesetzgeber dem Angegriffenen das Recht zur Selbst- und Dritten die Befugnis zur Fremdverteidigung eingeräumt hat. Eine Beschäftigung mit der ratio legis des § 32 StGB dient daher keinem wissenschaftlichen Selbstzweck.[3] Auch die nachhaltige Diskussion um den Rechtsgrund des Notwehr- und Nothilferechts im strafrechtlichen Schrifttum scheint ein Beleg für die praktische Relevanz dieses Grundlagenstreits zu sein.[4]

Die heute vorherrschende Auffassung[5] hält eine gegen den Willen des Angegriffenen geleistete Nothilfe für rechtswidrig, wenn die angegriffenen Rechtsgü-

---

2 *Bitzilekis*, Einschränkung, S. 23; *Fechner*, Grenzen, S. 157; *Roxin*, ZStW 93 (1981), 68, 70.

3 *Joecks*, StuK-StGB, § 32 Rn. 3; *Kühl*, Strafrecht AT, § 7 Rn. 6; *Neumann*, Modernes Strafrecht, S. 215, 217; *v. d. Pfordten*, FS Schreiber, S. 359, 360; *Stratenwerth/Kuhlen*, Strafrecht AT, § 9 Rn. 59.

4 *Stratenwerth/Kuhlen*, Strafrecht AT, § 9 Rn. 59, konstatieren, dass es wenige Themen der Strafrechtsdogmatik gibt, die in den letzten Jahren so eingehend erörtert worden sind wie die Grundgedanken des Notwehrrechts.

5 *Amelung*, JuS 1986, 329, 332; *Baldus*, LK-StGB, 9. Auflage, § 53 Rn. 19; *Benfer*, Strafrecht AT, Rn. 167; *Blei*, Strafrecht AT, S. 148; *Bockelmann/Volk*, Strafrecht AT, S. 95; *Donatsch*, SchwZStr 106 (1989), S. 345, 350; *Ebert*, JuS 1976, 319, 323; *Erb*, MünchKomm, StGB, § 32 Rn. 164; *Fechner*, Grenzen, S. 229; *Fuchs*, Notwehr, S. 52; *Geilen*, Jura 1981, 308, 312; *ders.*, Strafrecht AT, S. 94; *Gropp*, Strafrecht AT, § 6 Rn. 69; *Günther*, SK-StGB, § 32 Rn. 12; *Herzog*, NK-StGB, § 32 Rn. 57; *Himmelreich*, GA 1966, 129, 133; *ders.*, MDR 1967, 361, 365; *Hruschka*, Strafrecht AT, S. 169; *ders.*, FS Dreher, S. 189, 207; *Jescheck/Weigend*, Strafrecht AT, § 32 IV 1; *Joecks*, StuK-StGB, § 32 Rn. 33; *Kargl*, ZStW 110 (1998), 38, 63 f.; *Kindhäuser*, LPK-StGB, § 32 Rn. 5; *Kinnen*, MDR 1974, 631, 633; *Kioupis*, Notwehr, S. 45 f.; *Köhler*, Strafrecht AT, S. 276; *Krey*, Strafrecht AT, Rn. 523 f.; *Kühl*, Jura 1993, 233, 236; *ders.*, Strafrecht AT, § 7 Rn. 143; *Lenckner/Perron*, Schönke/Schröder, StGB, § 32 Rn. 25/26; *Maurach/Zipf*, Strafrecht AT, § 26 II Rn. 51; *Müssig*, ZStW 115 (2003), S. 224, 233 Fn. 33; *Neumann*, Modernes Strafrecht, S. 215, 220; *Otto*, Straf-

ter der Dispositionsbefugnis des Angegriffenen unterliegen und das Angriffsopfer wirksam auf die Hilfe durch einen Dritten verzichtet hat. Verteidigt ein Nothelfer den Angegriffenen dennoch, so soll eine Eingriffsbefugnis für die mit der Angriffsabwehr verbundene Verletzung der Rechtsgüter des Angreifers fehlen.

Um aufhellen zu können, ob die Versagung einer Nothilfebefugnis im Ergebnis bzw. in der Begründung überzeugend ist, muss erörtert werden, welchen Zweck der Gesetzgeber mit dem Rechtfertigungsgrund des § 32 StGB verfolgt. Erst wenn das aus der ratio einer Norm abgeleitete Ergebnis als unbillig empfunden wird, kann diskutiert werden, ob sachspezifische Gesichtspunkte eine Korrektur – zu Gunsten des Nothelfers – rechtfertigen. Der Sinn der Notwehrregelung muss aus den spezifischen legislatorischen Vorgaben und der Struktur des § 32 StGB im Vergleich zu anderen Rechtfertigungsgründen abgeleitet werden. Anhaltspunkte können sich aus den übrigen Auslegungsmethoden, d.h. der grammatikalischen, historischen und systematischen Interpretation, ergeben.[6] Die gefundene Lösung muss vor allem Aufschluss über folgende Eckpfeiler geben können, welche die „Schneidigkeit“[7] bzw. „Rigorosität“[8] der Notwehr kennzeichnen. Die Norm des § 32 StGB kennt keine Ausweichpflicht. Das Angriffsopfer darf sich gegenüber einem Angreifer grundsätzlich auch dann aktiv verteidigen, wenn ein Ausweichen möglich wäre. Auch eine Abwägung zwischen den Rechtsgütern, die bei den Konfliktparteien auf dem Spiel stehen, ist dem deutschen Notwehrrecht – im Gegensatz zu den übrigen Notrechten der §§ 34 StGB, 228, 904 BGB – fremd.[9] Verletzt der Angegriffene oder ein Nothel-

---

recht AT, § 8 Rn. 55; *Renzikowski*, Notwehr, S. 296; *Roxin*, Strafrecht AT, § 15 Rn. 99; *ders.*, ZStW 93 (1981), 68, 76; *Samson*, SK-StGB, 2. Aufl., § 32 Rn. 33; *Stiller*, Grenzen, S. 42; *Stratenwerth/Kuhlen*, Strafrecht AT, § 9 Rn. 95; *Suppert*, Notwehr, S. 400; *Tröndle/Fischer*, StGB, § 32 Rn. 7; *Wessels/Beulke*, Strafrecht AT, Rn. 334. Nur im Grundsatz (und im Detail differenzierend): *Heller*, Nothilfe, S. 239 ff.; *Herzberg/Schlehofer*, JuS 1990, 559, 563; *Jakobs*, Strafrecht AT, 12/60; *M. Koch*, Nothilfe, S. 138 ff.; *Kühl*, Lackner/Kühl, StGB, § 32 Rn. 11a; *Seier*, NJW 1987, 2476 ff.; *Seuring*, Nothilfe, S. 219 ff.; *I. Sternberg-Lieben*, JA 1996, 129, 132; *D. Sternberg-Lieben/I. Sternberg-Lieben*, JuS 1999, S. 444 ff.

6 Die teleologische Auslegung ist in diesem Zusammenhang unerheblich, da es gerade um die Frage der Aufhellung der ratio legis des § 32 StGB geht.

7 *Erb*, MünchKomm, StGB, § 32 Rn. 11; *Freund*, Strafrecht AT, § 3 Rn. 106; *Günther*, SK-StGB, § 32 Rn. 106; *Haft*, Strafrecht AT, S. 85; *Klose*, ZStW 89 (1977), 61, 65; *Mitsch*, Baumann/Weber/Mitsch, Strafrecht AT, § 17 Rn. 1; *Krack*, JR 1996, 468, 470, konstatiert eine „ungeheuerliche Schärfe des Notwehrrechts“.

8 So bezeichnet von *Kühl*, Strafrecht AT, § 7 Rn. 4; *Rudolphi*, JR 1991, 210; ähnlich *Günther*, SK-StGB, § 32 Rn. 7, der von „Rigidität“ spricht.

9 Vgl. statt aller *Lenckner/Perron*, Schönke/Schröder, StGB, § 32 Rn. 30 ff.

fer[10] bei seiner Angriffsabwehr Rechtsgüter des Angreifers, die höherrangig sind als das angegriffene Rechtsgut, so ist diese Verteidigungshandlung im Prinzip rechtmäßig. Zudem muss geklärt werden, warum auch ein unbeteiligter Dritter sich zumindest dann, wenn der Angegriffene damit einverstanden ist, in den Notwehrkonflikt einmischen darf, obwohl durch den Angriff nur die Rechtsgüter des Angriffsopfers, nicht aber diejenigen des Nothelfers gefährdet werden.

Die Notwehr ist vor allem in den letzten Jahren Gegenstand kontroverser wissenschaftlicher Auseinandersetzungen geworden. Diese Uneinigkeit betrifft nicht nur Randbereiche und Grauzonen der Notwehr. Auch über die Bestimmung des Rechtsgrundes des § 32 StGB bestehen Divergenzen, die sich, dies wird die in dieser Arbeit zu behandelnde Thematik belegen, entscheidend auf die rechtliche Beurteilung auswirken. Im Wesentlichen konkurrieren heute – unbeschadet aller Differenzierungen im Detail – drei Ansichten zur Deutung des Notwehr- bzw. Nothilferechts. Nach einem Ansatz wird die Notwehr und Nothilfe allein mit gesellschaftlichen Interessen in einem überindividualistischen Sinne interpretiert. Diese Auffassung hat im Gegensatz zur zweiten Hälfte des 19. Jahrhunderts z.Z. nur noch wenige Anhänger.[11] Die Vertreter der Gegenposition erklären das Recht zur Selbst- und Fremdverteidigung individualistisch. Einigkeit besteht innerhalb dieser Meinungsgruppe darüber, dass eine Interpretation der ratio legis des § 32 StGB völlig ohne kollektivistische Belange auskommen kann bzw. muss. Bereits *Frank* hat von einer „weltfremden Auffassung" gesprochen, wenn der Angegriffene bei der Notwehr den Kampf des Rechts gegen das Unrecht führen soll, da „er tatsächlich doch weiter nichts will, als sich oder andere [zu] schützen."[12] In den letzten Jahren hat eine individualistische Position eine größere Anhängerschaft gefunden. Insgesamt lässt sich daher von der im Vordringen befindlichen Auffassung im modernen Schrifttum sprechen.[13] Die (noch) überwiegende Ansicht hält im Rahmen einer „dualistischen Notwehrlehre" an einer Kombination aus individualistischen und überindividualistischen Elementen fest.

---

10 Vgl. zur umstrittenen Frage, ob der Nothelfer im Gegensatz zum Angegriffenen an den Grundsatz der Verhältnismäßigkeit gebunden ist, unten 1. Kap. III. 1. a) und b).

11 Vgl. zur Frage des Rechtsgrundes der Notwehr und der Beurteilung der aufgedrängten Nothilfe aus historischer Perspektive unten 2. Kap. II. 1.

12 *Frank*, StGB, § 53 Anm. I 2.

13 Dies konstatieren auch *Erb*, MünchKomm, StGB, § 32 Rn. 12; *Freund*, Strafrecht AT, § 3 Rn. 89; *Günther*, SK-StGB, § 32 Rn. 11; *Kühl*, JuS 1993, 177, 182; *v. d. Pfordten*, FS Schreiber, S. 359 f.

I. Überindividualistische Notwehrkonzeptionen

Eine rein überindividualistische bzw. kollektivistische[14] Notwehrkonzeption wird in jüngerer Zeit nur noch recht vereinzelt vertreten.[15] Die Anhänger dieses Ansatzes stimmen darin überein, dass der Individualschutz kein selbständiges Prinzip der Notwehr ist.[16] Grund für die Schärfe der Notwehr sollen vielmehr gesellschaftliche Belange sein. Herausgestrichen wird letztlich die positive Wirkung einer zur Abwehr gegenwärtiger rechtswidriger Angriffe vorgenommenen Verteidigungshandlung für die Gemeinschaft. Dieser Aspekt soll den teleologischen Gehalt des § 32 StGB ausmachen. Im Wesentlichen lassen sich dabei zwei Ansätze unterscheiden. Beiden kann allerdings, um das Ergebnis der nachfolgenden Untersuchung an dieser Stelle bereits vorwegzunehmen, nicht gefolgt werden.

1. Selbstbehauptung des Rechts bei grober Rechtsmissachtung (Schmidhäuser)

a) Notwehrkonzeption und Nothilfebegründung

Einen in sich geschlossenen Entwurf zur Erklärung der Vorschrift des § 32 StGB hat *Schmidhäuser* vorgelegt.

Schmidhäuser leitet seine Ausführungen mit dem weit verbreiteten Gedanken[17] ein, dass die Rechtfertigung dem Prinzip des überwiegenden Interesses folgt.[18] Dieses Interesse könne individualistisch oder überindividualistisch bestimmt werden. Da *Schmidhäuser* eine individualistische und dualistische Notwehrkonzeption für wenig überzeugend hält,[19] wendet er sich einer überindividualistischen Begründungsmöglichkeit zu. Dabei distanziert[20] er sich von der Umschreibung der „empirischen Geltung der Rechtsordnung", deren Verteidi-

14 Mit der unterschiedlichen Bezeichnung sind in der Sache keine Abweichungen verbunden.

15 *Bitzilekis*, Einschränkung, S. 57 ff.; *Haas*, Notwehr, S. 354 ff.; *Schmidhäuser*, FS Honig, S. 185 ff.; *ders.*, Lehrbuch, 9/86; *ders.*, Studienbuch, 6/51; *ders.*, GA 1991, 97, 115 ff.

16 Besonders deutlich *Schmidhäuser*, FS Honig, S. 185, 189: „Der individualistische Akzent ist eine Verkennung der Notwehr"; zurückhaltender aber *ders.*, GA 1991, 97, 124: „mag sie auch meistens zugleich dem Einzelnen dienlich sein".

17 Vgl. dazu statt vieler *Günther*, SK-StGB, § 32 Rn. 106; *Lenckner/Perron*, Schönke/Schröder, StGB, § 32 Rn. 1 m.w.N.

18 *Schmidhäuser*, GA 1991, 97, 102.

19 Dazu *Schmidhäuser*, GA 1991, 97, 104 ff.

20 *Schmidhäuser*, GA 1991, 97, 121.

gung er in früheren Darstellungen[21] als Erklärung für den Rechtsgrund der Notwehr und Nothilfe angesehen hat.[22] Das überwiegende Interesse, das die Schärfe der Notwehrregelung begründen soll, ist für *Schmidhäuser* allein der „Wert des Rechts für die Gesellschaft".[23] Diesen Wert umschreibt er mit der Formulierung der „Selbstbehauptung des Rechts".[24] Das Recht müsse sich in der konkreten Situation als reale Macht gegenüber dem grob missachtenden Angriff behaupten können. Ansonsten würde es einen „unerträglichen Triumph des Rechtsbrechers über die Rechtsordnung bedeuten, wenn er trotz der Abwehrbereitschaft eines zur Abwehr fähigen Menschen ungehindert sein Ziel erreichen könnte."[25] Erst wenn sich der gegenwärtige Angriff als „grobe Rechtsmissachtung" darstellt, soll die „Selbstbehauptung des Rechts" damit den Vorrang vor den Gütern des Angreifers haben und eine Verteidigung im Rahmen des Notwehrrechts rechtfertigen können. Nur das Gemeininteresse an der Selbstbehauptung des Rechts, d.h. ein überindividualistisches Interesse, könne erklären, weshalb die Notwehr weder eine Güterabwägung noch eine Ausweichpflicht enthält. Nur en passent stellt *Schmidhäuser* fest, dass die Notwehr zugleich auch in den meisten Fällen dem Einzelnen dienlich ist.[26] Der Schutz des Angegriffenen degeneriert damit in der Konzeption *Schmidhäusers* zum Reflex einer im Vordergrund stehenden Selbstbehauptung des (abstrakten) Rechts. Bei der Bestimmung der für ihn zentralen Wendung der „groben Rechtsmissachtung" setzt *Schmidhäuser* vor allem an der Person des Angreifers an. Als Angreifer sollen solche Personen ausscheiden, die in ihrer seelisch-geistigen Verfassung durch ihr Verhalten keine grobe Rechtsmissachtung ausdrücken können.[27] *Schmidhäuser* nennt in diesem Kontext Kinder, Geisteskranke, erheblich Betrunkene, in einem erheblichen Irrtum

21 *Schmidhäuser*, FS Honig, S. 185, 193; *ders.*, Lehrbuch, 9/86; *ders.*, Studienbuch, 6/51.

22 Zur umfassenden Kritik an diesem früheren Konzept *Schmidhäusers*: *Bitzilekis*, Einschränkung, S. 52 f.; *Constadinidis*, actio, S. 98 ff.; *Fuchs*, Notwehr, S. 42; *Hirsch*, FS Dreher, S. 211, 218 ff.; *M. Koch*, Nothilfe, S. 84 f.; *Retzko*, Notwehr, S. 107 ff.; *Roxin*, ZStW 83 (1971), 369, 386 ff.; *Wagner*, Notwehrbegründung, S. 13 ff.

23 *Schmidhäuser*, GA 1991, 97, 121.

24 *Schmidhäuser*, GA 1991, 97, 121.

25 *Schmidhäuser*, GA 1991, 97, 121; ähnlich schon *ders.*, FS Honig, S. 185, 198: „Einen derartigen offenen Triumph gegen ihre eigene Geltung braucht die Rechtsordnung nicht hinzunehmen, lebt sie doch immer auch von der Verteidigungsbereitschaft aller Rechtsgenossen. Auch hier steckt ein Stück ‚Kampf ums Recht'".

26 *Schmidhäuser*, GA 1991, 97, 124.

27 *Schmidhäuser*, GA 1991, 97, 129.

befindliche Personen und Jugendliche, die eine bestimmte Unreife zeigen.[28] Diese Personen seien „keine Ansprechpartner für die rechtliche Anforderung, die durch die Rechtsverteidigung gegen den Angreifer *fühlbar* geltend gemacht werde".[29] *Schmidhäuser* kommt, wie er selbst betont[30], zu ähnlichen Ergebnissen wie die überwiegende Auffassung, die bei diesem Personenkreis, d.h. bei schuldlos handelnden Angreifern, eine „sozialethische" Einschränkung des Notwehrrechts befürwortet.[31] Konstruktiv wird damit die Notwehrlage in gewissen Einzelfällen eingeschränkt, während beim Vorliegen einer solchen im Prinzip die volle Härte des Notwehrrechts gewährt wird. Weitere Einschränkungen möchte *Schmidhäuser* im Prinzip nicht vornehmen, da er der Gebotenheitsklausel in § 32 I StGB neben dem Terminus der Erforderlichkeit keine eigenständige Bedeutung beimisst.[32]

Zur Nothilfe führt *Schmidhäuser* aus, dass deren Begründung „recht eigentlich" in eine überindividualistische Konzeption gehören soll.[33] Dass es nach dem gesamten Begründungsmodell nicht darauf ankommen kann, wer für die Selbstbehauptung des Rechts gegenüber einem grob rechtsmissachtenden Angriff sorgt, belegen auch Aussagen, die *Schmidhäuser* zur Untermauerung seiner Notwehr- und Nothilfedeutung anführt. Das gesellschaftliche Interesse an der Selbstbehauptung des Rechts wird in einen Zusammenhang zum vorläufigen Festnahmerecht des § 127 I StPO gerückt. Im Einzelnen argumentiert *Schmidhäuser* dabei wie folgt: Im Rahmen des 127 I StPO sei jeder – unter den entsprechenden Voraussetzungen – *nach* einem Rechtsbruch befugt, jemanden vorläufig festzunehmen, damit das Strafverfahren seinen Gang nehmen könne. Auch im Rahmen des § 32 StGB soll daher jeder im allgemeinen Interesse – um der Rechtsbewährung willen – befugt sein, einen Mitmenschen bei einem Rechtsbruch von der weiteren Ausführung abzuhalten, damit dieser Rechtsbruch nicht zu seinem Ziel kommt.[34]

Die überindividualistische Konzeption *Schmidhäusers* zeigt die rechtlichen Konsequenzen für die Beurteilung einer (aufgedrängten) Nothilfe anschaulich

---

28 *Schmidhäuser*, GA 1991, 97, 129; ebenso bereits *ders.*, FS Honig, S. 185, 196, wobei hier noch die Fälle des Nötigungsnotstandes aus der Notwehrregelung ausgeklammert werden.

29 *Schmidhäuser*, GA 1991, 97, 129.

30 *Schmidhäuser*, GA 1991, 97, 130.

31 Vgl. etwa *Herzog*, NK-StGB, § 32 Rn. 101 ff.; *Köhler*, Strafrecht AT, S. 273; *Kühl*, Strafrecht AT, § 7 Rn. 192 ff.; *Lenckner/Perron*, Schönke/Schröder, StGB, § 32 Rn. 52; *Roxin*, Strafrecht AT, § 15 Rn. 57 ff.

32 *Schmidhäuser*, GA 1991, 97, 133.

33 *Schmidhäuser*, GA 1991, 97, 114.

34 *Schmidhäuser*, GA 1991, 97, 139.

auf: Nicht das angegriffene Individualrechtsgut wird verteidigt, sondern das abstrakte Recht bzw. – in der Terminologie *Schmidhäusers* gesprochen – die „Selbstbehauptung des Rechts".[35] Daher kann es auch bei der Beurteilung einer Nothilfebefugnis Dritter nicht auf den Willen des Angegriffenen ankommen. In seinem Lehr- bzw. Studienbuch hat sich *Schmidhäuser* ausführlicher zu der hier interessierenden Thematik der aufgedrängten Nothilfe geäußert und dabei das Recht zur Fremdverteidigung konsequenterweise nicht davon abhängig gemacht, ob der Angegriffene auch verteidigt werden möchte.[36] Die Rechtfertigung der Fremdverteidigung soll nach *Schmidhäuser* insbesondere zeigen, dass es nicht um die „individualistische Befugnis des Handelnden", gemeint ist das Angriffsopfer, gehe.[37]

Der Wille des „Angegriffenen" soll nur dann eine Rolle spielen, wenn durch sein Einverständnis oder seine Einwilligung bereits die Notwehrlage entfällt. Diesen Fall möchte *Schmidhäuser* durch folgendes Beispiel belegen: Willige der vom Räuber Bedrohte aus einer pazifistischen Grundhaltung in die Wegnahme seines Eigentums ein, so sei kein rechtswidriger Geltungsangriff mehr gegeben und demnach auch eine Notwehrhilfe nicht mehr gerechtfertigt. Wo hingegen ein Einverständnis oder eine Einwilligung des Opfers an dem rechtswidrigen Angriff nichts ändere, soll jede Form der Nothilfe rechtmäßig sein. Auch für diesen Fall bildet *Schmidhäuser* zur Untermauerung seiner Ausgangsthese, Zulässigkeit einer Fremdverteidigung ohne oder gegen den Willen des Angegriffenen, ein Beispiel: Gebe der vom Mörder Bedrohte zu erkennen, dass er schon lange sterben möchte und nun durch die Hand des Mörders glücklicherweise seinen Wunsch erfüllt sehe, so sei gleichwohl die Notwehrlage gegeben und eine Nothilfe rechtmäßig.[38]

b) Kritik

Die Beispielsfälle, die *Schmidhäuser* anführt, decken nicht die gesamte psychologische Bandbreite des hier interessierenden Themenkreises ab. Richtig ist zunächst, dass bei einer wirksamen Einwilligung bzw. einem tatbestandsausschließenden Einverständnis der Anwendungsbereich des § 32 StGB a priori versperrt ist. Es liegt in diesen Fällen schon kein gegenwärtiger rechtswidriger Angriff vor, der eine Notwehr– bzw. Nothilfebefugnis legitimieren könnte.

---

35 In seinem Lehrbuch spricht *Schmidhäuser* noch von der Verteidigung der „Geltung der Rechtsordnung" (vgl. Lehrbuch, 9/107).

36 *Schmidhäuser*, Lehrbuch, 9/107; *ders.*, Studienbuch, 6/80.

37 *Schmidhäuser*, Studienbuch, 6/80.

38 *Schmidhäuser*, Lehrbuch, 9/107; *ders.*, Studienbuch, 6/80.

Fraglich ist zunächst, ob das Opfer des Raubes in dem von *Schmidhäuser* skizzierten Beispielsfall überhaupt ein Einverständnis in die Wegnahme erteilen wollte. Im Schrifttum ist etwa anerkannt, dass die Duldung eines Angriffs keine Einwilligung darstellen soll.[39] Übertragen auf den gebildeten Fall *Schmidhäusers* könnte daher angenommen werden, dass auch die Duldung der Wegnahme nicht als (konkludentes) Einverständnis betrachtet werden kann. Letztlich hängt diese Beurteilung von den situativen Umständen des Einzelfalles ab und soll hier nicht weiter ausgeführt werden. Weitgehender Konsens besteht aber in der rechtswissenschaftlichen Lehre, dass es durchaus Situationen geben kann, in denen weder eine Einwilligung noch ein Einverständnis vorliegt, der Angegriffene den Nothelfer aber dennoch aus dem Notwehrkonflikt heraushalten möchte.[40] So kann etwa die von ihrem Ehemann geschlagene Frau einem Dritten ein Eingreifen untersagen wollen, um zu verhindern, dass ihr Mann durch die Verteidigungshandlung des Nothelfers schwer verletzt wird. Sie kann sich aber dennoch – als ultima ratio – gegenüber ihrem Ehemann verteidigen wollen, um die Intensität der Angriffsabwehr steuern und ihren angreifenden Mann mehr schonen zu können, als es die Grenzen der Erforderlichkeit und Gebotenheit von ihr bzw. einem Dritten[41] an sich verlangen. Würde man hier eine konkludente Einwilligung der Ehefrau in die Körperverletzung durch ihren Mann annehmen, dann wäre nicht nur das Handeln eines Nothelfers, sondern auch ihre eigene Verteidigungshandlung rechtswidrig, da es bei einer Einwilligung an einem notwehrfähigen rechtswidrigen Angriff fehlte. Nach dem von *Schmidhäuser* verfochtenen Notwehr- und Nothilfeverständnis dürfte also ein Dritter den schlagenden Ehemann mit dem gesamten Verteidigungsarsenal, welches der Ehefrau zusteht und zur „Selbstbehauptung des Rechts" erforderlich ist, verletzen. Unter Umständen dürfte der Nothelfer dem Ehemann schweren Schaden zufügen oder ihn sogar töten. Selbst rigoroseste Verteidigungshandlungen könnten nach dem Verständnis *Schmidhäusers* gerechtfertigt sein, obwohl das Handeln des Nothelfers überhaupt nicht dem Willen des Angriffsopfers entspricht. Dem Angriffsopfer wird es nach dieser Position nicht gestattet, über die Modalitäten einer Verteidigung zu entscheiden und dem Angreifer mehr Rücksichtnahme entgegenzubringen, als es die gesetzliche Ausgestaltung des § 32 StGB von einem Angegriffenen bzw. einem Nothelfer – mit den Grenzen der Erforderlichkeit und Gebotenheit – an sich verlangt.

---

39 *Hirsch*, LK-StGB, Vor § 32 Rn. 111; *Lenckner*, Schönke/Schröder, StGB, Vorbem §§ 32 ff. Rn. 43; *Stratenwerth*, Strafrecht AT, 4. Aufl., § 9 Rn. 26.

40 Vgl. ausführlich zu den Beweggründen des Angegriffenen unten 2. Kap. III. 1.

41 Vgl. dazu, dass der Nothelfer ebenso wie der Angegriffene im Rahmen des § 32 StGB nicht an den Grundsatz der Verhältnismäßigkeit gebunden ist, unten 1. Kap. III. 1. a) und b).

Auch das zweite Beispiel kann die Vorzugswürdigkeit einer überindividualistischen Notwehr– und Nothilfebegründung nicht begründen. Handelt es sich um Angriffe auf indisponible Rechtsgüter, wie z.B. das Leben, so können die Grenzen der §§ 216, 228 StGB auch ohne ein überindividualistisches Nothilfeverständnis, bei dem es um den Kampf um das (abstrakte) Recht geht, als Korrektiv für die Beachtlichkeit des Willens des Angegriffenen im Hinblick auf die Nothilfebefugnis Dritter herangezogen werden.[42]

Festzuhalten ist, dass sich die Problematik der aufgedrängten Nothilfe nicht auf Fälle reduzieren lässt, in denen eine Einwilligung erteilt werden sollte, diese aber – aus rechtlichen Gründen – unwirksam ist und daher der Anwendungsbereich des § 32 StGB eröffnet wird. Es kann auch Sachverhaltsgestaltungen geben, in denen überhaupt keine Einwilligung erteilt werden sollte, der Angegriffene den Nothelfer aber dennoch aus dem Notwehrkonflikt heraushalten möchte.[43] Wenn *Schmidhäuser* hier die unbeschränkte Zulassung einer Nothilfe befürwortet, dann ist dies auf der Grundlage seiner Deutung des § 32 StGB konsequent und dogmatisch richtig. Die bereits angedeuteten ergebnisspezifischen Bedenken müssten vom Norminterpreten hingenommen werden, wenn Selbst- und Fremdverteidigung tatsächlich aus einem allgemeinen Interesse heraus der „Selbstbehauptung des Rechts“ diente und die Befugnis zur Nothilfe als originäres Recht nicht vom Willen des Angegriffenen abhängig wäre.

Das Notwehr- und Nothilfeverständnis *Schmidhäusers* muss aber auf erhebliche Zweifel stoßen. Richtet man den Blick zunächst auf den Verteidiger, so muss konstatiert werden, dass es diesem bei einer Abwehrhandlung in erster Linie um seinen eigenen Schutz bzw. um den eines Angegriffenen gehen wird. Bei unbefangenem Verständnis werden sich damit erste Bedenken an einer Sichtweise ergeben, wonach die Verteidigung des Angegriffenen durch § 32 StGB nur als Nebenzweck einer Selbstbehauptung des Rechts berücksichtigt wird.[44] Nun könnte gegen diesen Kritikpunkt angeführt werden, dass es bei dem Versuch der Aufhellung einer Norm nicht auf die Betrachtung des Verteidigers, sondern auf die gesetzgeberische Intention ankommt.[45] Die hier geäußerten Zweifel erhärten sich aber bei einer Lektüre der Notwehrvorschrift. Danach kennzeichnet § 32 II StGB die Notwehr als Verteidigung, die erforderlich ist, um einen gegenwärtigen

42 Vgl. dazu 2. Kap. IV. 1.

43 Vgl. ausführlich zu den verschiedenen Beweggründen des Angegriffenen, den Nothelfer aus dem Konflikt mit dem Angreifer herauszuhalten, unten 2. Kap. III. 1.

44 Kritisch auch *Kühl*, JuS 1993, 177, 182: „schiefe Sicht“; *Heller*, Nothilfe, S. 179: „nach dem Verständnis des Grundgesetzes kaum möglich“; ablehnend gegenüber einer überindividualistischen Betrachtung auch *Frank*, StGB, § 53 I Anm. I 2.

45 In diese Richtung *Bitzilekis*, Einschränkung, S. 60; ähnlich *Felber*, Rechtswidrigkeit, S. 88.

rechtswidrigen Angriff von sich oder einem anderen abzuwehren. Die Regelung der Notwehr hat die Konfliktparteien im Auge. Davon, dass die Verteidigung primär der „Selbstbehauptung des Rechts" dient, ist in § 32 StGB nichts zu lesen.[46] Ausgangspunkt der Interpretation einer Norm muss aber deren Wortlaut sein. Aus den einzelnen gesetzgeberischen Merkmalen muss die ratio einer Vorschrift erschlossen werden. Die von *Schmidhäuser* gewählten Begrifflichkeiten finden sich in der Terminologie des Gesetzes nicht wieder, sondern werden über die gesetzlichen Merkmale hinaus an die Notwehrvorschrift herangetragen. Die grammatikalische Auslegung spricht daher gegen die Konzeption *Schmidhäusers*.[47]

Auch in der Sache erscheint die Wendung der „groben Rechtsmissachtung" als zu unscharf, um dem Notwehrrecht stabile Konturen zu verleihen. Durch diese Formulierung möchte *Schmidhäuser* das Recht zur Notwehr in atypischen Fällen einschränken. Erst bei einer groben Rechtsmissachtung soll der Angegriffene zur Notwehr befugt sein. Zunächst ist höchst unklar, was mit einer „groben Rechtsmissachtung" überhaupt ausgedrückt werden soll. Unsicherheiten in der Handhabung dieser Wendung ergeben sich aus der Unbestimmtheit des Attributs „grob". Darüber hinaus lässt der Terminus der „Rechtsmissachtung" darauf schließen, dass moralisierende Wertungen Einzug in das Notwehrrecht erhalten.[48] Wie vage dieser Begriff ist, belegen nicht zuletzt die eigenen Aussagen *Schmidhäusers*, wenn er davon spricht, dass es sich bei der von ihm vorgeschlagenen inhaltlichen Ausfüllung lediglich „um tastende Versuche" handeln soll.[49] Möglich erscheint damit nahezu jede Art der materiellen Konkretisierung. Damit droht aber ein Verlust an Rechtssicherheit. Nun könnte *Schmidhäuser* zugute gehalten werden, dass auch die herrschende Auffassung über die „sozialethischen" Einschränkungen letztlich Wertungen des Zeitgeistes berücksichtigt. Anknüpfungspunkt dafür ist aber mit der Gebotenheit in § 32 I StGB ein Merkmal, das der Gesetzgeber ausdrücklich als Einfallstor für die „sozialethischen" Einschränkungen angesehen hat.[50] *Schmidhäuser* wählt hingegen konstruktiv einen anderen Weg. Bei fehlender grober Rechtsmissachtung – wie bei Angriffen von Kindern, Geisteskranken etc. – soll bereits die Notwehrlage ausgeschlossen sein.[51] Diese Personen sollen die Rechtsordnung nicht derart in Frage stellen, dass von einer groben Rechtsmissachtung gesprochen werden könne. Fraglich ist dabei

---

46 Deutlich *Jakobs*, Strafrecht AT, 12/20: „In Notwehr wird das angegriffene Gut verteidigt, sonst nichts".

47 Ebenso kritisch *Retzko*, Notwehr, S. 113; *Kroß*, Notwehr, S. 32.

48 *Kroß*, Notwehr, S. 30.

49 *Schmidhäuser*, GA 1991, 97, 129.

50 Vgl. dazu unten 2. Kap. VI. 2. b) cc).

51 Vgl. *Schmidhäuser*, GA 1991, 97, 126 ff.

zunächst, ob nicht auch Jugendliche an den Werten der Rechtsordnung geistig teilhaben oder ihr Handeln nicht auch als Ausdruck der Auflehnung verstanden werden kann.[52] Zum anderen bedeutet die von *Schmidhäuser* vorgenommene Eingrenzung der Notwehrbefugnisse in der Sache, dass eine Notwehr gegenüber schuldlosen Angreifern nicht in Betracht kommen kann. Der Verteidiger wird auf eine Rechtfertigung durch die Norm des § 34 StGB bzw. eine Entschuldigung nach § 35 StGB verwiesen. Gegen diese Limitierung des Notwehrrechts spricht aber de lege lata wiederum der Wortlaut des § 32 StGB. Eine Verteidigung ist bereits bei jedem gegenwärtigen rechtswidrigen Angriff möglich. Eine Eingrenzung der Notwehrbefugnisse bedeutet eine Erweiterung der Strafbarkeit des Verteidigers. Damit muss das *Schmidhäusersche* Modell auch im Hinblick auf Art. 103 II GG Zweifel erwecken.[53]

Schließlich erscheint es aus ergebnisspezifischen Erwägungen als wenig sachgerecht, den Angegriffenen oder einen Nothelfer bei Angriffen Schuldloser auf die Vorschriften der §§ 34, 35 StGB zu verweisen. § 34 StGB verbietet die Tötung eines Menschen zur Rettung eines anderen.[54] Nach § 35 StGB handelt nur derjenige schuldlos, der zugunsten eines Angehörigen oder einer ihm sonst nahestehenden Person eine Gefahr abwehrt. Ein Nothelfer würde sich damit möglicherweise strafbar machen, wenn er einen Angriff auf eine ihm nicht nahestehende Person auf Kosten des Lebens eines schuldlos handelnden Angreifers abwehren würde. Darauf, dass dieses Ergebnis wohl kaum die Auffassung des Gesetzgebers darstellen könne, hat bereits *Roxin* zutreffend hingewiesen.[55]

Auch der Vergleich mit dem privaten Festnahmerecht nach § 127 I StPO kann im Zusammenhang mit der Erklärung der Schärfe des Notwehrrechts nicht überzeugen. Dem privaten Festnehmer, der stellvertretend für die Strafverfolgungsinstanzen handelt, sind in der Ausübung seiner Befugnisse weitreichende Beschränkungen auferlegt.[56] Im Gegensatz dazu darf der Einzelne bei der Notwehr und Nothilfe sich oder andere viel intensiver verteidigen. Für dieses schneidige Recht muss ein Grund gefunden werden. Durch den Vergleich mit den im Gegensatz zur Notwehr beschnittenen Befugnissen des § 127 StPO kann das Notwehrrecht nicht begründet werden. Die Norm des § 127 StPO spricht eher gegen den von *Schmidhäuser* vorgelegten Ansatz.[57] Ebenso wie im Rahmen des § 127 StPO der Grundsatz der Verhältnismäßigkeit einzuhalten ist, ist frag-

---

52 In diesem Sinne *Wagner*, Notwehrbegründung, S. 19.

53 Ebenso kritisch bereits *Bitzilekis*, Einschränkung, S. 53; *Hirsch*, FS Dreher, S. 211, 216; *Kroß*, Notwehr, S. 36; *Kühl*, Strafrecht AT, § 7 Rn. 58.

54 Vgl. etwa *Kühl*, Strafrecht AT, § 8 Rn. 108.

55 Ablehnend auch *Roxin*, ZStW 83 (1971), 369, 388.

56 Vgl. dazu etwa *Hilger*, LR, StPO, § 127 Rn. 29 f.

57 In diese Richtung auch *Günther*, SK-StGB, § 32 Rn. 13.

lich, ob dieses Prinzip nicht auch bei dem Notwehrmodell *Schmidhäusers* beachtet werden müsste.[58]

Zudem spricht ein in der strafrechtlichen Literatur einhellig anerkannter Grundsatz wohl gegen die Konzeption *Schmidhäusers*: Die Notwehr soll kein allgemeines Unrechtsverhinderungsrecht darstellen.[59] Gerade die Erklärung der Nothilfebefugnis deutet aber darauf hin, dass die Konzeption *Schmidhäusers* doch in ein allgemeines Unrechtsverhinderungsrecht einmündet, wenn er davon ausgeht, jeder Rechtsbruch müsse aus einem allgemeinen Interesse heraus unterbunden werden.

Das überindividualistische Notwehr- und Nothilfemodell, wie es *Schmidhäuser* vorgetragen hat, ist daher abzulehnen.

2. Normative Geltung der Rechtsordnung

a) Notwehrkonzeption und Nothilfebegründung

Bitzilekis geht anders als *Schmidhäuser* von einem normativen Rechtsordnungsbegriff aus.[60] Durch die Beeinträchtigung einzelner Rechtsgüter werde die Rechtsordnung als Wertordnung selbst beeinträchtigt. Durch den Widerspruch des Einzelnen in seinem Verhalten zu den in der Gesellschaft herrschenden Wertungen – wie den Geboten und Verboten – werde die Rechtsordnung vernichtet. Auf die Notwehr bezogen bedeutet dies, dass durch den rechtswidrigen Angriff eines Subjekts die Rechtsordnung geschädigt wird, wenn ihre Rechtsgüter beeinträchtigt werden. Aufbauend auf diesen Gedanken kommt *Bitzilekis* zu dem Ergebnis, dass die Notwehr kein natürliches oder ursprüngliches Recht ist, welches dem Einzelnen die Befugnis verleiht, seine Interessen durchzusetzen. Die Notwehr soll vielmehr ein „Mittel im Rechtssystem zur Erhaltung und Bewährung der Rechtsordnung“ darstellen.[61] Durch die Verteidigung des eigenen oder eines fremden Rechts bewähre der Einzelne zugleich die Rechtsordnung.[62] Aus diesem Grunde werde jedem die Befugnis eingeräumt, sich präventiv gegen

---

58 Zur Kritik an einer überindividualistischen (Teil-)Erklärung des § 32 StGB aus der Perspektive des staatlichen Gewaltmonopols: *Heller*, Nothilfe, S. 178; *Kargl*, ZStW 110 (1998), 38, 44 ff.; *Kioupis*, Notwehr, S. 31 f.; *Kroß*, Notwehr, S. 33 ff.

59 *Herzog*, NK-StGB, § 32 Rn. 24; *Lenckner/Perron*, Schönke/Schröder, StGB, § 32 Rn. 1a und 8; *Günther*, SK-StGB, § 32 Rn. 49; *Spendel*, LK-StGB, § 32 Rn. 198.

60 *Bitzilekis*, Einschränkung, S. 53 f.

61 *Bitzilekis*, Einschränkung, S. 59.

62 *Bitzilekis*, Einschränkung, S. 61.

das drohende Unrecht zur Wehr zu setzen.[63] Der individuelle Rechtsgüterschutz stellt damit auch nach dieser Konzeption nur noch eine Reflexwirkung des ganz auf gesellschaftliche Interessen zugeschnittenen Notwehrrechts dar.

Auf der Grundlage seines überindividualistischen Ansatzes kommt *Bitzilekis* zu dem Schluss, Notwehr und Nothilfe liege der gemeinsame Gedanke zugrunde, Unrecht abzuwehren.[64] Während bei der Notwehr jemand die Rechtsordnung durch die Verteidigung der eigenen Rechtsgüter schütze, werde die Rechtsordnung bei der Nothilfe durch die Verteidigung fremder Rechtspositionen geschützt.[65] Aus diesem Grunde sei das Nothilferecht ein selbständiges Recht des Nothelfers und nicht von dem Abwehrwillen des Angegriffenen abhängig.[66] Dies folge zudem daraus, dass die Notwehrlage rein objektiv und überindividuell zu betrachten sei.[67] Auf den Abwehrwillen des Angegriffenen brauche der Nothelfer keine Rücksicht zu nehmen.[68] Die Rechtfertigung einer (aufgedrängten) Nothilfe ist nach diesem Verständnis ohne oder gegen den Willen des Angriffsopfers möglich.

b) Kritik

Auch gegen den in dieser Form vorgetragenen Ansatz einer überindividualistischen Notwehrbegründung müssen verschiedene Einwände erhoben werden.

§ 32 StGB begrenzt die Abwehr rechtswidriger Angriffe, indem nur Verteidigungsmaßnahmen als rechtmäßig angesehen werden, die erforderlich sind. Danach muss dasjenige Verteidigungsmittel ausgewählt werden, das den Angreifer in seinen Rechtsgütern am wenigsten beeinträchtigt, solange eine sichere Angriffsabwehr noch gewährleistet ist.[69] Unnötige Risiken werden dem Angegriffenen dabei nicht aufgebürdet. Auch die Hilfe eines zur Angriffsabwehr bereitstehenden privaten Dritten muss vom Angegriffenen aber in Anspruch genommen werden, wenn sie den Angreifer weniger belastet.[70] Verteidigt sich der An-

---

63 *Bitzilekis*, Einschränkung, S. 58.
64 *Bitzilekis*, Einschränkung, S. 72.
65 *Bitzilekis*, Einschränkung, S. 61.
66 *Bitzilekis*, Einschränkung, S. 72.
67 *Bitzilekis*, Einschränkung, S. 73.
68 *Bitzilekis*, Einschränkung, S. 72.
69 *Herzog*, NK-StGB, § 32 Rn. 60 ff.; *Lenckner/Perron*, Schönke/Schröder, StGB, § 32 Rn. 34 ff.; *Roxin*, Strafrecht AT, § 15 Rn. 42 ff.
70 Allgemeine Meinung, vgl. etwa *Bitzilekis*, Einschränkung, S. 73; *Erb*, Münch/Komm, § 32 Rn. 132; *Günther*, SK-StGB, § 32 Rn. 98; *Herzog*, NK-StGB, § 32 Rn. 71; *Kühl*, Lackner/Kühl, StGB, § 32 Rn. 11a; *ders.*, Strafrecht AT, § 7 Rn. 123; *Lenckner/Perron*, Schönke/Schröder, StGB, § 32 Rn. 41; *Roxin*, Strafrecht AT, § 15 Rn. 50; *Seier*, NJW 1987, 2476; *Spendel*, LK-StGB, § 32 Rn. 233.

gegriffene dennoch selbst, so ist seine Verteidigungshandlung nicht erforderlich und damit rechtswidrig. Ein Angriffsopfer darf sich also z.B. nicht mit einem Messer zur Wehr setzen, wenn ein körperlich durchtrainierter Nothelfer seine Hilfe anbietet und den Angriff durch den bloßen Einsatz seiner Körperkraft beenden könnte. Der Angegriffene hat kein Recht zur eigenen Verteidigung, wenn diese den Angreifer unnötig hart belasten würde. Damit macht das Merkmal der Erforderlichkeit vor einem individualistischen Hintergrund Sinn.[71] Der Verteidiger soll nur dann berechtigt sein, in die Rechtssphäre des Angreifers einzugreifen, wenn dies zu einer Verteidigung, d.h. zum Schutz angegriffener Individualrechtsgüter, wirklich notwendig ist. Die Notwehr ist nicht dazu da, „Kraft und Mut des Angegriffenen zu beweisen und ein Exempel zu statuieren".[72] Aus spezialpräventiven Gründen könnte es allerdings gerade angebracht sein, dass der Angegriffene seine Verteidigung selbst vornimmt, um den Angreifer durch die Demonstration der eigenen Stärke vor zukünftigen Angriffen von sich abzuhalten.

Auch ein Blick auf eine Argumentation im Rahmen des § 33 StGB spricht dafür, dass die Erforderlichkeit von einer weit verbreiteten Meinung wohl eher in einem individualistischen Sinn verstanden wird: Die Privilegierung des Exzedenten soll bei einer Abwehrmaßnahme, die über das zulässige Maß der Verteidigung hinausgeht und damit nicht erforderlich ist, mit der Erwägung begründet werden, dass auch durch eine zu harte Verteidigung mit der Abwehr des gegenwärtigen rechtswidrigen Angriffs immerhin noch das Recht bewährt worden ist. Dieser Aspekt soll zu einer Unrechtsminderung führen.[73] Wenn eine Verteidigungshandlung aber nicht erforderlich und damit rechtswidrig ist, zugleich aber das Recht bewährt, dann spricht einiges dafür, die Erforderlichkeit auch nach dieser Argumentationslinie aus dem Blickwinkel des Güterschutzes, d.h. in einem individualistischen Sinn, zu interpretieren. Unabhängig von der Fragestellung, ob sich das Merkmal der Erforderlichkeit in eine überindividualistische Notwehrkonzeption einfügen lässt,[74] sind aber weitere Einwände gegen ein kollektivistisches Notwehrverständnis zu erheben.

Problematisch wird es da, wo der Angegriffene den Dritten, der dem Aggressor mit milderen Mitteln begegnen könnte, erst um Hilfeleistung durch den Dritten ersuchen muss (vgl. dazu etwa *Lenckner/Perron*, Schönke/Schröder, StGB, § 32 Rn. 41).

71 Eingehend *Wagner*, Notwehrbegründung, S. 54 f.; vgl. auch *Kioupis*, Notwehr, S. 49; anders *Kühl*, Strafrecht AT, § 7 Rn. 88: „ist sowohl unter dem Gesichtspunkt des Individualgüterschutzes als auch unter dem der Rechtsbewährung verständlich".

72 *Roxin*, Strafrecht AT, § 15 Rn. 50.

73 So etwa *Kühl*, Strafrecht AT, § 12 Rn. 129.

74 Kritisch insoweit etwa *Wagner*, Notwehrbegründung, S. 62; *Felber*, Rechtswidrigkeit, S. 89; *Kroß*, Notwehr, S. 30.

Nach allgemeiner Ansicht ist die Notwehr nur dann zulässig, wenn sie zur Verteidigung von Individualrechtsgütern ausgeübt wird.[75] Diese Begrenzung ist historisch ein Ergebnis der liberalistischen Tradition und korrespondiert mit dem Wortlaut des § 32 StGB, der dem Verteidiger einräumt, Angriffe „von sich oder einem anderen" abzuwehren.[76] Wer aber die Verteidigung des abstrakten Rechts in den Vordergrund seiner Deutung stellt, hat Schwierigkeiten, das Notwehrrecht strikt auf die Verteidigung dieser Rechtsgüter zu begrenzen.[77] Auch durch die Abwehr von Rechtsgütern der Allgemeinheit wird dem abstrakten Recht zum Sieg verholfen.[78] Der Ausschluss der Verteidigung universeller Rechtsgüter ist mit einer überindividualistischen Betrachtung damit nicht in Einklang zu bringen.[79] Konsequenterweise befürwortet *Bitzilekis* die Notwehrfähigkeit von Universalrechtsgütern, wenn das Individuum dessen mittelbarer Träger ist.[80] Gegen ein derartiges Verständnis spricht aber der eindeutige Wortlaut des § 32 StGB. Darüber hinaus besteht die Gefahr, dass dem Einzelnen durch diese Interpretation die Möglichkeit eingeräumt wird, das staatliche Gewaltmonopol auszuhebeln.[81]

Schwierigkeiten wirft ein rein überindividualistischer Ansatz auch bei der Frage der Notwehr gegenüber untauglichen Versuchen auf.[82] Auch ein untauglicher Versuch kann auf die Öffentlichkeit einen rechtserschütternden Eindruck vermitteln und aus präventiven Erwägungen eine Reaktion des Verteidigers erfordern, um das Vertrauen der Allgemeinheit in die Geltung des Rechts zu be-

---

75 *Herzog*, NK-StGB, § 32 Rn. 14; *Jakobs*, Strafrecht AT, 12/9; *Jescheck/Weigend*, Strafrecht AT, § 32 I 2; *Kühl*, Strafrecht AT, § 7 Rn. 34 ff.; *ders.*, Lackner/Kühl, StGB, § 32 Rn. 3; *Lenckner/Perron*, Schönke/Schröder, StGB, § 32 Rn. 8; *Roxin*, ZStW 93 (1981), 68, 75; *ders.*, Strafrecht AT, § 15 Rn. 30; *Spendel*, LK-StGB, § 32 Rn. 197.

76 Deutlich *Fuchs*, Notwehr, S. 43: „Der individualrechtliche Ausgangspunkt dieser Formulierung ist ganz offensichtlich ..."; in der Sache auch *Roxin*, ZStW 93 (1981), 68, 75.

77 Ebenso die Kritik von *Erb*, MünchKomm, StGB, § 32 Rn. 10; *Fuchs*, Notwehr, S. 44; *Günther*, SK-StGB, § 32 Rn. 13; *Lesch*, Notwehrrecht, S. 28 f.; *Müssig*, ZStW 115 (2003), 224, 233 Fn. 33; *Pitsounis*, Modernes Strafrecht, S. 227, 268; *Wagner*, Notwehrbegründung, S. 24.

78 *Fuchs*, Notwehr, S. 44; *Ludwig*, Angriff, S. 58; *Pitsounis*, Modernes Strafrecht, S. 227, 268.

79 *Neumann*, Modernes Strafrecht, S. 215, 220; *ders.*, Zurechnung, S. 162; *Retzko*, Notwehr, S. 114.

80 *Bitzilekis*, Einschränkung, S. 68.

81 In diese Richtung etwa *Fuchs*, Notwehr, S. 44 f.; *Fechner*, Grenzen, S. 163.

82 Kritik aus diesem Blickwinkel über bereits *Fuchs*, Notwehr, S. 44; *Jakobs*, Strafrecht AT, 12/20; *Kroß*, Notwehr, S. 30; *Kioupis*, Notwehr, S. 51; *Ludwig*, Angriff, S. 58; *Renzikowski*, Notwehr, S. 102; *Wagner*, Notwehrbegründung, S. 17.

stärken. Wenn eine Notwehr oder Nothilfe nach allgemeiner Meinung[83] gegen untaugliche Versuche nicht zugelassen wird, dann steht hinter dieser Erwägung offensichtlich der Gedanke, dass eine Verteidigungsbefugnis aus Gründen des fehlenden Individualrechtsgüterschutzes nicht notwendig ist.

Die Notwehr ist zudem nur auf den schmalen zeitlichen Rahmen der Gegenwärtigkeit zugeschnitten. Aus der Perspektive der Rechtsbewährung könnte aber bereits im Vorfeld möglicher Angriffe ein präventives Notwehrbedürfnis bestehen, etwa bei einer Verbrechensverabredung nach § 30 StGB. Die Eingrenzung der Notwehrbefugnisse auf gegenwärtige Angriffe deutet darauf hin, dass die private Gewalt als Ausnahme vom staatlichen Gewaltmonopol nur rechtmäßig sein soll, wenn der Staat für den Schutz des Einzelnen in einer akuten Notsituation nicht mehr sorgen kann.[84]

Kollektivistische Notwehrerklärungen können nach allem keinen Aufschluss über die spezifischen legislatorischen Vorgaben des § 32 StGB geben. Die Betrachtung einzelner Merkmale des Notwehrrechts hat vielmehr gezeigt, dass der Gesetzgeber den Individualrechtsschutz nicht als bloßen Nebenzweck der Notwehr und Nothilfe eingeordnet haben kann. Untersucht werden muss damit, ob eine Kombination aus überindividualistischen und individualistischen Elementen, wie sie von der (noch) vorherrschenden Ansicht befürwortet wird, die besondere Schärfe des § 32 StGB zu erklären vermag.

II. Dualistische Notwehrlehren

Die heute (noch) überwiegende Auffassung in Schrifttum[85] und Judikatur[86] schlägt diesen Weg ein und vertritt eine dualistische Notwehrlehre bzw. eine

83 Vgl. statt aller *Günther*, SK-StGB, § 32 Rn. 22; *Herzog*, NK-StGB, § 32 Rn. 4; *Lenckner/Perron*, Schönke/Schröder, StGB, § 32 Rn. 12; *Spendel*, LK-StGB, § 32 Rn. 29 m.w.N.

84 Eine individualistische Deutung des Merkmals der Gegenwärtigkeit befürworten auch *Fuchs*, Notwehr, S. 45; *Kioupis*, Notwehr, S. 39 f.; *Kroß*, Notwehr, S. 30; *Wagner*, Notwehrbegründung, S. 50 f.; in der Tendenz auch *Renzikowski*, Notwehr, S. 104.

85 *Amelung*, GA 1982, 381, 392; *ders.*, NStZ 1998, 70, 71; *ders./Kilian*, FS Schreiber, S. 1; *Arzt*, FS Schaffstein, S. 77, 87; *Bernsmann*, ZStW 104 (1992), 290, 291 f.; *Bertel*, ZStW 84 (1972), 1, 10 f.; *Blei*, Strafrecht AT, S. 150; *Bockelmann*, FS Dreher, S. 235, 243; *ders.*, FS Honig, S. 19, 30; *Bockelmann/Volk*, Strafrecht AT, S. 89; *Born*, Rechtfertigung, S. 27 ff.; *Burr*, JR 1996, 230, 232; *Courakis*, Notwehr, S. 34; *Eggert*, NStZ 2001, 225, 228; *Eser/Burkhardt*, Strafrecht I, S. 117 Rn. 4; *Felber*, Rechtswidrigkeit, S. 90, 95 ff.; *Fischer*, Notwehrüberschreitung, S. 3; *Frisch*, FS Lackner, S. 113, 120; *Gallas*, FS Bockelmann, S. 155, 177; *Geilen*, Jura 1981, 200; *Gropp*, Strafrecht AT, § 6 Rn. 80; *Haft*, Strafrecht AT, S. 84 f.; *Hassemer*, FS Bockelmann,

„Zwei – Elemente – Theorie“[87]. Zur Deutung der skizzierten Besonderheiten des Notwehrrechts werden zwei Prinzipien herangezogen: der Individualschutz und die Bewährung der Rechtsordnung.

1. Individualschutz und Rechtsbewährung als Grundgedanken der Notwehr

Das individualistische Element der Notwehr bezieht sich auf den Gedanken des Selbstschutzes. Jeder darf sich und seine Individualrechtsgüter gegen rechtswidrige Angriffe verteidigen. Der Mensch muss sich auch in einem staatlichen Verbund verteidigen dürfen, wenn der Staat seine ihn legitimierende Aufgabe zum Schutze seiner Bürger gegen Übergriffe anderer Rechtsgenossen in bestimmten Ausnahmesituationen nicht wahrnehmen kann. Die Norm des § 32 StGB soll dem angegriffenen Bürger das selbstverständliche Recht gewähren, sich zum

---

S. 225, 239 ff.; *Heller*, Nothilfe, S. 202; *Heger*, JA 2003, 8, 10; *Herzog*, NK-StGB, § 32 Rn. 99; *Himmelreich*, Notwehr, S. 84; *Hinz*, JR 1993, 353, 355 f.; *Hirsch*, FS Dreher, S. 211, 217 und 223; *Jescheck/Weigend*, Strafrecht AT, § 32 I 2; *Kindhäuser*, LPK-StGB, § 32 Rn. 1; *Krause*, FS Bruns, S. 71, 77 f.; *ders.*, GA 1979, 329, 331; *ders.*, GS H. Kaufmann, S. 673, 675; *Krey*, JZ 1979, 702, 714; *Kühl*, JuS 1993, 177, 179; *ders.*, Strafrecht AT, § 7 Rn. 8 ff.; *ders., Lackner/Kühl*, StGB, § 32 Rn. 1; *ders.*, FS Triffterer, S. 149, 150; *Lagodny*, GA 1991, 300, 303; *Lenckner*, GA 1961, 299, 309; *ders.*, GA 1968, 1, 3; *ders.*, JZ 1973, 253, 254; *ders.*, GA 1985, 295, 300; *ders./Perron*, Schönke/Schröder, StGB, § 32 Rn. 1; *Marxen*, Notwehr, S. 31; *Matt*, NStZ 1993, 271, 272; *Maurach/Zipf*, Strafrecht AT, § 26 Rn. 4; *Otto*, FS Würtenberger, S. 129, 138; *ders.*, Strafrecht AT, § 8 Rn. 17; *Pelz*, NStZ 1995, 305, 307 f.; *Roxin*, ZStW 75 (1963), 541, 587; *ders.*, ZStW 83 (1971), 369, 386 ff.; *ders.*, Kriminalpolitik, S. 26 ff.; *ders.*, ZStW 93 (1981), 68, 70 ff.; *ders.*, FS Jescheck, S. 457, 459; *ders.*, Strafrecht AT, § 15 Rn. 1 ff.; *Rudolphi*, JuS 1969, 461, 464; *ders.*, GS Armin Kaufmann, S. 371, 386, 394; *ders.*, JR 1991, 210, 211; *Samson*, SK-StGB, 2. Aufl., § 32 Rn. 2; *Satzger*, JuS 1997, 800, 803; *Schlehofer*, MünchKomm, StGB, Vor §§ 32 ff. Rn. 54; *Schröder*, JuS 1973, 157, 158; *Schroth*, NJW 1984, 2562, 2563; *Schumann*, JuS 1979, 559, 564; *Schünemann*, GA 1985, 341, 368; *Seier*, NJW 1987, 2476, 2481; *Spendel*, LK-StGB, § 32 Rn. 13; *I. Sternberg-Lieben*, JA 1996, 129, 130; *D. Sternberg-Lieben/I. Sternberg-Lieben*, JuS 1999, 444, 446; *Stiller*, Grenzen, S. 71 ff.; *Suppert*, Notwehr, S. 374 ff.; *Tröndle/Fischer*, StGB, § 32 Rn. 2; *Wessels/Beulke*, Strafrecht AT, Rn. 339; *Warda*, Jura 1990, 344, 347; *Wimmer*, GA 1983, 145, 157; *Zieschang*, Jura 2003, 527 ff.; auf die „Bewährung des gesellschaftlichen Koordinationsprinzips als überindividueller Grundgedanke des Notwehrrechts“ stellt *Seuring*, Nothilfe, S. 189 ff., ab.

86 BGHSt 24, 356, 359; BayObLG JR 1987, S. 344, 345.

87 So die Bezeichnung von *Bernsmann*, ZStW 104 (1992), S. 290, 291 Fn. 7; *Lenckner/Perron*, Schönke/Schröder, StGB, § 32 Rn. 1; *Haft*, Strafrecht AT, S. 84; *Marxen*, Notwehr, S. 35. In der Sache sind damit keine Unterschiede verbunden.

Schutze seiner Freiheit verteidigen zu dürfen. Niemand braucht sich von anderen, soweit diese nicht ihrerseits gerechtfertigt handeln, verletzen zu lassen. Das Selbstschutzprinzip soll aber allein nicht ausreichend sein, um die mit der Regelung des § 32 StGB aufgezeigten Härten wie der fehlenden Ausweichpflicht[88] bzw. der mangelnden Proportionalität[89] in der Angriffsabwehr begründen zu können. Zudem wird einem rein individualistischen Ansatz von den Vertretern der verschiedenen Gegenpositionen vorgeworfen, die Gewährung einer Fremdverteidigungsbefugnis könne nicht überzeugend erklärt werden.[90] Gerade in dem Recht zur Nothilfe soll sich ausdrücken, dass hier nicht (nur) das Recht des Einzelnen, sondern (zugleich auch) dem abstrakten Recht zum Sieg verholfen werde.[91]

Die Vorzugswürdigkeit einer dualistischen Notwehrbegründung soll nun darin bestehen, die Spezifika der Notwehrregelung im Unterschied zu den anderen Notrechten einfach durch die Hinzuziehung eines zusätzlichen Gedankens, dem der Rechtsbewährung, zu erklären. Wenig Beachtung geschenkt wird dabei allerdings häufig, dass die Kombination aus Individualschutz und Rechtsbewährung in ein problematisches Spannungsverhältnis einmünden kann. Um dies anhand der Thematik der aufgedrängten Nothilfe verdeutlichen zu können, soll zunächst einmal aufgezeigt werden, welche Funktion dem Rechtsbewährungsge-

---

88 Die Ansicht, eine „individualistische" Notwehrbegründung könne das Fehlen einer Ausweichpflicht nicht oder nicht plausibel erklären, monieren: *Bitzilekis*, Einschränkung, S. 46; *Bockelmann*, FS Honig, S. 19, 30; *Felber*, Rechtswidrigkeit, S. 89; *Haas*, Notwehr, S. 354; *Lenckner/Perron*, Schönke/Schröder, StGB, § 32 Rn. 1a; *Kühl*, JuS 1993, 177, 182; *Roxin*, ZStW 93 (1981), 69, 77; *Seuring*, Nothilfe, S. 182; *Stiller*, Grenzen, S. 63 ff.; anders aber (als Anhänger einer dualistischen Notwehrdoktrin) *Jescheck/Weigend*, Strafrecht AT, § 32 I 2, die das Fehlen einer Ausweichpflicht rein individualistisch begründen.

89 Aus diesem Blickwinkel üben Kritik an einer individualrechtlichen Erklärung des § 32 StGB: *Bitzilekis*, Einschränkung, S. 46 f.; *Felber*, Rechtswidrigkeit, S. 88 ff.; *Krause*, GA 1979, 329, 331: „nur dadurch läßt sich die Härte des Notwehrrechts legitimieren"; *Roxin*, Kriminalpolitik, S. 26; *Samson*, SK-StGB, 2. Aufl., § 32 Rn. 2; *Suppert*, Notwehr, S. 374; abgeschwächt auch *Kühl*, JuS 1993, 177, 182; anders aber wiederum (als Vertreter einer dualistischen Notwehrlehre) *Jescheck/Weigend*, Strafrecht AT, § 32 I 2, nach denen die fehlende Güterabwägung allein individualistisch erklärt wird.

90 So die Kritik von *Bitzilekis*, Einschränkung, S. 46; *Fechner*, Grenzen, S. 168; *Felber*, Rechtswidrigkeit, S. 91; *Kargl*, ZStW 110 (1998), 38, 41, 63, 66; kritisch auch *Schmidhäuser*, GA 1991, 97, 111; für eine individualistische Begründung der Nothilfe aber (als Befürworterin einer dualistischen Notwehrdoktrin) *Stiller*, Grenzen, S. 62 f.

91 In diese Richtung *Felber*, Rechtswidrigkeit, S. 133; *Kühl*, JuS 1993, 177, 180; *Spendel*, LK-StGB, § 32 Rn. 13.

danken von den Anhängern einer dualistischen Notwehrinterpretation bei einer eigenständigen Betrachtung gewöhnlich beigemessen wird.

Das Rechtsbewährungsprinzip bzw. der „überindividualistische“[92] oder auch „sozialrechtliche“[93] Grundgedanke der Notwehr soll ausdrücken, dass der Defensor nicht nur seine eigenen Rechtsgüter schützt, sondern zugleich auch für die „Geltung der Rechtsordnung“ eintritt, welche der rechtswidrige Angriff gefährde.[94] Durch einen solchen Angriff werde, so die Vorstellung, der soziale Frieden, die Idee des Rechts bzw. die Stabilität des Systems geistig in Frage gestellt. Die Friedensordnung soll vor dem angreifenden Rechtsbrecher aber nicht kapitulieren müssen.[95] Zur Durchsetzung des Allgemeininteresses, d.h. der nachhaltigen „Manifestation des Rechts“[96], verleihe die staatliche Rechtsordnung dem Einzelnen stellvertretend für die gesamte Rechtsordnung eine „überpersönliche Macht“[97] bzw. „überpersönliche Legitimation“[98]. Der Notwehrübende werde zum „Statthalter des Rechts“[99] in Fällen, in denen der Staat den zu Unrecht Angegriffenen nicht selbst zu schützen vermag. Durch die Notwehr sollen nicht nur private Güter geschützt werden, sondern zugleich das öffentliche Interesse an der Verhinderung von Unrecht wahrgenommen werden.[100] Damit übernimmt der Verteidiger als „Repräsentant“[101] der Rechtsordnung zugleich staatliche Funktionen.[102] Bündig formuliert in diesem Zusammenhang *Haft*, wenn er sagt, der

---

92 So bezeichnet von *Neumann*, Modernes Strafrecht, S. 215, 217; *Schmidhäuser*, GA 1991, 101, 102; *Wagner*, Notwehrbegründung, Überschrift.

93 *Felber*, Rechtswidrigkeit, S. 95; *Haft*, Strafrecht AT, S. 85; *Jescheck/Weigend*, Strafrecht AT, § 32 I 1; *Kühl*, Strafrecht AT, § 7 Rn. 7; *Lenckner*, GA 1985, 295, 300; *ders./Perron*, Schönke/Schröder, StGB, § 32 Rn. 1.

94 Mit der unterschiedlichen Terminologie sind keine sachlichen Unterschiede verbunden.

95 *Kühl*, JuS 1993, 177, 180.

96 So *Krause*, FS Bruns, S. 71, 82; ähnlich *ders.*, GA 1979, 329, 331: „nachhaltige Manifestation des Geltungswillens des Rechts“.

97 *Roxin*, ZStW 93 (1981), 68, 71.

98 *Bertel*, ZStW 84 (1972), 1, 5; *Kühl*, JuS 1993, 177, 180.

99 Formulierung von *Kühl*, JuS 1993, 177, 180 und Strafrecht AT, § 7 Rn. 10.

100 *Bockelmann*, FS Dreher, S. 235, 244; *Pelz*, NStZ 1995, 305, 308; *Schröder*, JuS 1973, 157, 158.

101 *Felber*, Rechtswidrigkeit, S. 95.

102 *Spendel*, LK-StGB, § 32 Rn. 13; *Gallas*, FS Bockelmann, S. 155, 177; *Roxin*, ZStW 93 (1981), 68, 70; *Kühl*, JuS 1993, 177, 180; *Marxen*, Notwehr, S. 31.

Verteidiger leiste „Dienst am Recht“.[103] Teilweise wird dem notwehrübenden Individuum sogar die Rolle eines Polizisten zugewiesen.[104]

Das Verteidigungsrecht hat damit eine doppelte Wirkung. Es geht um den Schutz des Einzelnen und des (abstrakten) Rechts. Notwehr und Nothilfe sollen so zu Rechtsinstitutionen werden, mit deren Gewährung sich die Rechtsordnung auch als solche verteidigt.[105] Mit dem Gedanken der Rechtsbewährung wird z.T. auch eine generalpräventive bzw. kriminalpolitische Funktion der Notwehr verbunden.[106] Jeder Angriff, der in Notwehr niedergeschlagen werde, soll die Macht und Überlegenheit der Rechtsordnung beweisen.[107] Durch den in Notwehr abgewehrten Angriff werde, so die Vorstellung, potentiellen Rechtsbrechern vor Augen geführt, dass das Rechtssystem nicht ohne Konsequenzen verletzt werden dürfe.[108] Erhofft wird sich dabei eine Stärkung bzw. „Stabilisierung der Rechtsordnung“[109] durch die Abschreckung möglicher Straftäter.[110] Auch die Rechtstreue der Bevölkerung soll auf diese Weise gesteigert werden.[111] Der potentiell Verletzte wird nach diesem Verständnis in den Gesamtvorgang der Verbrechensbekämpfung eingespannt.[112]

---

103 *Haft*, Strafrecht AT, S. 85.

104 So *Bockelmann*, FS Dreher, S. 235, 244: „Der Verteidiger, der nicht Amtsträger ist, übernimmt daher, indem er einen gegenwärtigen rechtswidrigen Angriff von sich oder einem anderen abwehrt, gleichsam die Rolle des Polizisten ...“.

105 *Kühl*, JuS 1993, 177, 180; *Marxen*, Notwehr, S. 31.

106 Etwa *Bertel*, ZStW 84 (1972), 1, 10; *Bitzilekis*, Einschränkung, S. 65; *Felber*, Rechtswidrigkeit, S. 106; *Haas*, Notwehr, S. 162; *Hassemer*, FS Bockelmann, S. 225, 240; *Hinz*, JR 1993, 353, 356; *Krause*, FS Bruns, S. 71, 82; *ders.*, GS H. Kaufmann, S. 673, 675; *ders.*, GA 1979, 329, 331; *Kühl*, JuS 1993, 177, 180; *Pelz*, NStZ 1995, 305, 308; *Roxin*, ZStW 84 (1972), 1, 8; *ders.*, ZStW 93 (1981), 68, 73 ff.; *ders.*, Strafrecht AT, § 15 Rn. 2, 10; *Stiller*, Grenzen, S. 56; *Suppert*, Notwehr, S. 321; zurückhaltender *Lenckner/Perron*, Schönke/Schröder, StGB, § 32 Rn. 1a: „Rechtsbewährungsprinzip, ... dessen Sinn sich auch nicht in bloßer Generalprävention erschöpft“; gegen die präventive Funktion der Notwehr (als Anhänger einer überindividualistischen Notwehrbegründung) *Schmidhäuser*, GA 1991, 101, 124.

107 *Bertel*, ZStW 84 (1972), 1, 10.

108 *Krause*, FS Bruns, S. 71, 82; *ders.*, GS H. Kaufmann, S. 673, 675; *ders.*, GA 1979, 329, 331; *Roxin*, ZStW 93 (1981), 68, 73 f.

109 *Haas*, Notwehr, S. 163; *Marxen*, Grenzen, S. 31.

110 *Pelz*, NStZ 1995, 305, 308; *Suppert*, Notwehr, S. 321.

111 *Roxin*, ZStW 93 (1981), 68, 74; *Hinz*, JR 1993, 353, 356.

112 *Maurach/Zipf*, Strafrecht AT, § 26 I Rn. 6.

2. Das Verhältnis der beiden Grundgedanken

Die Beantwortung der Frage, ob eine aufgedrängte Nothilfe rechtlich zulässig ist, deckt bereits die Gegenläufigkeit der beiden von den Anhängern einer dualistischen Notwehrlehre herangezogenen Prinzipien auf. Bei einer kriminalpolitischen Zielsetzung bzw. der (Über-)Betonung des Gedankens der Stabilisierung der Rechtsordnung müssten an sich Angriffe auf die Individualrechtsgüter einer anderen Person von einem als Statthalter des Rechts agierenden Nothelfer auch dann verhindert werden dürfen, wenn der Angegriffene sich gar nicht verteidigen (lassen) möchte.[113] Auf der anderen Seite kann der angegriffene Rechtsgutsinhaber verhindern wollen, dass das scharfe Schwert des § 32 StGB in die Hände eines Nothelfers gerät. Interpretiert man die Notwehr und Nothilfe als individualrechtlichen Rechtfertigungsgrund, so muss dem Angegriffenen zumindest im Prinzip das Recht zustehen, über ein Eingreifen Dritter autonom entscheiden zu können.

Mustert man einzelne Stellungnahmen zum qualitativen Verhältnis von Rechtsbewährung und Individualrechtsschutz, so fällt auf, dass die Anhänger einer dualistischen Notwehrdoktrin in der Beurteilung der Frage der aufgedrängten Nothilfe alles andere als geschlossen sind. Das Verhältnis der beiden Grundgedanken wird in der strafrechtlichen Literatur dementsprechend z.T. auch – völlig unabhängig von der hier zu behandelnden Thematik – als wenig geklärt bezeichnet.[114] Auf die rechtliche Bewertung einer aufgedrängten Nothilfe muss sich aber die unterschiedliche Akzentuierung der beiden Grundgedanken wesentlich auswirken. Die folgende Auswertung einzelner Äußerungen zur Gewichtung beider Elemente wird aufzeigen, dass die unterschiedlichsten Spielarten einer dualistischen Notwehrbegründung vertreten werden. Eine einheitliche dualistische Notwehrlehre gibt es gar nicht. Zwischen den Anhängern dieses Notwehransatzes bestehen z.T. untereinander – in Bezug auf das Verhältnis zwischen Bürger und Staat im Allgemeinen und im Hinblick auf die Frage der aufgedrängten Nothilfe im Besonderen – größere Meinungsverschiedenheiten als zu den Vertretern einer rein individualistischen Notwehrkonzeption.

---

113 Dies konstatiert auch – etwas abgeschwächt – *Kühl*, Jura 1993, 233, 236: „Betont man hingegen das sozialrechtliche Rechtsbewährungsprinzip, so kann die Entscheidung des Rechtsgutsträgers nicht so grundsätzlich akzeptiert werden".

114 In diese Richtung *Kühl*, JuS 1993, 177, 180 und Strafrecht AT, § 7 Rn. 11; *Neumann*, Modernes Strafrecht, S. 215, 217; *Pitsounis*, Modernes Strafrecht, S. 227, 258; *Warda*, Jura 1990, 344, 347.

a) (Über-)Betonung des Rechtsbewährungsprinzips

Einige Anhänger sehen in dem Gedanken der Rechtsbewährung das entscheidende Prinzip für die Legitimierung der Befugnis zur Notwehr und Nothilfe.[115]

Spendel streicht den Aspekt der Verteidigung der Rechtsordnung bei der Erklärung der Fremdverteidigung heraus. Danach sei die Abwehr des Angriffs nicht allein ein Kampf um die persönliche Selbstbehauptung und physische Erhaltung des Einzelnen. Entscheidend sei vielmehr die „wertvolle Bewahrung der Rechtsordnung".[116] Dies werde in der uneigennützigen Not- und Nächstenhilfe besonders deutlich, da dem angegriffenen Mitbürger zu seinem Recht und damit gleichzeitig auch *dem* Recht als solchem zum Sieg verholfen werde.[117] Die Selbstverteidigung sei einer „individualethischen", die Fremdverteidigung einer „sozialethischen" Betrachtungsweise zuzuordnen.[118] Auf der Grundlage dieser Überbetonung des kollektiven Gedankens bei der Begründung der Nothilfe kommt *Spendel* zu dem Ergebnis, dass eine Verteidigung auch gegen den Willen des Angegriffenen ausgeübt werden darf.[119] Nach *Spendel* ist eine (aufgedrängte) Nothilfe aufgrund der stärker überindividualistisch geprägten Struktur der Fremdverteidigung immer rechtmäßig, wenn die sonstigen Grenzen des § 32 StGB vom Nothelfer beachtet werden.[120]

In Bezug auf die Nothilfe hält auch *Schroeder* das Prinzip der Bewährung der Rechtsordnung für maßgeblich.[121] *Schroeder* moniert zunächst, dass die „sozialethische Seite" des § 32 StGB, er meint in diesem Kontext die Fremdverteidigung, in der Beurteilung völlig vernachlässigt werde.[122] Dies soll sich vor allem daran zeigen, wie eine aufgedrängte Nothilfe von den Anhängern einer dualisti-

---

115 In diese Richtung etwa *Bertel*, ZStW 84 (1972), 1, 9; *Courakis*, Notwehr, S. 35; *Krause*, FS Bruns, S. 71, 82; *Lenckner*, GA 1961, 299, 309: „hinzu kommt vielmehr noch der weitere – und vielleicht sogar primäre – Gedanke, dass sich im Falle des § 53 Recht und Unrecht gegenüberstehen und die Notwehr über die individuelle Selbstbehauptung hinaus zugleich der Erhaltung und Bewährung der Rechtsordnung im Ganzen dient" [anders aber *ders./Perron*, Schönke/Schröder, StGB, § 32 Rn. 1a]; *Schünemann*, GA 1985, 341, 368: „das Selbstschutzprinzip und (vor allem) das Rechtsbewährungsprinzip"; *Spendel*, LK-StGB, § 32 Rn. 13; wohl auch *Himmelreich*, Notwehr, S. 84 f.

116 *Spendel*, LK-StGB, § 32 Rn. 13.

117 *Spendel*, LK-StGB, § 32 Rn. 13.

118 *Spendel*, LK-StGB, § 32 Rn. 14.

119 *Spendel*, LK-StGB, § 32 Rn. 145.

120 Zur Untermauerung seiner These führt *Spendel* noch verschiedene sachspezifische Erwägungen ins Feld. Vgl. dazu unten 2.Kap. II. 2. b) dd) (1) und (2).

121 *Schroeder*, FS Maurach, S. 127, 141 f.

122 *Schroeder*, FS Maurach, S. 127, 141.

schen Notwehrlehre rechtlich behandelt werde. *Schroeder* kritisiert, dass die Bindung an den Willen des angegriffenen Individuums ein „eigenartiger Widerspruch" zu den sonstigen sozialethischen Tendenzen und der Begründung der Notwehr mit der Bewährung der Rechtsordnung sei.[123] Eine Nothilfe müsse daher auch gegen den Willen des Angegriffenen zulässig sein.[124]

Nach *Geilen* soll bei der Notwehr die Gefährdung des angegriffenen Rechtsgutes nicht allein den „Rechtsbewahrungsinteressen des Betroffenen", sondern auch „last not least" den „öffentlichen Rechtsbewährungsinteressen" zuwiderlaufen.[125] Auch bei der Nothilfe hält er die Betonung des Rechtsbewährungsprinzips für notwendig. Unter Berücksichtigung dieses Gedankens soll auch eine vom Angreifer nicht gewünschte Nothilfe ausnahmsweise dann gerechtfertigt sein, wenn „das Rechtsbewährungsinteresse stark genug ist, um eine ausreichend tragfähige Basis für eine auch unerwünschte Nothilfe abzugeben."[126]

Klose kommt im Hinblick auf die Fälle der aufgedrängten Nothilfe zu einer differenzierenden Lösung.[127] Als Ausgangspunkt seiner Überlegungen stellt *Klose* fest, dass es verfehlt wäre, die Nothilfe vom Willen des Verteidigten rechtlich völlig zu lösen.[128] Vielmehr müsse eine Differenzierung nach den Grundgedanken der Notwehr erfolgen, bei der das Rechtsbewährungsprinzip eine „besondere Rolle" spiele.[129] Vom Rechtsbewährungsprinzip soll eine Auflockerung der tendenziell individualistischen Wertstruktur der Notwehr ausgehen. Für die Nothilfe, die ohnehin stärker sozialstrukturiert sei als die Selbstverteidigung,[130] folge daraus eine regulative Objektivierung der Notwehr, eine Lockerung der Bindung an den Willen des Angegriffenen bis hin zur aufgedrängten Nothilfe.[131] Die Stärke und Schwäche des Rechts könne nicht die beliebige Angelegenheit des Einzelnen sein.[132]

Schließlich sei noch *Krause* erwähnt, nach dessen Auffassung die Notwehr „des weiteren – und nicht zum geringsten – der Bewährung der Rechtsordnung" dienen soll.[133] *Krause* hält aber – anders als die zuvor Genannten – eine aufgedrängte Nothilfe offensichtlich für unzulässig, wenn er ausführt, die Nothilfe sei

---

123 *Schroeder*, FS Maurach, S. 141; zustimmend *Lange*, JZ 1976, 546, 547.
124 *Schroeder*, FS Maurach, S. 141/142; ihm folgend auch *Lange*, JZ 1976, 546, 547.
125 *Geilen*, Jura 1981, 200.
126 *Geilen*, Jura 1981, 308, 313.
127 *Klose*, ZStW 89 (1977), S. 61, 96 ff.
128 *Klose*, ZStW 89 (1977), S. 61, 96.
129 *Klose*, ZStW 89 (1977), S. 61, 96.
130 *Klose*, ZStW 89 (1977), S. 61, 98.
131 *Klose*, ZStW 89 (1977), S. 61, 97.
132 *Klose*, ZStW 89 (1977), S. 61, 97.
133 *Krause*, FS Bruns, S. 71, 82; ebenso *ders.*, GA 1979, 329, 331.

„das Recht, dem rechtswidrig Angegriffenen mit dessen wirklichem oder zumindest mutmaßlichem Willen zu Hilfe zu kommen.“[134]

Es lässt sich resümieren, dass eine aufgedrängte Nothilfe von den Anhängern einer dualistischen Notwehrlehre – entgegen der insoweit vorherrschenden Auffassung – durchaus als rechtmäßig eingestuft wird bzw. werden kann. Die bloße Abwehr eines gegenwärtigen rechtswidrigen Angriffs ist nach dieser Argumentationslinie geeignet, das Recht zu bewähren und eine Rechtfertigung des Nothelfers zu begründen. Die gewisse Uneinigkeit in der Bewertung der hier interessierenden Thematik zeigt bereits, dass einzelne Auslegungsfragen von den Vertretern einer dualistischen Notwehrdoktrin völlig konträr beantwortet werden (können).

b) Gleichberechtigung beider Grundgedanken

Andere Autoren messen beiden Gesichtspunkten, d.h. dem Individualschutz und dem Rechtsbewährungsinteresse, eine gleich hohe Bedeutung bei.[135]

Wie beliebig die eigenständigen Grundgedanken des § 32 StGB dabei wiederum verschoben werden, um ein offensichtlich als vorzugswürdig empfundenes Ergebnis zu erzielen, belegen die Aussagen von *Zipf*. Zunächst führt *Zipf* aus, Güterschutz und Rechtsbewährung seien gleichermaßen für die Notwehrbegründung von Bedeutung.[136] Bei der Lösung von Einzelfragen soll „der eine oder andere Gesichtspunkt aber überwiegen“ können.[137] Danach widmet sich *Zipf* der Frage der Fremdverteidigung und stellt fest, dass sich das Erfordernis der Zustimmung des Angegriffenen bei der Nothilfe „überzeugend individualistisch begründen“ lasse, „während für das Rechtsinstitut der Nothilfe aber insgesamt sowohl individualistische als auch überindividualistische Gesichtspunkte prägend“ seien.[138]

Diese Ausführungen werfen die Frage auf, weshalb die Nothilfe konstruktiv nur durch die Hinzuziehung überindividualistischer Kriterien begründbar sein

---

134 *Krause*, GS H. Kaufmann, S. 673, 674.

135 Besonders deutlich *Maurach/Zipf*, Strafrecht AT, § 26 I 4; wohl auch *Samson*, SK-StGB, 2. Aufl., § 32 Rn. 2: „weil sie neben der Verteidigung individueller Rechtsgüter auch der Bewährung der Rechtsordnung dient“; *Tröndle/Fischer*, StGB, § 32 Rn. 2: „zugleich der Bewährung der Rechtsordnung“; *Wimmer*, GA 1983, 145, 157: „ebenso zur Verteidigung der Rechtsordnung“; nicht eindeutig *Lenckner/Perron*, Schönke/Schröder, StGB, § 32 Rn. 1a: „Beide Grundgedanken der Notwehr stehen somit – mag auch der Individualschutz das ‚Fundament’ der Notwehr sein – insofern gleichberechtigt gegenüber“.

136 *Maurach/Zipf*, Strafrecht AT, § 26 I Rn. 4.

137 *Maurach/Zipf*, Strafrecht AT, § 26 I Rn. 4.

138 *Maurach/Zipf*, Strafrecht AT, § 26 I Rn. 4.

soll, bei der Frage der aufgedrängten Nothilfe die gesellschaftlichen Belange aber völlig unberücksichtigt bleiben. Bei einer eigenständigen und gleichberechtigten Bedeutung des überindividualistischen Aspektes für die Erklärung der Nothilfe versteht es sich keineswegs von selbst, dass die Entscheidung, ob der Geltungsanspruch der gesamten Rechtsordnung verteidigt werden soll, in der Kompetenz des Angegriffenen liegt. Überindividualistische Kriterien, die zur Begründung der Schärfe des § 32 StGB herangezogen werden, beziehen sich an sich nur auf die Stabilisierung der Rechtsordnung. Wieso aber gerade der Nothelfer, der sein Eingriffsrecht nur durch die Hinzuziehung von Gemeinschaftsbelangen, d.h. zur Verteidigung der Rechtsordnung, erhalten haben soll, als Wahrer des Rechts von dem Willen des Angegriffenen abhängig sein soll, lässt sich mit einem eigenständigen und gleichberechtigten Rechtsbewährungsprinzip nur schwerlich vereinbaren.[139]

c) (Über-)Betonung des Individualschutzes

Überwiegend wird der Individualschutz als vorrangiges Prinzip innerhalb einer dualistischen Notwehrbegründung herausgestrichen.[140] Nach diesem Verständnis wird der Bewährung der Rechtsordnung nur eine untergeordnete Bedeutung zugeschrieben. Danach tritt „das Allgemeininteresse an der Wahrung der Rechtsordnung ... allein durch das Medium des Einzelrechtsschutzes in Erscheinung“.[141] Dieser Satz geht auf *Jescheck* zurück.[142] Der Individualrechtsschutz stellt nach dieser Auffassung das „Fundament der Notwehr“[143] dar. Verhindert werden soll durch ein derartiges Verständnis, dass sich „der Notwehrübende als ein für die öffentliche Sicherheit und Ordnung zuständiger privater Hilfspolizist versteht und bei der Ausübung dieser Rolle mehr Schaden als Nutzen für die Rechtsordnung bewirkt“.[144] Hat das Rechtsbewährungsprinzip nur eine sekundäre Rolle, so lässt sich die Unzulässigkeit einer aufgedrängten Nothilfe mit dem

139 Allgemein kritisch auch *Renzikowski*, Notwehr, S. 97, *Retzko*, Notwehr, S. 115.

140 *Hirsch*, FS Dreher, S. 211, 219 f.; *Jescheck/Weigend*, Strafrecht AT, § 32 I 2; *Krey*, Strafrecht AT, Rn. 425; *Kühl*, JuS 1993, 177, 180; *ders.*, Strafrecht AT, § 7 Rn. 11; *Lagodny*, GA 1991, 300, 303; *Roxin*, ZStW 93 (1981), 68, 75 f.; *D. Sternberg-Lieben/I. Sternberg-Lieben*, JuS 1999, 444, 446.

141 *Jescheck/Weigend*, Strafrecht AT, § 32 I 2; *Kühl*, JuS 1993, 177, 180; *Hirsch*, FS Dreher, S. 211, 219 f.; *Roxin*, ZStW 93 (1981), 68, 76.

142 *Jescheck*, Strafrecht AT, 1. Aufl., § 32 I 2.

143 So *Kühl*, JuS 1993, 177, 180; *ders.*, Strafrecht AT, § 7 Rn. 11; *Lagodny*, GA 1991, 300, 303; *Roxin*, ZStW 93 (1981), 68, 76; in der Sache auch *D. Sternberg-Lieben/I. Sternberg-Lieben*, JuS 1999, 444, 446.

144 *Roxin*, ZStW 93 (1981), 68, 76; zustimmend *Kühl*, JuS 1993, 177, 179; *ders.*, Strafrecht AT, § 7 Rn. 12.

fehlenden Interesse des Angegriffenen an einer Verteidigung seiner Individualrechtsgüter begründen. Hinter der Eingrenzung der Nothilfe steht ersichtlich die Bestrebung, das schneidige Notwehrrecht zumindest in einem Teilbereich, d.h. bei der Fremdverteidigungsbefugnis Dritter, abzumildern, wenn sich der Angegriffene nicht verteidigen lassen möchte. Diese Schlussfolgerung erscheint aber etwas unstimmig, wenn der Blick auf die konstruktive Begründung der Nothilfe gerichtet wird. So führen *Jescheck/Weigend* aus, die „sozialrechtliche Seite" des § 32 StGB zeige sich „in der unbeschränkten Zulassung der Nothilfe".[145] Die sozialrechtliche Komponente ist für die beiden Autoren „die Rechts*ordnung*, die dem Unrecht nicht zu weichen braucht".[146] Wenn aber die sozialrechtliche Seite bei der Nothilfe derart im Vordergrund stehen soll und diese mit überindividualistischen Erwägungen wie dem Schutz der Rechtsordnung erklärt wird, dann ist zweifelhaft, weshalb eine gegen den Willen des Angegriffenen ausgeübte Nothilfe an anderer Stelle[147] kategorisch abgelehnt wird.[148] Mit der gleichen Betonung des sozialrechtlichen Elements bei der Fremdverteidigung hat *Spendel* das gegensätzliche Ergebnis, d.h. die unbeschränkte Zulässigkeit einer gegen den Willen des Angegriffenen ausgeübten Nothilfe, begründet.

d) Kritik

Der Blick auf die Erklärung der Nothilfe hat bereits gewisse Uneinigkeiten aufgedeckt. Zudem versteht es sich keineswegs von selbst, wenn die Nothilfe nur durch den (zusätzlichen bzw. eigenständigen) Gedanken der Verteidigung des Rechts erklärt werden soll und der Nothelfer damit „beliehen" ist, für die verfasste Allgemeinheit das Recht zu wahren, der Wille des Angegriffenen vom Nothelfer aber beachtet werden muss. Auch diejenigen, die sich in einzelnen Beiträgen ausführlicher mit der Frage der aufgedrängten Nothilfe beschäftigt haben, kommen auf der Grundlage einer dualistischen Notwehrlehre zu einer differenzierenden Lösung, wonach beide Grundgedanken angemessen berücksichtigt werden sollen.[149] Diese Vielstimmigkeit lässt insgesamt Zweifel daran aufkommen, ob die erzielten Ergebnisse letztlich noch aus der Norm des § 32 StGB ab-

---

145 *Jescheck/Weigend*, Strafrecht AT, § 32 I 2.

146 *Jescheck/Weigend*, Strafrecht AT, § 32 I 1. Dass diese Aussage überindividualistisch zu interpretieren ist, stellt auch *Schmidhäuser*, GA 1991, 101, 114, fest. *Schmidhäuser* lässt aber - anders als die Verfasser - eine Nothilfe gegen den Willen des Angegriffenen zu, vgl. dazu bereits oben 1. Kap. I. 1. a).

147 *Jescheck/Weigend*, Strafrecht AT, § 32 IV 1.

148 Ebenso kritisch bereits *Wagner*, Notwehrbegründung, S. 34 Fn. 31.

149 *Seier*, NJW 1987, 2476 ff.; *I. Sternberg-Lieben/D. Sternberg-Lieben*, JuS 1999, 444 ff.; zuletzt *Heller*, Nothilfe, S. 239 ff. Vgl. dazu unten 2. Kap. III. 3. a) und b).

geleitet werden oder ob nicht vielmehr das eigene staatstheoretische Verständnis bzw. kriminalpolitische Richtungen über die Auslegung einzelner Problemfelder des Notwehrrechts entscheiden. Zumindest muss die Flexibilität der Beurteilungsgrundlage die Überzeugungskraft einer dualistischen Notwehrdoktrin in Frage stellen.[150]

Eine gewisse Beliebigkeit im Umgang mit dem Rechtsbewährungsgedanken muss auch konstatiert werden, wenn das Augenmerk auf die Erklärung anderer notwehrrechtlicher Besonderheiten gerichtet wird. Von vielen Anhängern einer dualistischen Notwehrlehre, auch von denen, die den Individualschutz ansonsten als Fundament der Notwehr einstufen, wird nicht selten argumentiert, die fehlende Ausweichpflicht des Angriffsopfers könne nur durch das Rechtsbewährungsprinzip plausibel erklärt werden. Seine Rechtsgüter könne der Angegriffene ja bereits viel effektiver durch eine Flucht vor dem Angreifer als durch eine aktive Gegenwehr schützen. Geleugnet wird damit, dass es in diesen Fällen um individualrechtliche Belange des Angegriffenen geht.[151] Der Grund für die fehlende Ausweichpflicht soll nur darauf basieren, dass dem Einzelnen die Chance gegeben werden soll, die Rechtsordnung als eine überpersönliche Macht gegen Übergriffe zu verteidigen.[152] Damit gewinnt das Rechtsbewährungsprinzip in der Tat eine eigenständige Funktion.[153] In der Frage der Begründung der fehlenden Ausweichpflicht handelt es sich um einen ganz wesentlichen Baustein in der Architektur der dualistischen Notwehrlehre. Gerade das Fehlen einer Ausweichpflicht soll die Tragfähigkeit einer individualistischen Notwehrbegründung erschüttern und die Vorzugswürdigkeit einer dualistischen Notwehrlehre beweisen können. Exemplarisch sei hier *Kühl* als Anhänger einer dualistischen Notwehrdoktrin genannt, der einem individualistischen Ansatz vorwirft, das Fehlen der Ausweichpflicht sei ohne Hinzuziehung des Rechtsbewährungsgedankens „wohl gar nicht" zu erklären.[154] Noch deutlicher hat sich *Kühl* an anderer Stelle geäußert, wenn er ausführt: Der Angegriffene „darf sich eben verteidigen und muss nicht ausweichen, was sich nicht mit dem Individualschutz vereinbaren lässt, wenn ein Ausweichen die durch den Angriff bedrohten Individualrechtsgüter des Angegriffenen optimal, dh besser als eine Verteidigungshandlung schützen wür-

150 Allgemein kritisch gegenüber der dualistischen Notwehrlehre auch *Bitzilekis*, Einschränkung, S. 47 ff.; *Erb*, MünchKomm, StGB, § 32 Rn. 11; *Kargl*, ZStW 110 (1998), 38, 39 ff.; *Klesczewski*, FS E. A. Wolff, S. 225, 236 ff.; *Kroß*, Notwehr, S. 23; *Pitsounis*, Modernes Strafrecht, S. 227, 258.

151 So etwa *Bockelmann*, FS Dreher, S. 19, 30; *Kühl*, FS Triffterer, S. 149, 150; zurückhaltender aber *ders.*, Strafrecht AT, § 7 Rn. 12.

152 *Roxin*, ZStW 93 (1981), 68, 71.

153 Ebenso konstatiert von *Fuchs*, Notwehr, S. 41.

154 *Kühl*, JuS 1993, 177, 182; *ders.*, Strafrecht AT, § 7 Rn. 18.

de. Daß der Angegriffene trotz dieser optimalen Selbstschutzmöglichkeit den Angriff abwehren ... darf, erklärt erst das Rechtsbewährungsprinzip, nach dem das Recht dem Unrecht nicht zu weichen braucht."[155] Nach dieser Argumentation wäre also eine Verteidigung völlig unabhängig von Individualschutzbelangen allein aus Gründen der Rechtsbewährung möglich und zulässig. Zweifelhaft ist dann aber, weshalb dieses zur Erklärung der Schärfe des § 32 StGB so unverzichtbare „öffentliche"[156] Prinzip der Rechtsbewährung, das bei der Erklärung der fehlenden Ausweichpflicht eine eigenständige Funktion haben soll, bei der aufgedrängten Nothilfe der Kompetenz des Angegriffenen unterliegen soll bzw. kann.[157] Verteidigt der Nothelfer nicht auch die Rechtsordnung als überpersönliche Macht, wenn der Angegriffene dem Angriff ausweichen möchte und dem Nothelfer deshalb ein Einschreiten untersagt? Bei der aufgedrängten Nothilfe ist der Rechtsbewährungsgedanke damit – im Gegensatz zur Erklärung der fehlenden Ausweichpflicht – kein eigenständiges Prinzip, sondern vielmehr ein bloßer Nebeneffekt bzw. Reflex einer (erwünschten) Verteidigung. Weshalb dieses untergeordnete Prinzip dann aber gerade Aufschluss über die besondere Schneidigkeit der Notwehr geben soll, ist zumindest in Zweifel zu ziehen.

Es bleibt festzuhalten, dass der Gedanke der Rechtsbewährung in den Fällen der aufgedrängten Nothilfe – anders als bei der Erklärung der fehlenden Ausweichpflicht – zumindest von denjenigen, die im Individualschutz das Fundament der Notwehr erblicken, eine aktive Verteidigung nicht rechtfertigen soll. Deutlich erkennbar wird damit eine gewisse Beliebigkeit in der Argumentation mit dem Rechtsbewährungsgedanken und dem qualitativen Verhältnis zum Individualschutz. Das Verhältnis der beiden Grundgedanken zueinander scheint bei den unterschiedlichsten Fragestellungen zu variieren.[158] Damit ist fraglich, ob

155 *Kühl*, FS Triffterer, S. 149, 150.

156 So *Geilen*, Jura 1981, 200. Zum Teil wird von einer „überpersönlichen Legitimation" (so *Kühl*, JuS 1993, 177, 180) bzw. einer „überpersönlichen Macht" [so Roxin, ZStW 93 (1981), 68, 71] gesprochen. Auch diese Formulierungen zeigen, dass es sich bei dem Rechtsbewährungsprinzip um Erwägungen des Allgemeininteresses handelt.

157 Kritisch gegenüber der Lösung der Fälle der aufgedrängten Nothilfe auf der Grundlage eines dualistischen Notwehrverständnisses auch (als Anhänger einer pluralistischen Notwehrdoktrin) *Seier*, NJW 1987, 2476, 2480: „Daß die Selbstbehauptung des Angegriffenen im Vordergrund steht, ist eine ad hoc aufgestellte These, die keine Begründung findet. Gerade für die dualistische Notwehrlehre läge doch eine mittlere Lösung nahe, die beidem gleichermaßen Rechnung trägt, dem Gedanken des Individualschutzes ebenso wie dem der Rechtsbewährung."

158 Dementsprechend ist etwa bei *Eser/Burkhardt*, Strafrecht I, S. 117 Rn. 4, zu lesen: „Diese Individual- bzw. Gemeinschaftsbelange brauchen jedoch nicht immer gleichmäßig stark gegeben zu sein, denn je nach dem, ob im Einzelfall das Selbst-

aus den Grundgedanken noch verlässliche Schlüsse in Bezug auf die Reichweite und Grenzen von Notwehr und Nothilfe gezogen werden können.[159] Hat das Rechtsbewährungsinteresse nur eine nachgeordnete Bedeutung, dann kann es kaum als Geltungsgrund des § 32 StGB bzw. als Erkenntnisquelle für die Auslegung einzelner Problemfelder dienen.

Problematisch ist auch der mit der dualistischen Notwehrlehre verbundene Antagonismus.[160] Einmal soll der überindividualistische Aspekt die Begründung der schrankenlosen Notwehr rechtfertigen. Unter der Rubrik der „sozialethischen" Schranken wird dieses Rechtsbewährungsprinzip aber herangezogen, um gerade die Einschränkungen des § 32 StGB erklären zu können. Auch hier lässt sich bei einer unterschiedlichen Gewichtung des Rechtsbewährungsinteresses nahezu jedes Ergebnis erzielen.

3. Opportunitätsprinzip und aufgedrängte Nothilfe

Möglicherweise lässt sich auf der Grundlage einer dualistischen Notwehrlehre doch eine sachgerechte Lösung für die Fälle der aufgedrängten Nothilfe finden. Die Grenze der Dispositionsbefugnis des Angegriffenen könnte darin bestehen, dass der Angriff die Voraussetzungen eines Offizialdelikts erfüllt.

Das Opportunitätsprinzip wird auch in anderen notwehrrechtlichen Fragestellungen von einigen Anhängern einer dualistischen Notwehrdoktrin in der Diskussion um die Reichweite des § 32 StGB herangezogen. Begründet werden sollen damit mögliche Restriktionen der Notwehr. Argumentiert wird dabei wie folgt: Eine Einschränkung des Notwehrrechts soll nur durch eine erhebliche Verminderung des Rechtsbewährungsinteresses zu erklären sein. Diese Abschwächung des Rechtsbewährungsinteresses soll dogmatisch mit dem Opportunitätsprinzip des § 153 StPO begründet werden.[161] Aus dieser Norm soll sich ergeben, dass der Gesetzgeber eine Prävention durch Sanktionierung nicht als

---

schutz- bzw. das Rechtsbewährungsinteresse zurücktritt, kann sich eine Einschränkung, wenn nicht sogar ein Wegfall des Notwehrrechts ergeben."

159 Kritisch auch *Erb*, MünchKomm, StGB, § 32 Rn. 11: „zirkuläre Scheinbegründung"; *Fuchs*, Notwehr, S. 39 ff.; kritisch in Bezug auf die Erklärung der Einschränkung des Notwehrrechts in den Provokationsfällen auch *Loos*, FS Deutsch, S. 233, 239: „keine zwingenden oder auch nur plausiblen Gedankenschritte zu konkreten Entscheidungen".

160 Vgl. etwa die Kritik von *Bitzilekis*, Einschränkung, S. 48; *Koriath*, FS Müller-Dietz, S. 361, 369.

161 *Krause*, GS H. Kaufmann, S. 673, 686; *ders.*, FS Bruns, 71, 87; *Roxin*, Strafrecht AT, § 15 Rn. 73; *ders.*, ZStW 93 (1981), 68, 95.

schlechthin unerlässlich ansehe.[162] Wenn eine vergleichsweise harmlose Strafsanktion nicht einmal notwendig angezeigt sei, dann entspreche eine Rechtsbehauptung durch lebensgefährliche Verletzungen erst recht nicht dem Zweck des Gesetzes.[163] Wenn die Existenz der Vorschrift des § 153 StPO tatsächlich darauf hindeuten sollte, dass das Rechtsbewährungsinteresse in diesen Fällen abgeschwächt bzw. aus präventiver Sicht eine Notwehrbefugnis nicht angezeigt ist, dann stellt sich die Frage, ob nicht auch der Umkehrschluss dieser Aussage gelten müsste. Ist das Interesse an der Rechtsbewährung und der damit verbundenen Prävention in den schwerwiegenden Fällen, in denen die Geringwertigkeitsgrenze des § 153 StPO überschritten worden ist und die Strafverfolgung nicht vom Strafantrag des Verletzten abhängig ist, nicht so groß, dass auch eine zulässige Nothilfe gegen den Willen des Angegriffenen angenommen werden könnte oder müsste? Diese Konsequenz wird von den Anhängern einer an § 153 StPO orientierten Argumentation nicht gezogen.[164]

Gegen die Übertragung der Grenze des § 153 StPO sprechen auch allgemein, d.h. sowohl in Bezug auf die erklärten Einschränkungen des § 32 StGB als auch im Hinblick auf die Frage der aufgedrängten Nothilfe, gewichtige Bedenken. Eine Befugnis zur Notwehr hängt gerade nicht davon ab, dass der Angriff mit staatlichen Strafsanktionen geahndet werden muss. Aus diesem Grunde kann die Parallele zum Recht der staatlichen Sanktionen keinen Hinweis auf eine besonders schwache Ausprägung des Rechtsbewährungsprinzips darstellen.[165] Auch als Anhaltspunkt für ein besonders starkes Bedürfnis nach Rechtsbewährung und damit als mögliche Grenze, wann der Wille des Angegriffenen bei der Nothilfe beachtlich ist, kann die Parallele zum Recht der staatlichen Sanktionen nicht herangezogen werden.

4. Die generalpräventive Erklärung des § 32 StGB

Häufig wird der Rechtsbewährungsgedanke mit der präventiven Funktion der Notwehr verbunden.[166] Besonders klar wird dieser Gedanke von *Roxin* formuliert: „Das Rechtsbewährungsprinzip dient der Generalprävention, indem durch

162 *Roxin*, Strafrecht AT, § 15 Rn. 73; *ders.*, ZStW 93 (1981), 68, 95.
163 *Roxin*, ZStW 93 (1981), 68, 95.
164 *Roxin*, Strafrecht AT, § 15 Rn. 99, und *Krause*, GS H. Kaufmann, 673, 674, lehnen die Zulässigkeit einer aufgedrängten Nothilfe ab.
165 Ebenso kritisch *Frister*, GA 1988, 291, 311; *Geilen*, Jura 1981, 370, 377; *Jakobs*, Strafrecht AT, 12/47 Fn. 101; *Kühl*, Strafrecht AT, § 7 Rn. 179; *Renzikowski*, Notwehr, S. 109.
166 Vgl. bereits oben 1. Kap. II. 1.

die Abwehr des Angriffs potentiellen anderen Rechtsbrechern gezeigt werde, daß man nicht ohne Risiko jemanden angreift. Die Überlegung, daß einem Angreifer vom Angegriffenen und jedem ihm zu Hilfe Eilenden Schäden drohen, die möglicherweise weit größer sind als die vom Angreifer ausgehende Gefahr und der von ihm erstrebte Vorteil, ist ganz allgemein geeignet, von Angriffen abzuschrecken und die Rechtstreue der Bevölkerung zu stabilisieren."[167] Angesprochen wird damit die Verbindung des Rechtsbewährungsprinzips mit der Präventionswirkung der Notwehr. Ob der Notwehr diese Funktion zugrunde liegt bzw. liegen kann, soll im Folgenden etwas näher beleuchtet werden.

Durch die Annahme, der Verteidigungsakt des Einzelnen übe wie die Sanktion präventiven Charakter aus, wird zunächst die Frage aufgeworfen, ob die Notwehr überhaupt faktisch eine präventive Wirkung entfaltet. Die These von der abschreckenden Wirkung der Notwehr ist bisher nicht wissenschaftlich belegt worden.[168] Aufgrund dieser empirischen Unsicherheit fallen die Bewertungen über den Abschreckungseffekt der Notwehr in der strafrechtlichen Literatur dementsprechend unterschiedlich aus.[169] Zumindest in Bezug auf die generelle Abschreckung vor weiteren Angriffen erscheint es fragwürdig, weshalb sich der Angreifer von dem Notwehrakt seines Opfers, das sich der Täter ja gezielt aussuchen kann, abschrecken lassen soll, von einem institutionalisierten Sanktionsapparat und einer Strafandrohung aber nicht.[170] Das heutige Notwehrrecht kennt auch keine Verpflichtung zur Verteidigung. Jedem Bürger ist es anheim gestellt, ob er sich Angriffen Dritter gegenüber zur Wehr setzen will. Die Bereitschaft der Bevölkerung zur Verteidigung soll dabei nicht besonders stark ausgeprägt sein, da bei einer aktiven Verteidigung häufig auch das Risiko einer eigenen Verlet-

---

167 *Roxin*, ZStW 93 (1981), 68, 73 f.; ähnlich auch *ders.*, Strafrecht AT, § 15 Rn. 2.

168 *Felber*, Rechtswidrigkeit, S. 100; *Klesczewski*, FS E. A. Wolff, S. 225, 238; *Kroß*, Notwehr, S. 25; *Ludwig*, Angriff, S. 56; *Pitsounis*, Modernes Strafrecht, S. 227, 263 ff.

169 Zweifelnd etwa: *Bernsmann*, ZStW 104 (1992), S. 318: „präventive Effekt minimal"; *Felber*, Rechtswidrigkeit, S. 100: „Es scheint, daß die generalpräventive Wirkung des Notwehrvollzugs doch überschätzt wird."; *Koriath*, FS Müller-Dietz, S. 361, 373: „Das ist außerordentlich zweifelhaft"; *Renzikowski*, Notwehr, S. 90: „unwahrscheinlich, dass die Normierung der Notwehr für sich einen Abschreckungseffekt bewirkt"; *Retzko*, Notwehr, S. 118: „allenfalls von geringem Gewicht". Befürwortend hingegen etwa: *Haas*, Notwehr, S. 157: „Am Abschreckungseffekt der Notwehr kann daher kaum gezweifelt werden"; *Stiller*, Grenzen, S. 56.

170 *Koriath*, FS Müller-Dietz, S. 361, 373; *Kroß*, Notwehr, S. 25; *Pitsounis*, Modernes Strafrecht, S. 227, 264; *Renzikowski*, Notwehr, S. 90; *Retzko*, Notwehr, S. 117; anders *Stiller*, Grenzen, S. 54 ff.

zung besteht.[171] Diese Erwägungen scheinen dafür zu sprechen, dass die generelle Abschreckungswirkung bei der Notwehr von den Anhängern einer präventiven Deutung des § 32 StGB tendenziell überschätzt wird.[172]

Bezweifelt werden muss vor allem der Zusammenhang einer präventiven Funktion der Notwehr und der konkreten Ausgestaltung des Notwehrrechts. In der Öffentlichkeit wird das Notwehrrecht viel restriktiver eingestuft als es die gesetzliche Fassung des § 32 StGB vorsieht. Dies belegt eine empirische Studie zur Akzeptanz des Notwehrrechts in der deutschen Bevölkerung. Danach wird überwiegend davon ausgegangen, dass im Prinzip eine Notwehr nur im Rahmen einer Güterabwägung zulässig ist.[173] Auch eine Ausweichpflicht ist von dem Großteil der Befragten – entgegen der gesetzlichen Ausgestaltung – angenommen worden.[174] Die „sozialethischen" Einschränkungen stießen demgegenüber in der Bevölkerung im Wesentlichen auf Zustimmung.[175] Die schneidige Ausgestaltung der Notwehr wird in der Öffentlichkeit damit gar nicht unbedingt wahrgenommen. Vielleicht stößt die Rigorosität des Notwehrrechts sogar auf Unverständnis. Daher ließe sich auch die Gegenthese formulieren, dass sich gerade die scharfe Form des Notwehrrechts nicht unbedingt stabilisierend auf das Rechtsbewusstsein der Bevölkerung auswirkt.[176]

Unabhängig von diesen Erwägungen kann der Gesetzgeber mit der Regelung des § 32 StGB dennoch präventive Zwecke verfolgt haben. *Roxin* verweist in seinem Lehrbuch darauf, dass die historische Auslegung für den generalpräventiven Zweck der Notwehr und damit auch für das Rechtsbewährungsprinzip spreche.[177] Die Begründung zu dem von der Bundesregierung eingebrachten Strafreformgesetzesantrag E 1962 enthalte zur Legitimierung des Notwehrrechts folgende Erklärung: „Das Notwehrrecht schreckt auch in wirksamer Weise allgemein davon ab, Unrecht zu tun."[178] Nur aus diesem Grund soll das Gesetz dem Angegriffenen in § 32 II StGB eine aktive Verteidigung auch dort zubilligen, wo

---

171 In diese Richtung *Renzikowski*, Notwehr, S. 90 m.w.N; *Pitsounis*, Modernes Strafrecht, S. 227, 264.

172 Kritisch zur Abschreckungswirkung der Notwehr auch *Ludwig*, Angriff, S. 56; *Pitsounis*, Modernes Strafrecht, S. 227, 264; *Renzikowski*, Notwehr, S. 88 f.; anders *Stiller*, Grenzen, S. 52 f.

173 Dazu *Amelung/Kilian*, FS Schreiber, S. 3, 5 f.

174 Vgl. *Amelung/Kilian*, FS Schreiber, S. 3, 7 ff.

175 Unterschiede waren hier nur in den einzelnen diskutierten Fallgruppen der „sozialethischen" Einschränkungen zu beobachten. Vgl. zum Ganzen *Amelung/Kilian*, FS Schreiber, S. 3. 10 f.

176 In Erwägung gezogen von *Ludwig*, Angriff, S. 56; *Kargl*, ZStW 110 (1998), 38, 50; *Pitsounis*, Modernes Strafrecht, S. 227, 265.

177 *Roxin*, Strafrecht AT, § 15 Rn. 1 und 2.

178 BT-Drs. IV/650, S. 157.

eine Flucht zum Ausweichen die Sicherheit des Angegriffenen genauso oder sogar besser gewährleisten würde.[179] Denn jeder in Notwehr abgewehrte Angriff stabilisiere die Rechtsordnung, indem verdeutlicht werde, dass man die Rechtsordnung nicht risikolos verletzen könne.[180]

Gegen diese Argumentation hat *von der Pfordten* folgende Einwände formuliert.[181] Zunächst weiche der Vorschlag in E 1962 im Prinzip nicht von der Notwehrregelung im Preußischen Strafgesetzbuch von 1851 und dem Reichsstrafgesetzbuch von 1871[182] ab. Bei der angeführten Erklärung handele es sich daher um keine Rechtfertigung einer Neuregelung, sondern um die Verhinderung einer Änderung der bestehenden Regelung. Da es zu keiner Änderung gekommen sei, bleibe der ursprüngliche Wille des Gesetzgebers maßgeblich. In Bezug auf diesen Willen könne nicht nachgewiesen werden, dass der Gedanke der Rechtsbewährung neben dem Individualschutz ein eigenständiges Prinzip der Notwehr sein soll. Zudem sei zu beachten, dass der Antrag E 1962 nie Gesetz wurde.[183] Endlich enthalte die Begründung des Gesetzgebungsantrags, welcher entgegen dem Entwurf E 1962 als 2. StrRG am 4.7.1969 beschlossen wurde, keinen Hinweis auf überindividualistische Elemente wie der Rechtsbewährung, Verteidigung der Rechtsordnung bzw. Prävention.[184] *Von der Pfordten* kommt aufgrund der vorstehend genannten Erwägungen sogar zu dem Ergebnis, die historische Auslegung lege den gegenteiligen Schluss nahe und spreche eher gegen die dualistische und für die individualistische Deutung des § 32 StGB.[185] Festhalten lässt sich aber zumindest, dass die historische Auslegung in Bezug auf die Interpretation des § 32 StGB weniger eindeutig ist, als von den Anhängern einer dualistischen Notwehrdoktrin behauptet wird und damit nicht zwingend gegen eine individualistische Konzeption spricht, die ohne das Prinzip der Rechtsbewährung und präventive Erwägungen auszukommen versucht.

Die Annahme, der Notwehr liege die Generalprävention als mitentscheidendes Prinzip zugrunde, muss sich schließlich grundlegenden Einwänden ausgesetzt sehen. Fraglich ist, ob eine an der Präventionswirkung der Notwehr ausgerichtete Argumentation gerade die Schärfe des Notwehrrechts zu erklären vermag. Bejaht man eine Analogie der Notwehr zur Sanktion, welcher eine prä-

179 *Roxin*, Strafrecht AT, § 15 Rn. 2.
180 *Roxin*, Strafrecht AT, § 15 Rn. 2.
181 Vgl. *v. d. Pfordten*, FS Schreiber, S. 359, 361 f.
182 Vgl. RGBl. 1871, S. 137.
183 Ausführlicher dazu *v. d. Pfordten*, FS Schreiber, S. 359, 361.
184 Vgl. BT-Drs. V/4095, S. 14.
185 So *v. d. Pfordten*, FS Schreiber, S. 359, 362; auch nach *Günther*, SK-StGB, § 32 Rn. 12, soll für die individualrechtliche Erklärung des Notwehrrechts die Entstehungsgeschichte sprechen.

ventive Zielsetzung beigemessen wird, so fällt auf, dass die Sanktion schuldangemessen erfolgt. Genauso wie das Verhalten des Obstdiebes nicht mit lebenslanger Strafe sanktioniert wird, müsste bei geringem generalpräventiven Interesse auch nur ein angemessener Notwehrakt erlaubt sein.[186] Mit einer generalpräventiven Deutung lässt sich die unbeschränkte Notwehrbefugnis daher wohl kaum erklären.[187] Auf der anderen Seite kann es Fälle geben, in denen das generalpräventive Interesse derart groß ist, dass der Angreifer aus Gründen der Abschreckung durch den Notwehrakt besonders stark verletzt werden müsste.[188] Konsequenterweise müsste der Angreifer bei einer rein an der abschreckenden Wirkung der Notwehr orientierten Argumentation ohne Maß eigener Schuld Sanktionen ertragen, um potentielle Rechtsbrecher von rechtswidrigem Verhalten abzuhalten.[189] In diesem Fall würde der Angreifer „zum Demonstrationsobjekt der Unverbrüchlichkeit der Rechtsordnung degradiert".[190] Ob ein derartiges Verständnis mit der Menschenwürde des Grundgesetzes und dem heutigen Menschenbild zu vereinbaren ist, muss bezweifelt werden.[191] Gegen eine generalpräventive Deutung der Notwehr spricht auch die konkrete gesetzliche Ausgestaltung der Notwehr. Das Maß der zulässigen Verteidigung richtet sich nicht nach generalpräventiven Zwecken, sondern allein danach, was in der konkreten „Kampflage" zur Abwehr des Angriffs erforderlich ist. Bezugspunkt ist allein das Individualinteresse des Angegriffenen. Unklar bleibt bei einem generalpräventiven Verständnis der Notwehr auch, ob in den Fällen, in denen gegen den Angreifer durch den Verteidigungsakt bereits präventive Interessen durchgesetzt worden sind, noch ein Bedürfnis für eine Bestrafung aus general- bzw. spezial-

---

186 So die Argumentation von *Koriath*, FS Müller-Dietz, S. 361, 374; *Ludwig*, Angriff, S. 57.

187 Kritisch auch *Frister*, GA 1988, 291, 297; *Koriath*, FS Müller-Dietz, S. 361, 374; *Lesch*, Notwehrrecht, S. 28; *Retzko*, Notwehr, S. 117; anders *Roxin*, Strafrecht AT, § 15 Rn. 10, der davon ausgeht, der Gesetzgeber wolle aus generalpräventiven Gründen das Recht gegenüber dem Unrecht und nicht erst gegenüber der Schuld behaupten.

188 Nach *Müssig*, ZStW 115 (2003), S. 224, 233 Fn. 33, ist die „generalpräventive Deutung der Notwehr ... jedenfalls kaum an die Grenzen der Erforderlichkeit zu halten".

189 *B. Koch*, ZStW 104 (1992), S. 785, 793; *Lesch*, Notwehrrecht, S. 28.

190 So *Pitsounis*, Modernes Strafrecht, S. 227, 263; kritisch auch *Klesczewski*, FS E. A. Wolff, S. 225, 238; *B. Koch*, ZStW 104 (1992), 785, 793; *Kroß*, Notwehr, S. 26; *Retzko*, Notwehr, S. 118.

191 Kritik üben auch *B. Koch*, ZStW 104 (1992), 785, 793: „In dieser Auslegung würde Notwehr aber gegen Art. 1 GG verstoßen"; *Pitsounis*, Modernes Strafrecht, S. 227, 263: „menschenverachtend"; Zweifel an der Verfassungsmäßigkeit bei einer generalpräventiven Deutung des § 32 StGB äußert *Retzko*, Notwehr, S. 119; ähnlich *Kroß*, Notwehr, S. 26: „verträgt sich nicht mit den Idealen des Grundgesetzes".

präventiven Erwägungen in Betracht kommt.[192] Fraglich ist letztlich auch, weshalb nicht auch die Niederschlagung rechtswidriger Angriffe ohne oder gegen den Willen des Angegriffen aus präventiven Erwägungen gestattet wird.[193]

Die Schärfe des Notwehrrechts kann nach allem nicht mit der Abschrekkungsfunktion erklärt werden. Wenn eine an präventiven Interessen orientierte Funktion des § 32 StGB bislang kaum auf verfassungsrechtliche Bedenken gestoßen ist, so mag dies daran liegen, dass der Gedanke der Abschreckung in den praktisch relevanten Fällen zumeist nur zur Erklärung der Einschränkungen des Notwehrrechts herangezogen wird. Bei der gegen den Willen des Angegriffenen verübten Nothilfe wird der präventive Gedanke etwa völlig beiseite geschoben. Kriminalpolitische Zielsetzungen können damit nicht Geltungsgrund der Notwehr sein, sondern allenfalls als wünschenswerte Folge neben die eigentliche ratio legis des § 32 StGB hinzutreten.[194]

Überzeugend erscheint auch die in der Literatur bereits vorgetragene generelle Kritik am Rechtsbewährungsgedanken innerhalb einer dualistischen Notwehrlehre. Wenn es sich die Rechtsordnung leisten kann, ihre Staatsorgane bei der Unrechtsbekämpfung an den Grundsatz der Verhältnismäßigkeit zu binden, dann versteht es sich keineswegs von selbst, dass eine erfolgreiche Verteidigung der Rechtsordnung durch private Bürger gerade mit den unverhältnismäßigen Mitteln des Notwehrrechts gewissermaßen „um jeden Preis“ durchgesetzt werden soll. Fraglich ist, ob der Bürger nicht auch dort, wo er als „Beliehener“ bzw. als „Statthalter des Rechts“ eingesetzt wird, um das Recht schrankenlos zu behaupten, den gleichen Begrenzungen unterworfen sein müsste wie die staatlichen Organe.[195] Wenn sich ein Angegriffener zu seiner eigenen Verteidigung oder ein Nothelfer für einen angegriffenen Mitbürger einsetzen darf und dabei keinerlei Beschränkungen bestehen, dann spricht dies eher dafür, dass der Gesetzgeber hier die Interessen des Angriffsopfers möglichst umfassend schützen möchte und er seinen Bürger dort, wo er zur Gefahrenabwehr nicht präsent ist, nicht auch noch dazu verpflichtet, Übergriffe anderer Personen ohne ein Recht zur Selbstverteidigung dulden zu müssen.

---

192 In diese Richtung *Koriath*, FS Müller-Dietz, S. 361, 374.

193 In diesem Punkt auch kritisch gegenüber der dualistischen Notwehrlehre *Ludwig*, Angriff, S. 59; *Wagner*, Notwehrbegründung, S. 31 Fn. 31.

194 So im Ergebnis auch *Kargl*, ZStW 110 (1998), 38, 48; *Kratzsch*, StV 1987, 224, 228.

195 In diese Richtung zielt auch die Kritik von *Erb*, MünchKomm, StGB, § 32 Rn. 10; *Günther*, SK-StGB, § 32 Rn. 13.

5. Fazit

Die dualistische Notwehrlehre erschwert die Lösung einzelner Auslegungsfragen, wenn die alleinige Heranziehung der einzelnen Grundgedanken zu einem entgegengesetzten Ergebnis führen würde. Die unterschiedliche Akzentuierung der beiden Elemente hat gezeigt, dass gerade in der Frage der aufgedrängten Nothilfe von den Vertretern einer pluralistischen Notwehrdoktrin die verschiedensten Ergebnisse erzielt werden (können). Darüber hinaus erscheint es als problematisch, gerade die Heranziehung des Rechtsbewährungsgedankens dafür ins Feld zu führen, dass der einzelne Bürger im Rahmen des § 32 StGB nicht an den Grundsatz der Verhältnismäßigkeit gebunden ist. Der Topos der „Rechtsbewährung" kann nach allem auch im Rahmen einer dualistischen Notwehrlehre keine überzeugende Begründung für die Schneidigkeit des Notwehrrechts liefern. Erörtert werden muss daher, wie Notwehr und Nothilfe ohne die Mitfundierung durch kollektivistische Elemente wie der „Rechtsbewährung" gedeutet werden können.

III. Individualistische Notwehrbegründungen

Auch individualistische Notwehrkonzeptionen haben in der Literatur eine breite Anhängerschaft und gewinnen vor allem in jüngerer Zeit[196] im Verhältnis zur traditionellen dualistischen Notwehrlehre zunehmend an Boden.[197] In den Ein-

196 Vgl. zu älteren individualistischen Erklärungsansätzen *Haas*, Notwehr.

197 *Constadinidis*, actio, S. 98 ff.; *Erb*, MünchKomm, StGB, § 32 Rn. 12 ff. [anders noch zuvor *ders.*, ZStW 108 (1996), 266, 289]; *Fechner*, Grenzen, S. 167; *Freund*, Strafrecht AT, § 3 Rn. 90; *Frister*, GA 1988, 291, 299 ff.; *Fuchs*, Notwehr, S. 67 ff.; *Günther*, SK-StGB, § 32 Rn. 12 [anders noch zuvor *ders.*, Strafrechtswidrigkeit, S. 305, 326]; *Heuchemer*, JA 2000, 382, 385; *Hohmann/Matt*, JR 1989, 161, 162; *Hoyer*, JuS 1988, 89, 94 ff.; *Hruschka*, Strafrecht AT, S. 137, 141; *ders.*, FS Dreher, 189, 200; *Jakobs*, Strafrecht AT, 12/7; *Keller*, Provokation, S. 280; *Kinnen*, MDR 1974, 631, 633; *Kioupis*, Notwehr, S. 67 ff.; *B. Koch*, ZStW 104 (1992), 785, 791; *M. Koch*, Nothilfe, S. 131 ff.; *Köhler*, Strafrecht AT, S. 261 ff.; *Koriath*, FS Müller-Dietz, S. 361 ff.; *Kratzsch*, StV 1987, 224, 228; *ders.*, FS Oehler, 65, 80; *Kroß*, Notwehr, S. 56 ff.; *Lesch*, Notwehrrecht, S. 31 ff.; *Loos*, FS Deutsch, S. 233, 240; *Ludwig*, Angriff, S. 88 f.; *Mitsch*, GA 1986, 533, 545; *ders.*, Provokation, S. 116; *ders.*, JA 1989, 79, 84; *ders.*, Baumann/Weber/Mitsch, Strafrecht AT, § 17 Rn. 1, 40; *Montenbruck*, Notwehr, S. 34 ff.; (wohl auch) *Murmann/Rath*, NStZ 1994, 215, 216; *Müssig*, ZStW (2003), 224, 232 Fn. 33; *Neumann*, Zurechnung, S. 162 ff.; *ders.*, Modernes Strafrecht, S. 215, 225; *ders.*, NK-StGB, § 34 Rn. 13; *Pawlik*, ZStW 114 (2002), 259, 265; *v. d. Pfordten*, FS Schreiber, S. 359, 370 ff.; *Renzikowski*, Notwehr, S. 275 ff.; *ders.*, FS Lenckner, S. 249, 251; *Retzko*, Notwehr,

zelheiten besteht freilich auch innerhalb dieser Meinungsgruppe Uneinigkeit. Die Verfechter einer individualistischen Notwehrdoktrin stimmen aber in einem Punkte überein: kollektive Interessen, d.h. Gesichtspunkte der Verteidigung der Rechtsordnung bzw. des abstrakten Rechts, sind zur Begründung des Rechts zur Notwehr und Nothilfe entbehrlich. Der Blick wird allein auf den interpersonalen Konflikt zwischen Angegriffenem und Angreifer gerichtet. Unterschiedlich akzentuiert wird dabei allerdings, welche Aspekte die Schneidigkeit der Notwehr im Verhältnis zu den übrigen Notrechten erklären sollen. Zum Teil wird das Augenmerk stärker auf die Person des Angegriffenen oder des Angreifers gerichtet. Andere weisen auf Spezifika hin, welche sich aus dem bilateralen Verhältnis beider Konfliktparteien ergeben würden. Herausgegriffen werden sollen an dieser Stelle einige Ansätze, die erste Aufschlüsse über die Deutung des § 32 StGB geben können bzw. sich nicht als geeignet erweisen, die Schärfe des § 32 StGB im Verhältnis zu den übrigen Notrechten aufzeigen zu können.[198] Im Anschluss an die Erörterung dieser Erklärungsmodelle soll versucht werden, das Recht zur Selbst- und Fremdverteidigung individualistisch zu interpretieren.

1. Psychische Bedrängnissituation

Nur vereinzelt wird in der heutigen Beurteilung die psychische Bedrängnissituation des Angegriffenen als Geltungsgrund für die rigide Ausgestaltung des § 32 StGB angeführt. Besonderheiten ergeben sich bei diesem Ansatz vor allem im Hinblick auf die Erklärung des Rechts zur Fremdverteidigung.

S. 121 ff.; *Runte*, Rechtfertigungsgründe, S. 354; (wohl auch) *Sax*, JZ 1977, 326, 329 Fn. 18; *Stratenwerth/Kuhlen*, Strafrecht AT, § 9 Rn. 58; *Wagner*, Notwehrbegründung, S. 29 ff.; für eine vermittelnde intersubjektive Notwehrbegründung plädiert *Kargl*, ZStW 110 (1998), 38 ff.; eine Notwehrbegründung aus „kategorischen Rechtsprinzipien" im Anschluss an *Kant* befürwortet *Klesczewski*, FS E. A. Wolff, S. 225, 240 ff.

198 Nicht erörtert werden sollen aus Raumgründen die Ansätze von *Hoyer* (JuS 1988, 89 ff.) und *Kargl* (ZStW 110 [1998], 38, 57 ff.). Sie haben sich in der Literatur nicht durchzusetzen vermocht und weisen auch im Hinblick auf die hier vor allem interessierende Reichweite der Nothilfe im Gegensatz zu anderen individualistischen Erklärungen des § 32 StGB keine Besonderheiten auf. Vgl. zur Kritik an dem „weiterentwickelten Vertragsmodell" *Hoyers* etwa die überzeugenden Ausführungen von *Kroß*, Notwehr, S. 44. Stichhaltig erscheinen auch die Einwände, die *Retzko*, Notwehr, S. 136, an der „intersubjektiven Notwehrbegründung" von *Kargl* erhoben hat.

a) Erklärung der Notwehr und Nothilfe

Einseitig auf die Person des Angegriffenen stellen diejenigen ab, die die psychische Zwangslage des Angriffsopfers in den Mittelpunkt ihrer Notwehrbegründung rücken.[199] Herausgestrichen wird dabei letztlich die besondere Schutzbedürftigkeit des Angriffsopfers in der besonderen Angriffssituation. Die Notwehr soll sich – im Verhältnis zu den übrigen Notrechten – durch die Bedrängnis des rechtswidrig Angegriffenen[200], seine Ungeübtheit in der Gefahrenabwehr[201] sowie die Beschränktheit der dem Angegriffenen in der Notwehrsituation zur Verfügung stehenden Mittel[202] unterscheiden. Subjektive Momente wie Überraschungseffekte, Zeitdruck und Bedrohung würden eine Wertabwägung, wie sie die Vorschriften der §§ 34 StGB, 228, 904 BGB vorsehen, erschweren und den Rechtsgrund für das schneidige Notwehrrecht, das gerade keine Güterabwägung kennt, legitimieren.[203]

Problematisch stellt sich für die Vertreter eines psychologisch orientierten Ansatzes die Begründung der Nothilfe dar. Dritte befinden sich nicht unbedingt in der gleichen psychischen Situation wie Angriffsopfer. Soll die Ausnahmesituation des Angegriffenen erst das scharfe Notwehrrecht erklären, so muss diese Architektur in den Fällen Risse bekommen, in denen eine besondere Stresssituation des Verteidigers gar nicht vorliegt. Der Nothelfer wird nicht attackiert und kann in bestimmten Situationen selbst entscheiden, ob er sich in den Konflikt zwischen Angegriffenem und Angreifer einschalten möchte. Auf diesen Überlegungen aufbauend, wird das Nothilferecht von einigen Autoren im Schrifttum auch generell oder in Einzelfällen eingeschränkt.[204]

199 *B. Koch*, ZStW 104 (1992), 785, 790; *Kratzsch*, FS Oehler, S. 65, 80 f.; *ders.*, StV 1987, 224, 228; ähnlich auch *Fechner*, Grenzen, S. 167 f.; *Hoffmann-Riem*, ZRP 1977, 277, 282; *Seelmann*, ZStW 89 (1977), 36, 55; *Wagner*, Notwehrbegründung, S. 30.

200 So *B. Koch*, ZStW 104 (1992), 785, 790; *Kratzsch*, StV 1987, 224, 228; *Seelmann*, ZStW 89 (1977) 36, 57 f.; *Wagner*, Notwehrbegründung, S. 32, der allerdings noch auf weitere Gründe abhebt, die über den psychologischen Ansatz hinausgehen.

201 *B. Koch*, ZStW 104 (1992), 785, 790; *Wagner*, Notwehrbegründung, S. 32; ähnlich auch *Hoffmann-Riem*, ZRP 1977, 277, 282: „Der einzelne, der Selbsthilfe oder Notwehr übt, wird sich regelmäßig in einer persönlichen Extremsituation befinden, für die er keine Routine entwickelt hat und bei der Besonnenheit fast übermenschlich erscheint. Die Rechtsordnung ist daher großzügig bei der Beurteilung seines Tuns."

202 *B. Koch*, ZStW 104 (1992), 785, 790.

203 *Kratzsch*, StV 1987, 224, 228; *ders.*, FS Oehler, S. 65, 80; allgemein auch *Fechner*, Grenzen, S. 167.

204 Berufen können sich diese Vertreter auf Stellungnahmen aus dem älteren Schrifttum, vgl. etwa *Baumgarten*, Notwehr, S. 118: „unabweisbares Bedürfnis, we-

Seelmann argumentiert in Bezug auf die Befugnis zur Nothilfe folgendermaßen: Nur der Angegriffene sei direkt in Mitleidenschaft gezogen, weil ausschließlich dessen Rechtsgütersphäre beeinträchtigt werde.[205] Der Nothelfer befinde sich in einer anderen Position. Er sei als Dritter nicht im gleichen Maße in den Konflikt zwischen Angreifer und Angegriffenem involviert und daher „sehr wohl in der Lage ohne höchstpersönliches Engagement maßvoll abzuwägen".[206] *Seelmann* kommt zu dem Ergebnis, dass das Prinzip der Verhältnismäßigkeit die Grenze der privaten Nothilfe markieren müsse.[207] Bei der Fremdverteidigung soll im Gegensatz zum Recht der Selbstverteidigung eine „Proportionalität zwischen dem angegriffenen und dem durch die Hilfsaktion verletzten Rechtsgut bestehen."[208]

Restriktionen für einen bestimmten Teilbereich der Fremdverteidigung, d.h. für professionelle Nothelfer wie private Sicherheitsunternehmen, werden auf der Grundlage eines psychologisch gefärbten Notwehrverständnisses schließlich von *Hoffmann-Riem* befürwortet.[209] Er begründet diese Einschränkungen mit einem Vergleich zu den Befugnisse von Hoheitsträgern, die im Gefahrenabwehrrecht an den Grundsatz der Verhältnismäßigkeit gebunden sind. Auch wenn professionelle Nothelfer keine hoheitliche Tätigkeit wahrnehmen würden, so sollen doch Parallelen zum hoheitlichen Handeln erkennbar sein. Ähnlich wie bei der Polizei handele es sich um professionelle Nothilfe, wenn sich Sicherheitsunternehmen im Rahmen ihrer Tätigkeit veranlasst sehen, zur Erfüllung ihres Schutzauftrages in fremde Rechtsgüter – wie etwa die des ertappten Diebes – einzugreifen.[210]

---

nigstens der Nothilfe Schranken aufzuerlegen"; *Hold v. Ferneck*, Rechtswidrigkeit II, S. 158 f.: „Die Lage des Nothelfers ist psychologisch und juristisch durchaus nicht dieselbe, wie die des Benötigten, vielleicht selbst dann nicht, wenn der Nothelfer eine dem Benötigten nahestehende Person ist".

205 *Seelmann*, ZStW 89 (1977), 36, 57. *Seelmann* argumentiert in diesem Zusammenhang zwar auch mit der Verletzung der Rechtsordnung und verlässt damit eine individualistische Notwehrerklärung. Die von *Seelmann* bzgl. der Nothilfe vorgenommenen Ableitungen basieren aber auf der fehlenden individuellen Betroffenheit des Nothelfers und sind daher nur auf der Grundlage einer psychologischen Interpretation des § 32 StGB zu erklären. *Seelmann* muss daher – zumindest in Bezug auf die Erklärung der Nothilfe – als Anhänger einer weitgehend psychologischen Deutung des § 32 StGB eingestuft werden.

206 *Seelmann*, ZStW 89 (1977), 36, 58.

207 *Seelmann*, ZStW 89 (1977), 36, 60.

208 *Seelmann*, ZStW 89 (1977), 36, 60; zustimmend *Benfer*, Strafrecht AT, Rn. 169.

209 *Hoffmann-Riem*, ZRP 1977, 277, 282 f. Das Handeln anderer Personen, genannt wird als Beispiel die „Nothilfe aus Zufall" – wie das Eingreifen durch einen Nachbarn – klammert *Hoffmann-Riem*, ZRP 1977, 277, 282, ausdrücklich als Gegenstand seiner Erörterung aus.

210 *Hoffmann-Riem*, ZRP 1977, 277, 283.

Professionelle Nothelfer würden nicht in außergewöhnliche und unerwartete Unfälle verstrickt werden, sondern in Aktionen, die mit ihrem normalen beruflichen Aufgabenkreis in Zusammenhang stehen und auf die sie sich dementsprechend vorbereiten könnten.[211] Da der Nothelfer nicht wie der einzelne Bürger von der Situation überrascht werde, soll eine teleologische Auslegung zu einer generellen Einschränkung des § 32 StGB führen.[212] Eine Ausnahme möchte *Hoffmann-Riem* nur dann annehmen, wenn ein Nothelfer im Rahmen einer Überwachungsmaßnahme selbst in Not gerät und auf individuellen Selbstschutz angewiesen ist.[213] Ansonsten sei es „ausgeschlossen, den Anwendungsbereich der Normen über Notwehr, Nothilfe und Selbsthilfe auf professionelle ‚Nothilfe' zu erstrecken".[214]

b) Kritik

Sowohl die Erklärung des Selbstverteidigungsrechts als auch die daraus abgeleiteten Konsequenzen für die Befugnisse des Nothelfers müssen auf massive Bedenken stoßen.

Ein Vergleich mit den anderen Notrechten deckt bereits die Grenzen dieses Ansatzes auf. Mag der Angegriffene sich in der Regel bei einem auf ihn verübten Angriff auch in einer besonderen Bedrängnissituation befinden, so ist dies kein Spezifikum einer Notwehrlage. Auch beim Notstand kann der Einzelne einer besonderen Stresssituation ausgesetzt sein. Psychologisch wird es kaum einen Unterschied machen, ob jemand von einem Menschen oder einem gefährlichen Kampfhund angegriffen wird. Bei der Notwehr muss der Verteidiger seine Verteidigung aber nicht am Grundsatz der Verhältnismäßigkeit ausrichten. Er darf sich im Prinzip sofort aktiv zur Wehr setzen, d.h. er muss dem Angriff nicht ausweichen. Die Norm des § 228 BGB, die bei Sach- bzw. Tierangriffen als Rechtfertigungsgrund heranzuziehen ist[215], ist anders ausgestaltet. Hier muss der in Gefahr Geratene zunächst versuchen, der Gefahr auszuweichen. Welche Situation den Einzelnen aber mehr überfordert, lässt sich in abstracto nicht entscheiden. Auch im Rahmen des § 34 StGB kann ein in Gefahr Geratener in eine psychische Bedrängnissituation geraten. Diese wird sogar – unter besonderen Umständen – als entschuldigender Notstand von der Vorschrift des § 35 StGB

211 *Hoffmann-Riem*, ZRP 1977, 277, 283.
212 *Hoffmann-Riem*, ZRP 1977, 277, 283.
213 *Hoffmann-Riem*, ZRP 1977, 277, 283.
214 *Hoffmann-Riem*, ZRP 1977, 277, 283.
215 Dies entspricht der nahezu einmütigen Auffassung im strafrechtlichen Schrifttum, vgl. statt aller *Herzog*, NK-StGB, § 32 Rn. 10 m.w.N.; anders nur *Spendel*, LK-StGB, § 32 Rn. 38 ff. (dagegen etwa *Jakobs*, Strafrecht AT, 12/14 Fn. 20a).

privilegiert. Ob jemand in Verwirrung, Stress etc. gerät, hängt bei allen Notrechten von den situativen Umständen des Einzelfalles ab. Zutreffend ist in der Literatur bereits darauf hingewiesen worden, dass ein psychologisch orientierter Notwehransatz die legislatorischen Unterschiede der Notwehr zu den übrigen Notrechten nicht hinreichend zu erklären vermag.[216]

Ein Verteidiger darf bei der Notwehr nach allgemeiner Meinung nur in die Rechtsgüter des Angreifers eingreifen.[217] Unbeteiligte Dritte, die mit dem Angriff nichts zu tun haben, dürfen im Rahmen der Notwehr nicht verletzt werden. Die Notwehr entfaltet ihre rechtfertigende Wirkung nur im Verhältnis Angreifer/Verteidiger. Auch ein Angegriffener, der in eine besondere Stresssituation gerät und aus Furcht etc. einen Unbeteiligten verletzt, wird nicht durch § 33 StGB privilegiert.[218] Sowohl die Vorschrift der Notwehr (§ 32 StGB) als auch diejenige der Notwehrüberschreitung (§ 33 StGB) beziehen sich nur auf das bilaterale Verhältnis zwischen Verteidiger und Angreifer. Die bloße Tatsache, dass sich jemand in einer Stresssituation befindet, kann die konkrete Ausgestaltung des § 32 StGB daher nicht erklären.[219]

Zudem kann die außergewöhnliche Situation des Angegriffenen allein eine fehlende Güterabwägung nicht rechtfertigen. Der Gesetzgeber hat dem Angegriffenen bereits die Vornahme einer gewissen Abwägung auferlegt, wenn er verlangt, dass nur das Verteidigungsmittel ausgewählt werden darf, welches zur Angriffsabwehr erforderlich ist. Auch dabei muss unter Umständen in Bruchteilen von Sekunden eine Entscheidung getroffen werden, die den Einzelnen überfordern kann. Zum Teil wird die Auswahl des mildesten Mittels in der strafrechtlichen Literatur sogar für diffiziler gehalten als die Möglichkeit, bei einer Angriffsabwehr den Grundsatz der Verhältnismäßigkeit zwischen angegriffenem und verletztem Rechtsgut des Angreifers einzuhalten.[220] Dennoch ist die Handlung des Verteidigers rechtswidrig, wenn er sich aus einer psychischen Stress-

---

216 Insoweit kritisch bereits *Kioupis*, Notwehr, S. 44; *M. Koch*, Nothilfe, S. 101; *Kroß*, Notwehr, S. 52; *Kühl*, JuS 1993, 177, 182; *ders.*, Strafrecht AT, § 7 Rn. 17; *Lenckner/Perron*, Schönke/Schröder, StGB, § 32 Rn. 1a; *Ludwig*, Angriff, S. 74 ff.; *v. d. Pfordten*, FS Schreiber, S. 359, 369; *Renzikowski*, Notwehr, S. 121; *Roxin*, Strafrecht AT, § 15 Rn. 3 Fn. 5; *Stiller*, Grenzen, S. 69.

217 Vgl. etwa BGHSt 5, 245, 248; *Gropp*, Strafrecht AT, § 6 Rn. 100; *Günther*, SK-StGB, § 32 Rn. 84; *Herzog*, NK-StGB, § 32 Rn. 54; *Kühl*, Jura 1993, 118 f.; *ders.*, Lackner/Kühl, StGB, § 32 Rn. 18; *Lenckner/Perron*, Schönke/Schröder, StGB, § 32 Rn. 31.

218 Vgl. dazu unten 3. Kap. IV. 2. und V. 4. a).

219 Ungereimtheiten im Zusammenhang mit § 33 StGB monieren auch *Ludwig*, Angriff, S. 77; *Renzikowski*, Notwehr, S. 121; zuletzt *Kroß*, Notwehr, 51; *M. Koch*, Nothilfe, S. 102.

220 In diese Richtung *Schroeder*, FS Maurach, S. 127, 139.

situation heraus in der Wahl des mildesten Mittels vergreift. In diesen Fällen kann das Verhalten des Verteidigers aber auf einer nachgelagerten Ebene durch die Vorschrift des § 33 StGB als straflos bewertet werden.[221] Die Existenz der Norm des § 33 StGB spricht damit gegen eine psychologisierende Deutung des Notwehrrechts. Auch die z.T. befürworteten Einschränkungen der Fremdverteidigungsbefugnis, die damit begründet werden, dass sich der Nothelfer in der Regel anders als der Angegriffene nicht in einer besonderen psychischen Ausnahmesituation befinden soll, müssen auf Bedenken stoßen. Gegen eine Limitierung des Nothilferechts spricht zunächst der eindeutige Wortlaut der Notwehrregelung.[222] § 32 II StGB differenziert im Hinblick auf die Reichweite der Eingriffsbefugnis nicht zwischen Selbst- und Fremdverteidigung. Nach der gesetzgeberischen Formulierung dürfen Angriffe „von sich oder einem anderen“ abgewehrt werden.

Unklar ist weiter, ob die These, Nothelfer seien in den Konflikt zwischen Angegriffenem und Angreifer nicht involviert und könnten daher gewissermaßen kühl–kalkulierend und ohne persönliches Engagement die Situation besser steuern als der Angegriffene, überhaupt zutreffend ist. Häufig werden gerade diejenigen Personen einem Angriffsopfer zur Hilfe eilen, die in irgendeiner besonderen Beziehung zu dem Angegriffenen stehen. Nothelfer werden daher nicht selten Angehörige oder sonstige dem Angegriffenen nahestehende Personen sein.[223] Die Charakterisierung eines kühl-abwägenden Handelns muss vor diesem Hintergrund bereits auf Bedenken stoßen.[224] Eltern, die einen Angriff auf ihr Kind beobachten, werden sich ähnlich betroffen fühlen wie ihr bedrohtes Kind. Weshalb sie sich in einer Situation befinden sollen, in denen sie das Geschehen maßvoll steuern könnten, ist nicht ersichtlich. Ob ein Nothelfer von der Angriffssituation überfordert ist, lässt sich abstrakt nicht beurteilen.

Auch dogmatisch kann dieser Befund belegt werden. Nach der Vorschrift des § 35 StGB sieht der Gesetzgeber von der Erhebung eines Schuldvorwurfs ab, wenn jemand die Grenzen des Notstandes überschreitet, um von sich, einem An-

---

221 Denkbar ist freilich auch das Vorliegen eines Erlaubnistatbestandsirrtums, der zu einer Straflosigkeit des Verteidigers führen kann.

222 *Kühl*, Jura 1993, 233, 235; *ders.*, Strafrecht AT, § 7 Rn. 140; *Roxin*, ZStW 93 (1981), 68, 71 Fn. 8; *ders.*, Strafrecht AT, § 15 Rn. 104; *Seier*, NJW 1987, 2476, 2478; *Spendel*, LK-StGB, § 32 Rn. 145.

223 In Bezug auf Angehörige tendiert auch *Seelmann*, ZStW 89 (1977), 36, 58 Fn. 84, dazu, seine Position zu korrigieren, wenn er davon spricht: „Allenfalls bei Angehörigen i.S. des § 11 Abs. I Ziff. 1 StGB ließe sich an ein persönliches Betroffensein denken, das dem des selbst Notwehr Übenden entspricht. Dieser Personenkreis könnte deshalb wie ein Selbstverteidiger privilegiert werden.“

224 Ebenso die Kritik von *Fechner*, Grenzen, S. 170; *Seier*, NJW 1987, 2476, 2478.

gehörigen oder einer ihm sonst nahestehenden Person eine Gefahr für hochrangige Rechtsgüter wie Leben, Leib oder Gesundheit abzuwehren. § 35 StGB erfasst Situationen, in denen dem Täter die Befolgung der Norm nicht mehr zugemutet werden kann. Auch bei den in der Regelung des § 35 StGB bezeichneten Fällen handelt es sich um Gefahren für den Betroffenen, nicht aber für den Notstandshelfer. Dennoch wird das enge Verhältnis zu dem in Gefahr Geratenen privilegierend berücksichtigt. Wenn aber schon von der Norm des § 35 StGB das Eingreifen in die Rechtsgüter Unbeteiligter aus einem persönlichen Verhältnis zu der in Gefahr geratenen Person berücksichtigt wird, dann erscheint es unverständlich, weshalb die Notwehrregelung des § 32 StGB Eingriffsbefugnisse in Rechtsgüter des verantwortlichen Angreifers zugunsten nahestehender Dritter einschränken sollte.

Die Zweifelhaftigkeit einer an psychologischen Momenten orientierten Differenzierung zwischen Angegriffenem und Nothelfer wird schließlich durch die Norm des Notwehrexzesses bestätigt. Die neutrale Formulierung des § 33 StGB zeigt, dass bei jedem „Täter", d.h. sowohl bei einem Angegriffenen als auch bei Nothelfern, eine Überschreitung der Grenzen der Notwehr aus einem Affektzustand privilegiert werden kann. Wenn aber auch dem Nothelfer bei einer Notwehrüberschreitung unter Umständen Nachsicht gewährt wird, dann ist unklar, weshalb der Gesetzgeber in der Vorschrift des § 32 StGB, dem Bezugspunkt der Notwehrüberschreitung, zwischen der Person des Angegriffenen und der des Nothelfers eine Differenzierung vorgenommen haben sollte.[225]

Weiterhin müssen ergebnisspezifische Erwägungen gegen eine generelle Eingrenzung des Nothilferechts ins Feld geführt werden. Die Begrenzung einer Fremdverteidigungsbefugnis schmälert vor allem den Schutz des Angegriffenen. Gerade diejenigen Personen, die sich nicht selbst verteidigen können und auf fremde Hilfe angewiesen sind, wie etwa alte Menschen, Kinder oder sonst in ihrer Konstitution Benachteiligte, wären von einer Begrenzung der Nothilfebefugnis besonders betroffen.[226] Dies erscheint nicht angemessen. Durch eine Reduzierung der Befugnisse des Nothelfers besteht darüber hinaus die Gefahr einer Ausweitung der Strafbarkeit altruistischen Handelns. Möglicherweise hätte dies die nachteilige praktische Konsequenz, dass die in der Bevölkerung ohnehin wohl nicht besonders verbreitete Bereitschaft zur Hilfeleistung noch weiter eingedämmt wird. Auch eine Auslegung, welche die Gefahr der Verringerung der

---

225 Im Ergebnis auch *Fechner*, Grenzen, S. 170; *Kunz*, ZStW 95 (1983), 973, 991, der die Anwendbarkeit des § 33 StGB für geschulte Sicherheitskräfte allerdings „so gut wie ausgeschlossen" hält.

226 Kritisch auch *Kühl*, Jura 1993, 233, 235; *ders.*, Strafrecht AT, § 7 Rn. 140; *Lenckner/Perron*, Schönke/Schröder, StGB, § 32 Rn. 42; *Roxin*, ZStW 93 (1981), 68, 71 Fn. 8; *ders.*, Strafrecht AT, § 15 Rn. 104; *Seier*, NJW 1987, 2476, 2477.

mitmenschlichen Solidarität in sich birgt, sollte bei der allgemeinen Diskussion um die Begrenzung des Nothilferechts nach dem Grundsatz der Verhältnismäßigkeit berücksichtigt werden.

Zuletzt könnte sich die Eingrenzung des Nothilferechts sogar als Belastung für den Angreifer darstellen. Diese Überlegung soll, da sie auf den ersten Blick als paradox erscheint, etwas näher ausgeführt werden. Die Nothilfe führt im Ergebnis zu zwei positiven Effekten. Zum einen dient sie der Verstärkung des Individualschutzes des Einzelnen, indem auch Dritten die Befugnis eingeräumt wird, altruistisch für angegriffene Mitbürger tätig zu werden. Auf der anderen Seite sorgt die Nothilfe dafür, dass die Rechtsgüter des Angreifers nur insoweit verletzt werden dürfen, als eine Abwehr des Angriffs auch objektiv notwendig ist. Dogmatisch abgesichert wird dies durch die Grenze der Erforderlichkeit. Eine Verteidigung durch den Angegriffenen ist bereits dann rechtswidrig, wenn ein zur Hilfe bereitstehender Dritter den Angriff mit milderen Mitteln als der Angegriffene abwehren könnte. Die Erforderlichkeit wird damit unabhängig von der Person nur nach den zur Verfügung stehenden Verteidigungsmitteln, d.h. rein objektiv, beurteilt. Der Angegriffene muss also in diesen Fällen, wünscht er eine Verteidigung, die Hilfe eines Nothelfers heranziehen. Verteidigt sich der Angegriffene selbst, so ist sein Handeln nicht erforderlich und damit rechtswidrig. Wenn aber der Nothelfer nun an den Grundsatz der Verhältnismäßigkeit gebunden ist, dann wird diese letztlich für den Angreifer vorteilhafte personenneutrale Betrachtung möglicherweise wieder aufgegeben. Die praktischen Konsequenzen sollen an folgendem Beispielsfall[227] illustriert werden: Frau F ist Opfer eines Handtaschendiebstahls geworden. Ihre einzige Möglichkeit, den fliehenden Dieb aufzuhalten, besteht darin, ihn durch einen Schuss zu verletzen. Nothelfer N hat die Situation erblickt und könnte den Dieb aufhalten und ihm unter Einsatz seiner Fäuste die Handtasche wieder abjagen. Die durch die Faustschläge verursachte Einbuße am Rechtsgut der körperlichen Unversehrtheit des Diebes wäre im Verhältnis zur Diebesbeute wohl unverhältnismäßig. Versagt man hier dem Dritten ein potentielles Eingriffsrecht, so müsste dieses Mittel konsequenterweise auch im Rahmen der Erforderlichkeit unberücksichtigt bleiben. Mildestes Mittel wäre dann allein der möglicherweise tödliche Schuss der F.[228] Eine Eingrenzung des Nothilferechts kann sich damit sogar nachteilig für den Angreifer

227 Leicht abgewandelt nach *Seier*, NJW 1987, 2476, 2478.

228 Die problematische Frage, ob auch eine tödliche Verteidigungshandlung zur Abwehr von Angriffen auf Sachgüter nach § 32 StGB gerechtfertigt sein kann, soll dabei unberücksichtigt bleiben.

auswirken. Die Grenze der Erforderlichkeit wird durch eine derartige Betrachtung in Einzelfällen geradezu auf den Kopf gestellt.[229]

Auch praktische Erwägungen sprechen gegen eine generelle Begrenzung des Nothilferechts. Der Einzelne muss genau wissen, wann er zur Abwehr eines Angriffs berechtigt ist. Bietet ein Dritter dem Angegriffenen seine Hilfe an, dann kann es dem Angegriffenen bei einer personenneutralen, rein objektiven Bewertung der Verteidigungsmittel unter Umständen durchaus zumutbar sein, vor einer eigenen Verteidigungshandlung zu überprüfen, ob der Dritte den Angriff schonender abwehren könnte. Wenn der Angegriffene hier aber auch noch die Beschränkungen der Nothilfebefugnis in die Beurteilung der Erforderlichkeit miteinbeziehen müsste, dann wäre diese Grenze praktisch kaum noch handhabbar. Es erscheint für die Beteiligten, d.h. für den Angegriffenen und einen potentiellen Nothelfer, nicht hinnehmbar, derartige juristische Subtilitäten in einer Angriffssituation beurteilen zu müssen. Die Beteiligten müssen vielmehr klar wissen, wer zur Angriffsabwehr potentiell befugt ist. Dies kann nur durch eine objektive Betrachtung der Erforderlichkeit, bei der Nothelfer und Angegriffener die gleichen Eingriffsbefugnisse haben, sichergestellt werden.

Zusammenfassend ist festzuhalten: Sowohl aus dogmatischen als auch ergebnisspezifischen Erwägungen ist eine Eingrenzung der Befugnisse des Nothelfers nach dem Grundsatz der Verhältnismäßigkeit abzulehnen. Bei der Nothilfe verfügt jeder private Nothelfer über die gleichen Eingriffsbefugnisse wie der Angegriffene selbst und ist in seiner Verteidigungsbefugnis nicht an den Grundsatz der Verhältnismäßigkeit gebunden.[230] Vor diesem Hintergrund muss auch die Problematik der aufgedrängten Nothilfe erörtert werden. Gegen die generelle Zulässigkeit einer aufgedrängten Nothilfe spricht die sachspezifische Erwägung, dass die Bindung der Nothilfe an den Willen des Angegriffenen letztlich ein Korrektiv für die weitreichenden Befugnisse im Rahmen des § 32 StGB darstellt. Der Angegriffene kann verhindern wollen, dass dem Nothelfer Rechte in der Angriffsabwehr zustehen, die nicht einmal staatliche Organe – wegen deren Bindung an den Grundsatz der Verhältnismäßigkeit – innehaben.

---

229 Zutreffend bereits *Seier*, NJW 1987, 2476, 2478.

230 Ganz überwiegende Ansicht: *Erb*, Münch/Komm, StGB, § 32 Rn. 163; *Fechner*, Grenzen, S. 171; *Haas*, Notwehr, S. 277; *Heller*, Nothilfe, S. 90 ff.; *Herzog*, NK-StGB, § 32 Rn. 19; *Jakobs*, Strafrecht AT, 12/59 Fn. 115; *Kühl*, Lackner/Kühl, § 32 Rn. 12; *ders.*, Strafrecht AT, Rn. 140; *Lenckner/Perron*, Schönke/Schröder, § 32 Rn. 42; *Maurach/Zipf*, Strafrecht AT, § 26 II Rn. 51; *Roxin*, ZStW 93 (1981), 68, 71 Fn. 8; *ders.*, Strafrecht AT, § 15 Rn. 105; *Seier*, NJW 1987, 2476, 2478; *Spendel*, LK-StGB, § 32 Rn. 145; *Tröndle/Fischer*, StGB, § 32 Rn. 7.

2. Beeinträchtigung der allgemeinen Handlungsfreiheit (Wagner)

Ein vollständiges Notwehrkonzept hat *H. Wagner* vorgelegt. Die Grundthese *Wagners*, bei einem Angriff werde zugleich die allgemeine Handlungsfreiheit beeinträchtigt,[231] findet sich heute in vielen individualistischen Notwehrbegründungen zumindest als Teilbaustein einer auf weiteren Erwägungen basierenden Argumentation.[232] Auch *Wagner* hat sein Hauptaugenmerk bei der Deutung des § 32 StGB auf die Person des Angegriffenen gerichtet.

a) Erklärung der Notwehr und Nothilfe

Wagner sieht die fehlende Abwägung im Rahmen des § 32 StGB durch eine zusätzliche Beschränkung der individuellen Handlungsfreiheit des Einzelnen begründet. Bei der Notwehr gehe es nicht nur um die Verteidigung materieller Interessen, sondern auch um die Beseitigung der durch den Angriff verursachten Zwangssituation.[233] Ebenso wie bei räuberischen und erpresserischen Angriffen verteidige der Einzelne auch beim einfachen Diebstahl nicht nur seine materiellen Güter, sondern seine individuelle Handlungsfreiheit.[234] Bei einem Angriff auf das Eigentum wird nach *Wagner* zugleich die „Gestaltung der persönlichen Sphäre" verletzt.[235] Der hohe Rang, den die Verfassung der individuellen Handlungsfreiheit in Art. 2 I GG beimesse, sei in die Wertabwägung bei der Notwehr einzubringen. Mit der Heranziehung der allgemeinen Handlungsfreiheit als zusätzlichem abwägungsrelevanten Posten möchte *Wagner* sowohl die fehlende Güterabwägung als auch die mangelnde Ausweichpflicht bei der Notwehr erklären. Die Flucht vor dem Angreifer stelle die Handlungsfreiheit des Angegriffenen nicht wieder her, vielmehr beuge sich der Angreifer hier dem Zwang.[236] Im weiteren Verlauf seiner Überlegungen bringt *Wagner* noch zusätzliche Aspekte ins Spiel, die seine individualistische Notwehrkonzeption stützen sollen. So sei die fehlende Abwägung zwischen dem Wert des angegriffenen und dem vom Verteidiger verletzten Gut vom Gesetzgeber vorgenommen worden, da hier auch noch die typische Bedrängnissituation des Angegriffenen sowie dessen Ungeübtheit in Angriffssituationen zu veranschlagen seien.[237] Schließlich verlässt

231 *Wagner*, Notwehrbegründung, S. 31 ff.

232 Etwa bei *Fechner*, Grenzen, S. 167; *Freund*, Strafrecht AT, § 3 Rn. 93; *Günther*, SK-StGB, § 32 Rn. 12; *Kioupis*, Notwehr, S. 44 und 51.

233 *Wagner*, Notwehrbegründung, S. 31.

234 *Wagner*, Notwehrbegründung, S. 31.

235 *Wagner*, Notwehrbegründung, S. 31.

236 *Wagner*, Notwehrbegründung, S. 32.

237 Vgl. zur psychologischen Begründung des § 32 StGB schon oben 1. Kap. III. 1.

Wagner am Ende seiner Ausführungen seinen streng auf die Person des Angegriffenen ausgerichteten Ansatz, wenn er den Unterschied von Notwehr und Notstand, welcher eine Abwägung zwischen den konfligierenden Rechtsgütern ausdrücklich vorsieht, mit der erhöhten „Duldungspflicht des Angreifers" bei der Notwehr begründet.[238]

Auch die Nothilfe erklärt *Wagner* rein individualistisch, wenn er sie als „Verteidigung angegriffener Individualrechtsgüter" qualifiziert.[239] *Wagner* ist zwar der Ansicht, in der Situation der Nothilfe fehle es an der eigenen Bedrängnis und es werde nur die fremde Handlungsfreiheit wiederhergestellt. Er hält aber dennoch eine ungleiche Behandlung von Notwehr und Nothilfe nicht für sachgerecht. Als Argument für eine Gleichbehandlung der Selbst- und Fremdverteidigung führt er zwei Erwägungen ins Feld. Zum einen soll eine Einschränkung der Nothilfe im Verhältnis zur Notwehr zu ungereimten Ergebnissen führen.[240] So wäre der Nothelfer bei einer selbständigen Verteidigung des Angegriffenen möglicherweise bei einer Überschreitung der Grenzen der Nothilfe strafbar, bei einer bloßen Teilnehmerhandlung zugunsten des sich selbst verteidigenden Angegriffenen aber mangels rechtswidriger Haupttat straflos. Zum anderen laufe eine Eingrenzung des Nothilferechts auf einen Widerspruch zu § 323c StGB hinaus. Die Limitierung des Nothilferechts könnte zu Situationen führen, in denen nach der Norm des § 323c StGB eine Handlungspflicht entsteht, obwohl ein Eingreifen in die Rechtsgüter des Angreifers nach der Vorschrift des § 32 StGB an sich verboten wäre.

Hinsichtlich der Frage, ob eine Nothilfe auch gegen den Willen des Angegriffenen als rechtmäßig eingestuft werden soll, kommt *Wagner* zu dem etwas überraschenden Schluss, dass die Fremdverteidigung nicht an den Verteidigungswillen des Angegriffenen angeknüpft werden soll.[241] Erstaunlich ist dieses Ergebnis, da bei einer streng an der Person des Angegriffenen orientierten Auffassung eine Berücksichtigung dessen Interessenlage zu erwarten gewesen wäre. *Wagner* stützt seine Auffassung auch hier auf eine aus der Regelung des § 323c StGB abgeleitete Argumentation.[242] Ein rechtswidriger Angriff i.S. des § 32 StGB stellt zugleich einen Unglücksfall i.S. des § 323c StGB dar.[243] *Wagner* argumen-

---

238 *Wagner*, Notwehrbegründung, S. 34.
239 *Wagner*, Notwehrbegründung, S. 37.
240 *Wagner*, Notwehrbegründung, S. 35.
241 *Wagner*, Notwehrbegründung, S. 37.
242 *Wagner*, Notwehrbegründung, S. 37.
243 Dass ein rechtswidriger Angriff einen „Unglücksfall" i.S.d. § 323c StGB begründen kann, ist unstreitig (vgl. statt vieler etwa *Cramer/Sternberg-Lieben*, Schönke/Schröder, StGB, § 323c, Rn. 7; *Maurach/Schroeder/Maiwald*, Strafrecht BT II,

tiert nun, dass diejenigen, die den Willen des Angegriffenen als beachtlich für das Nothilferecht aus § 32 StGB einstufen, bei einem entgegenstehenden Willen des Angegriffenen die Erforderlichkeit der Hilfeleistung verneinen müssten.[244] *Wagner* hält dies für nicht sachgerecht. Zum einen äußert er die Befürchtung, dass dies die Bereitschaft zur Nothilfe in einem unerträglichen Maße verringerte.[245] Zum anderen würde so bei einem vorhandenen Verteidigungswillen des Angegriffenen demjenigen, der einer zumutbaren Hilfeleistungspflicht nach § 323c StGB nicht nachgekommen ist, die oft nicht widerlegbare Einlassung ermöglicht, er habe geglaubt, der Angegriffene wolle den rechtswidrigen Angriff erdulden und habe aus diesem Grunde keine Hilfe geleistet.[246] Daher soll auch eine aufgedrängte Nothilfe als rechtmäßig eingestuft werden.

b) Kritik

Wagner hat mit der Beeinträchtigung der allgemeinen Handlungsfreiheit einen wichtigen Punkt herausgearbeitet, der als ein Teilaspekt zur Begründung des scharfen Notwehrrechts herangezogen kann. Ein rechtswidriger Angriff beeinträchtigt zumindest auch die Handlungsfreiheit des Einzelnen.[247] Gleichwohl erscheint die Einschränkung der individuellen Handlungsfreiheit allein als nicht ausreichend, um Aufschluss über die besondere Schärfe des § 32 StGB geben zu können. Situationen, in denen die persönliche Handlungsfreiheit tangiert wird, lassen sich nicht auf die Fälle der Notwehr begrenzen, sondern sind auch charakteristisch für andere Notrechte. Auch bei einem Tierangriff muss der Einzelne versuchen, sich der Gefahr durch ein Ausweichen zu entziehen. Es muss daher – über die Störung der allgemeinen Handlungsfreiheit hinaus – die Entstehung des gesamten Konflikts mitberücksichtigt werden. Auch *Wagner* erkennt dies, wenn er en passent auf die weitergehende „Duldungspflicht des Angreifers“ hinweist. Damit verlässt er seinen streng auf die Person des Angegriffenen ausgerichteten Ansatz und räumt implizit ein, dass es nicht möglich ist, das Notwehrrecht ausschließlich durch eine auf den Angegriffenen bezogene Sichtweise zu begründen.

Plausibel sind zunächst die Ausführungen zur Erklärung des Nothilferechts. Die Nothilfe kann individualistisch als Recht zur Verteidigung angegriffener Individualrechtsgüter eingestuft werden. Durch die Einräumung einer Nothilfebe-

---

§ 55 II Rn. 15; *Rudolphi*, SK-StGB, § 323c Rn. 7; *Seelmann*, NK-StGB, § 323c Rn. 14).

244 *Wagner*, Notwehrbegründung, S. 37.

245 *Wagner*, Notwehrbegründung, S. 37.

246 *Wagner*, Notwehrbegründung, S. 37; diesem Gedanken zustimmend *Heller*, Nothilfe, S. 227.

247 *V. d. Pfordten*, FS Schreiber, S. 359, 366.

fugnis wird der Schutz des Angegriffenen verstärkt und zugleich die Grenze der Erforderlichkeit abgesichert. Wenig überzeugend sind allerdings die Ausführungen zur Gleichbehandlung von Notwehr und Nothilfe. Hier stellt *Wagner* schwer nachzuvollziehende Erwägungen an und verweist auf einen vermeintlichen Widerspruch zur Vorschrift der unterlassenen Hilfeleistung aus § 323c StGB. Richtig ist insoweit, dass die Rechtsordnung niemandem auf der einen Seite eine Pflicht zur Vornahme einer Handlung (aus § 323c StGB) einräumen kann, auf der anderen Seite aber dem Hilfeleistungspflichtigen ein korrespondierendes Eingriffsrecht (aus § 32 StGB) nicht gewährt.[248] Dennoch trifft der von *Wagner* aufgezeigte Widerspruch in der Sache nicht zu. Bei einer Begrenzung der Nothilfebefugnis könnte theoretisch auch die Hilfeleistungspflicht aus § 323c StGB reduziert werden. Die uneingeschränkte Gleichstellung von Nothilfe und Notwehr ist vielmehr aus individualistischer Sicht auf den Aspekt zurückzuführen, dass die Rechtsordnung dem Individualrechtsschutz eines z.B. durch einen Angriff in Gefahr Geratenen, wie auch § 323c StGB beweist, eine hohe Bedeutung beimisst. Zur Verstärkung des Güterschutzes des Angegriffenen räumt der Gesetzgeber dem Einzelnen ein, sich von Dritten verteidigen zu lassen. Auch die hier bereits angeführten ergebnisspezifischen Erwägungen stützen die Gleichbehandlung von Selbst– und Fremdverteidigung.[249]

Vor allem müssen *Wagners* Überlegungen zur Thematik der aufgedrängten Nothilfe auf Kritik stoßen. Durch die Befürwortung einer auch gegen den Willen des Angegriffenen bestehenden Eingriffsbefugnis verlässt *Wagner* in der Sache den Boden seiner individualistischen Nothilfebegründung. Eine individualistische Betrachtung muss sich an dem Rechtsgüterschutz des Angegriffenen orientieren. Rechtsgüter haben für den Einzelnen keinen Wert in einer Gesellschaft, wenn andere darüber entscheiden dürfen, wie mit ihnen umzugehen ist. Dem Einzelnen muss daher das Recht gewährt werden, über seine Rechtsgüter zu verfügen bzw. die Modalitäten einer Verteidigung seiner Rechtspositionen selbst bestimmen zu können. Durch die starre Lösung *Wagners*, wonach die Nothilfe generell ohne Berücksichtigung der Interessen des Angegriffenen als zulässig erklärt wird, kann aber gerade ein Dritter die Entscheidung über das „Ob" und „Wie" der Verteidigung eines angegriffenen Rechtsgutes für den Rechtsgutsinhaber übernehmen. *Wagner* spricht die Konsequenz eines derartigen Nothilfeverständnisses nicht aus, faktisch funktioniert er die Nothilfe aber – in einem individualistischen Gewande – in ein Recht Dritter zur Verhinderung von Rechtsbrüchen um und kommt damit zu den gleichen Ergebnissen wie die bereits in der Sache abgelehnten überindividualistisch geprägten Notwehr- und Nothilfekon-

248 Vgl. auch *Loos*, FS Oehler, S. 227, 231 ff.
249 Vgl. dazu schon oben 1. Kap. III. 1. b).

zeptionen. Auch der von *Wagner* zur Untermauerung seiner Lösung angeführte Sachgrund, der Einzelne könnte sonst immer behaupten, er habe trotz einer Pflicht zur Hilfeleistung nicht gehandelt, weil er geglaubt habe, der Angegriffene wolle sich gar nicht verteidigen lassen, kann nicht überzeugen. Es mag zwar Fälle geben, in denen diese Schutzbehauptung von Hilfeleistungspflichtigen aufgestellt wird. Dies sind aber letztlich Beweisprobleme, die generell im Rahmen des § 323 c StGB bestehen. Auch bei sonstigen Gefahren für disponible Rechtsgüter darf der Einzelne einen Dritten von der Hilfeleistungspflicht aus § 323 c StGB entbinden, ohne dass die Beachtlichkeit dieses Willens mit der von *Wagner* vorgetragenen Argumentation in Frage gestellt wird. Zudem erkauft sich *Wagner* die vermeintlichen Vorteile, die er sich durch die unbeschränkte Zulässigkeit einer gegen den Willen des Angegriffenen geleisteten Nothilfe verspricht, durch eine Reihe von Nachteilen. So muss bei einer sachspezifischen Argumentation auch berücksichtigt werden, dass es für die Person des Angegriffenen nicht unbedingt vorteilhaft ist, wenn sich Nothelfer ungebeten und gegen den Willen des Angegriffenen in den Notwehrkonflikt einmischen und dabei mehr Schaden als Nutzen bewirken. *Wagners* Lösung führt dazu, dass der Einzelne über seinen Schutz nicht mehr selbst entscheiden darf, sondern Dritte besser wissen, was für andere Menschen richtig ist. Damit wird die Autonomie des Rechtsgutsinhabers vernachlässigt. Ein Ansatz, der den Schutz des Individuums als Kern einer Notwehrbegründung ansieht und daher dem Angegriffenen die Befugnis einräumt, sich selbst zu verteidigen oder durch andere verteidigen zu lassen, muss sich aber an dem Willen der angegriffenen Person orientieren.

Es lässt sich resümieren: Die Befürwortung einer uneingeschränkten, gegen den Willen des Angegriffenen ausgeübten Nothilfe stellt insgesamt einen Bruch in einer rein individualistischen Notwehr- und Nothilfekonzeption dar und lässt sich weder dogmatisch noch ergebnisspezifisch überzeugend begründen.

3. Vorzugswürdige Interpretation der ratio legis des § 32 StGB und Konsequenzen für einzelne Problemfelder

Im Folgenden wird versucht werden, das Recht zur Notwehr und Nothilfe rein individualistisch zu deuten. Zuvor soll noch einmal allgemein auf die Funktion eines Rechtfertigungsgrundes und die praktischen Konsequenzen einer Anwendung des § 32 StGB hingewiesen werden. In der Normentheorie hat die Notwehr den Status einer positiven Erlaubnisnorm.[250] Durch eine solche Erlaubnisnorm wird die Geltung einer Vorschrift, die ein Verhalten generell verbietet, im Ein-

250 *Kelsen*, Allgemeine Theorie der Normen, S. 78 f.

zelfall eingeschränkt. Wird eine Handlung vom Anwendungsbereich einer Erlaubnisnorm erfasst, so ist sie nicht verboten. Bezogen auf § 32 StGB bedeutet dies, dass der Notwehrübende nicht bestraft wird, obwohl seine Handlung eigentlich einen Straftatbestand erfüllt. Beurteilt werden muss, warum jemand, der in Notwehr handelt, von der Gemeinschaft nicht bestraft werden kann. Die Bürger haben die Befugnis zu ihrer Verteidigung grundsätzlich in die Hände der Gemeinschaft gelegt und so auf das elementare Bedürfnis, sich gegen rechtswidrige Beeinträchtigungen ihrer eigenen Rechtssphäre zu verteidigen, verzichtet. Das staatliche Gewaltmonopol enthält das Vorrecht des Staates zur Ausübung physischen Zwangs.[251] Die Zurückdrängung der Privatgewalt durch ein staatliches Verfahren gewährleistet Rechtsfrieden und Rechtssicherheit. Die staatliche Gewalt ist aber nicht in allen Situationen in der Lage, den Schutz der Bürger zu übernehmen und damit den Rechtsfrieden zu sichern. Die zur Aufrechterhaltung der öffentlichen Sicherheit eingesetzten Staatsorgane können (und sollen) nicht überall präsent sein.

Das Recht zur Notwehr stellt einen Grenzfall dar, in dem die private Gewalt ausnahmsweise zulässig ist.[252] Eine Rechtsordnung, die dem Einzelnen Rechtsgüter einräumt, muss ihm im Prinzip auch die Befugnis zur Verteidigung derselben einräumen.[253] Ohne ein Recht zur Selbstverteidigung hätten Rechtspositionen nur einen begrenzten Wert. Es wäre widersprüchlich, wenn eine Gesellschaft die Verteidigung anerkannter Rechtspositionen gegenüber rechtswidrigen Angriffen generell verbieten und bestrafen würde.[254] Die Gewährung einer Selbstverteidigungsbefugnis ist daher für jede Gesellschaftsordnung im Grundsatz unverzichtbar.[255] Nur die Reichweite und Grenzen dieses elementaren Rechts können, dies zeigt der Vergleich zu ausländischen Rechtsordnungen[256], legislatorisch unterschiedlich ausgestaltet werden.

---

251 Vgl. dazu etwa *Burr*, JR 1996, 230 m.w.N.

252 Allgemeine Meinung: *Fuchs*, Notwehr, S. 16; *Isensee*, FS Sendler, S. 39, 52; *Klose*, ZStW 89 (1977), 61, 66; *Kinnen*, MDR 1974, 631, 633; *Jakobs*, Strafrecht AT, 12/2; *Ludwig*, Angriff, S. 61; *Schroeder*, FS Maurach, S. 127.

253 In diese Richtung auch *Neumann*, Zurechnung, S. 166.

254 Ähnlich *Isensee*, FS Sendler, S. 39, 52: „Würde der Gesetzgeber das Notwehrrecht abschaffen, so geriete er in Widerspruch zu den Grundrechten der Angegriffenen, die er nötigte, grundrechtlich geschützte Positionen der privaten Gewalt preiszugeben."

255 Ähnlich *Sax*, JZ 1977, 326, 329 Fn. 18: „der Notwehrer ... ist gerechtfertigt, weil die Rechtsordnung, wenn sie sich als Rechtsordnung nicht selbst aufgeben will, es ihm nicht verbieten kann, es also nicht als Unrecht brandmarken darf, daß er sich zur Wahrung des eigenen Rechts gegen das Unrecht des Angreifers im erforderlichen Maße verteidigt"; in diese Richtung auch *Constadinidis*, actio, S. 106.

256 Dazu etwa *Jescheck/Weigend*, Strafrecht AT, § 32 VII; *Wittemann*, Grundlinien.

a) Das Recht zur Selbstverteidigung

Auch in anderen Notrechten ist es dem Einzelnen erlaubt, seine Güter in Konfliktsituationen zu schützen. Dort sind die Befugnisse zur Wahrung in Gefahr geratener Rechtspositionen hingegen weniger drastisch ausgestaltet, als es die Vorschrift des § 32 StGB gestattet.

Bei allen Notrechten geht es um die Verteilung der Lasten für die Lösung einer Interessenkollision. Im Rahmen des § 32 StGB wird der personale Konflikt zu Lasten des Angreifers gelöst. Die bedrohten Individualrechtsgüter werden in einer Notwehrsituation im Verhältnis zu dem Interesse des Angreifers, durch eine Verteidigungshandlung nicht in seiner Rechtssphäre verletzt zu werden, höher gewichtet. Wenn im Notwehrkonflikt auch elementare Güter des Aggressors gegenüber dem Interesse des Angriffsopfers an einer möglichst umfassenden Verteidigung seiner angegriffenen Güter zurückstehen müssen, dann deutet dies auf die besondere Stellung des Angreifers in der Auseinandersetzung hin. Der Angreifer ist für den Angriff und damit für die Entstehung des interpersonalen Konflikts verantwortlich.[257] Wer durch einen rechtswidrigen Angriff das Rechtsgut eines anderen zu verletzen trachtet, der verletzt ein allgemeingültiges Verbot und setzt sich ins Unrecht. Charakteristisch für die Notwehr ist daher der Konflikt zwischen Recht und Unrecht. Das individuelle Recht des Angegriffenen braucht dem unrechtmäßigen Angriff, d.h. dem individuellen Unrecht, nicht zu weichen.[258] Der Angegriffene darf seine Güter verteidigen, wenn die staatlichen

257 Auf die Verantwortlichkeit des Angreifers für die Entstehung des Konflikts verweisen auch:
(aus rein individualistischer Perspektive) etwa *Fechner*, Grenzen, S. 179; *Freund*, Strafrecht AT, § 3 Rn. 92; *Frister*, GA 1988, 291, 301; *Fuchs*, Notwehr, S. 57; *Günther*, SK-StGB, § 32 Rn. 106; *Hohmann/Matt*, JR 1989, 161, 162; *Jakobs*, Strafrecht AT, 12/18; *Joecks*, FS Grünwald, S. 251, 253; *Keller*, Provokation, S. 280; *M. Koch*, Nothilfe, S. 133 f.; *Köhler*, Strafrecht AT, S. 238, 262; *Lesch*, Notwehrrecht, S. 36 ff.; *Loos*, FS Deutsch, S. 233, 240; *Mitsch*, GA 1986, 533, 545; *ders.*, JA 1989, 79, 84; *ders.*, Baumann/Weber/Mitsch, Strafrecht AT, § 17 Rn. 1; *Montenbruck*, Notwehr, S. 34; *Müssig*, ZStW 115 (2003), 224, 233; *Retzko*, Notwehr, S. 144; *Stratenwerth/Kuhlen*, Strafrecht AT, § 9 Rn. 58; wohl auch *v. d. Pfordten*, S. 359, 371; allgemein auch *Renzikowski*, FS Lenckner, S. 249; aus der älteren Literatur etwa *Beling*, Grundzüge, S. 16.
(als Zusatzaspekt auf der Grundlage einer dualistischen Notwehrlehre) auch *Kühl*, JuS 1993, 177, 183; *ders.*, FS Triffterer, S. 149, 152; *ders.*, Strafrecht AT, § 7 Rn. 19 und 256; *Rudolphi*, GS Armin Kaufmann, S. 371, 386 ff.

258 Den Satz *Berners*, wonach „das Recht dem Unrecht nicht zu weichen braucht" interpretieren ebenfalls rein individualistisch: *Constadinidis*, actio, S. 106; *Erb*, MünchKomm, StGB, § 32 Rn. 2 und 186; *Freund*, Strafrecht AT, § 3 Rn. 92; *Günther*, SK-StGB, § 32 Rn. 20, 28, 34, 86; *Hruschka*, Strafrecht AT, S. 137; *B. Koch*,

Institutionen dazu nicht in der Lage sind. Ein rechtswidriger Angriff zerstört das Vertrauen und Wohlwollen in stärkerem Maße als eine sonstige Notstandssituation. Wenn jemand z.B. im Falle eines Notstandes den Wagen eines anderen unbefugt gebraucht, um eine schwerverletzte Person ins Krankenhaus zu bringen, dann wird dieses Verhalten in der Regel auf Verständnis und Nachsicht stoßen. Jeder Bürger kann sich in derartigen Notsituationen befinden. Die Rechtsordnung fordert denjenigen, in dessen Rechtsgüter eingegriffen wird, mit der Vorschrift des § 34 StGB unter Umständen zur Rücksichtnahme und Solidarität auf, wenn eine Abwägung den Eingriff in die Rechtssphäre des anderen zulässt. Die Solidaritätspflichten sind allerdings schwächer bzw. gänzlich reduziert, wenn sich jemand rücksichtslos und ohne Not über die Interessen anderer hinwegsetzt. Jeder Bürger muss sich darauf verlassen können, dass seine Rechtspositionen nicht durch einen rechtswidrigen und schuldhaften Angriff anderer Mitmenschen gefährdet werden. Als Leitbild des § 32 StGB kann daher die Situation angesehen werden, in der die Konfliktsituation schuldhaft und mutwillig heraufbeschwört wird. In diesen Fällen lässt sich von einer qualifizierten Verantwortlichkeit des Angreifers sprechen. Es wäre zynisch, bürdete man hier dem Angriffsopfer weitgehende Duldungspflichten auf, die dessen Sicherheit gefährden bzw. ihn bei einer nicht gerechtfertigten Verletzung des Angreifers auch noch zum Straftäter machen würden.[259] Geradezu auf den Kopf gestellt würde so die Rollenverteilung im Notwehrkonflikt. Es ist allein der Angreifer, der für die Kollisionssituation verantwortlich ist. Auch geringere Körperverletzungen muss ein Notwehropfer hier nicht hinnehmen, weil es das subjektive Recht des Angegriffenen ist, seine Rechtsgüter zu verteidigen. Diese Deutung hält auch einem Vergleich mit der Vorschrift des § 228 BGB stand. Die Norm des § 228 BGB ist negativ formuliert und schließt nur völlig unverhältnismäßige Maßnahmen aus. In abgeschwächter Form enthält auch der Defensivnotstand einen Verzicht auf eine umfassende Güterabwägung.[260] Beim typischen Fall der Notwehr entscheidet sich der Angreifer bewusst und schuldhaft gegen die Respektierung fremder Interessen. Es ist allein seine Aufgabe, den Angriff zu unterlassen bzw. die Interessenkollision durch einen Abbruch oder Verzicht auf die Fortsetzung seines

ZStW 104 (1992), 785, 792; *Lesch*, Notwehrrecht, S. 24; *Neumann*, Zurechnung, S. 165; *ders.*, Modernes Strafrecht, S. 215, 219 Fn. 15, 219; *Renzikowski*, Notwehr, S. 80 f.; *Sax*, JZ 1977, 326, 329 Fn. 18; *Stratenwerth/Kuhlen*, Strafrecht AT, § 9 Rn. 58.

259 In diese Richtung auch *Erb*, MünchKomm, StGB, § 32 Rn. 2.

260 *Günther*, SK-StGB, § 32 Rn. 12.

Angriffs zu beenden.[261] Systematisch lässt sich der Unterschied zu den anderen Notrechten ohne den Topos der Rechtsbewährung hinreichend erklären.[262]

Beide Aspekte, d.h. die qualifizierte Verantwortlichkeit des Angreifers und der Individualrechtsgüterschutz des Angriffsopfers, vermögen auch Aufschluss über die fehlende Ausweichpflicht zu geben: Die kollidierenden Individualinteressen werden wiederum zu Lasten des Angreifers gewichtet. Wenn das Gesetz dem Angegriffenen das Recht zur aktiven Verteidigung einräumt, so kann dies individualistisch begründet werden, dass es niemandem zugemutet werden muss, sich von vorsätzlich und schuldhaft agierenden Angreifern zu einer Preisgabe seiner Freiheitssphäre oder zur Hinnahme von Rechtsgutsverletzungen nötigen zu lassen.[263] Eine Ausweichpflicht hätte zur Folge, dass die subjektiven Rechte des Angegriffenen hinter denen eines rechtswidrigen und schuldhaften Angreifers zurückgestellt würden. Bei einem Notwehrkonflikt stehen sich aber Recht und Unrecht gegenüber: Das Recht des Einzelnen an der Verteidigung seiner individuellen Rechtsgüter und der sich ins Unrecht begebende Aggressor. Individuelle Interessen wie das Recht, sich im Rahmen der allgemeinen Handlungsfreiheit im Prinzip überall aufhalten zu dürfen, sind aus diesem Grunde höher zu gewichten als das Bedürfnis des Aggressors, durch eine etwaige Verteidigungshandlung des Angegriffenen oder eines Nothelfers nicht verletzt zu werden.[264] In diesem Punkt unterscheidet sich die Notwehr von den anderen Notrechten. Die qualifizierte Verantwortlichkeit des Angreifers vermindert dessen Schutzwürdigkeit.[265] Daher kann die allgemeine Handlungsfreiheit und die damit verbun-

---

261 In diese Richtung auch *Erb*, MünchKomm, StGB, § 32 Rn. 3; *Frister*, GA 1988, 291, 301 f.; *Günther*, SK-StGB, § 32 Rn. 106; *Heller*, Nothilfe, S. 183; *Joecks*, FS Grünwald, S. 251, 253; *Loos*, FS Deutsch, S. 233, 240; *Mitsch*, Provokation, S. 120 f.; *ders.*, GA 1986, 533, 545; *ders.*, JA 1989, 79, 84; *ders.*, Baumann/Weber/Mitsch, Strafrecht AT, § 17 Rn. 1; *Retzko*, Notwehr, S. 144; im Ansatz auch (als Anhänger einer dualistischen Notwehrlehre) *Eue*, JZ 1990, 765 f.: „Bei der Verteidigung wird auf die Interessen des Angreifers keine Rücksicht genommen, weil er sie jederzeit durch Abbruch des Angriffs hätte vermeiden können."

262 Auch nach *Jescheck/Weigend*, Strafrecht AT, § 32 I 2, macht es die individualrechtliche Auffassung verständlich, dass das Wertverhältnis von geschütztem und verletztem Rechtsgut grundsätzlich keine Rolle spielt: „Es kommt allein darauf an, was zur wirksamen Abwehr eines rechtswidrigen Angriffs notwendig ist, nicht darauf, welche Einbußen der Angreifer hinnehmen muss."

263 *Erb*, MünchKomm, StGB, § 32 Rn. 12; *Freund*, Strafrecht AT, § 3 Rn. 93 f.

264 Ähnlich *Günther*, SK-StGB, § 32 Rn. 12: „lebt die Befugnis des Bürgers wieder auf, sich gegen einen rechtswidrigen Angriff, der seine Handlungsfreiheit beeinträchtigt, im Rahmen der Erforderlichkeit selbst zu schützen"; in diese Richtung auch *Freund*, Strafrecht AT, § 3 Rn. 93: „es wäre verfehlt, diese Einbuße als zu vernachlässigende Größe aufzufassen".

265 In der Sache auch *Mitsch*, Baumann/Weber/Mitsch, Strafrecht AT, § 17 Rn. 1.

dene Befugnis, sich an einem Ort aufhalten zu dürfen, ein besonders hohes Gewicht beigemessen werden.[266] Es wird dem Angegriffenen nicht zugemutet, unter Aufgabe seiner subjektiven Rechtspositionen vor dem Angreifer möglicherweise ständig auf der Flucht zu sein.[267] Zudem muss der vom Angriff ausgehende „Nötigungseffekt"[268] negativ für den Angreifer zu Buche schlagen. Im Notwehrrecht ist etwa anerkannt, dass eine Beeinträchtigung der allgemeinen Handlungsfreiheit ein Notwehrrecht zumindest dann auslöst, wenn die Grenze zur Nötigung überschritten wird.[269] Ein tätlicher Angriff, bei dem der Angegriffene möglicherweise durch ein Ausweichen vor dem Angreifer sein Rechtsgut der körperlichen Integrität schützen könnte, hat aber nötigenden Charakter. Schließlich kann eine Flucht vor dem Angreifer die Autonomie und Selbstbestimmung des Einzelnen nicht schützen.[270] Auch zur Erklärung der fehlenden Ausweichpflicht ist eine überindividualistische Mitfundierung des Notwehrrechts durch das Rechtsbewährungsprinzip nicht notwendig.[271]

Angesprochen werden muss aber, ob die hier angestellte Argumentation nicht dazu zwingt, das Notwehrrecht nur gegenüber rechtswidrig und schuldhaft handelnden Angreifern zuzulassen und in anderen Fällen den Angegriffenen auf das Notstandsrecht zu verweisen. Teilweise wird von einigen Autoren, welche die besondere Verantwortlichkeit des Angreifers für den Konflikt herausstreichen[272] bzw. auf die Störung der Gleichordnung zwischen Angreifer und Angegriffenem

---

266 Auf die Verteidigung der allgemeinen Handlungsfreiheit bei der Erklärung der fehlenden Ausweichpflicht verweisen ebenso: *Erb*, MünchKomm, StGB, § 32 Rn. 12; *Freund*, Strafrecht AT, § 3 Rn. 93; *Günther*, SK-StGB, § 32 Rn. 12; *Kioupis*, Notwehr, S. 44; *B. Koch*, ZStW 104 (1992), 785, 796; *Wagner*, Notwehrbegründung, S. 32; auch *Kühl*, Strafrecht AT, § 7 Rn. 164, betont als Vertreter einer dualistischen Notwehrlehre im Zusammenhang mit der Erklärung der Einschränkung des Notwehrrechts den Schutz von Autonomie und Handlungsfreiheit als Notwehrprinzip.

267 In diese Richtung auch *Erb*, MünchKomm, StGB, § 32 Rn. 130.

268 So *Lesch*, Notwehrrecht, S. 31 Fn. 41 m.w.N.

269 Vgl. etwa *Herzog*, NK-StGB, § 32 Rn. 16; *Kühl*, Lackner/Kühl, StGB, § 32 Rn. 3 m.w.N.

270 So bereits *Stratenwerth*, ZStW 68 (1956), 41, 63 f.; zustimmend *Kioupis*, Notwehr, S. 44 f.; *B. Koch*, ZStW 104 (1992), 785, 796; ähnlich *Neumann*, Zurechnung, S. 166; *Pawlik*, ZStW 114 (2002), 259, 265; die Möglichkeit, die fehlende Ausweichpflicht mit dem hohen Rang, den unsere Rechtsordnung der individuellen Handlungsfreiheit und dem Selbstbestimmungsrecht beimisst, zu erklären, räumt auch *Kargl*, ZStW 110 (1998), 38, 42, ein. Auf die Autonomie des Rechtsgutsinhabers in seinem Herrschaftsbereich verweist auch *Seuring*, Nothilfe, S. 184.

271 Auch nach *Jescheck/Weigend*, Strafrecht AT, § 32 I 2, die an sich eine dualistische Notwehrkonzeption befürworten, ist die fehlende Ausweichpflicht „nur aus der individualrechtlichen Auffassung der Notwehr zu erklären".

272 Etwa *Freund*, Strafrecht AT, § 3 Rn. 92, 111; *Jakobs*, Strafrecht AT, 12/18.

abheben[273], der Anwendungsbereich des § 32 StGB bei schuldlosen Angreifern abgelehnt. Konstruktiv wird in diesen Fällen häufig das Vorliegen eines Angriffs und damit eine Notwehrlage verneint.[274] Gegen ein derartiges Verständnis streitet allerdings der Wortlaut des § 32 StGB, wonach bereits rechtswidrige Angriffe eine Notwehrlage auslösen. Die Kriterien des Notwehrrechts sind formal am Äußerlichen ausgerichtet. Bereits nach dem allgemeinen Sprachgebrauch ist davon auszugehen, dass z.B. auch von einem geisteskranken Amokläufer ein „Angriff" ausgehen kann, obwohl eine strafrechtliche Schuld des Amokläufers möglicherweise nicht anzunehmen ist.[275] Auch derjenige, der objektiv sorgfaltswidrig Individualrechtsgüter anderer Menschen verletzt bzw. zu verletzen droht, verübt Unrecht. In diesen Fällen ist ebenso von einem Konflikt des (individuellen) Rechts gegenüber dem (individuellen) Unrecht – freilich in abgemilderter Form – auszugehen.[276] Die Vorschrift des § 32 StGB ist auch bei rechtswidrig, aber schuldlos handelnden Angreifern prinzipiell anwendbar.[277] Diesem Personenkreis kann aber nicht die gleiche starke Stellung im Notwehrkonflikt zugeschrieben werden wie einem Angreifer, der sich rücksichtslos und schuldhaft über die Interessen anderer hinwegsetzt.[278] Auch der Gedanke, dass sich der Angreifer durch eine Unterlassung oder einen Verzicht auf die Fortsetzung des Angriffs selbst schützen kann, trifft auf Angreifer, die sich in einem Zustand der Schuldlosigkeit befinden, nicht in gleichem Maße zu.[279] Es besteht in diesen

---

273 *Hruschka*, Strafrecht AT, S. 137, 140 ff.; *Renzikowski*, Notwehr, S. 279 ff.

274 *Freund*, Strafrecht AT, § 3 Rn. 98; *Frister*, GA 1988, 291, 305 f.; *Hruschka*, Strafrecht AT, S. 140 ff.; *Renzikowski*, Notwehr, S. 283 ff.; ebenso (als Vertreter einer dualistischen Notwehrlehre) *Otto*, Strafrecht AT, § 8 Rn. 21; (als Anhänger einer überindividualistischen Notwehrbegründung) *Schmidhäuser*, GA 1991, 97, 127 ff.

275 *Hirsch*, FS Dreher, S. 211, 216, wirft der Auffassung, die ein schuldhaftes Handeln im Rahmen des § 32 StGB verlangt, vor, gegen Art. 103 II GG zu verstoßen.

276 In diese Richtung *Erb*, MünchKomm, StGB, § 32 Rn. 186; *Günther*, SK-StGB, § 32 Rn. 26, 28.

277 Im Ergebnis h.M., so etwa (als Anhänger einer individualistischen Notwehrerklärung) *Erb*, MünchKomm, StGB, § 32 Rn. 184 ff.; *Günther*, SK-StGB, § 32 Rn. 26 ff., 106 ff.; *Mitsch*, Baumann/Weber/Mitsch, Strafrecht AT, § 17 Rn. 4 ff., 39 f.; *Retzko*, Notwehr, S. 144; ähnlich *Köhler*, Strafrecht AT, S. 273; (als Anhänger einer dualistischen Notwehrlehre) auch *Herzog*, NK-StGB, § 32 Rn. 5; *Hirsch*, FS Dreher, S. 211, 215 ff.; *Krey*, Strafrecht AT, Rn. 433; *Kühl*, Strafrecht AT, § 7 Rn. 58; *Lenckner/Perron*, Schönke/Schröder, StGB, § 32 Rn. 3, 24; *Roxin*, Strafrecht AT, § 15 Rn. 10, 18 ff.; *Tröndle/Fischer*, StGB, § 32 Rn. 4; so jetzt auch *Hoyer*, Strafrechtsdogmatik, S. 211/212 (im Gegensatz zu seiner früheren Position in: JuS 1988, 89, 95).

278 Ähnlich *Jakobs*, Strafrecht AT, 12/19.

279 In diese Richtung bereits *Günther*, SK-StGB, § 32 Rn. 119; *Mitsch*, Baumann/Weber/Mitsch, § 17 Rn. 40; ebenso *Erb*, MünchKomm, StGB, § 32 Rn. 184, der aber

Fällen kein Grund für die Einräumung des vollen Notwehrrechts, weshalb die Eingriffsrechte des Angriffsopfers hier nur eingeschränkt bestehen.[280] Dies bedeutet, dass Personen, die ein Verantwortungsdefizit aufweisen, vom Angegriffenen möglichst geschont werden müssen. Die reduzierte Verantwortlichkeit des Angreifers lässt es in diesen Fällen nicht zu, dass die allgemeine Handlungsfreiheit und Autonomie des Angegriffenen auf Kosten eines schuldlos handelnden Angreifers verteidigt werden. Es muss versucht werden, dem Angriff auszuweichen, falls dies für das Angriffsopfer ohne Risiken möglich ist. Als Einfallstor für diese Modifizierungen bietet sich das regulative Merkmal der Gebotenheit[281] an.[282]

b) Das Recht zur Fremdverteidigung

Teilweise wird der Gedanke der Rechtsbewährung als unverzichtbar für die Erklärung der Nothilfe gehalten, da sich auch ein Dritter, der von dem Angriff selbst nicht betroffen ist, zumindest dann in den Notwehrkonflikt zwischen Angegriffenem und Angreifer einmischen darf, wenn der Angegriffene damit einverstanden ist.[283] Nur der überindividuelle Gedanke, dass ein Nothelfer durch die Abwehr rechtswidriger Angriffe zugleich die Rechtsordnung stabilisiert, soll die Gleichbehandlung von Selbst– und Fremdverteidigung erklären können.

In der Tat scheint es für eine Notwehrbegründung, welche die angegriffenen Individualrechtsgüter für schutzwürdiger als diejenigen des Angreifers hält, schwierig zu sein, eine Begründung dafür zu finden, weshalb zwischen Angegriffenem und Notwehrübendem keine Identität bzw. „Personalunion“[284] beste-

---

zusätzlich noch auf die geringere „Störung der Gleichordnung der Rechtssubjekte“ hinweist.

280 *Günther*, SK-StGB, § 32 Rn. 119; *Mitsch*, Baumann/Weber/Mitsch, Strafrecht AT, § 17 Rn. 14; in der Sache auch *Erb*, MünchKomm, StGB, § 32 Rn. 18 f.

281 Vgl. dazu unten 2. Kap VI. 2. b) cc).

282 Ebenso (als Vertreter eines rein individualistischen Notwehrverständnisses) *Günther*, SK-StGB, § 32 Rn. 118 ff.; *Retzko*, Notwehr, S. 143 f.; zurückhaltender *Mitsch*, Baumann/Weber/Mitsch, Strafrecht AT, § 17 Rn. 39 f.; im Ergebnis auch die Vertreter einer dualistischen Notwehrdoktrin, die bei schuldlosen Angreifern aber mit der fehlenden oder verminderten „Rechtsbewährung“ argumentieren (vgl. etwa *Herzog*, NK-StGB, § 32 Rn. 101 ff.; *Kühl*, Strafrecht AT, § 7 Rn. 192 ff.; *Roxin*, Strafrecht AT, § 15 Rn. 57 ff.; *Wessels/Beulke*, Strafrecht AT, Rn. 344).

283 So etwa *Haas*, Notwehr, S. 124 ff.; *Heller*, Nothilfe, S. 186; *Fechner*, Grenzen, S. 168; *Felber*, Rechtswidrigkeit, S. 91; *Heller*, Nothilfe, S. 186; *Jescheck/Weigend*, Strafrecht AT, § 32 I 2, ablehnend gegenüber einer individualistischen Erklärung der Nothilfe *Kargl*, ZStW 110 (1998), S. 38, 41, 43, 44 ff.

284 So *Geilen*, Strafrecht AT, S. 94.

hen muss. Nur die Rechtspositionen des Angegriffenen, nicht aber die Güter potentieller Nothelfer werden attackiert. Dennoch erhält der Nothelfer nach der insoweit eindeutigen gesetzgeberischen Formulierung des § 32 II StGB ein im Verhältnis zum Angegriffenen ebenbürtiges Recht zur Verteidigung. Abzulehnen sind vornehmlich im älteren Schrifttum angestellte Begründungsversuche, die an die Selbstbetroffenheit des Nothelfers anknüpfen bzw. den Rechtsgrund von Notwehr und Nothilfe unterschiedlich interpretieren. Insoweit ist die Kritik von den Gegnern einer individualistischen Interpretation des § 32 StGB völlig berechtigt.[285] Fraglich ist aber, ob die Ablehnung dieser Ansätze zwangsläufig in eine (zumindest auch) überindividualistisch geprägte Notwehr- bzw. Nothilfebegründung einmünden muss. Es erscheint nicht zwingend, aus dem Selbstschutzgedanken, welcher der Notwehr zugrunde liegt, eine eigenhändige Verteidigung des Angegriffenen zu fordern. Wie bereits *Wagner* zutreffend herausgearbeitet hat, kann die Fremdverteidigung auch als Recht zur Verteidigung angegriffener Individualrechtsgüter interpretiert werden.[286] Der Angegriffene muss sich nicht persönlich um seine Verteidigung kümmern, sondern kann dies hilfsbereiten und couragierten Mitbürgern oder gewerblichen Sicherheitskräften überlassen. Gerade schwache Menschen, die sich selbst nicht zur Wehr setzen können, wären von einer reduzierten bzw. gänzlich fehlenden Befugnis zur Nothilfe besonders betroffen. Wenn der Staat schon nicht in der Lage ist, durch seine Organe die Sicherheit seiner attackierten Bürger zu gewährleisten, dann kann er Angegriffenen zumindest potentielle Nothelfer zur Seite stellen. Das Recht zur Fremdverteidigung lässt sich daher als sinnvolle Verstärkung des Güterschutzes des Angegriffenen interpretieren.[287] Zudem hat die Statuierung einer Fremdverteidigungsbefugnis den positiven Nebeneffekt, dass der Angreifer durch eine personenneutrale Betrachtung im Rahmen der Erforderlichkeit nicht unnötig belastet wird. Die Verteidigungshandlung eines Angegriffenen ist nur dann rechtmäßig, wenn ein zur Nothilfe bereitstehender Dritter den Angriff nicht mit milderen Mitteln abwehren könnte. Legislatorisch macht die Gewährung eines Nothilferechts, das sich in der zulässigen Eingriffsintensität nicht vom Recht zur Selbstverteidigung unterscheidet, damit aus Individualschutzerwägungen Sinn und zwingt nicht zu einer (zumindest auch) überindividualistisch orientierten Deutung des § 32 StGB.

---

285 Vgl. dazu die Kritik von *Haas*, Notwehr, S. 177 ff.

286 *Wagner*, Notwehrbegründung, S. 35; zustimmend *Günther*, SK-StGB § 32 Rn. 12; *Kinnen*, MDR 1975, 631, 633; *Kioupis*, Notwehr, S. 46; *Renzikowski*, Notwehr, S. 296; (als Vertreterin einer dualistischen Notwehrlehre) auch *Stiller*, Grenzen, S. 63. Ablehnend *Heller*, Nothilfe, S. 186 f.

287 So auch *Fuchs*, Notwehr, S. 52.

Für die hier favorisierte Interpretation der Nothilfe spricht auch ein Vergleich von Notwehr und unterlassener Hilfeleistung. Es kann Situationen geben, in denen ein Nothelfer sogar aus § 323c StGB dazu verpflichtet ist, einem Angegriffenen durch den Eingriff in die Rechtsgüter des Angreifers zu helfen. Nähert man sich der Bestimmung des § 323c StGB, so wird diese auf den Gedanken der mitmenschlichen Solidarität in akuten Notlagen gestützt. Die Pflicht zur Hilfeleistung wird nicht als staatsgerichtete, sondern als „schlechthin gegenüber dem ‚Mitmenschen' bestehende Solidarpflicht" verstanden.[288] Vor Schaden bewahrt werden sollen nur die Individualrechtsgüter desjenigen, der in Not geraten ist. Ein Nothelfer wird also nicht zu einem Eingreifen verpflichtet, um die Rechtsordnung durch die Abwehr rechtswidriger Angriffe zu verteidigen. Der Blick auf § 323c StGB zeigt wiederum, dass das Nothilferecht nicht zwangsläufig mit kollektiven Erwägungen wie der Manifestation des Rechts durch die Niederschlagung rechtswidriger Angriffe erklärt werden muss. Wenn der Gesetzgeber einem Unbeteiligten eine Hilfeleistungspflicht allein deshalb auferlegt, um angegriffene Individualrechtsgüter zu schützen, dann kann auch das Recht eines Nothelfers, einem Dritten bei einem Angriff zu helfen, ohne überindividualistische Elemente wie der Verteidigung der Rechtsordnung erklärt werden. Zudem muss der Gegenposition entgegengehalten werden, dass es Dritten auch im Rahmen des rechtfertigenden Notstandes nach § 34 StGB unter Umständen gestattet wird, einem in Gefahr Geratenen durch einen Eingriff in die Rechtsgüter anderer, in diesem Fall unbeteiligter Dritter, zu helfen.[289] Das Notstandsrecht wird aber nach allgemeiner Ansicht nicht mit der Hinzuziehung des kollektiven Gedankens der „Rechtsbewährung" erklärt.[290]

Die Einräumung einer Befugnis, sich auch über eine rechtliche Hilfeleistungspflicht des § 323c StGB hinaus für fremde Rechtsgüter einsetzen zu dürfen, lässt sich daher als „Wertschätzung sozialer Betätigung"[291] begreifen. Es soll jedem Bürger ermöglicht werden, Angegriffenen durch eine Verteidigungshandlung helfen zu können, ohne für das couragierte Eingreifen, das möglicherweise mit einer Verletzung des Angreifers verbunden ist, auch noch zum Straftäter gemacht zu werden. Aus diesem Grund hat der Gesetzgeber mit der Befugnisnorm des § 32 StGB ein Handlungsrecht institutionalisiert, um sicherzustellen, dass das soziale und mitmenschliche Handeln für eine angegriffene Personen als rechtmäßig angesehen werden kann, soweit sich die Verteidigungs-

288 So *Luchterhandt*, Grundpflichten, S. 529.
289 Darauf verweist bereits *Fuchs*, Notwehr, S. 52 Fn. 202.
290 Vgl. etwa *Kühl*, Strafrecht AT, § 8 Rn. 1.
291 So die Formulierung von *Schroeder*, FS Maurach, S. 127; zustimmend *Kinnen*, MDR 1974, 631, 633.

handlung in den Grenzen des objektiven Rechts hält, d.h. erforderlich und geboten ist. Vor diesem Hintergrund kann der Nothilfe tatsächlich eine sozialrechtliche Komponente zugeschrieben werden. Sozialrechtlich bedeutet in diesem Kontext aber nicht, dass hier das abstrakte Recht dem Unrecht gegenübersteht.[292] Gemeint ist vielmehr, dass sich Bürger altruistisch-solidarisch für die Individualrechtsgüter ihrer angegriffenen Mitbürger einsetzen dürfen.[293] Ein Rekurs auf das Prinzip der Rechtsbewährung ist zur Deutung des Nothilferechts nicht notwendig.[294]

c) Die aufgedrängte Nothilfe

Die Fremdverteidigungsbefugnis ist mit dem Aspekt der Verstärkung des Individualrechtsschutzes des Angegriffenen erklärt worden. Diesem soll die Möglichkeit eingeräumt werden, die Hilfe anderer Mitbürger in Anspruch zu nehmen, um seine angegriffenen Rechtsgüter möglichst optimal schützen zu können. Dem Gesetzgeber ist es einerlei, ob der Angegriffene oder ein Nothelfer die Verteidigung übernimmt, solange die Grenze der Erforderlichkeit eingehalten wird, d.h. der Angreifer nicht härter verletzt wird, als dies zur Verteidigung der angegriffenen Rechtsgüter notwendig ist. Der Nothelfer verteidigt gewissermaßen stellvertretend für den Angegriffenen dessen Individualrechtsgüter.[295] Daher kann die Kompetenz des Nothelfers zur Verteidigung zunächst auch nur so weit gehen, wie dem Angegriffenen eine eigene Verteidigung seiner Rechtsgüter nach § 32 StGB gestattet wäre. Dies bedeutet: Sind dem Angegriffenen im bilateralen Verhältnis zum Angreifer Beschränkungen auferlegt, so hat sich auch

---

292 In diesem Sinne etwa *Jescheck/Weigend*, Strafrecht AT, § 32 I 1; *Klose*, ZStW 89 (1977), 61, 97 Fn. 87.

293 So spricht etwa *Kinnen*, MDR 1974, 631, 633, davon, dass das Nothilferecht in der mitmenschlichen Hilfsbereitschaft wurzelt.

294 Ablehnend gegenüber einer überindividualistischen (Mit-)Begründung der Nothilfe auch *Erb*, Münch/Komm, StGB, § 32 Rn. 12; *Fuchs*, Notwehr, S. 52; *Günther*, SK-StGB, § 32 Rn. 12; *Joecks*, StuK-StGB, § 32 Rn. 33 f.; *Keller*, Provokation, S. 282; *Kinnen*, MDR 1974, 631, 633; *Kioupis*, Notwehr, S. 45 f.; *M. Koch*, Nothilfe, S. 134 f.; *Köhler*, Strafrecht AT, S. 276; *Kroß*, Notwehr, S. 54 f.; *Lesch*, Notwehrrecht, S. 33; *Mitsch*, Baumann/Weber/Mitsch, Strafrecht AT, § 17 Rn. 9; *Müssig*, ZStW 115 (2003), S. 224, 233 Fn. 33; *Pawlik*, ZStW 114 (2002), 259, 271 f.; *Renzikowski*, Notwehr, S. 96 und 296; *Wagner*, Notwehrbegründung, S. 35; die Möglichkeit, die Fremdverteidigungsbefugnis rein individualistisch zu deuten, räumen auch *Kühl*, JuS 1993, 177, 182; *ders.*, Strafrecht AT, § 7 Rn. 18 und *Stiller*, Grenzen, S. 63, ein.

295 Ähnlich schon *Ritter*, GS 115 (1941), S. 239, 260: „Die Notwehrhilfe gewährt eine Handlungslegitimation innerhalb fremder Zuständigkeit".

der Nothelfer an diese Restriktionen zu halten.[296] Bezeichnet wird diese Eingrenzung der Nothilfe z.T. als „akzessorische Komponente".[297] Unabhängig von der Willensentscheidung des Angegriffenen ist ein Handeln des Nothelfers bereits dann rechtswidrig, wenn sich der Angegriffene nicht oder nur eingeschränkt verteidigen dürfte, der Nothelfer diese Restriktion aber nicht hinreichend beachtet. Plausibel erklären lässt sich diese Eingrenzung des Nothilferechts wiederum mit einem individualistischen Verständnis des § 32 StGB. Da sich der Nothelfer nur zur Bewahrung der angegriffenen Rechtsgüter in den Notwehrkonflikt einmischen darf, kann die Verteidigungsbefugnis eines Nothelfers auch nur so weit gehen, wie der Angegriffene selbst zum Schutz seiner Rechtsgüter tätig werden dürfte.

Eine weitere prinzipielle Einschränkung der Verteidigungsbefugnis des Nothelfers ergibt sich bei der hier befürworteten Deutung des Notwehr- und Nothilferechts, wenn sich der Angegriffene gar nicht verteidigen (lassen) möchte. Zwar ist die grundsätzliche Entscheidungsbefugnis des Angegriffenen über das Nothilferecht Dritter von einer Einzelmeinung in der Literatur verneint worden, wenn die Schneidigkeit des § 32 StGB mit der Verantwortlichkeit des Angreifers begründet wird.[298] In diesen Fällen soll, so die Argumentation, auch das Nothilferecht ausschließlich von der Person des Angreifers abhängig sein und zu einem selbständigen, vom Willen des Angegriffenen unabhängigen Recht zur Fremdverteidigung führen.[299] Dieser Auffassung kann aber nicht zugestimmt werden. Vernachlässigt wird bei einem derartigen Verständnis, dass die Verantwortlichkeit des Angreifers lediglich dazu führt, dass die angegriffenen Individualrechtsgüter in der Interessenkollision höher gewichtet werden als die Rechtsgüter des Angreifers. Nur die Lastenverteilung innerhalb dieses interpersonalen Konflikts wird durch die Verantwortlichkeit des Angreifers beeinflusst und zugunsten des Angegriffenen verschoben. Der Angegriffene darf seine Rechtsgüter anders als in anderen Notrechten auch mit unverhältnismäßigen Mitteln selbst verteidigen bzw. durch Dritte verteidigen lassen. Die Nothilfe stellt nur eine Verstärkung des Schutzes der angegriffenen Individualrechtsgüter und keine „Einmischungsbefugnis"[300] Dritter dar. Über die Inanspruchnahme fremder Hilfe kann der Ange-

---

296 Heute allgemeine Meinung, vgl. etwa *Erb*, MünchKomm, StGB, § 32 Rn. 197; *Geilen*, Jura 1981, 308, 311; *Günther*, SK-StGB, § 32 Rn. 127; *Kühl*, Strafrecht AT, § 7 Rn. 142; aus der älteren Literatur bereits *Ritter*, GS 115 (1941), S. 239, 247: „Der Nothelfer tut in § 53 StGB [= § 32 StGB n.F.] nur etwas, was der Angegriffene auch tun könnte".

297 So *Geilen*, Jura 1981, 308, 311; ebenso *Kühl*, Strafrecht AT, § 7 Rn. 142.

298 *Retzko*, Notwehr, S. 162 Fn. 5.

299 *Retzko*, Notwehr, S. 162 Fn. 5.

300 *Hruschka*, Strafrecht AT, S. 169.

griffene zumindest dann, wenn es sich um einen Angriff auf disponible Rechtsgüter handelt, grundsätzlich autonom entscheiden.[301] Auch diejenigen, die bei der Erklärung der Schärfe des § 32 StGB (zumindest auch) auf die Verantwortlichkeit des Angreifers für die Interessenkollision verweisen, halten eine aufgedrängte Nothilfe – zumeist ohne nähere Begründung – für grundsätzlich unzulässig.[302]

Für ein individualistisches Notwehrverständnis und damit auch für eine an der Person des Angegriffenen orientierte Auslegung der Fremdverteidigungsbefugnis sprechen schließlich generelle Erwägungen. Das Verhältnis zwischen Staat und Bürger hat sich gewandelt. Am Anfang der Werteskala steht nicht mehr der Staat, sondern die Würde des Menschen. „Der Staat ist um des Menschen willen da, nicht der Mensch um des Staates willen".[303] Dem Bürger wird prinzipiell die Möglichkeit zuerkannt, über seine Rechte zu entscheiden. Die Pflicht zur Einhaltung der Rechtsnorm wird in erster Linie an den Interessen des Bürgers ausgerichtet.[304] Daher ist auch die Verhinderung eines Rechtsbruches in erster Linie das Recht des Bürgers.[305] Für die individualistische Ausrichtung der Rechtsethik[306] lassen sich neben der Norm der Menschenwürde und den anderen Grundrechten weitere Beispiele anführen. So ist die Einwilligung nach allgemeiner Auffassung nur hinsichtlich individueller Rechtsgüter möglich und deutet auf einen individualistischen Bezug hin.

Ein Nothilferecht, das sich an der Person des Angegriffenen orientiert, berücksichtigt das Selbstbestimmungsrecht des Angegriffenen. Das Autonomieprinzip des Grundgesetzes räumt dem Rechtsgutsinhaber die freie Disposition über seine grundrechtlich geschützte Gütersphäre ein.[307] Dürfte ein Dritter an Stelle des Angegriffenen über die Verteidigung entscheiden, so würde das Selbstbestimmungsrecht des Angegriffenen nicht hinreichend beachtet.[308] Nur der Angegriffene kann daher im Prinzip die Kompetenz haben, über das „Ob"

---

301 Vgl. zur Lösung der einzelnen Konstellationen der aufgedrängten Nothilfe unten 2. Kap. III. 4 und IV.

302 *Erb*, MünchKomm, StGB, § 32 Rn. 164; *Günther*, SK-StGB, § 32 Rn. 106 i.V.m. Rn. 12; *Jakobs*, Strafrecht AT, 12/60; *Köhler*, Strafrecht AT, S. 276; *Pawlik*, ZStW 114 (2002), 259, 271 f.

303 Herrenchiemseer Konvent zu Art. 1 I GG, vgl. dazu etwa *Stern*, StaatsR III/1, S. 17.

304 Vgl. *Kelsen*, Allgemeine Theorie der Normen, S. 110.

305 *Kargl*, ZStW 110 (1998), S. 49.

306 Vgl. zur Individualisierung des Rechts zuletzt *v. d. Pfordten*, FS Schreiber, S. 359, 362 m.w.N.

307 *D. Sternberg-Lieben*, Objektive Schranken, S. 37 f.; *Herzog*, NK-StGB, § 32 Rn. 57.

308 *Stiller*, Grenzen, S. 42; abgeschwächt auch *D. Sternberg-Lieben/I. Sternberg-Lieben*, JuS 1999, 444, 448.

und „Wie“ seiner Verteidigung zu entscheiden. Deshalb muss der Wille des Angegriffenen grundsätzlich das maßgebliche Kriterium für die Nothilfebefugnis Dritter sein.[309]

d) Die Einschränkungen des Notwehrrechts

Bevor zu diesen Fragen Stellung genommen wird, soll im Überblick auf die „sozialethischen“ Einschränkungen des Notwehrrechts eingegangen werden. Einer individualistischen Auffassung wird z.T. vorgeworfen, sie könne mögliche Abmilderungen der Schärfe des Notwehrrechts in atypischen Konstellationen nicht erklären.[310] Nur die fehlende oder verminderte Rechtsbewährung soll die Härten des § 32 StGB abfedern können. Auch aus diesem Blickwinkel wird die Vorzugswürdigkeit einer individualistischen Notwehrbegründung in Frage gestellt. Relevant sind die Limitierungen des Notwehrrechts zudem im Hinblick auf die hier interessierende Thematik der aufgedrängten Nothilfe. Die Verteidigungshandlung ist – unabhängig von der Beachtlichkeit des Willens des Angegriffenen – bereits dann nicht durch die Norm des § 32 StGB gerechtfertigt, wenn der Nothelfer die Beschränkungen, die sich im Innenverhältnis zwischen Angegriffenem und Angreifer ergeben, nicht beachtet. Ein Nothelfer muss sich daher bei einem Eingreifen an folgende – von der überwiegenden Auffassung befürwortete – Restriktionen halten.

Das Notwehrrecht des Angegriffenen wird dann eingeschränkt, wenn der Angriff von einer schuldlos handelnden Person ausgeht.[311] Nach dem hier vertretenen Notwehrmodell lässt sich dies mit der fehlenden qualifizierten Verantwortlichkeit des Angreifers erklären.[312]

---

309 Vgl. ausführlich zur Frage der *Rechtfertigung* einer aufgedrängten Nothilfe unten 2. Kap.

310 In diese Richtung zielt die Kritik von *Bitzilekis*, Einschränkung, S. 28; *Fechner*, Grenzen, S. 166 f.

311 Zu diese Fallgruppe etwa *Erb*, MünchKomm, StGB, § 32 Rn. 184 ff.; *Herzog*, NK-StGB, § 32 Rn. 101 ff.; *Günther*, SK-StGB, § 32 Rn. 118 ff.; *Jescheck/Weigend*, Strafrecht AT, § 32 III 3 a; *Kühl*, Strafrecht AT, § 7 Rn. 192 ff.; *Lenckner/Perron*, Schönke/Schröder, StGB, § 32 Rn. 52; *Roxin*, Strafrecht AT, § 15 Rn. 57 ff.; *Tröndle/Fischer*, StGB, § 32 Rn. 19; *Wessels/Beulke*, Strafrecht AT, Rn. 344.

312 Vgl. dazu oben 1. Kap. III 3. a); auch nach *Kühl*, Strafrecht AT, § 7 Rn. 19, soll das Prinzip der Verantwortung des Angreifers in den Fällen, in denen nur eine mangelnde Verantwortung des Angreifers angenommen werden kann, d.h. bei schuldlos Handelnden, „erklärende Dienste“ leisten.

Das Verteidigungsrecht des Angriffsopfers wird zudem beschränkt, wenn der Angegriffene den Angriff „provoziert" hat.[313] Überwiegend wird innerhalb dieser Fallgruppe nach der Qualität des Vorverhaltens bzw. der Intention des Angegriffenen differenziert: Bei einer „Absichtsprovokation"[314], d.h. in Konstellationen, in denen jemand einen anderen mit der Zielsetzung zu einem Angriff gereizt hat, diesen unter dem Deckmantel des Notwehrrechts verletzen zu können, wird das Notwehrrecht des angegriffenen „Provokateurs" ganz oder zumindest stark eingeschränkt. Auch bei einer sonst pflichtwidrig herbeigeführten Notwehrlage sollen die Duldungspflichten des Angriffsopfers in Abweichung zu den regulären Notwehrbefugnissen erhöht sein. Auch diese Beschränkungen können konstruktiv auf der Grundlage eines individualistischen Notwehransatzes erklärt werden. Kann dem Angegriffenen je nach Beurteilung dessen Vorverhaltens eine mehr oder weniger stark ausgeprägte Mitverantwortung für die Interessenkollision zugeschrieben werden, so muss der Notwehrkonflikt nicht unbedingt strikt zu Lasten des Angreifers gelöst werden.[315] Das individuelle Recht des Angegriffenen an einer möglichst umfassenden Verteidigung seiner Gütersphäre und das individuelle Unrecht des Angreifers stehen sich bei einer wertenden Gesamtbetrachtung nicht mehr wie in der typischen Konfliktlage gegenüber.[316] Zum Teil wird der Gedanke der Verantwortlichkeit sogar von den Gegnern einer individualistischen Notwehrbegründung als zusätzlicher Aspekt für die Erklärung dieser Notwehreinschränkung herangezogen.[317] *Kühl* möchte die dualistische Notwehrlehre „zur besseren Erklärung bestimmter Teile der Notwehrregelung durch das Prinzip der Verantwortung des Angreifers für sein Angriffsverhalten" ergänzen und befürwortet eine „sozialethische" Einschränkung in den Provokationsfällen bei

313 Vgl. zu diesen Problemkreis etwa *Kühl*, Strafrecht AT, § 7 Rn. 207 ff.; *Lenckner/Perron*, Schönke/Schröder, StGB, § 32 Rn. 54 ff.; *Loos*, FS Deutsch, S. 233 ff.; *Roxin*, Strafrecht AT, § 15 Rn. 61 ff.

314 Diese terminologische Bezeichnung findet sich in den meisten zeitgenössischen Werken zum Notwehrrecht, vgl. statt vieler *Lenckner/Perron*, Schönke/Schröder, StGB, § 32 Rn. 55.

315 Diese Argumentationslinie verfolgen auf der Grundlage einer individualistischen Erklärung des § 32 StGB, die (zumindest auch) auf die besondere Verantwortlichkeit des Angreifers für die Konfliktlage verweist: *Erb*, Münch/Komm, StGB, § 32 Rn. 198; *Freund*, Strafrecht AT, § 3 Rn. 116; *Günther*, SK-StGB, § 32 Rn. 125; *Jakobs*, Strafrecht AT, 12/49 ff.; *Köhler*, Strafrecht AT, S. 273 f.; anders hingegen *Mitsch*, Baumann/Weber/Mitsch, Strafrecht AT, § 17 Rn. 38.

316 Ähnlich *Erb*, MünchKomm, StGB, § 32 Rn. 198; *Günther*, SK-StGB, § 32 Rn. 125.

317 Etwa *Kühl*, Strafrecht AT, § 7 Rn. 19; *Rudolphi*, GS Armin Kaufmann, S. 371, 394 ff., der in diesem Zusammenhang ausdrücklich auf *Jakobs*, einen Vertreter, der die Notwehr rein individualistisch mit der Verantwortlichkeit des Angreifers begründet, verweist.

einer „Mitverantwortlichkeit des Angegriffenen".[318] Auch nach *Rudolphi* soll das Verantwortungsprinzip, welches „die Ausgestaltung des Notwehrrechts mitbestimmt", „vor allem in den Fällen einer Notwehrprovokation" Bedeutung erlangen.[319] Ein Rekurs auf das Rechtsbewährungsprinzip ist in diesen Fallgestaltungen zur Begründung der Einschränkungen des Notwehrrechts daher nicht notwendig.[320] Auch der Nothelfer darf bei einer Fremdverteidigung nicht weiter gehen, als sich der Angegriffene selbst aufgrund seines Vorverhaltens gegenüber dem Angriff erwehren dürfte.[321]

Eingeschränkt wird das Notwehrrecht des Angegriffenen auch in Situationen, in denen ein „krasses" Missverhältnis zwischen angegriffenem und durch die Verteidigungshandlung verletztem Rechtsgut des Angreifers besteht.[322] Die Schneidigkeit des § 32 StGB basiert zwar darauf, dass sich ein Angriffsopfer gegenüber einem Angreifer, der durch den Angriff selbst keine Rücksicht auf den Angegriffenen nimmt, prinzipiell auch nicht auf die Solidarität des Angegriffenen verlassen darf. In der Literatur scheint sich aber mittlerweile verstärkt der Gedanke durchzusetzen, dass auch bei einzelnen Notwehrsituationen Solidari-

---

318 *Kühl*, Strafrecht AT, § 7 Rn. 19.

319 *Rudolphi*, GS Armin Kaufmann, S. 371, 395.

320 Dies konstatiert bereits *Loos*, FS Deutsch, S. 233, 239: „Notwehreinschränkungen lassen sich auch bei einer individualistischen Notwehrkonzeption aus einer Verantwortung des Angegriffenen für die Konfliktlage ‚deduzieren'".

321 Dies entspricht – soweit ersichtlich – der einhelligen Auffassung (vgl. etwa *Herzog*, NK-StGB, § 32 Rn. 118). Sehr streitig ist indes die umgekehrte Konstellation, in der nicht das Notwehrrecht des Angegriffenen durch eine Provokationshandlung beschränkt ist, sondern der *Nothelfer* den Angreifer zu einem Angriff auf den Angegriffenen „provoziert" hat, um den Angreifer anschließend unter dem Deckmantel des Notwehr- bzw. Nothilferechts schädigen zu können. Vgl. zu diesem speziellen Problemkreis die unterschiedlichen Ansätze von *H. J. Engels*, Angriffsprovokation, S. 7 ff.; *Erb*, MünchKomm, StGB, § 32 Rn. 212; *Herzog*, NK-StGB, § 32 Rn. 118; *Lenckner/Perron*, Schönke/Schröder, StGB, § 32 Rn. 61 a; *Mitsch*, GA 1986, 533, 535 ff.; *Norouzi*, JuS 2004, 494 ff.; *Retzko*, Notwehr, S. 162 ff. Bei diesem Sonderproblem scheint sich im Ergebnis die Ansicht durchzusetzen, dass der provozierende Nothelfer zum Schutze des an der Provokation unbeteiligten Angegriffenen ein vollständiges Nothilferecht hat (so – mit unterschiedlicher Begründung – die Lösung von *Erb*, MünchKomm, StGB, § 32 Rn. 212; *Lenckner/Perron*, Schönke/Schröder, StGB, § 32 Rn. 61 a; *Mitsch*, GA 1986, 533, 535 ff.; *Norouzi*, JuS 2004, 494, 497). Vgl. zu den ergebnisspezifischen Auswirkungen dieser Streitfrage auf die hier zu beurteilende Problematik der aufgedrängten Nothilfe unten 2. Kap. II. 2. dd) (1) (a).

322 Vgl. zu diesem Themenkreis etwa *Bernsmann*, ZStW 104 (1992), 290 ff.; *Krey*, JZ 1979, 702 ff.; *Kühl*, Strafrecht AT, § 7 Rn. 171 ff.; *Lenckner/Perron*, Schönke/Schröder, StGB, § 32 Rn. 50 f.; *Roxin*, Strafrecht AT, § 15 Rn. 73 ff.; *Stiller*, Grenzen.

tätspflichten bestehen, die das Notwehrrecht des Angegriffenen reduzieren können.[323] Zumindest in Konstellationen, in denen das Individualinteresse des Angegriffenen erheblich reduziert ist, kann eine Art „Mindestsolidarität"[324] mit dem Angreifer angenommen werden, die zu einer partiellen Einschränkung des Notwehrrechts führt. Eine Grenze der Notwehrbefugnis lässt sich etwa dort begründen, wo sich der Verantwortungsbeitrag des Angreifers lediglich in einem Angriff auf geringfügigste Sachgüter erschöpft und es die Lastenverteilung nicht zulässt, das reduzierte Individualinteresse nur auf Kosten schwerwiegender Beeinträchtigungen des Angreifers oder sogar nur um den Preis eines Menschenlebens zu retten. Auch die Vertreter einer dualistischen Notwehrlehre argumentieren – unter anderem – mit dem vermindertem Individualschutz, um die innerhalb dieser Fallgruppe befürworteten Einschränkungen des Notwehrrechts erklären zu können.[325] Ein Rekurs auf das Rechtsbewährungsprinzip ist auch in diesen Konstellationen nicht notwendig.[326]

Diskutiert wird weiterhin, ob das Verteidigungsrecht des Angegriffenen bei Notwehrkonflikten, in denen zwischen Angegriffenem und Angreifer eine besondere persönliche Beziehung besteht, einzuschränken ist.[327] Diese Fragen sind

---

323 Allgemein etwa *Jakobs*, Strafrecht AT, 12/46 f.; *v. d. Pfordten*, FS Schreiber, S. 359, 371 ff.; auch *Jescheck/Weigend*, Strafrecht AT, § 32 I 1, konstatieren, dass der Satz „das Recht braucht dem Unrecht nicht zu weichen" zunehmend Einschränkungen aus dem „Gedanken sozialer Rücksichtnahme" erfährt.
Vor allem in den Fällen, in denen zwischen Angegriffenem und Angreifer eine enge persönliche Beziehung besteht, wird häufig mit (erhöhten) Solidaritätspflichten des Angegriffenen argumentiert, so etwa *Amelung/Boch*, JuS 2000, 261, 265; *Köhler*, Strafrecht AT, S. 271; *Roxin*, Strafrecht AT, § 15 Rn. 83: „Pflicht zu menschlicher Rücksichtnahme"; *Wohlers*, JZ 1999, 434, 440; in der Tendenz auch *Kühl*, Strafrecht AT, § 7 Rn. 203; ablehnend gegenüber Solidaritätspflichten im Notwehrrecht allerdings *Koriath*, FS Müller-Dietz, S. 361, 382 f.

324 So bereits *Jakobs*, Strafrecht AT, 12/46; dieser Gedanke wird von vielen Autoren im Zusammenhang mit dieser Fallgruppe direkt oder in der Sache aufgegriffen, so etwa (als Anhänger individualistischer Notwehrkonzeptionen) *Günther*, SK-StGB, § 32 Rn. 107 ff.: „Gebot zur Mindest-Solidarität"; *Köhler*, Strafrecht AT, S. 271: „Grundsolidaritätspflicht"; in diese Richtung auch *Erb*, MünchKomm, StGB, § 32 Rn. 189 ff.; *Freund*, Strafrecht AT, § 3 Rn. 120 ff.; ablehnend hingegen *Mitsch*, Baumann/Weber/Mitsch, Strafrecht AT, § 17 Rn. 35 f.

325 *Herzog*, NK-StGB, § 32 Rn. 106; *Kühl*, Strafrecht AT, § 7 Rn. 181; *Lenckner/Perron*, Schönke/Schröder, StGB, § 32 Rn. 50.

326 Auch *Kühl*, Strafrecht AT, § 7 Rn. 164 und 182, räumt ein, dass der Gedanke der „Mindestsolidarität" eine „systembildende Interpretation" des Notwehrrechts darstellt und als Einschränkung des Notwehrrechts herangezogen werden kann.

327 Vgl. zu diesem Problemkreis etwa *Engels*, GA 1982, 109 ff.; *Loos*, JuS 1985, 859 ff.; *Roxin*, Strafrecht AT, § 15 Rn. 83 ff.; *Schroth*, NJW 1984, 2562 ff.; *Wohlers*, JZ 1999, 434 ff.; *Zieschang*, Jura 2003, 527 ff.

nicht nur in Judikatur und Schrifttum, sondern auch in der Bevölkerung – wie eine jüngst veröffentlichte empirische Umfrage belegt hat – äußerst umstritten.[328] Eine sachgerechte Lösung der skizzierten Thematik kann im Rahmen dieser Untersuchung nicht erarbeitet werden. Befürwortet man hier – mit der insoweit wohl überwiegenden Auffassung – in einzelnen Fällen erhöhte Duldungspflichten des Angegriffenen, so muss sich auch der Nothelfer an die Einschränkungen aus dem Verhältnis Angegriffener/Angreifer halten. Für die Fälle der aufgedrängten Nothilfe ist die letztgenannte Fallgruppe, in der mögliche Notwehreinschränkungen des Angriffsopfers diskutiert werden, besonders interessant. Gerade dann, wenn zwischen Angegriffenem und Angreifer eine besonders gelagerte Beziehung besteht, erscheint es denkbar, dass ein Angriffsopfer die Einmischung potentieller Nothelfer in den Notwehrkonflikt verbietet, um den Angreifer vor einer für diesen möglicherweise gefährlichen Verteidigungshandlung des Nothelfers zu schonen. So kann etwa eine angegriffene Ehefrau einem Nothelfer ein Eingreifen untersagen, um zu verhindern, dass ihr schlagender Ehemann durch eine Abwehrmaßnahme schwer verletzt wird. Die Anbindung der Nothilfebefugnis an den Willen des Angegriffenen räumt dem Angegriffenen die Möglichkeit ein, einen Nothelfer aus dem Konflikt herauszuhalten, um dem Angreifer durch einen Verzicht oder die Vornahme einer eigenen besonders milden Verteidigungshandlung mehr Rücksichtnahme und Solidarität entgegenzubringen, als es die unter der Rubrik der engen persönlichen Beziehungen diskutierten „sozialethischen" Einschränkungen vom Angriffsopfer oder einem Nothelfer an sich verlangen.

Schließlich wird im Rahmen der Rechtfertigung nach § 32 StGB in Frage gestellt, ob in den Fällen der Schweigegelderpressung ein (eingeschränktes) Notwehrrecht des Erpressten besteht.[329] Auch diese diffizile und äußerst kontrovers diskutierte Problematik kann im Rahmen dieser Arbeit aus Raumgründen nicht sachgerecht gelöst werden. Ein Nothelfer darf auch hier nur diejenigen Rechte geltend machen, die der Erpresste ausüben dürfte.

328 Vgl. dazu *Amelung/Kilian*, S. 3, 11, wonach 52 % für und 48 % gegen eine Rechtfertigung bei einer Notwehr unter Ehegatten sind.

329 Vgl. dazu nun ausführlich *Kroß*, Notwehr.

2. Kapitel: Die aufgedrängte Nothilfe und § 32 StGB

Nach der ratio legis des § 32 StGB entscheidet der Angegriffene grundsätzlich darüber, ob ein Nothelfer bei einem Eingriff in die Rechtssphäre des Angreifers gerechtfertigt ist. In diesem Kapitel ist zu erörtern, ob dieses Ergebnis mit den legislatorischen Vorgaben des § 32 StGB übereinstimmt bzw. ob eine Korrektur aufgrund sachspezifischer Erwägungen – zugunsten des Nothelfers – generell oder zumindest in einzelnen Konstellationen angezeigt ist. Zudem muss beurteilt werden, welche Anforderungen an die Willensäußerung des Angriffsopfers im Hinblick auf die Beurteilung der Nothilfebefugnis Dritter zu stellen sind.

I. Abgrenzung von anderen Konstellationen

Unterschieden werden müssen die Fälle der aufgedrängten Nothilfe zunächst von Konstellationen, in denen der Rechtsgutsinhaber in die Rechtsgutsverletzung *wirksam* eingewilligt oder ein tatbestandsausschließendes Einverständnis abgegeben hat. In den Fallgestaltungen der aufgedrängten Nothilfe liegen die Voraussetzungen eines gegenwärtigen rechtswidrigen Angriffs vor. Der Attackierte verbittet sich in dieser Situation allerdings – aus welchen Gründen auch immer[330] – eine Intervention durch private[331] Dritte. Hier ist umstritten[332], ob der Nothelfer trotz des entgegenstehenden Willens des Angegriffenen bei einem Eingriff in die Rechtsgüter des Angreifers gerechtfertigt ist, wenn er den Angriff an sich in den gesetzlichen Grenzen des § 32 StGB, d.h. im Rahmen der Erforderlichkeit und

330 Vgl. zu den denkbaren Beweggründen des Angegriffenen unten 2. Kap III. 1.

331 Die Fälle, in denen ein Hoheitsträger einen rechtswidrigen Angriff abwehrt, sind vorrangig nach dem öffentlichen Gefahrenabwehrrecht zu lösen und sollen hier außer Betracht bleiben.
Umstritten ist freilich, ob die Norm des § 32 StGB als Erlaubnissatz eingreifen kann, wenn eine öffentlich-rechtliche Ermächtigungsgrundlage das Handeln des Hoheitsträgers nicht zu rechtfertigen vermag. Hält man eine Rechtfertigung – mit der insoweit wohl überwiegenden Auffassung – zumindest für die strafrechtliche Beurteilung des Verhaltens des Hoheitsträgers für möglich (vgl. zum Streitstand etwa *Kühl*, Strafrecht AT, § 7 Rn. 148 ff. m.w.N.), so gelten im Hinblick auf die Beurteilung einer aufgedrängten Nothilfe die gleichen Grundsätze wie beim Handeln eines privaten Nothelfers.

332 Vgl. zum Meinungsstand unten 2. Kap. II.

Gebotenheit, abwehrt. Nur diese Sachverhalte werden üblicherweise unter der Rubrik der „aufgedrängten Nothilfe“ diskutiert.[333] Davon zu unterscheiden sind Fälle, in denen jemand wirksam in die Rechtsgutsverletzung durch einen anderen (mutmaßlich) eingewilligt hat. Eine solche (wirksame) Einwilligung schließt das Vorliegen eines rechtswidrigen Angriffs aus.[334] Es fehlt an einer zur Nothilfe berechtigenden Notwehrlage.[335] Eine Rechtfertigung nach § 32 StGB ist bereits denknotwendig ausgeschlossen. Wenn in diesem Kontext von einer verbotenen Nothilfe gesprochen wird,[336] so stellt diese Aussage nur einen an sich selbstverständlichen Befund dar. Die umstrittene Frage der Zulässigkeit einer aufgedrängten Nothilfe kann nur entscheidungserheblich werden, wenn die zunächst wirksame Einwilligung ausdrücklich oder schlüssig widerrufen wird und damit wiederum die Voraussetzungen eines gegenwärtigen rechtswidrigen Angriffs zu bejahen sind. In der Abwehr des Angriffs durch den Angegriffenen kann dabei ein sich aus den Umständen ergebender Widerruf einer ursprünglich erteilten Einwilligung zu erblicken sein.[337] Bei einem tatbestandsausschließenden Einverständnis fehlt es an einem Angriff, der Grundvoraussetzung für eine Rechtfertigung nach § 32 StGB ist. Zumindest diejenigen, die eine aufgedrängte Nothilfe als erlaubt ansehen, kommen in der rechtlichen Behandlung beider Konstellationen zu unterschiedlichen Ergebnissen. Auch dogmatisch macht es einen Unterschied, ob es sich um einen Fall der aufgedrängten Nothilfe handelt oder ob Einwilligung bzw. Einverständnis den Anwendungsbereich des § 32 StGB a priori ausschließen. Da bei einer aufgedrängten Nothilfe formal ein gegenwärtiger rechtswidriger Angriff vorliegt und eine Anbindung der Nothilfebefugnis an den Willen des Angegriffenen zumindest nicht expressis verbis in § 32 StGB angesprochen wird, muss erörtert werden, ob diese Restriktion vor dem Hinter-

---

333 Vgl. etwa BGHSt 5, 245, 248; BGH StV 1987, 59; *Erb*, MünchKomm, StGB, § 32 Rn. 164; *Gropp*, Strafrecht AT, § 6 Rn. 69; *Heller*, Nothilfe, S. 37; *Herzog*, NK-StGB, § 32 Rn. 19; *Köhler*, Strafrecht AT, S. 276; *Kühl*, Strafrecht AT, § 7 Rn. 143; *D. Sternberg-Lieben/I. Sternberg-Lieben*, JuS 1999, 444 ff.; *Tröndle/Fischer*, StGB, § 32 Rn. 7. Vereinzelt wird in der Literatur terminologisch von „aufgezwungener“ Nothilfe gesprochen, so *Otto*, Strafrecht AT, § 8 Rn. 55. In der Sache sind damit keine Unterschiede verbunden.

334 *Donatsch*, SchwZStr 106 (1989), 345, 354; *Geilen*, Jura 1981, 308, 312; *Heller*, Nothilfe, S. 37; *Joecks*, StuK-StGB, § 32 Rn. 34; *Hruschka*, Strafrecht AT, S. 169; *Krey*, Strafrecht AT, Rn. 522; *Lenckner/Perron*, Schönke/Schröder, StGB, § 32 Rn. 25/26; *Roxin*, Strafrecht AT, § 15 Rn. 100; *Schmidhäuser*, Lehrbuch, 9/107; *ders.*, Studienbuch, 6/80; aus der älteren Literatur bereits *Binding*, Handbuch, S. 737.

335 *Krey*, Strafrecht AT, Rn. 522; *Kühl*, Lackner/Kühl, StGB, § 32 Rn. 12; *Lenckner/Perron*, Schönke/Schröder, StGB, § 32 Rn. 25/26.

336 So *Fahse*, Soergel, BGB, § 227 Rn. 20.

337 *Seier*, NJW 1987, 2476.

grund der verfassungsrechtlichen Vorschrift des Art. 103 II GG de lege lata mit den gesetzlichen Merkmalen vereinbart werden kann.

Beide Konstellationen müssen voneinander abgegrenzt werden. Die Einwilligung gewährt dem Rechtsgutsinhaber die Verantwortung für die Beeinträchtigung eigener Rechtsgüter.[338] Sie ist Ausdruck der Selbstbestimmung bzw. Autonomie des Einzelnen.[339] Dem Rechtsträger wird es – in den gesetzlichen Grenzen[340] – erlaubt, seine Güter bewusst dem Zugriff anderer Personen preiszugeben und damit deren Strafbarkeit zu beeinflussen.[341] Der Eingriff in die eigenen Rechtsgüter ist bei einer Einwilligung gerade erwünscht.[342] Dem Rechtsgutsinhaber wird die Möglichkeit eingeräumt, Interessenkonflikte durch die Aufopferung seiner Rechtspositionen nach eigenen Vorstellungen und Wertmaßstäben zu lösen. Die Einwilligung kann als „Instrument der Interessenwahrnehmung" bezeichnet werden.[343] Im Vordergrund steht die Willensentscheidung des Betroffenen.[344] Intentionen und Beweggründe des Einwilligenden müssen selbst dann, wenn sich die Entscheidung als unvernünftig darstellt, rechtlich unbeachtlich sein, da sonst die Autonomie des Einzelnen im Umgang mit seinen Rechtspositionen beseitigt würde.[345] Auch in den Fällen der aufgedrängten Nothilfe handelt es sich zumindest für diejenigen, die sich bei der Fremdverteidigungsbefugnis grundsätzlich am Willen des Angegriffenen orientieren, um eine beachtliche Willensentscheidung des Angegriffenen, die Ausdruck des Selbstbestimmungsrechts des Angriffsopfers ist.[346] Ist jemand mit der eigenen Rechtsgutseinbuße einverstanden, d.h. stimmt der Rechtsgutsinhaber schon dem Angriff als solchem zu, handelt es sich um eine Einwilligung.[347] Ein bloß passives Dulden oder die Hinnahme der Verletzungshandlung ohne Gegenwehr soll aber für eine (schlüs-

---

338 *Amelung*, ZStW 104 (1992), 525, 526.

339 *Amelung*, Einwilligung, S. 29; *Göbel*, Einwilligung, S. 22 f.; *Kühl*, Strafrecht AT, § 9 Rn. 20; *Rönnau*, Einwilligung, S. 9; *Roxin*, Strafrecht AT, § 13 Rn. 12 ff.

340 Als solche kommen vor allem die Vorschriften der §§ 216, 228 StGB in Betracht. Vgl. dazu unten 2. Kap. IV.

341 *Joecks*, StuK-StGB, § 32 Rn. 17; *Köhler*, Strafrecht AT, S. 243; *Maurach/Zipf*, Strafrecht AT, § 17 Rn. 36; *D. Sternberg-Lieben*, Objektive Schranken, S. 19.

342 *D. Sternberg-Lieben*, Objektive Schranken, S. 21.

343 So *Amelung*, Einwilligung, S. 41.

344 *Jakobs*, Strafrecht AT, 14/1; *Köhler*, Strafrecht AT, S. 243.

345 *Amelung*, ZStW 104 (1992), 525, 547; *Maurach/Zipf*, Strafrecht AT, § 17 III Rn. 58.

346 *Herzog*, NK-StGB, § 32 Rn. 57; *D. Sternberg-Lieben/I. Sternberg-Lieben*, JuS 1999, 444, 445; *Köhler*, Strafrecht AT, S. 276, spricht von „autonomen Gründen"; auf den Grundsatz der Eigenverantwortung des Angegriffenen weist *Donatsch*, SchwZStr 106 (1989), 345, 347, hin.

347 *Maurach/Zipf*, Strafrecht AT, § 26 II Rn. 52. Beispiele dafür finden sich bei *Roxin*, Strafrecht AT, § 15 Rn. 100.

sig erklärte) Einwilligung nicht ausreichen.[348] In den Fällen der aufgedrängten Nothilfe will der Angegriffene – im Gegensatz zur Einwilligung – gerade keine Rechtsgutsverletzung und ist mit dem Angriff nicht einverstanden; er möchte einem privaten Dritten aber gleichzeitig eine Intervention in den Notwehrkonflikt verbieten.[349] Bejahte man in diesen Fällen eine Einwilligung durch das Angriffsopfer, so würde nicht nur eine Rechtfertigung des Nothelfers, sondern auch eine solche des Angegriffenen ausscheiden: Es fehlte an einer Notwehr- bzw. Nothilfelage. Dies erscheint nicht sachgerecht. Einem Angegriffenen muss es gestattet sein, einen Nothelfer aus dem Konflikt herauszuhalten, ohne zugleich selbst das Recht zur Verteidigung einzubüßen, etwa um die Modalitäten der Verteidigung – zugunsten des Angreifers – bestimmen zu können. Erklärt der Angegriffene, ein Dritter solle sich nicht in die Auseinandersetzung mit dem Angreifer einmischen, so ist darin in der Regel nur der eigene Versuch der Lösung dieses Konflikts und keine Einwilligung zu erblicken.[350] Daraus folgt: Ein mögliches Notwehrrecht des Angegriffenen gegenüber dem Angreifer bleibt von einer solchen (schlüssigen) Erklärung unberührt.

II. Meinungsstand

Die Frage, wie eine gegen den Willen des Angegriffenen ausgeübte Fremdverteidigung rechtlich zu bewerten ist, wurde und wird auch heute noch konträr be-

---

348 Deutlich *Hirsch*, Vor § 32 Rn. 111: „Konkludente Einwilligung ist mehr als bloßes Dulden, Geschehenlassen oder tatsächliches Nichthindern"; vgl. auch *Lenckner/Perron*, Schönke/Schröder, StGB, Vorbem §§ 32 ff. Rn. 43 m.w.N. *Stratenwerth*, Strafrecht AT, 4. Aufl., § 9 Rn. 26.

349 Dass eine derartige Differenzierung psychologisch möglich ist, wird ausdrücklich von *Geilen*, Jura 1981, 308, 312, hervorgehoben und durch die Diskussion um die rechtliche Behandlung einer aufgedrängten Nothilfe bestätigt; ähnlich bereits *Suppert*, Notwehr, S. 400 Fn. 212.

350 In diese Richtung schon *Baldus*, LK-StGB, 9. Aufl., § 53 Rn. 19: „Der Entschluß, sich nicht zu verteidigen, ist regelmäßig der Einwilligung nicht gleichzusetzen und läßt die Rechtswidrigkeit des Angriffs unberührt"; ähnlich auch *Joecks*, StuK-StGB, § 32 Rn. 34; *Krey*, Strafrecht AT, Rn. 523; *Lange*, JZ 1976, 546, 547.
Aus dem Adressaten der Erklärung kann nicht zwingend darauf geschlossen werden, ob eine Einwilligung oder ein bloßes Nothilfeverbot erteilt wird. Eine Einwilligung muss zwar nach überwiegender Auffassung zumindest schlüssig, aber nicht gegenüber dem Täter, d.h. demjenigen, der in die Rechtsgüter des Einwilligenden eingreift, erklärt werden (vgl. etwa *Gropp*, Strafrecht AT, § 6 Rn. 47 f.). Von einer gegenüber dem Täter erteilten Einwilligung kann darüber hinaus auch ein Dritter in Kenntnis gesetzt werden, so dass eine an den potentiellen Nothelfer gerichtete Erklärung nicht zwangsläufig ein bloßes Nothilfeverbot darstellen muss.

antwortet. Grund für diese Uneinigkeit ist das unterschiedliche Verständnis über den Rechtsgedanken der Notwehr und Nothilfe.[351] Gerade im Hinblick auf die Erklärung der Befugnis zur Selbst- und (vor allem) der Fremdverteidigung wird deutlich, wie ein unterschiedliches Staats- und Gesellschaftsverständnis, religiöse Überzeugungen und philosophische Strömungen die rechtliche Bewertung in den verschiedenen zeitgeschichtlichen Epochen geprägt haben. Auch auf die Frage der Zulässigkeit einer aufgedrängten Nothilfe mussten sich diese Einflüsse auswirken. In einer Zeit, in der das Individuum im Vordergrund steht, wird es dem Angriffsopfer tendenziell eher erlaubt sein, einem Dritten zu verbieten, sich in die Auseinandersetzung mit dem Angreifer einzuschalten. In Gesellschaftsordnungen, in denen die Rechte des Einzelnen hinter denen des Gemeinwesens angesiedelt werden, wird es Nothelfern hingegen möglicherweise zugebilligt, im Sinne der Stabilisierung der Gemeinschaft rechtswidrige Angriffe abzuwehren. Vielleicht hat der Angegriffene unter Umständen sogar die Pflicht, sich gegenüber rechtswidrigen Angriffen aktiv zur Wehr zu setzen und sein Wille, dem Nothelfer eine Einmischung in den Notwehrkonflikt zu untersagen, wird aus diesem Gesichtspunkt im Hinblick auf das Recht zur Fremdverteidigung als unbeachtlich angesehen. Zutreffend hat *Schroeder* insofern das Notwehrrecht in einem allgemeinen Kontext als „Indikator von Wandlungen in den politischen Grundanschauungen" bezeichnet.[352] Auch in der heutigen Beurteilung ist nicht zu verkennen, wie Zeitgeist und bestimmte Grundeinstellungen im Verhältnis zwischen Bürger und Staat das Notwehrverständnis prägen und sich auf die Auslegung einzelner notwehrrechtlicher Fragestellungen – wie auch der Zulässigkeit einer aufgedrängten Nothilfe[353] – auswirken.

1. Ältere Stellungnahmen

Auch wenn in früherer Zeit häufig nicht explizit auf die Problematik der aufgedrängten Nothilfe eingegangen worden ist, lassen sich aus dem grundlegenden Verständnis der Notwehr und Nothilfe Rückschlüsse auf die rechtliche Behandlung der hier interessierenden Thematik ziehen.

---

351 Vgl. zur dogmengeschichtlichen Entwicklung des Notwehr- und Nothilferechts: *Haas*, Notwehr, S. 19 ff.; *Heller*, Nothilfe, S. 17 ff.; *Krey*, JZ 1979, 702 ff.; *Lührmann*, Eigentumsverteidigung, S. 7 ff.; *Spendel*, LK-StGB, § 32 Rn. Rn. 15 ff.; *Stiller*, Grenzen, S. 7 ff.; *Wittemann*, Grundlinien, S. 3 ff.

352 *Schroeder*, FS Maurach, S. 127; ähnlich bereits die Überschrift seines Beitrags.

353 Vgl. zu den unterschiedlichen Bewertungen der Vertreter einer dualistischen Notwehrlehre oben 1. Kap. II. 2.

Die gemeinrechtliche Lehre befürwortete unter dem Einfluss des Naturrechts eine Pflicht zur Notwehr.[354] Muss sich der Einzelne gegenüber einem auf ihn verübten Angriff verteidigen, so ist davon auszugehen, dass auch die Willensentscheidung des Angegriffenen im Hinblick auf das Nothilferecht Dritter nicht beachtlich sein kann.

Der Pflichtgedanke ging im 18. Jahrhundert weitgehend verloren, findet sich aber vereinzelt in Stellungnahmen zur Notwehr aus dem 19. Jahrhundert wieder.[355] So führt *Jhering* in seiner bekannten Schrift „Der Kampf um's Recht" aus, dass die „Behauptung des Rechts" eine „Pflicht der moralischen Selbsterhaltung" sei. Der Angriff eines anderen müsse „vom Subjekt zurückgeschlagen werden".[356] Auch andere Ausführungen aus dieser Zeit, in denen zwar keine Notwehrpflicht, aber eine überindividualistische Interpretation der Notwehr und Nothilfe befürwortet wird, deuten darauf hin, dass der Wille des Angegriffenen im Hinblick auf das Recht zur Fremdverteidigung nicht relevant sein kann, soweit sich dieser nicht als Einwilligung darstellt. Zurückgeführt wird die kollektivistische Notwehrauffassung üblicherweise auf *Hegel* bzw. dessen Schüler *Berner*, der den Satz „das Recht braucht dem Unrecht nicht zu weichen"[357] geprägt hat.[358] Überwiegend wird dieses Rechtssprichwort und eine Bemerkung *Berners* in seinem Lehrbuch, wonach die Notwehr „nicht Selbstverteidigung, sondern Rechtsverteidigung"[359] sei, in einem überindividualistischen Sinn gedeutet.[360] Vor allem in der zweiten Hälfte des 19. Jahrhunderts zeichnete sich

354 Vgl. die zitierten Stellungnahmen einzelner Autoren bei *Schaffstein*, Lehren, S. 70; *Schmitt-Lermann*, Notwehr, S. 19.

355 Eine Pflicht zur Notwehr befürworten etwa: *Abegg*, Lehrbuch, 1836, S. 169; *Jhering*, Der Kampf um's Recht, S. 28; auch *Richter*, Strafrecht, 1829, S. 137, spricht im Zusammenhang mit der Notwehr von einer „Pflicht des Bürgers".
In der strafrechtlichen Auswertung ist umstritten, ob die Notwehrlehre *Kants* eine Notwehrpflicht des Angegriffenen begründet [so etwa *Hruschka*, ZStW 115 (2003), 201, 202] oder eine bloße Befugnis darstellt [so z.B. *Pawlik*, ZStW 114 (2002), 259, 268 Fn. 49]. Dieser Frage kann hier nicht weiter nachgegangen werden.

356 *Jhering*, Der Kampf um's Recht, S. 28.

357 *Berner*, Lehrbuch, 18. Aufl., S. 107.

358 Vgl. die Nachweise (und zugleich die Kritik an dieser Deutung) bei *Pawlik*, ZStW 114 (2002), 259, 260 Fn. 4 und 282 ff.

359 *Berner*, Lehrbuch, 18. Aufl., S. 109.

360 *Haas*, Notwehr, S. 117 Fn. 107; *Renzikowski*, Notwehr, S. 77; *M. Koch*, Nothilfe, S. 73. Zum Teil wird hingegen in der rechtshistorischen Auswertung unter Verweis auf bestimmte Textpassagen bestritten, dass *Berner* eine überindividualistische Notwehrkonzeption verfochten hat. So geht *Pawlik*, ZStW 114 (2002), 259, 292 f., davon aus, dass *Berner* eine „personalistische Konzeption" vertreten habe. Diese Kontroverse (kritisch dazu *Heller*, Nothilfe, S. 165 ff.) soll hier nicht weiter vertieft werden.

eine Tendenz ab, die Notwehr ausschließlich mit kollektiven Interessen zu deuten. Bei *Janka* ist zu lesen: „Notwehr ... ist von der Voraussetzung eines subjektiven Rechts vollkommen unabhängig. Allein, indem der Abwehrende den Angriff zurückweist und das bedrohte Gut schützt, bringt er den Willen und das Interesse des Rechtes, d.i. Willen und Interesse der Gesammtheit, zum geltenden Ausdrucke ... ."[361] In ähnlichem Sinne hat sich auch *v. Buri* geäußert, wenn er annimmt, dass der rechtswidrige Angriff „gegen das in der Person des Angegriffenen concentrierte öffentliche Interesse" stattfinde.[362] „Bis zu der Grenze, bis zu welcher der Staat, im Falle er hierzu im Stande wäre, das entstehende Unrecht durch Gewaltanwendung gegen den Übelthäter verhindern würde, muß im Falle seines Unvermögens nicht allein der Inhaber des gefährdeten Rechtsguts, sondern auch, weil es sich eben um den Schutz eines öffentlichen Interesses handelt, jeder Dritte zur Gewaltanwendung befugt sein." Aus diesen Aussagen wird deutlich, dass nicht das Recht des Angegriffenen, sondern das abstrakte Recht verteidigt wird. Der Wille des Angegriffenen kann bei diesem Verständnis im Hinblick auf die Fremdverteidigungsbefugnis eines Dritten nicht beachtlich sein.[363]

Etwas später wird dieses Ergebnis zum Teil auch ausdrücklich formuliert. So hat *v. Hippel* die Nothilfe als „stets statthaft" eingestuft. Sie dürfe „auch ohne oder gegen den Willen des Angegriffenen" ausgeübt werden.[364] Etwas anderes soll nur gelten, wenn der Rechtsgutsinhaber sein Recht wirksam preisgibt, d.h. eine Einwilligung vorliegt.[365] Auch *Nagler* hält die aufgedrängte Nothilfe für zulässig, wenn er die Fremdverteidigung als selbständiges Recht einstuft, welches „unabhängig von der Zustimmung des Angegriffenen und auch unabhängig von der Kenntnis des Nothelfers von der Person des Angegriffenen" ausgeübt werden dürfe.[366] So soll etwa der Wille einer von ihrem Ehemann misshandelten Ehefrau im Hinblick auf eine Nothilfebefugnis unbeachtlich sein, wenn sie die

---

361 *Janka*, Der strafrechtliche Notstand, 1878, S. 26.

362 *V. Buri*, GS 30 (1879), S. 434, 466.

363 Dementsprechend gehen auch diejenigen, die in jüngerer Zeit die ratio legis des § 32 StGB allein mit kollektiven Interessen interpretieren, einhellig davon aus, dass eine Nothilfe als selbständiges Recht des Nothelfers unabhängig von der Willensentscheidung des Angegriffenen zulässig ist.

364 *V. Hippel*, Deutsches Strafrecht, 1930, S. 213.

365 *V. Hippel*, Deutsches Strafrecht, 1930, S. 213.

366 *Nagler*, LK-StGB, 6. Aufl. (1944), § 53 III b) S. 424; ebenso *Nagler/Jagusch*, LK-StGB, 7. Aufl. (1954), § 53 III b) S. 367.

Hilfe eines anderen Mannes nur ablehnt, um Klatsch zu vermeiden.[367] Nach *Hellmuth Mayer* darf jedermann auch eine unerbetene Nothilfe ausüben.[368]

Im älteren Schrifttum ist die Nothilfe damit häufig als selbständiges Recht des Nothelfers eingestuft worden, welches unabhängig von der Willensentscheidung des Angriffsopfers ausgeübt werden darf.[369] Eine gewisse Wende in der rechtlichen Beurteilung stellt eine Grundsatzentscheidung des BGH[370] aus dem Jahre 1953 dar, in der eine aufgedrängte Nothilfe im Prinzip als unzulässig eingestuft worden ist. Die überwiegende Lehre hat sich dieser Bewertung in der Folgezeit angeschlossen. Zugleich hat der BGH mit dieser Entscheidung die Problematik einer aufgedrängten Nothilfe stärker ins Bewusstein der Strafrechtswissenschaft gerufen.[371] Gerade in jüngster Zeit lässt sich konstatieren, dass das wissenschaftliche Interesse an der Diskussion um die (Un-)Zulässigkeit einer aufgedrängten Nothilfe zunimmt.[372]

2. Jüngere Entwicklungstendenzen

In der heutigen Diskussion[373] wird die aufgedrängte Nothilfe von der (noch) vorherrschenden Auffassung als unzulässig eingestuft, wenn es sich um einen Angriff auf disponible Rechtsgüter des Angegriffenen handelt. Vor allem in den letzten Jahren wird diese Position hingegen von Autoren, die sich eingehender

---

367 *Nagler*, LK-StGB, 6. Aufl. (1944), § 53 III b) S. 424; ebenso *Nagler/Jagusch*, LK-StGB, 7. Aufl. (1954), § 53 III b) S. 367.

368 *H. Mayer*, Strafrecht AT, 1953, S. 202; auch nach der Grundsatzentscheidung des BGH hat *H. Mayer* seine Auffassung zur Reichweite der Nothilfe nicht aufgegeben (vgl. Strafrecht AT, 1967, S. 100).

369 Vgl. auch die weiteren Nachweise aus dem älteren Schrifttum im Hinblick auf die Interpretation der (aufgedrängten) Nothilfe bei *Spendel*, LK-StGB, § 32 Rn. 145. Vgl. zur Auswertung weiterer Stellungnahmen aus dem 19. Jahrhundert: *M. Koch*, Nothilfe, S. 71 ff.

370 BGHSt 5, 245 = NJW 1954, 438. Vgl. dazu unten 2. Kap. II. 2. a).

371 Als Beispiel hierfür kann die Kommentierung zum StGB von *Dreher/Maassen* angeführt werden. Während sich in der 1. Auflage noch keine Stellungnahme zur Frage der aufgedrängten Nothilfe findet, heißt es in der 2. Auflage aus dem Jahre 1956 unter Bezugnahme auf die Grundsatzentscheidung des BGH: „Will sich der Angegriffene nicht verteidigen, obwohl er berechtigt und fähig ist, über die verletzten Rechtsgüter zu verfügen, so hat ein Dritter kein Notwehrrecht."

372 Dies belegen – neben dieser Arbeit – die Dissertationen von *M. Koch* („Die aufgedrängte Nothilfe im Strafrecht", 2003), *Seuring* („Die aufgedrängte Nothilfe", 2004) und *Heller* („Die aufgedrängte Nothilfe", 2004).

373 Vgl. zum Meinungsstand nun auch *Heller*, Nothilfe, S. 151 ff., S. 203 ff.; *Seuring*, Nothilfe, S. 31 ff.

mit dieser Thematik beschäftigt haben, kritisiert und eine differenzierende Betrachtung nach den Beweggründen des Angegriffenen für die Ablehnung der Nothilfe angestellt.

a) Judikatur

Die Rechtsprechung musste sich in den letzten Jahrzehnten nur vereinzelt mit der Frage der Zulässigkeit einer aufgedrängten Nothilfe beschäftigen. Dies mag an mehreren Gründen liegen. Zum einen sind bereits Fälle, in denen jemand für einen anderen Nothilfe geleistet hat, im Verhältnis zu Situationen, in denen sich der Angegriffene selbst verteidigen musste, in der Rechtspraxis seltener anzutreffen. Angreifer können sich ihre Opfer gezielt aussuchen und werden möglicherweise bei der Anwesenheit potentieller Nothelfer eher von einem solchen absehen. Zum anderen scheint die Hilfsbereitschaft zugunsten anderer Menschen – aus verschiedensten Gründen – in der Bevölkerung nicht besonders stark ausgeprägt zu sein.[374] Zuletzt wird ein Angegriffener wohl in der Regel nur unter besonderen Umständen, etwa wenn die Hilfeleistung für ihn mit einem hohen Risiko verbunden ist oder das Angriffsopfer eine besondere Solidaritätsbeziehung zu dem Angreifer unterhält, auf fremde Hilfe verzichten. Gleichwohl musste sich auch die Judikatur mit der Zulässigkeit einer aufgedrängten Nothilfe befassen, was belegt, dass es sich bei dieser Fragestellung nicht nur um ein rein akademisches Problem handelt. Interessant sind vor allem folgende strafrechtliche[375] Entscheidungen.

aa) BGHSt 5, 245

Der Angeklagte hatte zusammen mit anderen die Vorführung des aus damaliger Sicht skandalösen Films „Die Sünderin" stören wollen. Durch das Zertreten von Stinkbomben erreichte er, dass die Vorstellung für etwa 15 Minuten unterbrochen werden musste.

In dieser Entscheidung hat sich die Rechtsprechung erstmals mit der rechtlichen Behandlung einer aufgedrängten Nothilfe auseinander gesetzt.[376] Der BGH sieht in dem Verhalten des Angeklagten eine tatbestandsmäßige Nötigung[377] und

374 Vgl. dazu *Eisenberg*, Kriminologie, § 54 Rn. 16 ff.

375 Vgl. zur aufgedrängten Nothilfe aus zivilrechtlicher Perspektive: *Seuring*, Nothilfe, S. 127 ff. m.w.N.; *Heller*, Nothilfe, S. 157, zitiert darüber hinaus noch BGH NJW 1975, 1161.

376 Kritisch zu dieser Entscheidung nun auch *Heller*, Nothilfe, S. 156 f.; *Seuring*, Nothilfe, S. 31 ff.

377 BGHSt 5, 245, 246.

hält es für entscheidend, ob die Tat durch Nothilfe zugunsten der anderen Besucher gerechtfertigt ist.[378] Das Gericht kommt zu dem Ergebnis, dass eine Nothilfe den Verteidigungswillen des Angegriffenen erfordert.[379] Hierzu wird im Einzelnen ausgeführt: „Wenn der Verletzte den Angriff nicht abwehren will, obwohl er einen solchen Entschluß fassen darf und kann, steht auch einem anderen nicht das Recht zu, seine Hilfe aufzudrängen und den Angegriffenen zu verteidigen. Der Nothelfer darf in solchen Fällen nicht mehr Rechte geltend machen, als der Angegriffene selbst ausüben will. Denn diesem ist das Notwehrrecht nur als Verteidigungsrecht gegeben."[380]

Die Entscheidung stimmt im Grundsatz mit dem hier erzielten Resultat überein. Der Nothelfer übt gewissermaßen stellvertretend für den Angegriffenen dessen Rechte aus und muss daher prinzipiell auch den Willen des Angegriffenen respektieren. Zweifelhaft ist aber zunächst, ob das vorliegende Urteil tatsächlich einen Fall der aufgedrängten Nothilfe darstellt. Die Unzulässigkeit der (aufgedrängten) Nothilfe wird auf den entgegenstehenden Willen der Besucher gestützt. Dieser Wille hätte allerdings auch als konkludente Einwilligung eingestuft werden können. Bei einer Einwilligung der Zuschauer in den Angriff auf ihr sittliches Empfinden und ihre Ehre durch die Filmvorführung hätte überhaupt keine Notwehrlage bestanden, da es an einem rechtswidrigen Angriff fehlte. Vor diesem Hintergrund würden die Ausführungen des BGH eine reine Banalität darstellen. In der Literatur wird die Entscheidung z.T. auch als (unstreitiger) Fall einer unzulässigen Nothilfe bei wirksamer Einwilligung eingeordnet.[381] Der BGH ist offensichtlich nicht von einer Einwilligung der Besucher ausgegangen, wenn er davon spricht, der Nothelfer dürfe nicht mehr Rechte geltend machen, als der Angegriffene selbst ausüben möchte.[382] Das überwiegende Schrifttum hat dieses Judikat als klassischen Fall für die rechtliche Beurteilung einer aufgedrängten Nothilfe eingestuft.[383] Der BGH hat mit dieser Grundsatzentscheidung eine be-

---

378 BGHSt 5, 245, 247 f. Zur Kritik an dem nicht klaren Ausgangspunkt im zugrunde liegenden Sachverhalt dieser Entscheidung: *Geilen*, Jura 1981, 308, 312 Fn. 56; *Seier*, NJW 1987, 2476.

379 BGHSt 5, 245, 247.

380 BGHSt 5, 245, 248; im Ergebnis auch BayObLGSt 1954, 111, 113.

381 *Welzel*, Strafrecht, S. 88; (aus dem zivilrechtlichen Schrifttum) *Fahse*, Soergel, § 227 Rn. 20; allgemein kritisch gegenüber der Lösung des BGH, in diesem Fall die Problematik der aufgedrängten Nothilfe aufzuwerfen: *Geilen*, Jura 1981, 308, 312 Fn. 56; *Seier*, NJW 1987, 2476.

382 BGHSt 5, 245, 248.

383 Vgl. etwa *Blei*, Strafrecht AT, S. 148; *Bockelmann/Volk*, Strafrecht AT, S. 95; *Erb*, MünchKomm, StGB, § 32 Rn. 164; *Geilen*, Jura 1981, 308, 312; *Gropp*, Strafrecht AT, § 6 Rn. 69; *Herzog*, NK-StGB, § 32 Rn. 19 und 57; *Jakobs*, Strafrecht AT, 12/59; *Jescheck/Weigend*, Strafrecht AT, S. 349; *Kühl*, Jura 1993, 233, 236; *dens.*,

sondere Rechtfertigungsschranke für den Nothelfer bei einem rechtswidrigen Angriff auf einen anderen errichtet.

Unbefriedigend ist die dogmatische Begründung. Gestützt wird die Entscheidung vor allem auf die Feststellung, das Notwehrrecht sei dem Angegriffenen „nur als Verteidigungsrecht gegeben".[384] Damit schließt der BGH von der Ablehnung einer Notwehrpflicht auf die Unzulässigkeit einer gegen den Willen des Angegriffenen ausgeübten Nothilfe. Offen bleibt aber, wie dieses Resultat an den gesetzlichen Merkmalen des § 32 StGB festgemacht werden soll. Des Weiteren argumentiert der BGH ausschließlich mit der Person des Angegriffenen und somit klassisch individualistisch. In der Sache wird die Nothilfebefugnis als abgeleitetes Recht behandelt, wenn ausgeführt wird, der Nothelfer dürfe nicht mehr Rechte geltend machen, als der Angegriffene selbst ausüben möchte.[385] Zweifelhaft ist diese Begründung aber vor dem Hintergrund, dass der BGH den Rechtsgrund der Notwehr ansonsten dualistisch durch die Hinzuziehung des Rechtsbewährungsprinzips begründet.[386] In der vorliegenden Entscheidung findet sich kein Hinweis auf den Gedanken der Rechtsbewährung bzw. das problematische Verhältnis zum Individualrechtsgüterschutz. Offensichtlich geht der BGH damit – mit der heute (wohl) überwiegenden Auffassung in der Lehre – davon aus, dass der Individualschutz des Angegriffenen bei einer dualistischen Begründung das Fundament der Notwehr und wohl auch der Nothilfe ist.

bb) BGH, StV 1987, 59

Eine weitere Entscheidung, die sich mit der Grenze der rechtfertigenden Nothilfe befasst hat, und verschiedene Fragen aufwirft, ist diejenige des Bundesgerichtshofes vom 01.07.1986.[387]

Der Angeklagte ist von der Wirtin zum Verlassen eines Lokals aufgefordert worden. Er legte jedoch die Füße auf den Tisch und missachtete auch eine zweite Aufforderung, sich zu entfernen. Die Wirtin machte daraufhin Anstalten, die Po-

---

Strafrecht AT, § 7 Rn. 143; *dens.*, Lackner/Kühl, StGB, § 32 Rn. 12; *Köhler*, Strafrecht AT, S. 276; *Lenckner/Perron*, Schönke/Schröder, StGB, § 32 Rn. 25/26; *Maurach/Zipf*, Strafrecht AT, § 26 II Rn. 51; *Otto*, Strafrecht AT, § 8 Rn. 55; *Roxin*, Strafrecht AT, § 15 Rn. 99; *Samson*, SK-StGB, 2. Aufl., § 32 Rn. 33; *Schmidhäuser*, Lehrbuch, S. 357 Fn. 48; *Seier*, NJW 1987, 2467, 2478; *D. Sternberg-Lieben/I. Sternberg-Lieben*, JuS 1999, 444 Fn. 1; *Spendel*, LK-StGB, § 32 Rn. 145; *Tröndle/Fischer*, StGB, § 32 Rn. 7.

384 BGHSt 5, 245, 248.

385 Vgl. BGHSt 5, 245, 248.

386 Insoweit kritisch auch *Schmidhäuser*, Lehrbuch, 9/109 Fn. 48; *Wagner*, Notwehrbegründung, S. 36.

387 Vgl. dazu nun auch *Heller*, Nothilfe, S. 161 ff.; *Seuring*, S. 37 ff.

lizei anzurufen. In diesem Moment stand W. mit der Ankündigung „Dem zeige ich es mal“ auf. Mit den Worten „Hast du nicht gehört, was die Wirtin gesagt hat“ begab er sich unter den Augen der „dieses Verhalten stillschweigend billigenden Gastwirtin“ seitlich hinter den Stuhl des Angeklagten, versuchte ihn hochzuziehen und versetzte ihm, als er immer noch nicht aufstand, eine Ohrfeige. Der Angeklagte zog blitzschnell ein Klappmesser hervor, öffnete es und versetzte W. einen Stich in den Unterbauch. Der Angeklagte musste sich wegen gefährlicher Körperverletzung verantworten. Fraglich ist, ob der Messerstich des Angeklagten durch Notwehr (§ 32 StGB) gerechtfertigt ist. Eine solche Rechtfertigung scheidet aus, wenn W. seinerseits in gerechtfertigter Nothilfe (§ 32 StGB) zur Beendigung des vom Angeklagten begangenen Hausfriedensbruchs (§ 123 StGB) gehandelt hat. Dann läge kein rechtswidriger und notwehrfähiger Angriff des W. vor. Entscheidend ist, ob die Fremdverteidigung des W. aufgedrängt und damit nach der skizzierten Grundsatzentscheidung des BGH als rechtswidrig zu bewerten ist. Hierzu wird ausgeführt: „Im Falle der Nothilfe darf der Nothelfer nicht mehr Rechte geltend machen, als der Angegriffene selbst ausüben will; er darf seine Hilfe nicht aufdrängen. Dass W. im stillschweigenden Einvernehmen mit der Gastwirtin gegen den Angeklagten vorging ... folgte hier nicht von selbst aus den Umständen. W. löste sich vielmehr aus eigenem Antrieb ... als die Wirtin im Begriffe stand, polizeiliche Hilfe zu rufen. ... Darüber hinaus legten es die geschäftlichen Interessen der Wirtin nicht eben nahe, dass sie morgens um 3 Uhr eine handgreifliche Auseinandersetzung zwischen den beiden erheblich angetrunkenen Gästen innerlich billigte. Der Angeklagte randalierte nicht etwa und W. fehlten von seiner körperlichen Konstitution her die Voraussetzungen, um den Angeklagten ohne weiteres aus der Gaststätte befördern zu können. ... wenn der Angeklagte einem rechtswidrigen Angriff von Seiten des W. ausgesetzt war, durfte er sich dagegen verteidigen.“[388]

Der BGH ist hier von einem entgegenstehenden Willen der Wirtin ausgegangen. Zumindest ein ausdrücklich erklärter entgegenstehender Wille der Gastwirtin lag aber nicht vor. Im weiteren Verlauf der Arbeit wird darauf einzugehen sein, welche Anforderungen an die Willensäußerung des Angegriffenen im Hinblick auf das Nothilferecht Dritter gestellt werden können.[389]

Daneben wirft die Entscheidung die Frage auf, ob dem ursprünglichen Angreifer gegenüber dem Nothelfer, der wegen des Grundsatzes der Unzulässigkeit einer aufgedrängten Nothilfe nun seinerseits rechtswidrig angreift, das volle Notwehrrecht zusteht. Der BGH hat hierzu lapidar ausgeführt: „Denn wenn der

388 BGH StV 1987, 59.
389 Vgl. dazu unten 2. Kap. V.

Angekl. [d.h. der ursprüngliche Angreifer][390] einem rechtswidrigen Angriff W.'s [d.h. dem aufdrängenden und damit rechtswidrig handelnden Nothelfer][391] ausgesetzt gewesen sein sollte, durfte er sich dagegen verteidigen. Sofern er ... mit dem Messerstich die erforderliche Verteidigung überschritten hätte, wäre das Maß seiner Schuld anders zu beurteilen als im angefochtenen Urteil." Im angefochtenen Urteil hatte das Landgericht angenommen, das Tatopfer W. habe unter den Voraussetzungen der rechtfertigenden Nothilfe (§ 32 StGB) zur Beendigung des vom Angeklagten begangenen Hausfriedenbruches (§ 123 StGB) gehandelt. Offensichtlich geht der BGH davon aus, dass der ursprüngliche Angreifer, der nun seinerseits von dem seine Hilfe aufdrängenden und damit rechtswidrig handelnden Nothelfer angegriffen wird, in seinem Notwehrrecht nur an den Grundsatz der Erforderlichkeit gebunden ist. Weitere Einschränkungen werden zumindest nicht diskutiert. Fraglich ist aber, ob der ursprüngliche Angreifer wegen seines rechtswidrigen Vorverhaltens, d.h. dem Angriff auf das Hausrecht der Wirtin, nicht bei einer Verteidigung gegenüber dem rechtswidrig angreifenden Nothelfer Einschränkungen in seinem Notwehrrecht unterliegt. In einer jüngeren Entscheidung geht der BGH ganz allgemein davon aus, dass das Notwehrrecht auch dann beschränkt ist, wenn der Angriff von Personen ausgeht, die von dem schuldhaften Vorverhalten nicht betroffen waren.[392] Diese Auffassung verdient im Ergebnis Zustimmung. Beurteilt man die Einschränkungen des Notwehrrechts individualistisch nach der Verantwortlichkeit für die Entstehung der Konfliktlage, so kann dem Angegriffenen durch seinen Hausfriedensbruch eine Mitverantwortlichkeit für die Eskalation der Gesamtsituation zugeschrieben werden. Individuelles Recht (des ursprünglichen Angreifers) und Unrecht (des aufdrängenden und rechtswidrig handelnden Nothelfers) stehen sich hier bei einer wertenden Betrachtung anders als in der typischen Notwehrsituation nicht mehr trennscharf gegenüber, auch wenn sich der Nothelfer eigenverantwortlich über den Willen des Angegriffenen hinweggesetzt hat. Der Konflikt ist wegen der Mitverantwortlichkeit des Angegriffenen an der gesamten Konfliktlage nicht strikt zu Lasten des rechtswidrig handelnden Nothelfers zu lösen. Hier muss der Angegriffene, soweit dies möglich ist, dem Angriff des Nothelfers ausweichen. Im vorliegenden Fall spricht für die Zumutbarkeit einer Ausweichpflicht noch ein weiterer Aspekt. Begründet wurde die fehlende Ausweichpflicht eines Angegriffenen mit dem Recht, sich im Rahmen seiner grundrechtlich geschützten Freiheitssphäre überall aufhalten zu dürfen. Der Angeklagte hatte aber wegen seines Hausfriedensbruches (§ 123 StGB) gerade kein Recht, seinen Freiheitsraum in

390 Eigene Klarstellung.
391 Eigene Klarstellung.
392 BGH NStZ 2002, 425.

der Gastwirtschaft zu verteidigen. Anders wäre dies nur, wenn in dem Verhalten der Wirtin ein (konkludentes) Einverständnis erblickt werden könnte. Dafür ergeben sich aber keine Anhaltspunkte. Auch der BGH hat ein mögliches Einverständnis der Gastwirtin nicht thematisiert. Insgesamt erscheint es angemessen, das Notwehrrecht des ursprünglichen Angreifers wegen dessen rechtswidrigen Vorverhaltens (=Angriff gegenüber einer anderen Person) auch gegenüber einem seine Hilfe aufdrängenden und damit grundsätzlich rechtswidrig handelnden Nothelfer einzugrenzen, um eine Eskalation der Gesamtsituation zu verhindern. Leitlinien können hier mit älteren Entscheidungen des BGH sowohl der Grad des Mitverschuldens, d.h. die Qualität des Angriffs auf das eine Nothilfe ablehnende Angriffsopfer, als auch die Intensität des vom Nothelfer ausgehenden Angriffs sein.[393]

Unabhängig von dieser Kritik kann an dieser Stelle festgehalten werden: Der BGH hat seine Grundsatzentscheidung aus dem Jahre 1953 wiederholt und stuft eine aufgedrängte Nothilfe zumindest im Grundsatz als rechtswidrig ein.[394]

cc) OLG Frankfurt, MDR 1970, 694

Interessant im Zusammenhang mit der Thematik der aufgedrängten Nothilfe ist auch die Entscheidung des OLG Frankfurt aus dem Jahre 1970.

Der Angeklagte, Inhaber einer Gaststätte, kam seiner Angestellten K zur Hilfe, als diese von einem ihm als rabiaten Schläger bekannten Gast Sch hinter der Theke geschlagen und zu Boden geworfen wurde. Er forderte Sch mit einem Revolver in der Hand auf, sofort aufzuhören. Als dieser nicht reagierte, gab der Angeklagte einen gezielten Schuss auf den Fußboden neben die Beine des Sch ab, traf aber K, die am Boden verletzt wurde. Als der Angeklagte dann versuchte, telefonisch die Polizei zu verständigen, drang Sch auf ihn ein. Nun schoss der Angeklagte dem Zeugen Sch mit einem gezielten Schuss ins Bein.

Das OLG Frankfurt prüft die Rechtfertigung des Gastwirtes im Hinblick auf die fahrlässige Körperverletzung der Angestellten K. Eine Rechtfertigung durch Nothilfe (§ 32 StGB) wird vom Gericht zutreffend abgelehnt, da eine solche nur eintreten kann, wenn sich die Verteidigungshandlung gegen den Angreifer richtet. Als Rechtfertigung für die fahrlässige Körperverletzung des Angriffsopfers durch den Nothelfer kommt aber eine (mutmaßliche) Einwilligung in Betracht.

---

393 Vgl. zu den Leitlinien des BGH in den Fällen der Einschränkung des Notwehrrechts bei selbstverschuldeter Notwehrlage: *Heger*, JA 2003, 8, 9 f. m.w.N.

394 Auf die – etwas missverständliche – Entscheidung BayObLGSt 1954, 111, soll daher an dieser Stelle nicht näher eingegangen werden. Vgl. dazu nun etwa die überzeugende Kritik von *Seuring*, Nothilfe, S. 38 ff.

Zur Einwilligung führt das OLG Frankfurt aus, dass es im Rahmen der Rechtfertigung von Fahrlässigkeitsdelikten nur auf die Zulässigkeit der Verteidigungs*handlung* ankommt: „Bei einer solchen Einwilligung will der Einwilligende zwar den Erfolg nicht, nimmt ihn aber als Risiko dadurch in Kauf, daß er mit der ihn gefährdenden riskanten Handlung einverstanden ist."[395]

Die Entscheidung zeigt gewisse Parallelen zur Problematik der aufgedrängten Nothilfe. Im Urteil des OLG Frankfurt hat der Nothelfer nicht den Angreifer, sondern das Angriffsopfer durch seine Verteidigungshandlung verletzt. Bezugspunkt des Willens des Angriffsopfers für eine Rechtfertigung des Nothelfers (aus den Grundsätzen einer Einwilligung) ist die Vornahme der Verteidigungs*handlung*. Im Rahmen einer mutmaßlichen oder erklärten Einwilligung ist es dem Angegriffenen gestattet, aus Risikoerwägungen die Strafbarkeit des Nothelfers – bei einem Eingriff in die Rechtsgüter des Angegriffenen – zu bestimmen. Denkbar wäre hingegen auch, dass der Nothelfer durch die gleiche Verteidigungshandlung den Angreifer verletzt. In diesem Fall wäre die Rechtfertigung des Nothelfers nach § 32 StGB vor dem Hintergrund einer möglicherweise dem Willen des Angegriffenen widersprechenden und damit rechtswidrigen Nothilfe zu untersuchen. In beiden Fällen geht es damit um Risikoerwägungen für den Angegriffenen.[396] Wegen dieser Parallelen deutet sich auch bei der Ermittlung des Willens des Angegriffenen im Hinblick auf das Nothilferecht nach § 32 StGB eine Orientierung an den Grundsätzen der mutmaßlichen Einwilligung an.[397]

b) Schrifttum

In der Literatur wird die Frage der aufgedrängten Nothilfe aus verschiedenen Blickwinkeln beleuchtet.

aa) Argumentation mit der ratio legis des § 32 StGB

Zumeist wird die rechtliche Beurteilung einer (aufgedrängten) Nothilfe mit Erwägungen über den teleologischen Gehalt des § 32 StGB verknüpft.

---

395 OLG Frankfurt MDR 1970, 694, 695.

396 Zur Frage, ob das Verhalten des Nothelfers bei einem entgegenstehenden Willen des Angegriffenen gerechtfertigt ist, wenn der Angegriffene aus eigenen Schutz- bzw. Risikoerwägungen ein Nothilfeverbot artikuliert hat, vgl. unten 2. Kap. III. 3. a) bb) und 4. d).

397 Vgl. dazu unten 2. Kap. V. 2.

(1) Unbeachtlichkeit des Willens des Angegriffenen für das Nothilferecht Dritter

Die Autoren, die den Rechtsgrund der Notwehr und Nothilfe mit kollektiven Interessen überindividualistisch interpretieren, sind sich darüber einig, dass es bei einer Fremdverteidigungsbefugnis auf den Willen des Angegriffenen nicht ankommen kann.[398] Der Nothelfer hat nach diesem Verständnis ein eigenes, originäres Recht zur Abwehr rechtswidriger Angriffe auf andere Rechtsgenossen, um die Rechtsordnung zu stabilisieren bzw. das abstrakte Recht zu schützen. Gegen diese Auffassung sprechen die mit einer überindividualistischen Notwehrkonzeption verbundenen Bedenken.[399]

Zum Teil wird dieses Resultat, Unabhängigkeit der Nothilfebefugnis vom Willen des Angegriffenen, auch von den Anhängern einer dualistischen Notwehrlehre befürwortet. Dogmatisch abgeleitet wird dieses Ergebnis aus der pluralistischen Grundstruktur des § 32 StGB, wobei der Gedanke der Rechtsbewährung für das Recht zur Notwehr und (vor allem) der Nothilfe besonders akzentuiert wird.[400] *Schroeder* hält darüber hinaus die Anbindung der Nothilfebefugnis an den Willen des Angegriffenen für unvereinbar mit dem Wortlaut des § 32 StGB.[401] *Spendel* verweist auf weitere dogmatische[402] und sachspezifische[403] Erwägungen, die für ein unbeschränktes Nothilferecht sprechen sollen. Ob diese Gesichtspunkte überzeugend sind, ist im weiteren Verlauf der Darstellung zu klären.

Nur vereinzelt finden sich Stimmen, die eine Nothilfe gegen den Willen des Angegriffenen auf der Basis eines individualistischen Notwehr- bzw. Nothilfeverständnisses generell zulassen möchten.[404] Gegen diese Begründungsansätze spricht, dass das Interesse der angegriffenen Person, zu deren Schutz die Nothilfe nach dem hier vertretenen Verständnis institutionalisiert worden ist, vernachlässigt wird.[405]

---

398 So *Bitzilekis*, Einschränkung, S. 72; *Schmidhäuser*, Lehrbuch, 9/107; *ders.*, Studienbuch, 6/80; in diese Richtung auch *Haas*, Notwehr, S. 280.

399 Vgl. oben 1. Kap. I. 1. b) und 2 b).

400 Im Ergebnis *Lange*, JZ 1976, 546, 547; *Schroeder*, FS Maurach, S. 127, 141; *Spendel*, LK-StGB, § 32 Rn. 145.

401 *Schroeder*, FS Maurach, S. 127, 141 f.

402 Vgl. unten 2. Kap. II. 2. b) cc) (1).

403 Vgl. unten 2. Kap. II. 2. b) dd) (1) und (2).

404 So nur *Wagner*, Notwehrbegründung, S. 37; *Retzko*, Notwehr, S. 162 Fn. 5.

405 Vgl. gegen diese Auffassungen schon oben 1. Kap. III. 2. b) und 3. b).

(2) Grundsätzliche Beachtlichkeit des Willens des Angegriffenen für das Nothilferecht Dritter

Diejenigen, die einer individualistischen Notwehrbegründung anhängen, halten den Willen des Angegriffenen im Hinblick auf das Nothilferecht Dritter ganz überwiegend zumindest dann für beachtlich, wenn disponible Rechtsgüter des Angriffsopfers auf dem Spiel stehen.[406] Eine mit der Verteidigungshandlung des Nothelfers verbundene Verletzung des Angreifers wird in diesen Fällen als rechtswidrig eingestuft.

Auch die Verfechter einer dualistischen Notwehrkonzeption orientieren sich bei der Zulässigkeit der Nothilfe – trotz des gegenläufigen und problematischen[407] Verhältnisses der beiden Grundgedanken der Rechtsbewährung und des Individualschutzes – am Willen des Angegriffenen und halten eine aufgedrängte Nothilfe für rechtswidrig, wenn ein Angriff auf disponible Rechtsgüter des Angegriffenen zu Lasten des Angreifers abgewehrt wird.[408]

(3) Differenzierende Beurteilung nach den Beweggründen des Angegriffenen für das Nothilfeverbot

Sowohl auf der Grundlage einer dualistischen als auch einer individualistischen Notwehrkonzeption sind im Hinblick auf die denkbaren Beweggründe des Angegriffenen für die Ablehnung einer Fremdverteidigung unterschiedlichste Lö-

---

406 *Erb*, MünchKomm, StGB, § 32 Rn. 164; *Fuchs*, Notwehr, S. 52; *Günther*, SK-StGB, § 32 Rn. 12; *Hruschka*, Strafrecht AT, S. 169; *Joecks*, StuK-StGB, § 32 Rn. 33; *Kargl*, ZStW 110 (1998), S. 38, 63 f.; *Kinnen*, MDR 1974, 631, 633; *Kioupis*, Notwehr, S. 45 f.; *Köhler*, Strafrecht AT, S. 276; *Müssig*, ZStW 115 (2003), S. 224, 233 Fn. 33; *Neumann*, Modernes Strafrecht, S. 215, 220; *Renzikowski*, Notwehr, S. 296.

407 Vgl. dazu bereits oben 1. Kap. II. 2.

408 *Amelung*, JuS 1986, 329, 332; *Baldus*, LK-StGB, 9. Aufl., § 53 Rn. 19; *Benfer*, Strafrecht AT, Rn. 167; *Bockelmann*, FS Dreher, S. 235, 249; *ders./Volk*, Strafrecht AT, S. 95; *Donatsch*, SchwZStr 106 (1989), 345, 350; *Ebert*, Strafrecht AT, S. 67; *ders.*, JuS 1976, 319, 323; *Gropp*, Strafrecht AT, § 6 Rn. 69; *Herzog*, NK-StGB, § 32 Rn. 57; *Himmelreich*, GA 1966, 129, 133; *ders.*, MDR 1967, 361, 365; *Jescheck/Weigend*, Strafrecht AT, § 32 IV 1; *Kindhäuser*, LPK-StGB, § 32 Rn. 6; *Krey*, Strafrecht AT, Rn. 523 f.; *Lenckner/Perron*, Schönke/Schröder, StGB, § 32 Rn. 25/26; *Maurach/Zipf*, Strafrecht AT, § 26 II Rn. 51; *Otto*, Strafrecht AT, § 8 Rn. 55; *Roxin*, Strafrecht AT, § 15 Rn. 99; *ders.*, ZStW 93 (1981), 68, 76; *Samson*, SK-StGB, 2. Aufl., § 32 Rn. 33; *I. Sternberg-Lieben*, JA 1996, 129, 132 (im Grundsatz); *Suppert*, Notwehr, S. 400; *Stiller*, Grenzen, S. 41 f.; *Tröndle/Fischer*, StGB, § 32 Rn. 7; *Wessels/Beulke*, Strafrecht AT, Rn. 334.

sungsansätze erarbeitet worden.[409] In einzelnen Fällen wird dabei die Rechtfertigung einer aufgedrängten Nothilfe befürwortet. Durch eine differenzierende Bewertung wird z.T. der Versuch unternommen, das gegenläufige Verhältnis von Rechtsbewährung und Individualschutz zu berücksichtigen.[410] Andere empfinden die Versagung einer Rechtfertigung nach § 32 StGB in bestimmten Konstellationen der aufgedrängten Nothilfe als unbillig.[411]

bb) Argumentation mit dem Begriff der „Nothilfe"

Vereinzelt werden im Zusammenhang mit der Erörterung der (Un-)Zulässigkeit einer aufgedrängten Fremdverteidigung Schlussfolgerungen aus dem Begriff der „Not*hilfe*" gezogen.[412] Bereits terminologisch soll Hilfe eine Unterordnung unter den Willen desjenigen, dem man helfen wolle, bedeuten. Auch[413] aus diesem Grunde wird eine gegen den Willen des Angegriffenen ausgeübte Fremdverteidigung für unzulässig erachtet.

Zunächst ist unklar, ob mit dem Begriff der „Hilfe" derartige Deduktionen verbunden werden können. Naheliegender erscheint eine objektive Deutung, indem Hilfe schlicht als Unterstützung eines anderen aufgefasst wird.[414] Wenn von einem „Hilfe suchenden Menschen" gesprochen wird, dann deutet nur der Begriff „suchend" auf einen subjektiven, willensorientierten Bezug hin. Schwierigkeiten müssen die Vertreter, welche die Nothilfe bereits begrifflich dem Willen des Angegriffenen unterordnen wollen, auch haben, wenn dem potentiellen Not-

409 Differenzierende Lösungsansätze unterbreiten: *Heller*, Nothilfe, S. 239 ff.; *Herzberg/Schlehofer*, JuS 1990, 559, 562 f.; *Jakobs*, Strafrecht AT, 12/59 ff.; *Klose*, ZStW 89 (1977), 61, 96 ff.; *M. Koch*, Nothilfe, S. 138 ff.; *Kühl*, Lackner/Kühl, StGB, § 32 Rn. 12; *Seier*, NJW 1987, 2476, 2480 ff.; *Seuring*, Nothilfe, S. 214 ff.; *D. Sternberg-Lieben/I. Sternberg-Lieben*, JuS 1999, 444, 447 f.

410 *Heller*, Nothilfe, S. 201, S. 239 ff.; *Geilen*, Jura 1981, 308, 313; *Klose*, ZStW 89 (1977), 61, 96; *Seier*, NJW 1987, 2476, 2480; *D. Sternberg-Lieben/I. Sternberg-Lieben*, JuS 1999, 444, 447; Differenzierungen nach der „Bewährung des gesellschaftlichen Koordinationsprinzips" als überindividueller Grundgedanke des Notwehrrechts befürwortet nun *Seuring*, Nothilfe, S. 189 ff., S. 215 ff.

411 So hauptsächlich die Argumentation von *M. Koch*, Nothilfe, S. 138 ff.; in diese Richtung auch *Heller*, Nothilfe, S. 252 ff.

412 *Hruschka*, Strafrecht AT, S. 169; *Kargl*, ZStW 110 (1998), 38, 64; *Renzikowski*, Notwehr, S. 64 und 296.

413 Die genannten Autoren verweisen darüber hinaus auf ihre dogmatische Erklärung der Nothilfe. *Hruschka*, Strafrecht AT, S. 169, bemerkt zudem, die Befugnis zur Nothilfe würde sonst in eine reine Einmischungsbefugnis umgedeutet werden.

414 Zweifel äußert auch *Heller*, Nothilfe, S. 164; anders wohl *Seuring*, Nothilfe, S. 121, wonach der Begriff der Not*hilfe* „eher auf ein sekundäres Recht des Nothelfers schließen" lasse.

helfer aus der Norm des § 323c StGB sogar eine Pflicht zur *Hilfe*leistung auferlegt wird. Im Rahmen der unterlassenen Hilfeleistung entspricht es der allgemeinen Auffassung, dass die Hilfspflicht nur dann entfällt, wenn der Gefährdete sich weigert, eine Hilfe anzunehmen und er zugleich über das bedrohte Rechtsgut verfügen kann.[415] Dies bedeutet: In Fällen, in denen indisponible Rechtsgüter betroffen sind, kann ein Unbeteiligter unter Umständen nicht von seiner *Hilfs*pflicht aus § 323c StGB entbunden werden. Ein Dritter ist in diesem Fall zu einer „Hilfeleistung", wie dies bereits in der Überschrift des § 323c StGB zum Ausdruck gebracht wird, verpflichtet. Wenn das Gesetz aber jemandem eine Handlungspflicht auferlegt und die Nichteinhaltung strafrechtlich sanktioniert, dann muss in einer widerspruchslosen Rechtsordnung auch ein korrespondierendes Eingriffsrecht bestehen. Dieser Widerspruch könnte von denjenigen, die aus dem Begriff der Hilfe eine Unterordnung unter den Willen des Gefährdeten bzw. Angegriffenen konstruieren möchten, nur dadurch aufgelöst werden, indem in derartigen Fällen auch die Hilfeleistungspflicht aus § 323c StGB aufgehoben wird.

Zuletzt muss gegenüber dem Versuch, aus dem Begriff der Nothilfe die Fremdverteidigung an den Willen des Angegriffenen zu binden, auf grundsätzliche Einwände stoßen. Der Terminus „Nothilfe" taucht in der gesetzlichen Formulierung des § 32 StGB überhaupt nicht auf.[416] Dort ist nur davon die Rede, dass ein Angriff „von sich oder einem anderen" abgewehrt werden darf. Zwar stellt die Bezeichnung „Nothilfe" eine in vielen strafrechtlichen Werken verwendete gängige Formulierung dar. Rechtliche Ableitungen können aus ihm allerdings nicht gewonnen werden. Statt von Nothilfe kann auch von Fremdverteidigung gesprochen werden. Die Unzulässigkeit einer gegen den Willen des Angegriffenen ausgeübten Nothilfe kann nach allem nicht mit Begrifflichkeiten, sondern muss dogmatisch erklärt werden.

cc) Argumentation mit dem Verteidigungswillen der beteiligten Personen

Teilweise wird in der Diskussion um die (Un-)Zulässigkeit einer aufgedrängten Nothilfe mit dem (unbeachtlichen) Verteidigungswillen des Angegriffenen bzw. dem (fehlenden) Verteidigungswillen des Nothelfers argumentiert.

415 Vgl. statt aller *Cramer/Sternberg-Lieben*, Schönke/Schröder, StGB, § 323c Rn. 26; zuletzt *Seuring*, Nothilfe, S. 108 ff.

416 Ebenso bereits *M. Koch*, Nothilfe, S. 64. Auf den Wortlaut des § 32 StGB verweisen nun auch *Heller*, Nothilfe, S. 164; *Seuring*, Nothilfe, S. 121.

(1) Generelle Irrelevanz subjektiver Elemente auf der Ebene der Rechtswidrigkeit (Spendel)

Spendel argumentiert in den Fällen der aufgedrängten Nothilfe unter anderem[417] mit der generellen Unbeachtlichkeit des Verteidigungswillens der an einem Notwehr- bzw. Nothilfekonflikt beteiligten Personen.[418] Ebenso wie es bei der Notwehr auf einen Verteidigungswillen des Verteidigers, d.h. des Angegriffenen oder eines Nothelfers, nicht ankomme, so sei auch der Verteidigungswille des Angriffsopfers bei der Beurteilung der Rechtmäßigkeit einer (aufgedrängten) Nothilfe nicht entscheidend.[419] Die Nothilfevoraussetzungen sollen ebenso wie die Notwehrvoraussetzungen rein objektiv zu bestimmen sein.[420] Die Fremdverteidigung sei als selbständiges Recht des Nothelfers von der Willensentscheidung des Angegriffenen unabhängig.[421] Nach dieser Auffassung ist der Wille des Angriffsopfers für den Nothelfer nur dann beachtlich, wenn er sich als (wirksame) Einwilligung darstellt und es bereits an den objektiven Voraussetzungen des § 32 StGB, d.h. an einem rechtswidrigen Angriff, fehlt.

Die generelle Unbeachtlichkeit der Willensentscheidung des Angegriffenen lässt sich nur mit einer (zumindest auch) überindividualistischen Notwehr- bzw. Nothilfekonzeption rechtfertigen, welche das Interesse an der Abwehr rechtswidriger Angriffe höher einstuft als den Verteidigungswillen des Angegriffenen. Den Anhänger einer individualistischen Deutung bzw. denjenigen, der auf der Grundlage einer dualistischen Notwehrkonzeption den Individualschutz als Fundament des § 32 StGB betrachtet, wird die Argumentation *Spendels* daher nicht überzeugen können.

Darüber hinaus ist bereits die These – generelle Irrelevanz subjektiver Elemente auf der Ebene der Rechtfertigung – in der Sache angreifbar. Die heute ganz herrschende Lehre[422] und die Rechtsprechung[423] erkennen im Gegensatz zu

---

417 *Spendel* hält die Nothilfe darüber hinaus auch gegen den Willen des Angegriffenen stets für zulässig, da er auf der Grundlage einer dualistischen Notwehrdoktrin bei der Fremdverteidigung den Gedanken der Verteidigung des (abstrakten) Rechts betont (vgl. LK-StGB, § 32 Rn. 13).

418 *Spendel*, LK-StGB, § 32 Rn. 145.

419 *Spendel*, LK-StGB, § 32 Rn. 145.

420 *Spendel*, LK-StGB, § 32 Rn. 145.

421 *Spendel*, LK-StGB, § 32 Rn. 145.

422 *Blei*, Strafrecht AT, S. 132; *Bockelmann/Volk*, Strafrecht AT, S. 92; *Erb*, MünchKomm, StGB, § 32 Rn. 213; *Frisch*, FS Lackner, S. 113, 128; *Gallas*, FS Bockelmann, S. 155, 176 f.; *Geilen*, Jura 1981, 308; *Geppert*, Jura 1995, 103, 104; *Gropp*, Strafrecht AT, § 6 Rn. 90; *Günther*, SK-StGB, Vor § 32 Rn. 87 und § 32 Rn. 132; *Herzog*, NK-StGB, § 32 Rn. 127; *Jakobs*, Strafrecht AT, 11/18 ff.; *Jescheck/Weigend*, Strafrecht AT, § 32 II 2 a; *Joecks*, StuK-StGB, Vor § 32 Rn. 11;

Spendel[424] subjektive Rechtfertigungselemente auf der Unrechtsebene an. Aus Raumgründen sollen nur die wesentlichen für diese vorzugswürdige Ansicht sprechenden Gesichtspunkte skizziert werden. Überwiegend wird das Erfordernis subjektiver Rechtfertigungselemente auf eine personale Unrechtslehre gestützt.[425] Danach werden auch täterbezogene Elemente in den Unrechtsbegriff miteinbezogen. Nach der personalen Unrechtslehre wird im Unrecht überwiegend zwischen Handlungs- und Erfolgsunwert differenziert.[426] Bezogen auf die Frage nach dem Erfordernis subjektiver Rechtfertigungselemente ergibt sich danach Folgendes: Ebenso wie sich der Tatbestand aus objektiven und subjektiven Elementen zusammensetzt,[427] sind auf der Ebene der Rechtswidrigkeit spiegelbildlich dazu objektive und subjektive Merkmale notwendig. Sowohl der Erfolgsunwert als auch der Handlungsunwert einer Tat müssen kompensiert werden. Der Erfolgsunwert einer tatbestandsmäßigen Handlung wird durch den strafunrechtsausschließenden Erfolgswert ausgeglichen, der Handlungsunwert dadurch, dass der Täter zumindest die Situation kennt und danach handelt.[428] Für ein Verständnis, welches subjektive Elemente im Unrechtsbegriff berücksichtigt, sprechen zudem normative Gesichtpunkte. Durch die Regelungen über den untauglichen Versuch in den §§ 22, 23 III StGB ist das subjektive Handlungsunrecht in den Fällen, in denen ein rechtsfeindlicher Wille äußerlich in Erscheinung

Kindhäuser, LPK-StGB, § 32 Rn. 35; *Köhler*, Strafrecht AT, S. 321; *Kühl*, Lackner/Kühl, StGB, § 32 Rn. 7; *ders.*, Strafrecht AT, § 7 Rn. 124; *Lenckner/Perron*, Schönke/Schröder, StGB, § 32 Rn. 63; *Loos*, FS Oehler, S. 227, 228; *Maurach/Zipf*, Strafrecht AT, § 26 II Rn. 27; *Otto*, Strafrecht AT, § 8 Rn. 52; *Prittwitz*, GA 1980, 381 ff.; *ders.*, Jura 1984, 74 ff.; *Roxin*, Strafrecht AT, § 14 Rn. 93; *Steinbach*, Rechtfertigungselemente, S. 125; *Stratenwerth/Kuhlen*, Strafrecht AT, § 9 Rn. 143; *Tröndle/Fischer*, StGB, § 32 Rn. 14; *Wessels/Beulke*, Strafrecht AT, Rn. 333.

423 BGHSt 2, 111, 114; 5, 245, 247; NStZ 2000, 365.

424 *Spendel*, LK-StGB, § 32 Rn. 138; *ders.*, DRiZ 1978, 327, 330 f.; *ders.*, FS Bockelmann, S. 249 ff.; *ders.*, FS Oehler, S. 197 und 203; ihm folgend *Rohrer*, JA 1986, 363, 369; gegen *Spendel*: *Prittwitz*, Jura 1984, 74 ff. und *Herzberg*, JA 1986, 190, 200 f.

425 *Erb*, MünchKomm, StGB, § 32 Rn. 213; *Frisch*, FS Lackner, S. 113, 124; *Geilen*, Jura 1981, 308; *Geppert*, Jura 1995, 103, 104; *Hirsch*, ZStW 93 (1981), 831, 834 ff.; *Jescheck/Weigend*, Strafrecht AT, § 24; *Roxin*, Strafrecht AT, § 14 Rn. 93 und § 10 Rn. 88 f.; *Rudolphi*, FS Maurach, S. 51 ff.; *Samson*, SK-StGB, 2. Aufl., Vor § 32 Rn. 23. - Den Kerngedanken der personalen Unrechtslehre hat bereits *Welzel*, Strafrecht, S. 62, ausgedrückt.

426 *Günther*, SK-StGB, Vor § 32 Rn. 87 f.; *Roxin*, Strafrecht AT, § 10 Rn. 88; *Samson*, SK-StGB, 2. Aufl., § 32 Rn. 23 f.

427 Vgl. zur finalen Handlungslehre *Welzel*, Strafrecht, S. 61.

428 *Frisch*, FS Lackner, S. 113, 124 m.w.N.

tritt, gesetzlich festgelegt worden.[429] Aus der Vorschrift des Versuchs wird auch deutlich, dass die Vorstellung des Täters allein nicht entscheidend für seine Strafbarkeit ist. Der Täter muss vielmehr zur Verwirklichung des Versuchstatbestandes unmittelbar angesetzt haben.

Es lässt sich daher festhalten: Auf der Rechtfertigungsebene sind mit der modernen strafrechtlichen Lehre durchaus subjektive Elemente zu berücksichtigen. Auf Seiten des Verteidigers muss daher ein solches subjektives Rechtfertigungselement vorliegen, um eine Verteidigungshandlung nach § 32 StGB rechtfertigen zu können. Die Argumentation *Spendels*, wonach eine aufgedrängte Nothilfe deshalb stets als zulässig behandelt werden müsse, weil auf der Deliktsstufe der Rechtswidrigkeit subjektiven Elementen niemals Bedeutung beizumessen sei, kann vor diesem Hintergrund nicht überzeugen.

Fraglich ist aber, welche Anforderungen an das subjektive Rechtfertigungselement eines Verteidigers im Rahmen des § 32 StGB zu stellen sind. Zum Teil wird in der Literatur die Rechtfertigung einer aufgedrängten Nothilfe mit dem Hinweis auf den (fehlenden) Verteidigungswillen des Nothelfers abgelehnt.

(2) Rückschlüsse vom fehlenden Verteidigungswillen des Angegriffenen auf den fehlenden Verteidigungswillen des Nothelfers (Blei)

Blei geht davon aus, es fehle am Verteidigungswillen des Handelnden, d.h. des Nothelfers, wenn der Angegriffene ausdrücklich oder konkludent zum Ausdruck gebracht habe, dass er nicht verteidigt werden wolle.[430] Um einen Verteidigungswillen des Nothelfers annehmen zu können, müsse sich der Nothelfer dem Willen des Angegriffenen untergeordnet haben.[431] *Blei* verlässt damit eine an der ratio der Notwehr angelehnte Argumentation und verlagert das Problem der aufgedrängten Nothilfe auf eine andere Ebene.

Die vorstehenden Erwägungen haben zwar ergeben, dass auf der Seite des Verteidigers, d.h. auch eines Nothelfers, ein subjektives Rechtfertigungselement vorliegen muss. Dennoch ist die Tragfähigkeit der Argumentation *Bleis*, von dem fehlenden Verteidigungswillen des Angegriffenen auf den fehlenden Verteidigungswillen des Nothelfers zu schließen, in Zweifel zu ziehen. Nach allgemeiner Ansicht liegen die subjektiven Voraussetzungen für eine Rechtfertigung nach § 32 StGB vor, wenn jemand ausschließlich zum Zwecke der Verteidigung eine Notwehr- bzw. Nothilfehandlung vornimmt.[432] Ein Nothelfer kann sich aber

429 Vgl. *Kühl*, Strafrecht AT, § 15 Rn. 90.
430 *Blei*, Strafrecht AT, S. 148.
431 *Blei*, Strafrecht AT, S. 148.
432 Vgl. statt aller *Lenckner/Perron*, Schönke/Schröder, StGB, § 32 Rn. 63.

mit der ausschließlichen Intention über den Willen des Angegriffenen hinwegsetzen, um diesem zu helfen. Beispiel: Greift ein Ehemann seine Frau an und wehrt ein Dritter diesen Angriff gegen den Willen der Frau ab, um sie vor den Schlägen ihres Mannes zu bewahren, dann können aus dem fehlenden Verteidigungswillen der Ehefrau keine Rückschlüsse auf den (fehlenden) Verteidigungswillen des Nothelfers gezogen werden. Der Nothelfer hat die angegriffene Frau nur deshalb verteidigt, um ihr zu helfen und damit die allgemeinen Anforderungen an das subjektive Rechtfertigungselement erfüllt. Ob ein Nothelfer bei einer aufgedrängten Nothilfe mit dem notwendigen Verteidigungswillen gehandelt hat, lässt sich damit nicht abstrakt von der Willensentscheidung des Angegriffenen abhängig machen. Die inhaltlichen Anforderungen an den Verteidigungswillen des Nothelfers sind in den Fällen der aufgedrängten Nothilfe nicht anders als in Nothilfesituationen zu beurteilen, in denen sich der Angegriffene vom Nothelfer auch helfen lassen möchte. Der Verteidigungswille des Nothelfers ist damit unabhängig von der inneren Einstellung des Angriffsopfers zu untersuchen.[433] Mit einem Hinweis auf den fehlenden Verteidigungswillen des Nothelfers lässt sich die Problematik der aufgedrängten Nothilfe nicht sachgerecht lösen.[434]

dd) Sonstige Sacheinwände gegen den Grundsatz der Unzulässigkeit einer aufgedrängten Nothilfe

Im Folgenden soll darauf eingegangen werden, ob die z.T. vorgetragenen Sachargumente zwingend dafür sprechen, eine aufgedrängte Nothilfe – liegen die sonstigen Voraussetzungen des § 32 StGB vor – stets als zulässig einzustufen.

(1) Mangelnde Strafwürdigkeit ehrenvoller Motive

Letztlich moralischer Art ist das Argument, eine Nothilfe müsse auch gegen den Willen des Angegriffenen stets erlaubt sein, da „der Verteidiger nicht noch für seine Hilfsbereitschaft und Ritterlichkeit desavouiert werden“ dürfe.[435] In diesem Zusammenhang bildet *Spendel* verschiedene Beispiele, die seine Ansicht stützen sollen: Wer einen Liebhaber, der seine unglückliche Freundin zu töten sucht, gegen deren erklärten Willen gewaltsam an der versuchten Tötung hindert, soll in berechtigter Nothilfe handeln. Gleiches soll für den Hausnachbarn gelten, der die

433 Ebenso deutlich bereits *Geilen*, Jura 1981, 308, 313.
434 Ablehnend nun auch *Seuring*, Nothilfe, S. 178.
435 *Spendel*, LK-StGB, § 32 Rn. 145; diesem Aspekt zustimmend *Heller*, Nothilfe, S. 226 f.

verängstigte und geduldige Frau vor den Schlägen ihres betrunkenen und brutalen Ehemannes bewahrt, obwohl sie die Misshandlungen nolens volens hinnimmt. Auch der polizeiliche oder private Schütze, der auf einen Geiselnehmer schießt, soll gerechtfertigt sein, wenn die Geisel ein Eingreifen untersagt, da sie befürchtet, vom Geiselnehmer erschossen zu werden.[436]

Mit dem Einwand, die „Hilfsbereitschaft und Ritterlichkeit" des Nothelfers dürfe nicht auch noch durch eine Bestrafung „desavouiert" werden, wird die Zulässigkeit der Fremdverteidigung mit Gesinnungen des Nothelfers verknüpft.[437] Der Nothelfer muss aber nicht immer aus billigenswerten Motiven zu seinem Handeln angetrieben worden sein. Möglicherweise eher selten, aber dennoch denkbar und in der Diskussion zu berücksichtigen, ist die Konstellation, in der ein Dritter nur deshalb interveniert, um den Angreifer unter dem Deckmantel des Nothilferechts schädigen zu können. Der Schutz der angegriffenen Person kann für den Nothelfer nur die ungewollte Nebenfolge seiner eigentlichen Absicht, der Schädigung des Angreifers, sein. Beispiel:[438] Nachbar N kommt hinzu, als Ehemann E seine Frau F im Treppenhaus schlägt. N freut sich über die „Abreibung" der F, möchte sich aber die hervorragende Gelegenheit nicht entgehen lassen, um E in rechtfertigender Nothilfe (§ 32 StGB) verletzen zu können. F solidarisiert sich mit E und steckt lieber die Schläge ihres Mannes ein, als dass dieser durch eine Verteidigungshandlung des N geschädigt wird. Die Schläge ihres Mannes sind der F aber nicht recht. Sie möchte sich zudem möglicherweise selbst gegenüber ihrem Ehemann verteidigen, um die Intensität ihrer Verteidigungsmaßnahmen steuern zu können. In dem Nothilfeverbot ist daher keine Einwilligung zu erblicken. N setzt sich über den Willen der F hinweg und verletzt E nicht unerheblich. Die Verteidigungshandlung war – lässt man die Problematik der aufgedrängten Nothilfe unberücksichtigt – an sich auch erforderlich und geboten. In diesen Fällen wäre es paradox, wenn dem Nothelfer für dessen Handeln auch noch „Hilfsbereitschaft und Ritterlichkeit" bescheinigt würden. Dennoch wäre eine Nothilfe nach dem von *Spendel* vertretenen Ansatz nach § 32 StGB als rechtmäßig zu bewerten, wenn sich auch ein Nothelfer über den Willen des Angegriffenen hinwegsetzen könnte, um den Angreifer zu schädigen und dabei die sonstigen Grenzen des § 32 StGB beachtet.

Das Argument, die Zulässigkeit einer aufgedrängten Nothilfe letztlich mit der positiven Gesinnung des Nothelfers zu verknüpfen, muss zumindest dann auf Zweifel stoßen, wenn sich Nothelfer auch aus rücksichtslosen Motiven über den entgegenstehenden Willen des Angegriffenen hinwegsetzen könnten und nach

436 *Spendel*, LK-StGB, § 32 Rn. 145.
437 Ebenso kritisch schon *Seier*, NJW 1987, 2476, 2480.
438 Vgl. auch einen ähnlichen Fall bei *Loos*, FS Oehler, S. 227, 230.

§ 32 StGB gerechtfertigt wären. Entscheidend für die Stichhaltigkeit des von *Spendel* angeführten Sacharguments ist damit, welche subjektiven Anforderungen an das Handeln eines Verteidigers im Rahmen des Notwehr- und Nothilferechts gestellt werden können. Dazu soll in der gebotenen Kürze auf diese Problematik eingegangen werden.

(a) Exkurs: Inhalt des subjektiven Rechtfertigungselementes

Nach Ansicht der Judikatur[439] und einem Teil der Literatur[440] ist die bloße Kenntnis der Notwehrlage nicht ausreichend für eine Rechtfertigung nach § 32 StGB. Das subjektive Element des Verteidigungswillens soll nur dann vorliegen, wenn die Verteidigung ein zumindest mitbestimmendes Motiv für die Abwehrhandlung war. Die auf die Abwehr des Angriffs gerichtete subjektive Zwecksetzung muss dabei aber nicht notwendigerweise das einzige Motiv gewesen sein. So heißt es in BGHSt 5, 245, 247: „Der Angegriffene muß deshalb mit dem Willen handeln, der Rechtsverletzung entgegenzutreten. Unwesentlich ist, ob er daneben noch andere Absichten verfolgt." Das Vorliegen von Hass, Rache oder Wut schließen eine Rechtfertigung nach § 32 StGB danach erst aus, wenn das Verteidigungsmotiv von diesen Beweggründen völlig überlagert wird.[441] Folgt man dieser Auffassung, so wird dem Nothelfer, der sich nur über den Willen des Angegriffenen hinwegsetzt, um den Angreifer zu schädigen, bereits die Rechtfertigung aufgrund des fehlenden Drittschutzmotives versagt. Die erhöhten Anforderungen an das subjektive Rechtfertigungselement wären im Ergebnis für diejenigen, die eine Nothilfe gegen den Willen des Angegriffenen prinzipiell zulassen wollen, ein Korrektiv. Nur derjenige, der einen Angegriffenen auch verteidigt, um diesem zu helfen, könnte nach diesem Verständnis in rechtfertigender Nothilfe handeln. Auf diesen Personenkreis träfe das Sachargument *Spendels*, wonach das ehrenhafte Verhalten des Nothelfers nicht auch noch durch das Verbot der aufgedrängten Nothilfe bestraft werden dürfe, möglicherweise zu.

Die überwiegende Auffassung im Schrifttum[442] hält es demgegenüber für ausreichend, wenn der Verteidiger die Rechtfertigungssituation als solche erfasst

439 Vgl. etwa BGHSt 3, 194, 198; 5, 245, 247.

440 *Geilen*, Jura 1981, 308, 310; *Geppert*, Jura 1995, 103, 104 f.; *Hirsch*, LK-StGB, Vor § 32 Rn. 53; *Jescheck/Weigend*, Strafrecht AT, § 32 II 2 a; *Maurach/Zipf*, Strafrecht AT, § 26 Rn. 27; *Steinbach*, Rechtfertigungselemente, S. 169 ff.; *Tröndle/Fischer*, StGB, § 32 Rn. 14.

441 Vgl. *Geppert*, Jura 1995, 103, 105 m.w.N.

442 *Blei*, Strafrecht AT, S. 144; *Bockelmann/Volk*, Strafrecht AT, S. 92; *Erb*, MünchKomm, StGB, § 32 Rn. 215; *Frisch*, FS Lackner, S. 113; 135 ff.; (wohl auch) *Gallas*, FS Bockelmann, S. 155, 177; *Gropp*, Strafrecht AT, § 6 Rn. 90;

und in Kenntnis dessen eine im Rahmen der Erforderlichkeit und Gebotenheit liegende Verteidigungshandlung vornimmt. Wer den Angriff in einer dem § 32 StGB entsprechenden Weise abwehrt, handelt danach auch dann rechtmäßig, wenn ihn nicht der Wille zur Verteidigung, sondern etwa nur Hass, Wut oder Rache zu seinem Handeln angetrieben haben. Hält man diese Auffassung für vorzugswürdig, so erfasst das sachspezifische Argument *Spendels* nicht die gesamte Bandbreite denkbarer Konstellationen einer aufgedrängten Nothilfe. Ein Nothelfer kann sich auch nur über den Willen des Angegriffenen hinwegsetzen, um den Angreifer zu schädigen.

Für die Auffassung, die eine Verteidigungsabsicht fordert, kann nicht angeführt werden, dass eine solche als „mitlaufendes Motiv" immer vorliege und andere Fälle „praktisch kaum vorstellbar" seien.[443] Richtig ist insoweit allenfalls, dass derartige Fälle deshalb „praktisch kaum vorstellbar" sein werden, da ein Wille, der nur auf die Schädigung des Angreifers gerichtet ist, in der Praxis kaum zu beweisen sein wird.[444] Aus diesem Umstand lässt sich aber wohl eher das Gegenargument formulieren. Es ist wenig sinnvoll, Voraussetzungen für die Ablehnung eines Verteidigungswillens aufzustellen, die sich praktisch ohnehin nicht nachweisen lassen.[445]

Weiter wird argumentiert, die Erforderlichkeit des Verteidigungswillens folge aus der personalen Unrechtslehre.[446] Der Handlungsunwert einer Tat soll nur dann ausgeglichen werden können, wenn der Täter subjektiv das Ziel verfolgt, um dessen rechtliche Ermöglichung es bei der jeweiligen Erlaubnisnorm geht.[447] Auch dies ist nicht zwingend. Aus der personalen Unrechtslehre folgt nicht unbedingt, dass an das subjektive Rechtfertigungselement derartige Anforderungen gestellt werden.[448] Auch bei der Körperverletzung wird etwa im subjektiven Tatbestand kein besonderes Verletzungsmotiv gefordert. Auf der Ebene der Rechts-

---

Günther, SK-StGB, § 32 Rn. 135; *Hauf*, Strafrecht AT, S. 36; *Herzog*, NK-StGB, § 32 Rn. 127; *Hruschka*, Strafrecht AT, S. 17; *Jakobs*, Strafrecht AT, 11/21; *Joecks*, StuK-StGB, § 32 Rn. 17; *Köhler*, Strafrecht AT, S. 322; *Kühl*, Lackner/Kühl, StGB, § 32 Rn. 7; *ders.*, Strafrecht AT, § 7 Rn. 132; *Lenckner/Perron*, Schönke/Schröder, StGB, § 32 Rn. 63; *Loos*, FS Oehler, S. 227, 235; *Otto*, Strafrecht AT, § 8 Rn. 52; *Prittwitz*, GA 1980, 381, 386; *ders.*, Jura 1984, 74, 80; *Roxin*, Strafrecht AT, § 14 Rn. 96 ff.; *ders.*, ZStW 75 (1963), 541, 563; *Rudolphi*, FS Maurach, S. 51, 57; *Schünemann*, GA 1985, 341, 373; *Stratenwerth/Kuhlen*, Strafrecht AT, § 9 Rn. 148.

443 So die Argumentation von *Geilen*, Jura 1981, 308, 310; dagegen bereits *Loos*, FS Oehler, S. 227, 230.

444 Zu den Beweisschwierigkeiten *Loos*, FS Oehler, S. 227, 230.

445 In diese Richtung zielt auch der Einwand von *Roxin*, Strafrecht AT, § 14 Rn. 96.

446 *Geppert*, Jura 1995, 103, 105.

447 *Geppert*, Jura 1995, 103, 105.

448 Vgl. etwa die Kritik bei *Prittwitz*, GA 1980, 381, 385.

widrigkeit könnte ein Handlungsunwert bereits durch den Willen zur Vornahme der Handlung beseitigt werden.[449] Würde man beim Eingreifen des Verteidigers dessen Intention berücksichtigen, so besteht in der Tat die Gefahr, dass nur die rechtsuntreue Gesinnung des Täters zu dessen Bestrafung führt.[450] So weist *Roxin* darauf hin, dass das Recht „nicht mehr als objektiv und subjektiv legales Verhalten" verlangen dürfe.[451] Bei einer Auffassung, die eine Verteidigungsabsicht als Motiv des Handelns fordert, verschwimmt aber die Grenze von Legalität und Moralität.[452]

In der Diskussion um die Anforderungen an die inhaltlichen Voraussetzungen an den Verteidigungswillen im Rahmen des § 32 StGB hat *Loos* schließlich auf einen eigenartigen Widerspruch im Zusammenhang mit der Vorschrift des § 323 c StGB hingewiesen.[453] Einen Unbeteiligten kann nach § 323 c StGB sogar die Pflicht treffen, einen auf einen anderen Menschen verübten Angriff durch einen Eingriff in die Rechtsgüter des Angreifers abzuwehren.[454] Unter Umständen kann diese Pflicht sogar aus einem unechten Unterlassungsdelikt, etwa wegen eines pflichtwidrigen Vorverhaltens des Täters, bestehen.[455] Fordert man auf der Seite des Nothelfers eine Verteidigungsabsicht, so befindet sich dieser möglicherweise in einem Dilemma. Wird der Angriff trotz des fehlenden Verteidigungswillens erfolgreich abgewehrt, so kommt der Nothelfer zwar seiner Handlungspflicht nach, er wird aber möglicherweise aus dem Verletzungsdelikt bestraft, das wegen des fehlenden Verteidigungswillens nicht nach § 32 StGB gerechtfertigt werden kann. Wird der Angriff hingegen nicht abgewehrt, dann droht dem Nothelfer eine Bestrafung aus dem Unterlassungsdelikt. Um diesen Unstimmigkeiten zu entgehen, könnte erwogen werden, in diesen Situationen eine Unterlassungsstrafbarkeit auszuschließen. Denkbar wäre, dass der Nothelfer von seiner Pflicht zur Vornahme der Handlung entbunden wird, wenn er sich sonst durch das Handeln aus dem nicht gerechtfertigten Verletzungsdelikt strafbar machte. Dieses Ergebnis widerspricht aber dem Schutzbedürfnis der ange-

---

449 So *Erb*, MünchKomm, StGB, § 32 Rn. 215. Kritisch gegenüber der Verknüpfung von Handlungsunwert und Verteidigungsabsicht auch *Prittwitz*, GA 1980, 381, 386.

450 Vgl. etwa die Kritik von *Lenckner/Perron*, Schönke/Schröder, StGB, § 32 Rn. 63; *Loos*, FS Oehler, S. 227, 232; *Roxin*, Strafrecht AT, § 14 Rn. 96; *Rudolphi*, FS Maurach, S. 51, 57.

451 *Roxin*, ZStW 75 (1963), 541, 563; zustimmend *Prittwitz*, GA 1980, 381, 386.

452 Vgl. *Loos*, FS Oehler, S. 227, 232.

453 *Loos*, FS Oehler, S. 227, 230 ff.; zustimmend *Roxin*, Strafrecht AT, § 14 Rn. 96.

454 Vgl. dazu zuletzt ausführlich *Seuring*, Nothilfe, S. 95 ff.

455 In diesem Zusammenhang ist etwa die unter der Rubrik der „provozierten Nothilfe" erörterte Konstellation zu nennen, in der ein Nothelfer den Angriff auf einen anderen provoziert, um den Angreifer später durch eine Nothilfehandlung schädigen zu können.

griffenen Person. Der Nothelfer müsste nicht nur die Verteidigungshandlung vornehmen, sondern auch seine innere Einstellung ändern.[456] Der Verteidiger wäre von Gesetzes wegen gezwungen, sich ein ehrenvolleres Motiv für eine Handlung zu verschaffen, zu der er rechtlich verpflichtet ist. Hielte der Täter aber an seiner ursprünglichen Motivation fest, so würde er möglicherweise nur aufgrund der missbilligten Gesinnung, nicht aber wegen der vom Gesetz angeordneten Tat bestraft werden. Sachgerecht erscheint in diesen Fällen damit eine harmonische Auslegung der §§ 323c, 32 StGB. Wenn der Täter im Rahmen der unterlassenen Hilfeleistung zur Vornahme einer Handlung verpflichtet wird und dafür ein vorsätzliches Handeln genügt, d.h. ein Handeln in Kenntnis der Situation, dann müssen diese Voraussetzungen auch die Richtschnur für die subjektiven Anforderungen einer Rechtfertigung des Verteidigers nach § 32 StGB markieren.

(b) Zwischenergebnis

Die besseren Argumente sprechen dafür, ein Handeln in Kenntnis der Rechtfertigungslage als ausreichend für eine Legitimation des Handels des Verteidigers anzusehen. Das Sachargument *Spendels*, wonach eine aufgedrängte Nothilfe deshalb stets zulässig sein müsse, da ein Nothelfer für sein altruistisches Handeln nicht auch noch bestraft werden dürfe, trifft damit zumindest in dieser Generalisierbarkeit nicht zu. Auch ein Nothelfer kann sich über den Willen des Angegriffenen hinwegsetzen, um den Angreifer zu schädigen und wäre, hielte man mit der Gegenauffassung eine aufgedrängte Nothilfe generell für zulässig, gerechtfertigt, wenn die sonstigen Grenzen des § 32 StGB eingehalten würden.

(2) Das Argument der fehlenden Erkennbarkeit des Verteidigungswillens des Angegriffenen für den Nothelfer

Spendel wendet gegen eine Begrenzung des Nothilferechts nach dem Willen des Angegriffenen schließlich ein, der Abwehrwille des Angegriffenen sei „für den Nothelfer oft gar nicht klar zu erkennen".[457]

Eine Lösung, die den Willen des Angegriffenen völlig unberücksichtigt lässt, stellt in der Tat die einfachere und für den Nothelfer klarere Lösung dar. Er ist unabhängig von der Interessenlage des Angegriffenen immer zur Nothilfe berechtigt, wenn er sich an die sonstigen Grenzen des § 32 StGB hält. Es gibt in der Rechtswissenschaft aber keinen allgemeinen Grundsatz, wonach die einfa-

456 *Loos*, FS Oehler, S. 227, 231, spricht von „Motivationsaustausch".
457 *Spendel*, LK-StGB, § 32 Rn. 145; dagegen *Herzog*, NK-StGB, § 32 Rn. 57.

chen Lösungen auch die präsumtiv besseren sind. Nicht berücksichtigt werden bei einer generellen Zulässigkeit der Nothilfe gegen den Willen des Angegriffenen zudem die sachspezifischen Nachteile, die mit einer derartigen Auffassung verbunden sind. Könnte der Nothelfer aus eigenem Antrieb schalten und walten und käme es auf den Willen des Angegriffenen nie an, so bestünde die Gefahr, dass die Interessen des Angegriffenen im Umgang mit seinen (angegriffenen) Rechtsgütern völlig vernachlässigt würden. Es kann Situationen geben, in denen der Angegriffene – etwa weil er den Angreifer kennt – selbst besser einschätzen kann, wie ein Notwehrkonflikt ohne Eskalation zu bereinigen ist.

Auch der Hinweis, der Nothelfer könne den Willen des Angegriffenen oft nicht klar erkennen und sei daher letztlich schutzwürdig, vermag nur auf den ersten Blick zu überzeugen. Bei näherem Hinsehen verliert dieser Gesichtspunkt an Überzeugungskraft. Zunächst ist festzustellen, dass das Argument der fehlenden Erkennbarkeit wiederum nicht auf alle denkbaren Fälle einer aufgedrängten Nothilfe zutrifft. Es kann Situationen geben, in denen der Angegriffene seinen entgegenstehenden Willen unmissverständlich äußert und der Nothelfer diesen auch kennt. Hier hat der Nothelfer zumindest im Hinblick auf die tatsächlichen Voraussetzungen die nötige Rechtsklarheit darüber, dass er nicht zur Nothilfe befugt ist. Zudem stellt die Schwierigkeit in der Ermittlung des Willens einer Person keine Besonderheit der Fälle einer aufgedrängten Nothilfe dar. Auch in anderen strafrechtlichen Fragestellungen können Kollisionen zwischen der Beachtung des Selbstbestimmungsrechts des Rechtsgutsinhabers und der Eindeutigkeit einer Handlungsbefugnis für andere Personen bestehen. So basiert die Einwilligung auf dem Prinzip der Autonomie des Rechtsgutsträgers. Bei einer wirksamen Einwilligung darf ein potentieller „Nothelfer“ den Einwilligenden auch nicht vor dessen unbedachtem Umgang mit den eigenen Rechtsgütern schützen. In diesen Fällen fehlt es bereits an einem rechtswidrigen Angriff auf den Einwilligenden und damit an einer zur Nothilfe berechtigenden Notwehrlage. Wann allerdings eine (wirksame) Einwilligung vorliegt, kann für den Dritten möglicherweise ebenso schwer zu beurteilen sein.[458] Grund dafür ist, dass die Einwilligung nicht gegenüber dem potentiellen „Nothelfer“ erklärt werden muss. Zudem kann außenstehenden Personen verborgen bleiben, ob diese Einwilligung auch rechtlich beachtlich oder nicht vielmehr unwirksam ist. Dennoch werden diese Schwierigkeiten hingenommen, um das Selbstbestimmungsrecht des Rechtsgutsinhabers zu respektieren. Zuletzt ist es nicht immer einfach zu entscheiden, ob eine konkludente Einwilligung in den Angriff oder nicht doch ein bloßes Nothilfeverbot, d.h. eine Untersagung der Hilfe eines Dritten bei einem rechtswidrigen Angriff auf das Angriffsopfer, vorliegt. Trotz dieser Schwierig-

458 In diese Richtung auch *Donatsch*, SchwZStr 106 (1989), 345, 354.

keiten entspricht es dem Gesetz, dass ein Dritter bei einem wirksamen Willen des Einwilligenden keine Nothilfe üben darf. Es fehlt an einer zur Nothilfe berechtigenden Notwehrlage. Auch im Rahmen der mutmaßlichen Einwilligung erfolgt eine Orientierung am hypothetischen Willen des Rechtsgutsinhabers. Geht der Täter irrig davon aus, es liege eine (mutmaßliche) Einwilligung vor, so kommt nur eine Lösung über die Regeln des Erlaubnistatbestandsirrtums in Betracht, wenn der Täter für den Fall, dass seine Fehlvorstellung Wirklichkeit wäre, gerechtfertigt handelte.[459] Das Argument, der Wille einer Person sei oft gar nicht zu erkennen, ist also nicht spezifisch für die Situation einer aufgedrängten Nothilfe. Überall dort, wo die Willensentscheidung einer anderen Person relevant wird, können für Außenstehende, denen dieser Wille nicht erklärt worden ist, Schwierigkeiten bestehen.

Als vorläufiges Zwischenergebnis ist festzuhalten: Zumindest dann, wenn der Angegriffene dem Nothelfer mitgeteilt hat, dass er nicht verteidigt werden möchte, kann und muss der einer Nothilfe entgegenstehende Wille des Angegriffenen auch respektiert werden. Wie die übrigen Fälle, in denen das Angriffsopfer seinen entgegenstehenden Willen nicht ausdrücklich erklärt hat bzw. äußern konnte, sachgerecht zu lösen sind, lässt sich erst entscheiden, wenn die Interessenlage des Angegriffenen, d.h. die Beweggründe des Angriffsopfers, einem Nothelfer eine Einmischung in den Konflikt mit dem Angreifer zu untersagen, beurteilt wird.

(3) Zivilrechtliche Konsequenzen

Nicht zu überzeugen vermag auch eine Auffassung, die den Grundsatz der Unzulässigkeit einer aufgedrängten Nothilfe mit der Erwägung in Frage stellt, der nicht gerechtfertigt handelnde aufdrängende Nothelfer habe zivilrechtliche Konsequenzen (Schadensersatz- und Schmerzensgeldansprüche des Angreifers) zu befürchten.[460] Nach § 254 BGB besteht die Möglichkeit, dem für die Situation verantwortlichen Angreifer dessen Ansprüche gegen den Nothelfer zu kürzen bzw. sogar gänzlich zu versagen. Eine sachgerechte Lösung ist daher auf zivilrechtlicher Ebene unabhängig von der strafrechtlichen Bewertung möglich.

459 Vgl. statt aller etwa *Kühl*, Strafrecht AT, § 9 Rn. 41.
460 Angeführt von *Heller*, Nothilfe, S. 149 f., S. 228.

III. Die rechtliche Bewertung der Beweggründe des Angegriffenen für das Nothilferecht Dritter

Ebenso wie den Nothelfer verschiedene Motive zu einer Fremdverteidigung bewogen haben können[461], ist es denkbar, dass der Angegriffene dem Nothelfer aus den unterschiedlichsten Gründen eine Intervention in die Auseinandersetzung mit dem Angreifer untersagt.[462] In der jüngeren Literatur wird die rechtliche Bewertung einer aufgedrängten Nothilfe z.T. von diesen Beweggründen des Angriffsopfers abhängig gemacht. In einzelnen Fällen soll der Nothelfer trotz eines entgegenstehenden Willens des Angegriffenen gerechtfertigt handeln. Bevor auf diese Ansätze eingegangen wird, soll der Versuch unternommen werden, die in diesem Zusammenhang denkbaren heterogenen Beweggründe eines Angegriffenen für eine Nothilfeverweigerung zu systematisieren.

1. Systematisierung und Illustrierung der Beweggründe des Angegriffenen

In Nothilfesituationen sind drei Personen involviert: Angegriffener, Angreifer und Nothelfer. Ein Angriffsopfer kann dem Nothelfer die Vornahme einer Verteidigungshandlung untersagen, um eine dieser drei beteiligten Personen vor Schaden zu bewahren. Denkbar ist schließlich auch, dass der Nothelfer aus dem Konflikt herausgehalten werden soll, damit sich der Angegriffene selbst gegenüber dem Angreifer verteidigen kann. Häufig werden sich die Beweggründe eines Angegriffenen auf diese Konstellationen reduzieren lassen.

a) Schonung eines Beteiligten

Zunächst lassen sich Fälle nennen, in denen der Angegriffene einen in der Nothilfesituation Beteiligten, d.h. den Angreifer, einen Nothelfer oder sich selbst, schützen möchte.

aa) Schonung des Nothelfers

Der Angegriffene kann ein Einschreiten des Nothelfers zunächst untersagen wollen, um den Nothelfer vor Schaden zu bewahren. Das Angriffsopfer kann z.B. befürchten, dass der Nothelfer in der Auseinandersetzung mit dem Angreifer verletzt wird.

---

461 Vgl. oben 2. Kap. II. 2. b) dd) (1) (a).
462 Vgl. auch *Heller*, Nothilfe, S. 98 ff.; *Seuring*, Nothilfe, S. 26 ff.

Beispiel:[463]

In einer Gaststätte wird eine Frau von einem Mann belästigt. Ein anderer Gast möchte die Frau vor dem Mann beschützen. Die Frau glaubt jedoch, dass der Mann ihr weniger antun würde als einem eingreifenden Nothelfer. Aus diesem Grunde „verbietet" die Frau dem anderen Gast, sich in die Situation einzumischen und nimmt lieber die Belästigungen des Mannes in Kauf.

Diese Konstellation wird z.T. als Beleg dafür angeführt, dass die überwiegende Auffassung, die bei einem entgegenstehenden Willen des Angegriffenen grundsätzlich von einer unzulässigen Nothilfe ausgeht, nicht überzeugend sei.[464] Wenn dem Nothelfer in diesen Fällen bei dessen Eingreifen eine Rechtfertigung versagt werde, sei dies nach *Herzberg* und *Schlehofer* „gar nicht erst diskutabel, wäre aber die Konsequenz der herrschenden Auffassung."[465]

bb) Schonung des Angreifers

Der Angegriffene kann dem Nothelfer eine Einmischung auch deshalb untersagen, weil er befürchtet, der Angreifer könne durch eine Verteidigungshandlung des Nothelfers ernsthaft verletzt werden. Diese Befürchtung kann durchaus begründet sein, wenn die Reichweite der Eingriffsbefugnis im Rahmen des § 32 StGB betrachtet wird. Der Nothelfer hat die gleichen weitreichenden Rechte wie der Angegriffene. Er ist nur an die Grenzen der Erforderlichkeit und Gebotenheit, nicht aber an den Grundsatz der Verhältnismäßigkeit, gebunden.[466] Die Erforderlichkeit begrenzt lediglich das Notwehr- und Nothilferecht, wenn es bei der Wahl des mildesten Mittels eine Alternative gibt, die zur Angriffsabwehr ebenso, d.h. ohne unnötige Risiken für den Angegriffenen, geeignet ist. Die Gebotenheit stellt zwar nach heute überwiegender Auffassung ein Korrektiv für die weiten Eingriffsbefugnisse aus § 32 StGB dar, sie wird aber nur in atypischen Notwehrsituationen zur Einschränkung herangezogen. Nach der eindeutigen gesetzlichen Formulierung kennt die Vorschrift des § 32 StGB keine Güterabwägung. Unter Umständen kann der Nothelfer den Angreifer damit sogar, hält man den Willen des Angegriffenen für unbeachtlich, töten oder schwerwiegend verletzen und wäre nach § 32 StGB gerechtfertigt.

---

463 Leicht abgewandelt nach *Herzberg/Schlehofer*, JuS 1990, 559, 563.

464 In diese Richtung *Herzberg/Schlehofer*, JuS 1990, 559, 563; *Seier*, NJW 1987, 2476, 2482.

465 *Herzberg/Schlehofer*, JuS 1990, 559, 563.

466 Eine Eingrenzung der Verteidigungsrechte des Nothelfers nach dem Grundsatz der Verhältnismäßigkeit vermag nicht zu überzeugen, vgl. dazu bereits oben 1. Kap. III. 1. b).

Ein Angegriffener kann einem Nothelfer aber auch ein Einschreiten verbieten wollen, um zu verhindern, dass es zu einer Eskalation des Geschehens kommt bzw. der Angreifer von dem Nothelfer durch eine völlig überzogene und damit bereits einer an sich – unabhängig von der Beachtlichkeit des Willens des Angegriffenen für das Recht aus § 32 StGB – nicht erforderlichen oder gebotenen unzulässigen Verteidigungshandlung verletzt wird. Hier solidarisiert sich der Angegriffene letztlich mit dem Angreifer und möchte auf eine Verteidigung verzichten, obwohl ihm der Angriff nicht recht ist.[467]

Beispiel Nr. 1:[468]

Mutter M hat einen 20jährigen Sohn S. Als sie dem S eines Tages irgendwelche Vorhaltungen macht, gerät dieser so in Wut, dass er beginnt, M's Kaffeeservice Stück für Stück zu zerschlagen. G, ein Gast der M, will einschreiten. M möchte aber lieber den unbedeutenden Sachverlust hinnehmen als schmerzhafte Gewalt, die ihr geliebter Sohn erleiden würde. Darum ruft sie G ein entschiedenes „Nein" zu. Ungeachtet dessen geht G auf S los und versetzt ihm einen Faustschlag in den Magen.

Beispiel Nr. 2:[469]

Ein Mann will einem Mädchen helfen, das von ihrem Freund geschlagen wird. Aus diesem Grund fordert er den Freund des Mädchens auf, dieses in Ruhe zu lassen. Der Freund lässt von dem Mädchen, das keinerlei Anstalten macht, sich von dem Mann helfen zu lassen, aber nicht ab und zieht es mit einem schmerzhaften Griff hinter sich her. Der Mann folgt den beiden und es kommt zu einer Auseinandersetzung, die für den unerwünschten Nothelfer tödlich endet.

In diesen Kontext lässt sich auch ein in der Literatur genanntes Beispiel einordnen, in dem der Angegriffene aus prinzipiellen (hier pazifistischen) Gründen auf eine mit der Nothilfehandlung verbundene Anwendung von Gewalt verzichten möchte. Auch in diesem Fall ist dem Angegriffenen eine Verletzung des Angreifers nicht recht.

Beispiel Nr. 3:[470]

Pfarrer B, Organisator des örtlichen Rockerzentrums, wird bei einer als „Besinnungsabend" bezeichneten Pop-Veranstaltung von einem Teil der Rocker angegriffen. Man bespuckt ihn, schlägt mit Fahrradketten auf ihn ein und zerdrückt brennende Zigaretten auf seinen Fußsohlen. Als eine andere Gruppe helfen will, wird das von Pfarrer B unter Hinweis auf einschlägige Bibelzitate un-

---

467 Ansonsten liegt ein Einverständnis oder eine Einwilligung vor und eine Anwendung des § 32 StGB ist – sowohl für den Angegriffenen als auch den Nothelfer – ausgeschlossen.

468 Gebildet von *Seier*, NJW 1987, 2476, 2480.

469 Nach BGHSt 26, 256.

470 Nach *Geilen*, Jura 1981, 308, 312.

tersagt. Trotzdem kommt es zu einer massiven Schlägerei, weil man die Haltung von Pfarrer B nicht billigt.

cc) Eigene Schonung

Ein Angegriffener kann eine Nothilfe schließlich auch ablehnen wollen, weil er befürchtet, selbst durch die *Nothilfehandlung* oder eine *spätere* Eskalation des Geschehens zu Schaden zu kommen.

Beispiel Nr. 1:[471]

A wird auf offener Straße Opfer eines Raubes. Der völlig betrunkene und im Umgang mit Waffen ungeübte C will dem A unter Einsatz seiner Schusswaffe beistehen. A befürchtet nicht zu Unrecht, dass die Gefahren durch die Hilfeleistung eher erhöht als verringert würden. Möglicherweise hätte sich A von anderen Passanten helfen lassen. Das Eingreifen des C lehnt er aber ab, da er sich lieber sein Hab und Gut abnehmen lässt, als durch einen Schuss des C verletzt zu werden.

Beispiel Nr. 2:

A ist Opfer einer Geiselnahme. Nothelfer B möchte A mit einem gezielten Schuss aus dieser Situation befreien. A verbietet allerdings ein Eingreifen, da ihm das Risiko einer Nothilfehandlung zu groß ist. A befürchtet, durch einen abirrenden Schuss des B verletzt oder bei einer Eskalation des Geschehens vom Geiselnehmer getötet zu werden. Dennoch schießt B und tötet dabei den Geiselnehmer.

Beispiel Nr.3:[472]

Ein Schrebergärtner lässt es tatenlos zu, dass jugendliche Rowdys seine Blumenrabatten zertreten. Für den Fall der Gegenwehr hat er begründeten Anlass zu der Annahme, dass die Übeltäter ihren Vandalismus noch steigern oder gar handgreiflich werden. Diese Risiken vor Augen verbietet er dem hilfswilligen Nachbarn jede Einmischung.

b) Selbstverteidigung

Ein Angegriffener kann ein Eingreifen des Nothelfers auch verhindern wollen, weil er den Wunsch hat, seine Verteidigung selbst vorzunehmen. Die Gründe dafür können wiederum höchst unterschiedlich motiviert sein.

471 Leicht abgewandelt nach *Donatsch*, SchwZStr 106 (1989), 345, 353.

472 Nach *Seier*, NJW 1987, 2476, 2481.

aa) Überschreitung der Grenze der Erforderlichkeit

Der Angegriffene kann eine Nothilfe ablehnen, weil er die mildere Verteidigungsmöglichkeit, die dem Nothelfer zur Verfügung steht, umgehen möchte, um den Angreifer *härter* zu treffen, als es zum Schutze seiner angegriffenen Individualrechtsgüter erforderlich wäre. Dies ist etwa dann der Fall, wenn der durchtrainierte Nothelfer den Angriff unter Einsatz seiner bloßen Fäuste beenden könnte, der Angegriffene aber mit einer Waffe gegen den Angreifer vorgehen möchte.

bb) Unterschreitung der Grenze der Erforderlichkeit

Der Angegriffene kann sich auch gegen eine Nothilfe aussprechen, weil er den Angreifer *schonender* behandeln möchte, als es die objektive Grenze der Erforderlichkeit von ihm oder einem Nothelfer an sich verlangt. Diese Fallgruppe lässt sich bereits in die Kategorie einordnen, in der ein Angegriffener den Angreifer schonen möchte.[473]

cc) Sonstige Gründe für eine eigene Verteidigung

Der Angegriffene kann einem Nothelfer schließlich auch ein Eingreifen untersagen, um sich selbst verteidigen zu können, ohne den Angriff dabei besonders hart oder schonend abwehren zu wollen. Denkbar ist etwa, dass sich der Angegriffene aus verletztem Stolz oder verletzter „Mannesehre"[474] selbst verteidigen möchte.

c) Weitere Beweggründe des Angegriffenen für eine Ablehnung der Nothilfe

Sonstige Beweggründe des Angegriffenen für die Ablehnung einer Nothilfe sind beliebig konstruierbar.[475]

aa) Vermeidung von Aufsehen

In der Literatur wird im Zusammenhang mit der aufgedrängten Nothilfe etwa die Konstellation genannt, dass der Angegriffene eine Fremdverteidigung nur deshalb ablehnt, um größeres Aufsehen zu vermeiden.

---

473 Vgl. dazu bereits oben 2. Kap. III. 1. a) bb).

474 So bezeichnet von *D. Sternberg-Lieben/I. Sternberg-Lieben*, JuS 1999, 444, 448.

475 Vgl. die Auflistung von *Heller*, Nothilfe, S. 127 ff.

Beispiel:[476]

Das Ehepaar A besucht gemeinsam, um das Nachtleben in der Großstadt kennen zu lernen, eine übel beleumdete Straße. Die dort anwesenden „Damen", die in Frau A unerbetene Konkurrenz vermuten, fallen mit Beschimpfungen über sie her. Der aufgebrachte Ehemann will einschreiten. Frau A will dagegen keinerlei Aufsehen. Dennoch ohrfeigt der Ehemann eine der Wortführerinnen.

bb) Person des Nothelfers

Ein Angegriffener kann eine Fremdverteidigung auch wegen der Person des Nothelfers ablehnen wollen. Hält der Angegriffene den Nothelfer nicht für fähig, den Angriff ohne Gefährdungen für sich selbst oder den Nothelfer abzuwehren, so handelt es sich um einen bereits skizzierten Fall der Schonung einer der im Nothilfekonflikt beteiligten Personen. Möglich ist aber auch, dass sich der Angegriffene von einem bestimmten Nothelfer aus Gründen persönlicher Abneigung nicht verteidigen lassen möchte.[477]

d) Fälle einer unwirksamen Einwilligung

Die Frage der Zulässigkeit einer aufgedrängten Nothilfe kann schließlich in Konstellationen aufgeworfen werden, in denen jemand mit der eigenen Rechtsgutsverletzung eigentlich sogar einverstanden ist. In dieser Fallgruppe liegt eine Einwilligung des Angegriffenen in die Rechtsgutsverletzung vor, diese ist aber – aus den verschiedensten Gründen – unwirksam. Auch hier wird es in der Regel nicht dem Willen des Angegriffenen entsprechen, dass ein Dritter die von der (unwirksamen) Einwilligung umfasste Rechtsgutsverletzung durch eine Nothilfehandlung unterbindet. Denkbar wäre ein solcher Fall etwa im Bereich der aktiven Sterbehilfe (§ 216 StGB).[478]

2. Problembeschreibung

Der Wunsch des Angegriffenen, auf eine Fremdverteidigung zu verzichten, kann damit höchst unterschiedlich motiviert sein. Einige Beweggründe mögen nachvollziehbar sein, andere wiederum auf Unverständnis stoßen. Wie bei der Einwilligung ist die Willensentscheidung des Angegriffenen aber auf dessen Selbst-

---

476 Nach *Geilen*, Strafrecht AT, S. 94.

477 Weitere Beispielsfälle nennt nun *Heller*, Nothilfe, S. 124 ff.

478 Vgl. zur Lösung unten 2. Kap. IV. 3.

bestimmungsrecht zurückzuführen. Auch Willensentscheidungen, die der Durchschnittsbürger nicht getroffen hätte, müssen grundsätzlich als rechtlich beachtlich eingestuft werden.

In der Literatur wird hingegen z.T. bezweifelt, ob das Selbstbestimmungsrecht über die eigenen Rechtsgüter den unerbetenen Nothelfer zum Straftäter machen darf.[479] So wenden *Detlef* und *Irene Sternberg-Lieben* ein, es bedürfe einer besonderen Begründung dafür, dass die aufgedrängte Nothilfe strafbar sei.[480] Es soll einen Unterschied ausmachen, ob ein Nothelfer einen rechtswidrigen Angriff gegen den Willen des Angegriffenen abwehre oder ob jemand gegen einen im Rahmen einer Einwilligung handelnden Täter „verteidigt" werde.[481] Die Autoren räumen zwar ein, dass das Hinwegsetzen des Nothelfers über den Willen des Angegriffenen ein Verstoß gegen das Autonomieprinzip darstellt.[482] Die Bestrafung würde aber, so die Argumentation, letztlich nicht aus einer Vorschrift erfolgen, die diese Willensentscheidung des Angegriffenen schützt. Sanktioniert würde der Verstoß vielmehr dadurch, dass der Nothelfer wegen einer Rechtsgutsverletzung am Angreifer bestraft würde; einer Verletzung, die der Angegriffene ohne weiteres in rechtmäßiger Weise hätte herbeiführen dürfen. „Materieller Strafgrund wäre ... die Vereitelung der Dispositionsinteressen des Angegriffenen, während der Nothelfer wegen einer Verletzung des Angreifers bestraft würde, und dies, obgleich es dem Angegriffenen in der Regel gar nicht um die Schonung des Angreifers ging."[483] Dies spreche gegen eine starre Lösung, die eine aufgedrängte Nothilfe grundsätzlich als rechtswidrig einstuft. Ähnliche Bedenken, den Nothelfer bei einer Versagung des § 32 StGB in sämtlichen Konstellationen der aufgedrängten Nothilfe zu bestrafen, hat bereits *Seier* geäußert.[484]

Ob eine aufgedrängte Nothilfe tatsächlich in allen Fällen strafrechtlich zu sanktionieren ist, soll im 3. Kapitel dieser Arbeit erörtert werden. Festgehalten werden kann an dieser Stelle aber bereits Folgendes: Die Missachtung des einer Fremdverteidigung entgegenstehenden (beachtlichen) Willens des Angegriffenen führt dazu, dass eine den *Angreifer* verletzende Handlung des Nothelfers nach der überwiegenden Auffassung rechtswidrig ist, obwohl der Angegriffene möglicherweise nur sich selbst schützen wollte.[485]

---

479 Besonders kritisch insoweit *Seier*, NJW 1987, 2476, 2480 ff.; *D. Sternberg-Lieben/I. Sternberg-Lieben*, JuS 1999, 444, 445 ff.
480 *D. Sternberg-Lieben/I. Sternberg-Lieben*, JuS 1999, 444, 445.
481 *D. Sternberg-Lieben/I. Sternberg-Lieben*, JuS 1999, 444, 445.
482 *D. Sternberg-Lieben/I. Sternberg-Lieben*, JuS 1999, 444, 445.
483 *D. Sternberg-Lieben/I. Sternberg-Lieben*, JuS 1999, 444, 445.
484 *Seier*, NJW 1987, 2476, 2478 ff.; zustimmend *Heller*, Nothilfe, S. 239 ff.
485 Eine aufgedrängte Nothilfe erfüllt nicht den Tatbestand der Nötigung des *Angegriffenen*, vgl. dazu *D. Sternberg-Lieben/I. Sternberg-Lieben*, JuS 1999, 444, 447. Auch

3. Differenzierende Lösungsvorschläge in der Literatur

Aus dem geäußerten Unbehagen über die Versagung der Rechtfertigung und einer damit möglicherweise verbundenen strafrechtlichen Sanktionierung des Verhaltens des Nothelfers sind in der Literatur verschiedene Lösungsvorschläge unterbreitet worden, die i.E. eine Einschränkung der Strafbarkeit des Nothelfers zur Folge haben. Angesetzt wird dabei auf der Ebene der Rechtswidrigkeit: In Einzelfällen soll der Nothelfer auch dann rechtmäßig handeln, wenn er sich über den Willen des Angegriffenen hinwegsetzt. Bei diesen Ansätzen wird – mit unterschiedlichen Nuancierungen im Detail – letztlich danach differenziert, warum das Angriffsopfer den Nothelfer aus dem Konflikt mit dem Angreifer heraushalten möchte.

a) „Nothilfeverbot" als Unterlassungsgestattung (Seier)

Einen grundlegenden Beitrag zur Thematik der aufgedrängten Nothilfe hat *Seier* geliefert.

aa) Darstellung des Ansatzes

Seier versucht, auf der Basis eines dualistischen Notwehrverständnisses eine „mittlere Lösung" zu finden, die sowohl den Gedanken des Individualschutzes als auch den der Rechtsbewährung angemessen berücksichtigen soll.[486]

Der Hauptansatzpunkt dieser Lösung liegt in der Umdeutung des Nothilfe*verbots* in einen bloß strafbarkeitsentlastenden Nothilfe*verzicht*.[487] *Seier* kritisiert, dass Inhalt und Reichweite der Erklärung des Angegriffenen in der bisherigen Diskussion um die rechtliche Behandlung einer aufgedrängten Nothilfe nicht angemessen berücksichtigt worden seien. In den meisten Fällen liege ein bloßer Nothilfeverzicht vor. Der Angegriffene erlaube dem Dritten lediglich, untätig zu bleiben und entbinde den Nothelfer von einer rechtlichen oder moralischen Beistandspflicht. Der geäußerte Wille sei in diesen Fällen als „echte Einwilligung" zu begreifen, die an den Nothelfer adressiert sei und zunächst nur sein Unterlassen rechtfertigen könne.[488]

Aus dieser Erkenntnis ergeben sich nach *Seier* verschiedene Konsequenzen. Zum einen soll die Verhaltensanweisung an den Nothelfer an den „allgemeinen

---

sonst kommt eine Bestrafung des Nothelfers gegenüber dem *Angegriffenen* nicht in Betracht (ausführlich *Seuring*, Nothilfe, S. 159 ff.)

486 *Seier*, NJW 1987, 2476, 2480.

487 *Seier*, NJW 1987, 2476, 2480 ff.

488 *Seier*, NJW 1987, 2476, 2480.

Wirksamkeitsvoraussetzungen", die an die Einwilligung gestellt werden, zu messen sein.[489] Angesprochen werden damit vor allem die Schranken, die einen geäußerten Willen bei der Einwilligung unbeachtlich machen können. Dies sind etwa Willensfehler, unter Druck geäußerte Entscheidungen oder Willensentscheidungen, die an die gesetzlichen Grenzen der §§ 216, 228 StGB stoßen. Hält die Einwilligung des Bedrohten den Einwilligungskriterien stand, so dürfe der Nothelfer zunächst von einer Rettung absehen. Wird er dagegen dennoch – gegen den Willen des Angegriffenen – tätig, so soll daraus nicht zwangsläufig die Konsequenz erwachsen, dass der Nothelfer bei einer Verteidigungshandlung gegenüber dem Angreifer rechtswidrig handelt.

Seier unterscheidet bei der Beurteilung der Rechtfertigung des Nothelfers letztlich nach den Beweggründen des Angegriffenen. Wenn der Angegriffene durch den Verzicht auf Hilfe nur den *Nothelfer* schützen wolle, soll eine Strafbarkeit des Nothelfers bei einer vorgenommenen Verteidigungshandlung entfallen. In diesem Fall werde nur eine Unterlassungserlaubnis, nicht aber ein Nothilfeentzug ausgesprochen. Die Annahme einer Strafbarkeit des Nothelfers würde den Zweck des Hilfeverzichts „geradezu auf den Kopf stellen".[490] Eine Nothilfe soll aber auch rechtmäßig sein, wenn sich der Nothelfer über den Willen des Angegriffenen hinwegsetzt und das Angriffsopfer durch den „Verteidigungsverzicht" nur seine *eigene Schonung* beabsichtigt habe.[491] *Seier* argumentiert dabei folgendermaßen: Das bedrohte Opfer werde das Vorgehen des Nothelfers „im Nachhinein sicherlich gutheißen", wenn etwa der Geiselnehmer vom Nothelfer außer Gefecht gesetzt werde.[492] Würde das Opfer darüber belehrt, es habe durch seine Willensäußerung bewirkt, dass sich der Nothelfer dem Angreifer gegenüber strafbar gemacht habe, so stieße dies „auf Erstaunen und Befremden".[493] Entscheidend ist für *Seier*, dass eine solche *Rechtsfolge* mit der Erklärung des Opfers nicht gewollt sei.[494] Der Wille des Angegriffenen ziele nicht auf eine *Entrechtung* des Nothelfers, weshalb eine Strafbarkeit des Nothelfers nicht in Betracht kommen soll.[495] Ebenso sei zu entscheiden, wenn der Angegriffene mit dem Eingriffsveto nur den Zweck verfolge, die Abwehr des Angriffs *selbst besorgen* zu können, etwa um nicht als Feigling dazustehen. Handelt der Nothelfer hier dennoch, so soll nach dem Willen des Angegriffenen keine Strafbarkeit des

---

489 *Seier*, NJW 1987, 2476, 2481.
490 *Seier*, NJW 1987, 2476, 2482.
491 *Seier*, NJW 1987, 2476, 2482.
492 *Seier*, NJW 1987, 2476, 2482.
493 *Seier*, NJW 1987, 2476, 2482.
494 *Seier*, NJW 1987, 2476, 2482.
495 *Seier*, NJW 1987, 2476, 2483; dagegen *Lenckner/Perron*, Schönke/Schröder, StGB, § 32 Rn. 25/26.

Nothelfers intendiert sein. Nur dort, wo der Bedrohte zugunsten des *Angreifers* wirklich auf die Entrechtung des Nothelfers ziele, soll die Rechtfertigung einer aufgedrängten Nothilfe ausgeschlossen sein.[496] In diesen Fällen spreche der Angegriffene ein Nothilfeverbot im strafbarkeitsbegründenden Sinne aus. Dies sei aber nur dann der Fall, wenn sich der Angegriffene mit dem Angreifer solidarisiert und gemeinsam „Front gegen den Nothelfer" beziehe.[497]

Nur vereinzelt ist der skizzierte Ansatz von der *Seier*, der bei der Auslegung des Willens des Angegriffenen danach fragt, ob eine Strafbarkeit des Nothelfers bei einer geleisteten Fremdverteidigung intendiert werde, bislang auf Zustimmung gestoßen.[498]

bb) Kritik

Seier weist zunächst zutreffend auf die Parallele eines Eingriffsrechts (§ 32 StGB) und einer Eingriffspflicht (§ 323c StGB) hin. Im Rahmen des § 323c StGB ist allgemein anerkannt, dass derjenige, der in Gefahr geraten ist, einen Unbeteiligten von dessen Hilfeleistungspflicht entbinden kann. Auch der Angegriffene kann einen hilfeleistungspflichtigen Nothelfer durch seine Willensentscheidung von dieser Pflicht befreien, wenn bloß disponible Rechtsgüter des Angriffsopfers in Gefahr geraten sind. In diesen Fällen geht es tatsächlich um die Entpflichtung des Nothelfers. Die Relevanz der Beachtlichkeit des Willens einer in Not geratenen Person bemisst sich diesbezüglich nach den Grundsätzen der Einwilligung.[499] Aufgrund dieser Parallele zur Handlungspflicht spricht einiges dafür, den Willen des Angegriffenen auch im Hinblick auf die Beurteilung des Handlungsrechts eines Nothelfers an den Grundsätzen der Einwilligungslehre zu messen. Darauf wird zurückzukommen sein.

Seier möchte die Rechtmäßigkeit einer (aufgedrängten) Nothilfe aber auch dann annehmen, wenn der Wille des Angegriffenen rechtlich beachtlich ist. Fraglich ist, ob die These zutreffend ist, wonach in den meisten Fällen ein bloß strafbarkeitsentlastender Nothilfeverzicht, aber kein für das Fremdverteidigungsrecht relevanter Nothilfeentzug vorliegen soll. Zugestimmt werden muss *Seier* insoweit, dass die Willensäußerung eines Angegriffenen in Bezug auf die Beurteilung des Nothilferechts Dritter ausgelegt werden muss.[500] Bereits objektiv

496 *Seier*, NJW 1987, 2476, 2483.
497 *Seier*, NJW 1987, 2476, 2483.
498 So nun auch *Heller*, Nothilfe, S. 253 ff., der diesen Ansatz als „Drei-Stufen-Modell" (S. 240) etikettiert.
499 Deutlich etwa *Maurach/Schroeder/Maiwald*, Strafrecht BT II, § 55 I Rn. 4. Zuletzt auch *Seuring*, Nothilfe, S. 107.
500 Ebenso *Lenckner/Perron*, Schönke/Schröder, StGB, § 32 Rn. 25/26.

kann z.B. von einem bloßen Nothilfeverzicht auszugehen sein. Erklärt der Angegriffene etwa, ein Nothelfer solle sich nicht in den Konflikt mit dem Angreifer einmischen, da dies für den Nothelfer zu gefährlich sei, so ist diese Äußerung für das Nothilferecht aus § 32 StGB irrelevant, da es sich lediglich um eine Erklärung *zugunsten des Nothelfers* handelt. Dies muss auch gelten, wenn die Erklärung des Angegriffenen zwar keinen objektivierbaren Hinweis auf die Intention des Angegriffenen zulässt, es aber dem Willen des Angriffsopfers entspricht, den Nothelfer lediglich aus dem Konflikt herauszuhalten, um ihn zu schützen. Wenn die belästigte Frau in dem obigen[501] Beispielsfall dem hilfsbereiten Gast ohne nähere Begründung mitteilt, er solle sich aus der Angelegenheit heraushalten, damit aber nur den Schutz des Nothelfers bezweckt, kann diese Erklärung für das Nothilferecht nach § 32 StGB nicht beachtlich sein. Schutzwürdige Interessen des Angreifers stehen einer Orientierung am inneren Willen des Angriffsopfers nicht entgegen. Für den Nothelfer besteht in den Fällen, in denen der Wille des Angegriffenen keinen Hinweis auf dessen Intention zulässt, freilich das Risiko, dass das Angriffsopfer gar keine Erklärung zugunsten des Nothelfers abgeben wollte und der Nothelfer bei einem Eingreifen kein Recht zur Fremdverteidigung hat. Nach allem ist *Seier* darin zuzustimmen, dass es durchaus Konstellationen geben kann, in denen der Nothelfer zur Fremdverteidigung befugt ist, wenn zwar objektiv ein entgegenstehender Wille des Angegriffenen vorliegt, der Angegriffene diesen Willen aber nur mit einem *den Nothelfer begünstigenden Inhalt* abgeben wollte.

Zweifelhaft ist aber, ob der Nothelfer – wie von *Seier* befürwortet – das Recht zur Fremdverteidigung nur dann verliert, wenn der Angegriffene den Angreifer schützen möchte, d.h. der Wille des Angegriffenen einen angreiferbegünstigenden Inhalt aufweist. Der Angegriffene würde, so die Argumentation *Seiers*, das Vorgehen des Nothelfers in den übrigen Fällen „im Nachhinein sicherlich gutheißen", wenn lediglich der Angreifer, nicht aber der Angegriffene, zu Schaden kommt.[502] Diese Rechtsfolge, d.h. die Bestrafung des Nothelfers, sei gerade nicht mit der Erklärung gemeint.

Fraglich ist zunächst, ob *Seier* bei seiner Argumentationslinie überhaupt in allen Fällen, in denen sich der Angegriffene mit dem Angreifer solidarisiert, zu einer unzulässigen (aufgedrängten) Nothilfe kommen müsste. Es könnte angenommen werden, dass der Angegriffene in Einzelfällen den Nothelfer nur deshalb aus dem Konflikt heraushalten möchte, um zu verhindern, dass der Angreifer durch eine Nothilfehandlung schwer zu Schaden kommt. Auch hier ließe sich argumentieren, der Angegriffene werde das Verhalten des Nothelfers „im Nach-

---

501 Vgl. 2. Kap. III. 1. a) aa).
502 *Seier*, NJW 1987, 2476, 2482.

hinein“ möglicherweise billigen, wenn sich herausstellt, dass der Angriff vom Nothelfer ohne größere Beeinträchtigungen für den Angreifer, etwa durch eine bloße Nötigung seitens des Nothelfers, abgewehrt werden konnte. Letztlich werden durch die faktische ex-post-Betrachtung *Seiers* Unsicherheiten in die rechtliche Bewertung hineingetragen. Keineswegs klar ist, ob der Angegriffene das Verhalten des Nothelfers im Nachhinein billigen wird, wenn sich gerade die befürchteten Risiken, die den Angegriffenen zur Artikulierung eines Nothilfeverbots bewogen haben, realisieren, z.B. das Opfer einer Geiselnahme im Zuge der Befreiungsaktion des Nothelfers vom Geiselnehmer schwer verletzt wird.

Gegen eine solche ex-post-Betrachtung sprechen zudem generelle Erwägungen. *Seier* betont bei der Auslegung des Willens des Angegriffenen im Hinblick auf das Nothilferecht Dritter zutreffend den Bezug zur Einwilligung. Im Rahmen der Einwilligung ist aber allgemein anerkannt, dass diese im Zeitpunkt der Tatbegehung vorliegen muss.[503] Eine nachträgliche Genehmigung hat keine rechtfertigende Kraft.[504] Sowohl bei der Verwirklichung von Tatbeständen als auch bei der Frage der Rechtfertigung wird im Strafrecht grundsätzlich auf den Zeitpunkt der Tathandlung abgestellt. Es muss im Handlungszeitpunkt entschieden werden, ob eine Handlung als rechtmäßig oder rechtswidrig zu beurteilen ist. Dies ist deshalb zwangsläufig, weil Rechtfertigungsgründe Eingriffsrechte begründen und damit zugleich Duldungspflichten zur Folge haben. Interpretiert man die Rechtmäßigkeit einer Nothilfe danach, ob der Angegriffene das Verhalten des Nothelfers „im Nachhinein“ billigt, so setzt man sich über diese Grundsätze hinweg.

Auch eine Auslegung des Willens des Angegriffenen nach der Rechtsfolge der Erklärung vermag nicht zu überzeugen. § 32 StGB sagt, dass derjenige, der eine Tat begeht, die durch Notwehr geboten ist, nicht rechtswidrig *handelt*. Dementsprechend wird auch bei der Auslegung verschiedener Merkmale des Notwehrrechts allein auf die Verteidigungs*handlung* abgehoben. Bei der Erforderlichkeit wird die Notwendigkeit der Verteidigungshandlung beurteilt.[505] Auch im Rahmen der Risikoeinwilligung wird nach überwiegender Auffassung nur auf die Beurteilung der Handlung abgestellt.[506] In den Situationen, in denen der Angegriffene den Nothelfer aus dem Notwehrkonflikt heraushalten möchte, um diesen zu schützen, d.h. eine Erklärung zugunsten des Nothelfers abgibt, wird keine

503 Vgl. statt aller *Kühl*, Strafrecht AT, § 9 Rn. 32.

504 BGHSt 17, 359; *Hirsch*, LK-StGB, Vor § 32 Rn. 112 m.w.N.

505 *Gropp*, Strafrecht AT, § 6 Rn. 79; *Herzog*, NK-StGB, § 32 Rn. 67; *Joecks*, StuK-StGB, § 32 Rn. 11; *Krey*, Strafrecht AT, Rn. 473; *Kühl*, Lackner/Kühl, StGB, § 32 Rn. 9; *ders.*, Strafrecht AT, § 7 Rn. 78 ff.; *Lenckner/Perron*, Schönke/Schröder, StGB, § 32 Rn. 38; *Wessels/Beulke*, Strafrecht AT, Rn. 333 ff.

506 Vgl. *Paeffgen*, NK-StGB, § 228 Rn. 10 m.w.N.

Nothilfesperre artikuliert. In den übrigen Fällen ist aber davon auszugehen, dass der Angegriffene dem Nothelfer die Vornahme einer Verteidigungshandlung gerade verbieten möchte: Geht es dem Angegriffenen um den Schutz des Angreifers, untersagt der Angegriffene dem Nothelfer die Vornahme einer Verteidigungshandlung. Ist dem Angriffsopfer ein Eingreifen des Nothelfers zu gefährlich, so erteilt das Angriffsopfer dem Nothelfer aus Selbstschutzerwägungen ein Handlungsverbot. Bezugspunkt für die Auslegung des Willens des Angegriffenen ist daher die Frage, ob eine Handlungssperre errichtet werden soll.[507] Handelt der Nothelfer dennoch, so entspricht das Eingreifen des Nothelfers im Zeitpunkt der Vornahme der Verteidigungshandlung nicht dem Willen des Angegriffenen. Entscheidend ist damit, ob der Angegriffene dem Nothelfer die Vornahme der Verteidigungs*handlung* verbieten möchte. Eine generelle Auslegung des Willens des Angegriffenen nach der Rechtsfolge einer Erklärung, d.h. danach, ob der Angegriffene mit seinem entgegenstehenden Willen gerade die Bestrafung des Nothelfers intendiert, vermag nach allem nicht zu überzeugen.[508]

b) Befriedung der Gesamtlage (Detlef und Irene Sternberg-Lieben)

Ausführlicher mit der Frage der Zulässigkeit einer aufgedrängten Nothilfe haben sich *Detlef* und *Irene Sternberg-Lieben* befasst.

aa) Darstellung des Ansatzes

Auch *Detlef* und *Irene Sternberg-Lieben* wollen auf der Grundlage eines dualistischen Legitimationsansatzes zu einem „ausgewogenen Ergebnis" gelangen.[509] Diesbezüglich führen die beiden Autoren aus: Das Individualschutzprinzip und das mit ihm verknüpfte Selbstbestimmungsrecht trete bei der Nothilfe besonders deutlich hervor. Die „Rechtsbewahrung" habe bei der Nothilfe – im Gegensatz

507 Im Ergebnis wohl auch *D. Sternberg-Lieben/I. Sternberg-Lieben*, JuS 1999, 444, 447, wonach der Wille des Angegriffenen in Einzelfällen durch die ex-ante-Sicht eines verständigen Dritten ersetzt werden soll. Diese Konstruktion wäre dann nicht notwendig, wenn der Wille des Angegriffenen bereits wegen einer ex-post-Betrachtung der Rechtfertigung einer aufgedrängten Nothilfe nicht entgegenstehen würde; wie hier wohl auch *Lenckner/Perron*, Schönke/Schröder, StGB, § 32 Rn. 25/26, die den Willen des Angegriffenen bei einer zu befürchtenden Eskalation, d.h. bereits im Vorfeld des Eingreifens eines Nothelfers, als rechtlich beachtlich einstufen.

508 So im Ergebnis auch diejenigen, die eine aufgedrängte Nothilfe als rechtswidrig einstufen, wenn es sich um einen Angriff auf lediglich disponible Rechtsgüter des Angegriffenen handelt.

509 *D. Sternberg-Lieben/I. Sternberg-Lieben*, JuS 1999, 444, 447.

zur Notwehr – keine Einschränkung der Verteidigung, sondern umgekehrt die Befugniserweiterung zur Folge. Ebenso wie bei der Notwehr das „Rechtsbewahrungsprinzip“ das Verteidigungsrecht dann überlagern soll, wenn keine schutzwürdigen Interessen des Angegriffenen bestehen, soll die Legitimation zur Bestrafung der Nothilfe entfallen, wenn das Eingreifen des Nothelfers „eine Situation endgültig bereinigt und Rechtsfrieden stiftet“.[510] Von der Nothilfehandlung müsse eine „Befriedung der Gesamtlage“ zu erwarten sein.[511] Nur dann, wenn der Nothelfer aller Voraussicht nach die Gesamtsituation auch im Interesse des Angegriffenen befriedigen könne und sein Eingreifen keinen weiteren Schaden befürchten lasse, sollen keine hinreichenden Gründe für eine Begrenzung der Nothilfebefugnis bestehen. Entscheidend dafür sei die „Beurteilung ex ante aus der Sicht eines verständigen Dritten“.[512] In diesem Fall durchkreuze die Rettung nicht die vom Angegriffenen vorgenommene Bewertung. Da hier „keine unzulässige Bevormundung des Rechtsgutsinhabers“ vorliege, „wäre es befremdlich, im Verhältnis Nothelfer/Angreifer eine den Nothelfer durch Strafandrohung hemmende und damit gerade den Angreifer schützende Restriktion der Nothilfebefugnis zu errichten.“[513] Sei auf der anderen Seite hingegen keine Befriedung der Gesamtsituation unter Wahrung der Interessen des Angegriffenen zu erwarten, soll dem Dritten eine Nothilfehandlung verwehrt sein. Anderenfalls würde die individualrechtliche Basis des Nothilferechts völlig vernachlässigt werden.

Auf der Grundlage dieses Ansatzes differenzieren *Detlef* und *Irene Sternberg-Lieben* nach den Beweggründen des Angriffsopfers für ein Nothilfeverbot. Es soll keine Nothilfebefugnis bestehen, wenn das Angriffsopfer eine vom Angreifer für später in Aussicht gestellte weitere Zufügung eines Übels verhindern möchte. Hier bleibe es bei der Nothilfesperre, da der Nothelfer keine Befriedung der Gesamtsituation im Interesse des Angegriffenen herbeiführt. Wolle der Angegriffene den *Angreifer* schonen, soll ebenfalls von einer unzulässigen Nothilfe ausgegangen werden. Auch hier müsse der Angegriffene nach seiner eigenen Präferenz entscheiden dürfen. Anders soll hingegen zu entscheiden sein, wenn sich das Opfer des Angriffs *selbst verteidigen* möchte. Hier sei eine aufgedrängte Nothilfe zulässig, da durch den Nothelfer eine Befriedung der Gesamtsituation bewirkt werde und „keine entgegenstehenden schutzwürdigen Individualinteressen des Angegriffenen erkennbar“ seien.[514] „Mannesehre“ bilde keinen gegenüber dem Aspekt der Rechtsbewahrung durchschlagenden Grund

510 *D. Sternberg-Lieben/I. Sternberg-Lieben*, JuS 1999, 444, 447.
511 *D. Sternberg-Lieben/I. Sternberg-Lieben*, JuS 1999, 444, 447.
512 *D. Sternberg-Lieben/I. Sternberg-Lieben*, JuS 1999, 444, 447.
513 *D. Sternberg-Lieben/I. Sternberg-Lieben*, JuS 1999, 444, 447.
514 *D. Sternberg-Lieben/I. Sternberg-Lieben*, JuS 1999, 444, 447.

für eine Nothilfeeinschränkung. Weiter differenziert werden soll schließlich in der Konstellation, in der das Opfer eine *Gefährdung eigener Güter* durch die Nothilfehandlung befürchtet. Ist die Nothilfehandlung mit Gefährdungen von Leib und Leben des Opfers verbunden, soll die Nothilfe unzulässig sein, da hier die Gefahr einer Nichtbefriedung der Gesamtsituation bestehe. Hier soll der Nothelfer zum Straftäter gemacht werden können, da der Angegriffene seine Interessen sonst nicht verfolgen könne. Soweit die Verteidigungshandlung allerdings mit keiner ernsthaften Gefahr für die Güter des Angegriffenen verbunden ist, sei eine Nothilfe zulässig, da mit ihr keine Bevormundung des Rechtsgutsinhabers verbunden sei.

bb) Kritik

Im Gegensatz zu *Seier* stellen *Detlef* und *Irene Sternberg-Lieben* bei der Beurteilung der Beachtlichkeit der Willensentscheidung des Angriffsopfers im Hinblick auf das Nothilferecht Dritter keine ex-post-Betrachtung an. Die Frage, ob dem Nothelfer auch gegen den Willen des Angegriffenen in einzelnen Fällen ein Eingriffsrecht zustehen soll, wird aus einer Perspektive beurteilt, die auf den Zeitpunkt der Vornahme der Verteidigungshandlung gerichtet ist.

Zweifelhaft ist aber, ob die aufgestellte These – Zulässigkeit einer aufgedrängten Nothilfe bei zu erwartender Befriedung der Gesamtlage – tatsächlich keine unzulässige Bevormundung des Rechtsgutsinhabers darstellt. Das Selbstbestimmungsrecht räumt dem Rechtsgutsinhaber grundsätzlich die Befugnis ein, darüber zu disponieren, wie er mit seinen Rechtsgütern umgehen möchte. Auch dem Angegriffenen muss daher prinzipiell die Entscheidung vorbehalten bleiben, ob ein Dritter seine Rechtsgüter verteidigen darf. Erklärt der Angegriffene einen Verzicht auf eine Fremdverteidigung und lässt sich diese Aussage als wirksames Nothilfeverbot auslegen, so handelt es sich um eine unzulässige Bevormundung des Rechtsgutsinhabers, wenn sich der Nothelfer über den rechtlich beachtlichen Willen des Angegriffenen hinwegsetzt. Ebenso wie bei der mutmaßlichen Einwilligung eine Rechtfertigung ausscheidet, wenn der Rechtsgutsinhaber einen entgegenstehenden (wirksamen) Willen zuvor artikuliert hat, das Eingreifen zugunsten des Rechtsgutsinhabers aber objektiv sinnvoll ist, muss in den Fällen der aufgedrängten Nothilfe davon ausgegangen werden, dass der Angegriffene über die Risiken einer Verteidigung selbst entscheiden darf. Die Sicht eines verständigen Dritten kann bei einem entgegenstehenden Willen des Angegriffenen für das Recht zur Fremdverteidigung nicht entscheidend sein. Ob ein Dritter ein Recht zur Nothilfe hat, muss allein aus der Sicht des Angegriffenen bestimmt werden, sei dessen Entscheidung auch noch so unverständlich. Auch wenn bei einer objektiven Abwägung die Risiken, die durch eine Verteidigungshandlung entstehen können, geringer sind als bei einem Nichteingreifen, kann die Entscheidung des Rechtsgutsinhabers – nimmt man das Selbstbestimmungsrecht des Einzelnen ernst – nicht von einem verständigen Dritten ersetzt werden. Willensentscheidungen des Rechtsgutsinhabers müssen von anderen grundsätzlich respektiert werden. Zwar geht es in den Fällen der Nothilfe – anders als bei einer (mutmaßlichen) Einwilligung – um eine Befugnis für Eingriffe in die Rechtsgüter des Angreifers. Konstruktiv ist dafür aber nach dem hier vertretenen Verständnis des § 32 StGB die (positive) Willensentscheidung des Angegriffenen notwendig.[515] Spricht sich der Angegriffene gegen eine Nothilfe aus, so kann die Wirksamkeit dieses Willens nicht durch die Berücksichtigung einer vernünftigen Sicht Dritter ersetzt werden.

Eine Differenzierung, ob bei einer Nothilfehandlung gegen den Willen des Angegriffenen eine Befriedung der Gesamtlage zu erwarten ist, kann daher zumindest den Anhänger einer individualistischen Begründung des § 32 StGB nicht überzeugen.

4. Lösung der einzelnen Konstellationen

Nach der hier befürworteten Interpretation des § 32 StGB und der Auslegung des Willens des Angegriffenen ergibt sich für die Beurteilung der aufgedrängten Nothilfe in den einzelnen Fallvarianten Folgendes.

a) Schonung des Nothelfers

Möchte der Angegriffene nur verhindern, dass der Nothelfer bei einer Auseinandersetzung mit dem Angreifer zu Schaden kommt, ergibt bereits die *Auslegung* nach dem inneren Willen des Angegriffenen, dass hier keine Nothilfesperre errichtet werden soll. Der Nothelfer wird von einer moralischen oder sogar rechtlichen (§§ 323c, 13 StGB) Hilfeleistungspflicht entbunden. Er soll aber eine Verteidigungs*handlung* dennoch vornehmen dürfen. Eine ausschließlich *zugunsten des Nothelfers* abgegebene Erklärung des Angegriffenen stellt sich für den Nothelfer nicht als Handlungsverbot dar und lässt daher ein Recht zur Fremdverteidigung aus § 32 StGB unberührt.[516]

---

515 Ähnlich *Lenckner/Perron*, Schönke/Schröder, StGB, Rn. 25/26, die davon sprechen, dass bei einem entgegenstehenden Willen des Angegriffenen dem Nothelfer auch im Außenverhältnis zum Angreifer die Legitimation fehlt, unter individualrechtlichen Gesichtspunkten für das angegriffene Rechtsgut einzutreten.

516 Ebenso im Ergebnis *Erb*, MünchKomm, StGB, § 32 Rn. 164; *Heller*, Nothilfe, S. 260 f.; *Herzberg/Schlehofer*, JuS 1990, 559, 563; *Seier*, NJW 1987, 2476, 2481;

b) Schonung des Angreifers

Das Nothilferecht ist zur Verstärkung des Schutzes angegriffener Individualrechtsgüter institutionalisiert worden. In manchen Fällen (§§ 323 c, 13 StGB) besteht sogar die Hilfspflicht eines Dritten, angegriffene Individualrechtsgüter vor rechtswidrigen Angriffen zu bewahren. Ansonsten darf der Angegriffene zur Verteidigung seiner Rechtsgüter die Hilfe Dritter in Anspruch nehmen. Zumindest bei Angriffen auf verfügbare Rechtspositionen muss er es aber nicht. Ein Angegriffener darf – zugunsten des Angreifers – entscheiden, ob bzw. wie er seine Individualrechtsgüter verteidigen möchte. Duldet der Angegriffene den Angriff, um den Angreifer zu schonen, so muss dieser Wille vom Nothelfer respektiert werden.

Auch sachspezifische Gesichtspunkte sprechen für dieses Ergebnis. Häufig, jedoch nicht zwingend, wird ein Angegriffener den Angreifer durch ein Nothilfeverbot schützen wollen, wenn er in einer besonderen Beziehung zu diesem steht. Bereits im Rahmen der „sozialethischen" Einschränkungen des Notwehrrechts wird diskutiert, ob der Angegriffene gegenüber derartigen Angreifern das volle Notwehrrecht hat oder ob hier de lege lata gewisse Einschränkungen zu begründen sind. Die Versagung eines Nothilferechts dient in diesen, aber auch in anderen Fällen, in denen der Angegriffene keine persönliche Beziehung zum Angreifer unterhält, ihn aber dennoch vor einer Nothilfehandlung schützen möchte, letztlich als Korrektiv für die weiten Befugnisse von Notwehr und Nothilfe. Die Anbindung des Nothilferechts an den Willen des Angegriffenen kann verhindern, dass das scharfe Schwert der Notwehr in die Hände des Nothelfers gelangt, obwohl es der Angegriffene gar nicht einsetzen möchte. Hielte man hingegen eine Fremdverteidigung auch gegen den Willen des Angegriffenen stets für zulässig, so hätte der private Nothelfer Eingriffsrechte, die nicht einmal staatlichen Organen zustehen.

Es erscheint damit auch angemessen, dem Angegriffenen die Möglichkeit einzuräumen, den Angreifer zu schonen, obgleich er zu dieser Solidarität gesetzlich nicht verpflichtet ist, ohne in diesem Wunsch zugleich eine Einwilligung in den Angriff erblicken zu müssen. Eine mit der Nothilfehandlung verbundene Verletzung des Angreifers ist damit unzulässig, wenn sich der Angegriffene gegenüber dem Angreifer nicht verteidigen (lassen) möchte. Dies gilt zumindest

---

wohl auch *Lenckner/Perron*, Schönke/Schröder, StGB, § 32 Rn. 25/26, die es als Auslegungsfrage einstufen, ob die Ablehnung fremder Hilfe nur als Entbindung von einer bestehenden Hilfspflicht oder als Versagung des Nothilferechts zu verstehen ist. Auch *Seuring*, Nothilfe, argumentiert in dieser Fallgruppe primär mit der Auslegung des Willens des Angegriffenen (vgl. S. 224 f.).

dann, wenn es sich um einen Angriff auf Rechtsgüter handelt, die der Dispositionsbefugnis des angegriffenen Rechtsgutsinhabers unterliegen.[517]

c) Selbstverteidigung

Kontrovers diskutiert wird die Fallgestaltung, in der ein Angegriffener einem Nothelfer ein Einschreiten untersagt, um sich selbst gegenüber dem Angreifer verteidigen zu können.

Einige Autoren halten den Willen des Angegriffenen hier für schlechthin unbeachtlich und wollen dem Nothelfer, der sich über diesen (unbeachtlichen) Willen des Angegriffenen hinwegsetzt, eine Eingriffsbefugnis nach § 32 StGB zubilligen.[518] Die hierfür angeführten Gründe divergieren. Nach *Detlef* und *Irene Sternberg-Lieben* soll die „Mannesehre" eines Angegriffenen keinen Grund für eine Nothilfeeinschränkung darstellen können.[519] Zudem seien „keine schutzwürdigen Individualinteressen des Angegriffenen erkennbar".[520] Ähnlich hat sich auch *Seier* geäußert. Das Eingriffsveto sei unbeachtlich, wenn dieses nur dem Zweck diene, die Abwehr des Angriffs selbst vornehmen zu können, um nicht als „Feigling" dazustehen.[521] *Kühl* hält den Willen des Angegriffenen nur dann für beachtlich, wenn der Angegriffene die mit der Nothilfe verbundenen Risiken aus Gründen des Selbstschutzes oder der Schonung des Angreifers nicht einzugehen wünscht.[522] Der Angegriffene hat damit nicht das Recht, seine Verteidi-

---

517 Im Ergebnis auch diejenigen, die nach den Beweggründen des Angegriffenen für ein Nothilfeverbot differenzieren: *Heller*, Nothilfe, S. 259; *Herzberg/Schlehofer*, JuS 1990, 559, 563; *Jakobs*, Strafrecht AT, 12/60; *M. Koch*, Nothilfe, S. 138 f.; *Kühl*, Lackner/Kühl, StGB, § 32 Rn. 12; *Seier*, NJW 1987, 2476, 2483; *Seuring*, Nothilfe, S. 225 (7. Variante) und S. 226 (10. Variante); *D. Sternberg-Lieben/I. Sternberg-Lieben*, JuS 1999, 444, 448.
Anders aber *Geilen*, der in dieser Fallgruppe auf der Grundlage seines dualistischen Notwehransatzes die Zulässigkeit einer aufgedrängten Nothilfe dann befürwortet, „wenn das Rechtsbewährungsinteresse stark genug ist, um eine ausreichend tragfähige Basis" abzugeben. Als Beispiel dafür nennt er „in chronischer Form ständig wiederholte Angriffe", die „man als Nothelfer einfach nicht ‚mitansehen' kann".

518 *Herzberg/Schlehofer*, JuS 1990, 559, 563; *Jakobs*, Strafrecht AT, 12/60; *M. Koch*, Nothilfe, S. 139 f.; *Kühl*, Lackner/Kühl, StGB, § 32 Rn. 12; *Seuring*, Nothilfe, S. 219 (1. und 2. Variante); *Seier*, NJW 1987, 2476, 2483; *D. Sternberg-Lieben/I. Sternberg-Lieben*, JuS 1999, 444, 448.

519 *D. Sternberg-Lieben/I. Sternberg-Lieben*, JuS 1999, 444, 448.

520 *D. Sternberg-Lieben/I. Sternberg-Lieben*, JuS 1999, 444, 448; ähnlich *M. Koch*, Nothilfe, S. 139.

521 *Seier*, NJW 1987, 2476, 2483.

522 *Kühl*, Lackner/Kühl, StGB, § 32 Rn. 12; zurückhaltender aber *ders.*, Strafrecht AT, § 7 Rn. 143, wonach der Wille des Angegriffenen nur dann im Hinblick auf das

gung selbst vorzunehmen. Auch nach *Jakobs* hat der Nothelfer in diesen Fällen ein Recht zur Fremdverteidigung. *Jakobs* differenziert danach, ob die „Lastenverteilung" bei der Notwehr durch das Eingreifen Dritter tangiert werde. In dem Fall, in dem der Angegriffene die Abwehr des Angriffs eigenhändig erledigen möchte, der Helfer dem Angegriffenen aber zuvorkomme, werde diese Lastenverteilung nicht berührt und eine Nothilfe soll auch bei einem Angriff auf disponible Rechtsgüter des Angriffsopfers gerechtfertigt sein.[523]

Andere halten hingegen auch den Wunsch des Angegriffenen nach einer eigenen Verteidigung im Hinblick auf das Nothilferecht Dritter für relevant.[524] *Roxin* wendet ein, der Angegriffene könne „gute Gründe" haben, „seine Fähigkeit zu eigenständiger Abwehr unter Beweis zu stellen."[525] Zudem weist *Roxin* darauf hin, der Angegriffene könne sich vorbehalten wollen, wie weit er bei der Angriffsabwehr gehen wolle.[526] Dürfe aber ein Nothelfer gegen seinen Willen die Sache in die Hand nehmen, so habe der Angegriffene keinen Einfluss mehr auf das Geschehen.[527]

Durch den letztgenannten Gesichtspunkt wird die Schwäche einer starr nach den Beweggründen des Angegriffenen differenzierenden Betrachtung aufgedeckt. Es kann Fälle geben, in denen den Angegriffenen mehrere Gründe zur Artikulierung eines Nothilfeverbots bewogen haben. Der Angegriffene kann sich etwa selbst verteidigen wollen, dabei aber den Wunsch haben, den Angreifer schonender zu behandeln, als es die Grenzen der Erforderlichkeit und Gebotenheit an sich von ihm (oder einem Dritten) verlangen. Die Beweggründe des Angegriffenen lassen sich nicht immer voneinander trennen. Nach der individualistischen ratio legis des § 32 StGB ist es zwar die Entscheidung des Angegriffenen, im bilateralen Verhältnis zum Angreifer zu entscheiden, ob und wie ein Angriff abgewehrt wird. Dennoch kann eine abgelehnte Nothilfe unter Umständen nach § 32 StGB gerechtfertigt sein, wenn sich der Angegriffene selbst verteidigen möchte.

Nothilferecht Dritter unbeachtlich sein soll, wenn es dem Angegriffenen nur darum geht, den Angreifer härter zu treffen, als dies nötig wäre, wenn er das Hilfsangebot des Nothelfers annehmen würde.

523 *Jakobs*, Strafrecht AT, 12/60.

524 *Krey*, Strafrecht AT, Rn. 523; *Lenckner/Perron*, Schönke/Schröder, StGB, § 32 Rn. 25/26; *Roxin*, Strafrecht AT, § 15 Rn. 101; *Suppert*, Notwehr, S. 400 Fn. 214; wohl im Grundsatz auch *Kühl*, Strafrecht AT, § 7 Rn. 143; unentschieden *Heller*, Nothilfe, S. 270: „Frage des Einzelfalls".

525 *Roxin*, Strafrecht AT, § 15 Rn. 101.

526 *Roxin*, Strafrecht AT, § 15 Rn. 101.

527 *Roxin*, Strafrecht AT, § 15 Rn. 101.

aa) Überschreitung der Grenze der Erforderlichkeit

Verbietet der Angegriffene dem Nothelfer nur deshalb ein Eingreifen, um den Angreifer bei einer eigenen Verteidigungshandlung schwerwiegender zu verletzen, als es zum Schutze seiner angegriffenen Individualrechtsgüter notwendig ist, so wäre die eigenständige Verteidigung des Angegriffenen nicht erforderlich und damit rechtswidrig. Ein Wille, die in § 32 StGB zugunsten des Angreifers institutionalisierte Grenze der Erforderlichkeit zu missachten, kann für das Nothilferecht Dritter aber nicht beachtlich sein. Eine Fremdverteidigung ist hier auch gegen den (unbeachtlichen) Willen des Angegriffenen möglich.[528] Aber auch in anderen Konstellationen, in denen ein Angegriffener sich selbst verteidigen möchte, ist eine Rechtfertigung des Nothelfers denkbar.

bb) Unterschreitung der Grenze der Erforderlichkeit

Der Angegriffene kann nach dem hiesigen Verständnis die Modalitäten der Verteidigung im bilateralen Verhältnis zum Angreifer – zu dessen Gunsten – bestimmen und damit bei einer eigenen Verteidigung eine für den Angreifer mildere Abwehr des Angriffs vornehmen, als es die objektive Grenze der Erforderlichkeit von ihm (oder einem Dritten) an sich verlangen würde. Er kann dafür sorgen, dass ein Nothelfer nur eingeschränkte Verteidigungsrechte hat. Ein Angegriffener kann z.B. einem Nothelfer den Einsatz eines Messers verbieten, eine Faustabwehr aber ausdrücklich billigen. Hält sich der Nothelfer an diese vom Angegriffenen errichtete Eingriffsschwelle, so ist eine Nothilfe rechtmäßig. Das Nothilferecht wurde dem Nothelfer gar nicht völlig entzogen, sondern nur – nach den Präferenzen des Angegriffenen – eingeschränkt.

Auch in den Fällen, in denen der Angegriffene dem Nothelfer zwar ein Recht zur Nothilfe gänzlich untersagt, sich aber zugleich selbst – eingeschränkt – verteidigen möchte, wird die vom Angegriffenen zu Gunsten des Angreifers vorgegebene Eingriffsschwelle nicht missachtet, wenn der Nothelfer nur diejenigen Rechte wahrnimmt, die der Angegriffene selbst – zum Schutze des Angreifers – ausüben möchte.[529] Hält sich der Nothelfer an das vom abgeschwächten, aber durchaus vorhandenen Verteidigungswillen des Angegriffenen bestimmte Maß der Verteidigung, ist eine (aufgedrängte) Nothilfe gerechtfertigt, wenn die sonstigen Grenzen des § 32 StGB eingehalten werden. Durch eine derartige Be-

528 Mit ähnlicher Begründung *Kühl*, Strafrecht AT, § 7 Rn. 143; *Lenckner/Perron*, Schönke/Schröder, StGB, § 32 Rn. 25/26; *Seier*, NJW 1987, 2476, 2483 Fn. 57; im Ergebnis auch *Seuring*, Nothilfe, S. 219 (1. Variante).

529 In diese Richtung bereits BGHSt 5, 245, 248; BGH StV 1987, 59.

trachtung wird das Interesse des Angegriffenen, den Angreifer zu Lasten des eigenen Individualschutzes milder zu behandeln als es das Gesetz an sich rechtfertigen würde, hinreichend beachtet.

cc) Sonstige Gründe für eine eigene Verteidigung

Möchte sich der Angegriffene sogar – ohne den Angreifer zu schonen – selbst verteidigen, etwa aus verletztem Stolz, so kann eine aufgedrängte Nothilfe nach dem Gesagten rechtmäßig sein, wenn der Nothelfer nur diejenigen Rechte geltend macht, die der Angegriffene auch selbst bei einer eigenen Verteidigung zum Schutze seiner angegriffenen Individualrechtsgüter ausüben dürfte. Die Bewertung, wie der Angegriffene seine Rechtsgüter verteidigen möchte, wird vom Nothelfer nicht gestört. Auch hier wird das Interesse des Angegriffenen an der Verteidigung seiner angegriffenen Rechtsgüter durch eine Nothilfe hinreichend beachtet.

dd) Zwischenergebnis

Festzuhalten ist damit, dass der Nothelfer auch bei einem entgegenstehenden Willen des Angriffsopfers bei Angriffen auf disponible Rechtsgüter zu einem Eingreifen berechtigt sein kann, wenn er nur diejenigen Rechte ausübt, die der Angegriffene selbst zur Verteidigung seiner angegriffenen Rechtsgüter ausüben möchte.

d) Eigene Schonung

Unterschiedlich beurteilt wird schließlich die Nothilfebefugnis eines Dritten, wenn der Angegriffene die mit der Verteidigungshandlung möglicherweise verbundenen Risiken durch ein artikuliertes Nothilfeverbot vermeiden möchte.

Einige Stimmen in der Literatur gewähren dem Nothelfer hier dennoch ein Eingriffsrecht und behandeln den Willen des Angegriffenen in der Sache als unbeachtlich.[530] *M. Koch* argumentiert in diesem Zusammenhang folgendermaßen: Werde der Angriff erfolgreich abgewehrt, ohne dass der Angegriffene dabei zu Schaden kommt, erscheine es „widersinnig“, den Nothelfer, der die Rettungstat

530 So (mit unterschiedlichen Erwägungen): *Heller*, Nothilfe, S. 266 ff.; *Herzberg/Schlehofer*, JuS 1990, 559, 563; *Jakobs*, Strafrecht AT, 12/60; *M. Koch*, Nothilfe, S. 141; *Seier*, NJW 1987, 2476, 2483; *Seuring*, Nothilfe, S. 220 (4. Variante) und S. 222 (5. Variante); in diese Richtung tendierend auch *Geilen*, Jura 1981, 308, 313; differenzierend *D. Sternberg-Lieben/I. Sternberg-Lieben*, JuS 1999, 444, 447 f.

gegen den Willen des Angegriffenen gewagt habe, auch noch zu bestrafen.[531] Denn die Situation habe „zu einem Ergebnis geführt, das voll und ganz im Interesse des Angegriffenen" liege.[532] Nach der skizzierten Auffassung soll der Nothelfer aber nicht nur in diesen Fällen gerechtfertigt handeln. Auch wenn der Gesamtausgang der Situation nicht im Interesse des Angegriffenen sei, d.h. der Angegriffene entsprechend seiner Befürchtungen zu Schaden kommt, soll das Eingreifen des Nothelfers gerechtfertigt sein. *M. Koch* führt weiter aus: „Auch hier wird man wohl sagen können, daß die Verletzung oder Tötung des Angreifers nicht dem Interesse des Angegriffenen widerspricht, auch wenn der Gesamtausgang der Situation nicht in seinem Interesse ist." Auch in diesen Fällen soll nichts dagegen sprechen, die Nothilfe für zulässig zu erklären. Zuletzt wird angeführt, der Nothelfer hätte sonst keine Klarheit, ob der Wille des Angegriffenen zu berücksichtigen sei, wenn die Beurteilung der Rechtfertigung erst im Nachhinein erfolgen würde.[533]

Diese Auffassung kann nicht geteilt werden.[534] Zunächst kann die Erwägung, ein Nothilferecht sei dem Dritten aus Gründen der Klarheit unabhängig von dem Ausgang der Situation generell zu gewähren, nicht überzeugen. Mit dieser Argumentation könnte auch das gegenteilige Ergebnis begründet werden. Artikuliert der Angegriffene seinen entgegenstehenden Willen, so muss der Nothelfer zunächst davon ausgehen, dass ein Eingreifen nicht dem Willen des Angegriffenen entspricht und sich daher zurückhalten. Dem Angegriffenen wird durch diesen Ansatz letztlich das Recht abgesprochen, aus eigenen Risikoerwägungen auf die Hilfe eines Dritten zu verzichten. Die eigenen (Risiko-)Belange eines Angegriffenen werden geringer eingeschätzt als die Interessen des Angreifers, der von einem Angegriffenen durch die Möglichkeit, einen wirksamen Nothilfeverzicht auszusprechen, geschützt werden kann. Auch in anderen notwehrrechtlichen Fragestellungen werden aber Risikoerwägungen zugunsten des Angegriffenen – aus einer ex-ante-Sicht heraus – berücksichtigt. Es ist allgemein anerkannt, dass der Angegriffene kein unnötiges Risiko bei der Wahl des mildesten Mittels eingehen muss, wenn er sich gegenüber dem Angreifer zur Wehr setzt.[535] Der Angegriffene ist nicht verpflichtet, sich auf einen unsicheren oder ungewissen Ver-

531 *M. Koch*, Nothilfe, S. 141.
532 *M. Koch*, Nothilfe, S. 141.
533 *M. Koch*, Nothilfe, S. 142.
534 Kritik an diesem Ansatz übt auch *Heller*, Nothilfe, S. 218.
535 Vgl. etwa *Erb*, MünchKomm, StGB, § 32 Rn. 145; *Herzog*, NK-StGB, § 32 Rn. 64; *Kühl*, Lackner/Kühl, § 32 Rn. 9; *Lenckner/Perron*, Schönke/Schröder, StGB, § 32 Rn. 36 c; *Roxin*, Strafrecht AT, § 15 Rn. 43; *Tröndle/Fischer*, StGB, § 32 Rn. 16 d.

teidigungserfolg einzulassen.[536] Wenn das Gesetz damit prinzipiell Risikoerwägungen zugunsten eines Angegriffenen berücksichtigt, dann spricht viel dafür, dass auch der Wille des Angegriffenen hinsichtlich der Vornahme einer riskanten Verteidigungshandlung vom Nothelfer respektiert werden muss und dem Angegriffenen nicht das Risiko einer unsicheren Abwehrhandlung zugemutet werden darf.

Für die Beachtlichkeit des Willens eines Angriffsopfers sprechen auch rechtsgebietsübergreifende Überlegungen. Auch im öffentlichen Recht werden Risikoerwägungen zugunsten Unbeteiligter, d.h. auch eines Angegriffenen (z.B. dem Opfer einer Geiselnahme)[537] berücksichtigt.[538] Nach § 12 II UZwG ist es etwa verboten, zu schießen, wenn durch den Schusswaffengebrauch für die Vollzugsbeamten erkennbar Unbeteiligte mit hoher Wahrscheinlichkeit gefährdet werden. Im Gefahrenabwehrrecht bestimmen häufig übergeordnete Interessen der Allgemeinheit das Vorgehen der Polizei, etwa in den Fällen der Geiselnahme.[539] Der Wille des Einzelnen ist vor diesem Hintergrund grundsätzlich irrelevant. Sofern das Fehlen eines Verteidigungs- oder Rettungswillens aber eindeutig erkennbar ist, soll er gleichwohl in die Entscheidung über den Schusswaffengebrauch einfließen.[540]

Bei der Beurteilung des Nothilferechts geht es nach hier vertretenem Verständnis nicht um allgemeine Interessen, sondern um die Belange des Angegriffenen. Daher muss es diesem gestattet sein, aus Selbstschutzerwägungen auf die Hilfe eines Nothelfers zu verzichten. Auch wenn der Nothelfer nur Rechtsgüter des Angreifers verletzt, der Wille des Angegriffenen aber aus Risikoerwägungen auf das Verbot der Vornahme dieser Verteidigungshandlung gerichtet ist, darf sich der Nothelfer nicht in den interpersonalen Konflikt zwischen Angegriffenem und Angreifer einmischen. Es ist Sache des Angegriffenen zu beurteilen, wie er seine angegriffenen Rechtsgüter optimal schützt. Verbietet der Angegriffene aus Selbstschutzerwägungen einem Nothelfer die Vornahme einer Verteidigungshandlung, so scheidet eine Rechtfertigung des Nothelfers wegen des Grundsatzes

---

536 *Erb*, MünchKomm, StGB, § 32 Rn. 145; *Herzog*, NK-StGB, § 32 Rn. 64; *Roxin*, Strafrecht AT, § 15 Rn. 43.

537 Die Geisel ist z.B. Unbeteiligter i.S.d. Polizeirechts, vgl. statt aller *Rachor*, Lisken/Denninger, Handbuch des Polizeirechts, F 898 m.w.N.

538 Vgl. die Nachweise über die diesbezüglichen einzelnen öffentlich-rechtlichen Regelungen bei *Drews/Wacke/Vogel/Martens*, Gefahrenabwehr, S. 544 Fn. 118.

539 *Drews/Wacke/Vogel/Martens*, Gefahrenabwehr, S. 550.

540 So *Rachor*, Lisken/Denninger, Handbuch des Polizeirechts, F 892: „... steht ein möglicherweise fehlender Verteidigungs- bzw. Rettungswille des Opfers einem polizeilichen Einschreiten nicht von vornherein entgegen".

der Unzulässigkeit einer aufgedrängten Nothilfe prinzipiell aus.[541] Denkbar ist in diesem Zusammenhang nur, dass der Wille des Angegriffenen unter Zwang abgegeben worden ist und aus diesem Gesichtspunkt als unbeachtlich angesehen werden muss.[542]

e) Fazit

Auch in den übrigen, nahezu beliebig konstruierbaren Fällen, in denen ein Angegriffener einem Dritten ein Eingreifen untersagt, ist nach den skizzierten Leitlinien wie folgt zu differenzieren.

Eine Nothilfe ist zunächst dann zulässig, wenn der Angegriffene nur eine Erklärung *zugunsten des Nothelfers* abgegeben hat. Möchte der Angegriffene durch seine Äußerung lediglich den Nothelfer begünstigen und ihn vor den Folgen einer Auseinandersetzung mit dem Angreifer schützen, so stellt sich dieser Wille nicht als Nothilfesperre dar. Eine Fremdverteidigung kann hier auch bei Angriffen auf disponible Rechtsgüter des Angegriffenen gerechtfertigt sein.

Ebenso kann eine Nothilfe auch bei einem entgegenstehenden Willen des Angegriffenen zulässig sein, wenn sich der Nothelfer an die Reichweite des Verteidigungswillens des Angegriffenen hält, d.h. nicht mehr Rechte geltend macht, als der Angegriffene selbst auch bei der Verteidigung seiner angegriffenen Individualrechtsgüter ausüben möchte. Hält der Nothelfer auch die sonstigen Voraussetzungen des § 32 StGB ein, so ist eine Fremdverteidigung rechtmäßig.

Verletzt der Nothelfer aber den Angreifer, obwohl sich der Angegriffene gar nicht verteidigen (lassen) wollte, so entspricht eine Verteidigung nicht dem Zweck des § 32 StGB. Die Nothilfe dient lediglich der Verstärkung des Schutzes des Angegriffenen. Ein Nothelfer muss daher auch respektieren, welche Selbstschutzüberlegungen der Angegriffene bei der Verteidigung seiner angegriffenen Individualrechtsgüter anstellt. Verbietet der Angegriffene aus Risikoerwägungen ein Eingreifen des Nothelfers, so widerspricht eine dennoch vorgenommene Verteidigungshandlung der Autonomie des Angegriffenen. Eine solche Fremdverteidigung ist – wenn sich die skizzierte Berücksichtigung des Willens des Angegriffenen mit den legislatorischen Vorgaben des § 32 StGB vereinbaren

541 Die Risikoerwägungen des Angegriffenen wollen ebenso bei der Beurteilung der aufgedrängten Nothilfe berücksichtigen: *Amelung*, JuS 1986, 329, 332; *Erb*, MünchKomm, StGB, § 32 Rn. 164; *Götz*, POR, Rn. 414; *Kühl*, Jura 1993, 233, 236; *ders.*, Lackner/Kühl, StGB, § 32 Rn. 12; *Lenckner/Perron*, Schönke/Schröder, StGB, § 32 Rn. 25/26; *Maurach/Zipf*, Strafrecht AT, § 26 II Rn. 52; *Renzikowski*, Notwehr, S. 97 f.; *Roxin*, Strafrecht AT, § 15 Rn. 101; *Fechner*, Grenzen, S. 229 f.

542 Vgl. dazu unten 2. Kap. IV. 2.

lässt[543] – rechtswidrig. Ebenso ist eine Nothilfe daher nach der ratio legis des § 32 StGB unzulässig, wenn der Angegriffene sich nicht verteidigen (lassen) möchte und daher eine Nothilfe z.B. verweigert, weil er kein Aufsehen möchte.[544]

Im Folgenden muss aber untersucht werden, ob der Wille des Angegriffenen aus weiteren Erwägungen im Hinblick auf das Nothilferecht Dritter als unbeachtlich einzustufen ist. Zudem ist zu klären, ob das aus der ratio legis des § 32 StGB abgeleitete Ergebnis in den Fällen, in denen eine aufgedrängte Nothilfe nicht dem Sinn des § 32 StGB entspricht, mit den gesetzlichen Vorgaben vereinbar ist.

IV. Schranken für die Beachtlichkeit der Willensentscheidung des Angegriffenen

Im Rahmen der Einwilligungslehre ist anerkannt, dass die Willensentscheidung des Rechtsgutsinhabers in bestimmten Fällen unbeachtlich ist. Möglicherweise lassen sich diese Wertungen auf die Beurteilung der Willensentscheidung des Angegriffenen hinsichtlich der Nothilfebefugnis Dritter übertragen. Der nahe Bezug zur Einwilligung wird bereits deutlich, wenn analysiert wird, in welchen beiden Konstellationen die Problematik der aufgedrängten Nothilfe entscheidungserheblich werden kann.

Zunächst kann jemand eine Einwilligung erteilen wollen, diese aber aus normativen Gründen unwirksam sein. Der Rechtsgutsinhabers billigt hier an sich den Eingriff eines anderen in seine Rechtsgüter. Wegen der Unwirksamkeit der Einwilligung liegt ein gegenwärtiger rechtswidriger Angriff auf den Rechtsgutsinhaber vor, wenn der Rechtsgutseingriff vorgenommen wird bzw. ein derartiger Eingriff kurz bevorsteht.[545] Denkbar ist dies etwa im Bereich der aktiven Sterbehilfe. Bei einer Tötung auf Verlangen ist die Einwilligung nach § 216 StGB rechtlich unbeachtlich. Hier wird es in der Regel auch nicht dem Willen des Angegriffenen entsprechen, dass ein Dritter die angestrebte Tötung auf Verlangen durch eine geleistete Nothilfe unterbindet. In diesen Fällen wird beson-

543 Dazu unten 2. Kap. VI.
544 Im Ergebnis auch *Seuring*, Nothilfe, S. 225/226 (9. Variante), S. 251.
545 Gegenwärtig ist ein Angriff, wenn er unmittelbar bevorsteht, begonnen hat oder andauert (vgl. etwa *Herzog*, NK-StGB, § 32 Rn. 25). Die Gegenwärtigkeit kann dabei bereits dann anzunehmen sein, wenn die Grenze zum Versuch, d.h. das unmittelbare Ansetzen des Täters, noch nicht überschritten worden ist (vgl. statt aller *Herzog*, NK-StGB, § 32 Rn. 41 m.w.N.).

ders deutlich, dass erst die vorgelagerte rechtliche Beurteilung auf der Einwilligungsebene in die Problematik der aufgedrängten Nothilfe einmündet.

Zum anderen kann es Konstellationen geben, in denen der Rechtsgutsinhaber überhaupt keine Einwilligung erteilen wollte, er aber dennoch – aus den unterschiedlichsten Gründen – kein Eingreifen Dritter möchte.[546]

1. Gesetzliche Grenzen der Dispositionsbefugnis des Angegriffenen

Nach der überwiegenden Auffassung im Schrifttum kann auch eine gegen den Willen des Angegriffenen ausgeübte Nothilfe nach § 32 StGB gerechtfertigt sein, wenn ein Angriff auf indisponible Rechtsgüter des Angriffsopfers abgewehrt wird, z.B. ein Dritter einen Arzt gerade davon abhält, einem Patienten auf dessen Wunsch hin eine tödlich wirkende Spritze zu verabreichen (§ 216 StGB).[547] Diese Annahme scheint so eindeutig zu sein, dass in der Regel auf eine nähere Begründung hierfür verzichtet wird. Objektive Schranken, in denen die Dispositionsbefugnis des Einwilligenden fehlt, sind vor allem[548] die Vorschriften der §§ 216, 228 StGB. Auch bei der Nothilfe ist nach dem hier vertretenen Ansatz der Verteidigungswille des Rechtsgutsinhabers notwendig, um den Eingriff eines

546 Vgl. dazu oben 2. Kap. III. 1. a), b) und c).

547 BGHSt 5, 245; BayOblGSt 1954, 112, 113; *Baldus*, LK-StGB, 9. Aufl., § 32 Rn. 19; *Bockelmann*, FS Dreher, S. 249; *ders./Volk*, Strafrecht AT, S. 95; *Donatsch*, SchwZStr 106 (1989), 345, 351; *Ebert*, JuS 1976, 319; 323; *Erb*, MünchKomm, StGB, § 32 Rn. 164; *Geilen*, Strafrecht AT, S. 94; *ders.*, Jura 1981, 311, 312; *Günther*, SK-StGB, § 32 Rn. 12; *Herzog*, NK-StGB, § 32 Rn. 19 f. und 57; *Jakobs*, Strafrecht AT, 12/61; *Joecks*, StuK-StGB, § 32 Rn. 33 (für Fälle der Abwehr tödlicher Angriffe); *Kühl*, Lackner/Kühl, StGB, § 32 Rn. 12; *ders.*, Strafrecht AT, § 7 Rn. 143 und Fn. 296; *Lenckner/Perron*, Schönke/Schröder, StGB, § 32 Rn. 25/26; *Maurach/Zipf*, Strafrecht AT, § 26 Rn. 52; *Roxin*, Strafrecht AT, § 15 Rn. 102; *Seier*, NJW 1987, 2476, 2482; *Suppert*, Notwehr, S. 400 Fn. 214; *Tröndle/Fischer*, StGB, § 32 Rn. 7; unklar *Himmelreich*, MDR 1967, 361, 365, der die Nothilfebefugnis Dritter dann ablehnen möchte, wenn der Angegriffene in die Verletzung oder Tötung „wirksam eingewilligt" habe; a.A. *M. Koch*, Nothilfe, S. 143/144, der (mit wenig überzeugender Begründung) bei Angriffen auf indisponible Rechtsgüter den Willen des Angegriffenen „in bestimmten Fällen" für beachtlich hält und damit ein Nothilfeverbot annimmt, da „ein Ergebnis erreicht wird, das sowohl im Interesse des Angreifers als auch im Interesse des Angegriffenen ist, obwohl eine Einwilligung in den Angriff selbst nicht wirksam ist."

548 Weitere Beispiele strafrechtlich normierter Grenzen der individuellen Verfügungsbefugnis sind folgende Vorschriften: § 218 StGB; §§ 174-176, 179-182 StGB; 302a StGB; §§ 284, 286 StGB; vgl. dazu *D. Sternberg-Lieben*, Objektive Schranken, S. 163 ff. Zu weiteren nebenstrafrechtlichen Normen: *Gropp*, Deliktstypen.

Nothelfers in die Rechtsgüter des Angreifers rechtfertigen zu können. Diese Willensentscheidung wird von den objektiven Einwilligungsschranken allerdings nicht ausdrücklich erfasst. § 228 StGB spricht etwa nur davon, dass eine Körperverletzung mit „Einwilligung" der verletzten Person rechtswidrig ist, wenn die Tat trotz der Einwilligung gegen die guten Sitten verstößt. Möglich erscheint hingegen eine Übertragung der mit den objektiven Schranken der Einwilligung intendierten Wertung. Im Hinblick auf die Verfassungsnorm des Art. 103 II GG bestehen dabei keine Bedenken, da die Strafbarkeitszone des Nothelfers nicht erweitert, sondern begrenzt wird.

a) Parallele zu § 323c StGB

Für eine Berücksichtigung der objektiven Schranken der Einwilligungslehre lässt sich zunächst eine Parallele zu § 323c StGB ins Feld führen. Im Rahmen des § 323c StGB kann ein Dritter sogar die Pflicht haben, einen deliktischen Angriff auf eine andere Person abzuwehren.[549] Dem in Gefahr geratenen Opfer ist es zwar prinzipiell gestattet, einen Dritten von dieser Hilfspflicht zu entbinden.[550] Die Möglichkeit dieser Entpflichtung findet aber nach allgemeiner Ansicht ihre Grenze in der Indisponibilität der gefährdeten Rechtsgüter.[551] Auch bei der Beurteilung dieser Willensentscheidung wird auf die Vorschriften der Einwilligung verwiesen.[552] Ein Dritter hat damit unter Umständen sogar – trotz einer (unwirksamen) Einwilligung des in Gefahr Geratenen – eine Hilfspflicht nach § 323c StGB, wenn ein Angriff auf ein nicht disponibles Rechtsgut vorliegt. Wenn allerdings zugunsten des Angegriffenen eine Hilfeleistungspflicht besteht, zu deren Erfüllung möglicherweise in die Rechtsgüter des Angreifers einzugreifen ist, dann muss dem Nothelfer auch ein entsprechendes Eingriffsrecht eingeräumt werden. Ansonsten liegt ein Wertungswiderspruch vor. Dies bedeutet: Ist der Angegriffene nicht befugt, einen Nothelfer von dessen Hilfeleistungspflicht zu entbinden, dann kann auch der Wille des Angegriffenen im Hinblick auf das Eingriffsrecht nach § 32 StGB nicht entscheidend sein. Die Vorschriften der § 323c StGB und § 32 StGB sind im Hinblick auf die Beachtlichkeit des Willens des Angegriffenen einheitlich auszulegen.

---

549 Vgl. statt vieler *Spendel*, LK-StGB, § 323c Rn. 20.

550 *Cramer/Sternberg-Lieben*, Schönke/Schröder, StGB, § 323c Rn. 26; *Maurach*, JR 1956, 347, 349; *Rudolphi*, SK-StGB, § 323c Rn. 22; *Seelmann*, NK-StGB, § 323c Rn. 38; *Tröndle/Fischer*, StGB, § 32 Rn. 6.

551 *Cramer/Sternberg-Lieben*, Schönke/Schröder, StGB, § 323c Rn. 26; *Maurach*, JR 1956, 347, 349; *Rudolphi*, SK-StGB, § 323c Rn. 22.

552 Deutlich *Maurach/Schroeder/Maiwald*, Strafrecht BT II, § 55 Rn. 4.

b) Parallele zur Einwilligungslehre

Auch bei der Entscheidung, ob der Angegriffene durch einen Dritten verteidigt werden möchte, handelt es sich – wie bei der Einwilligung – um eine autonome Entscheidung, die im Selbstbestimmungsrecht des Rechtsgutsinhabers wurzelt.[553] Im Rahmen der Einwilligung hat der Gesetzgeber objektive Grenzen festgelegt, welche die Entscheidungsbefugnis des Rechtsgutsinhabers limitieren. Hintergrund ist der Schutz bestimmter, vom Gesetzgeber als besonders grundlegend angesehener Rechtsgüter. Dem Rechtsgutsinhaber wird der Umgang mit den eigenen Rechtsgütern beschränkt. Ebenso wie der Rechtsgutsinhaber seine Rechtsgüter im Rahmen einer Einwilligung nicht direkt aufgeben darf, muss auch die faktische Aufgabe – durch den Verzicht auf Verteidigung – nach der gesetzgeberischen Wertung auf Grenzen stoßen.[554] Besonders deutlich wird die Parallele zur Einwilligung, wenn erst die vorgelagerte rechtliche Bewertung dazu führt, dass eine erteilte Einwilligung unwirksam ist und damit bei der Vornahme der Rechtsgutsverletzung ein rechtswidriger Angriff auf den Rechtsgutsinhaber vorliegt und sich die Frage der Zulässigkeit einer Nothilfe stellt.

Nach allem ist der Wille des Angegriffenen für das Nothilferecht Dritter dann unbeachtlich, wenn es sich um einen Angriff auf ein indisponibles Rechtsgut handelt und der Angegriffene durch eine unwirksame Einwilligung oder durch ein artikuliertes Nothilfeverbot seine Rechtsgüter direkt oder möglicherweise faktisch – durch den Verzicht auf Nothilfe – aufgibt.[555] Eine Nothilfe darf also etwa auch zur Verhinderung einer Tötung auf Verlangen ausgeübt werden, z.B. im Bereich der aktiven Sterbehilfe.[556]

---

553 Vgl. auch *Herzog*, NK-StGB, § 32 Rn. 57, der in den Fällen der aufgedrängten Nothilfe auf das Autonomieprinzip verweist.

554 Besonders klar formuliert *Roxin*, Strafrecht AT, § 15 Rn. 102, diesen Gedanken: „Denn da das Individualrechtsgut ... gegen den erklärten Willen des Opfers geschützt wird, wäre es sinnwidrig, seinen Willen über das Tätigwerden des Nothelfers entscheiden zu lassen."

555 Etwas anderes gilt nur, wenn der Angegriffene aus eigenen Risikoerwägungen, etwa im Falle einer Geiselnahme, auf eine Nothilfe verzichtet. Hier möchte der Angegriffene das angegriffene Rechtsgut gerade nicht direkt oder faktisch aufgeben, sondern hofft auf die Rettung seiner Rechtsgüter durch den Verzicht auf Nothilfe. Insoweit ist *D. Sternberg-Lieben/I. Sternberg-Lieben*, JuS 1999, 444, 448, darin zuzustimmen, dass der Angegriffene hier einen wirksamen Entschluss treffen darf und dem Nothelfer dementsprechend die Legitimation dafür fehlt, den Angegriffenen gerade bei einem derart grundlegenden Persönlichkeitsgut zu bevormunden (a.A. offensichtlich *Seier*, NJW 1987, 2476, 2482).

556 *Ebert*, JuS 1976, 319, 323; *Herzog*, NK-StGB, § 32 Rn. 20; *Kühl*, Strafrecht AT, § 7 Rn. 143.

c) § 32 StGB und mittelbare kollektive Interessen

Die Übertragung der objektiven Schranken der Einwilligung könnte im Hinblick auf das hier vertretene individualistische Verständnis des § 32 StGB problematisch sein. Die ratio des § 216 StGB wird nach überwiegender Auffassung mit kollektiven Interessen begründet.[557] Auch der hinter der Vorschrift des § 228 StGB stehende Zweck wird von einem Großteil der Literatur überindividualistisch gedeutet.[558] Angenommen werden könnte damit, dass die Anwendung dieser Normen nur mit einem Notwehrmodell zu erklären ist, das auch überindividualistische Prinzipien als eigenständige Zwecke berücksichtigt. So argumentiert *Seier*, dass gerade durch die Heranziehung der objektiven Schranken der Einwilligungslehre ein Doppeltes erreicht werde: „Ganz im Sinne der herrschenden dualistischen Notwehrdoktrin verschafft man beiden Prinzipien – dem individualistischen und dem sozialethischen Element – angemessen Raum und gelangt überdies zu einer Ausbalancierung, die sich im Gesetz wiederfindet."[559]

Allgemeininteressen werden aber bei der Heranziehung der Wertung der §§ 216, 228 StGB zunächst nicht direkt, sondern lediglich mittelbar berücksichtigt: Ein Nothelfer verteidigt auch gegen den Willen des Angegriffenen nur die angegriffenen Individualrechtsgüter. Mögliche kollektive Interessen beeinflussen zudem nur die Frage, wer das Nothilferecht ausüben darf, nicht aber den (individualistischen) Grund für die Schneidigkeit des § 32 StGB. Nur die Dispositionsbefugnis des Angegriffenen wird durch die Übertragung der objektiven Schranken der Einwilligungslehre eingeschränkt. Hinter dieser Begrenzung steht aber nicht der Gedanke, dass gerade in den Fällen der §§ 216, 228 StGB das Recht durch die Abwehr rechtswidriger Angriffe besonders „bewährt" werden soll. Ginge es um die Stabilisierung der Rechtsordnung bzw. um präventive Interessen, dann müssten möglicherweise gerade Angriffe abgewehrt werden dürfen, die strafrechtlich besonders scharf sanktioniert werden. Der Blick auf die §§ 216, 228 StGB zeigt aber, dass die Strafandrohung in diesen Fällen z.T. geringer ist als bei Angriffen, die der Nothelfer nicht gegen den Willen des Angegriffenen abwehren darf, z.B. bei den Delikten der §§ 249, 250 StGB.[560] Die angegriffenen Individualrechtsgüter sollen nicht gegen den Willen des Angegriffenen verteidigt

557 Ausführlich zum Meinungsstand: *Chatzikostas*, Disponibilität, S. 236 ff.; knapper *Schneider*, MünchKomm, StGB, § 216 Rn. 2 ff.

558 Instruktiv zum Streitstand *Duttge*, GS E. Schlüchter, S. 775 ff.; *Hardtung*, MünchKomm, StGB, § 228 Rn. 20 ff.

559 *Seier*, NJW 1987, 2476, 2481; in der Sache auch *Heller*, Nothilfe, S. 242 ff., der dies als „erste Korrekturebene" bezeichnet.

560 Wenig zu überzeugen vermag daher die Argumentation von *Heller*, Nothilfe, S. 242 ff.

werden dürfen, um die Rechtsordnung bzw. das abstrakte Recht zu verteidigen, sondern weil die angegriffenen Individualrechtsgüter als besonders hochrangig eingestuft werden und eine Verteidigung durch Dritte ermöglicht werden soll. Auch im Rahmen des § 323c StGB geht es nicht um die Stabilisierung der Rechtsordnung, sondern den Schutz in Gefahr geratener Individualrechtsgüter. Dennoch wird die Entscheidungsbefugnis des in Gefahr Geratenen nach allgemeiner Meinung eingeschränkt, wenn es sich um indisponible Rechtsgüter handelt.[561]

Es kann festgehalten werden: Für die Übertragung der Wertung der objektiven Schranken der Einwilligungslehre ist es nicht notwendig, die Vorschrift des § 32 StGB im Sinne einer dualistischen Notwehrlehre zu interpretieren, die den Gedanken der Rechtsbewährung als eigenständigen Zweck des § 32 StGB berücksichtigt.[562]

d) *Auslegung des § 228 StGB und Relevanz für die Fälle der aufgedrängten Nothilfe*

Besonders die Bestimmung des Anwendungsbereiches des § 228 StGB bereitet im Rahmen der Einwilligungslehre Schwierigkeiten. Problematisch ist vor allem die Auslegung der Wendung der „guten Sitten".[563] Fraglich ist, ob diese Vorschrift eine Grenze für die Dispositionsbefugnis des Angegriffenen im Hinblick auf das Nothilferecht Dritter darstellen kann. Beispiel: Ehefrau F wird von ihrem Mann M brutal zusammengeschlagen. Untermieter U wehrt den Angriff gegen den Willen der F auf Kosten einer Verletzung des M ab. Im Hinblick auf die Be-

---

561 Vgl. zum Meinungsstand zuletzt *Seuring*, Nothilfe, S. 108 ff. m.w.N.

562 Auch andere Anhänger einer individualistischen Notwehrlehre halten im Ergebnis die Grenze der Disponibilität der Rechtsgüter des Angegriffenen bei der Beurteilung der Nothilfebefugnis Dritter für relevant, so etwa *Erb*, MünchKomm, StGB, § 32 Rn. 164; *Günther*, SK-StGB, § 32 Rn. 12; *Jakobs*, Strafrecht AT, 12/61; *Joecks*, StuK-StGB, § 32 Rn. 33 (zumindest in Bezug auf § 216 StGB).

563 Einen Verstoß des § 228 StGB aufgrund fehlender Gesetzesbestimmtheit im Hinblick auf Art. 103 II GG bejaht *D. Sternberg-Lieben*, Objektive Schranken, S. 121 ff.; ebenso *Paeffgen*, NK-StGB, § 228 Rn. 50; für eine hinreichende gesetzliche Bestimmtheit hingegen *Hardtung*, MünchKomm, StGB, § 228 Rn. 29; *Hirsch*, LK-StGB, § 228 Rn. 2. *Niedermair*, Einwilligung, S. 256 ff., und *Schmitt*, GS Schröder, S. 263 ff., sprechen § 228 StGB jeglichen Anwendungsbereich ab. Diesen Fragen kann hier nicht weiter nachgegangen werden. Zumindest in der Rechtspraxis ist ein solcher Verfassungsverstoß noch nicht konstatiert worden. Daher ist der Rechtsanwender – auch in Bezug auf die Fälle der aufgedrängten Nothilfe – angehalten, die Vorschrift des § 228 StGB anzuwenden und die Formulierung der „guten Sitten" zu interpretieren.

urteilung einer Einwilligung in die Körperverletzung besteht heute weitgehend Einigkeit darüber, dass die Norm des § 228 StGB tendenziell restriktiv interpretiert werden muss.[564] Eine „unangebrachte Sittenrichterei" soll vermieden werden.[565] In der Diskussion umstritten ist, nach welchen Kriterien eine eingrenzende Auslegung vorzunehmen ist. Die unterschiedliche Beurteilung der Reichweite des § 228 StGB muss sich auch darauf auswirken, inwieweit ein Angegriffener bei Angriffen auf seine körperliche Integrität einem Dritten eine Nothilfehandlung untersagen kann.

Zu unterscheiden sind wiederum zwei Konstellationen, in denen formal eine Notwehrlage, d.h. ein gegenwärtiger rechtswidriger Angriff, vorliegt, der Angegriffene aber eine Intervention durch Dritte ablehnt. Zum einen kann erst die vorgelagerte rechtliche Bewertung dazu führen, dass eine erteilte Einwilligung in den Rechtsgutseingriff unzulässig ist und sich die Frage der Zulässigkeit einer aufgedrängten Nothilfe stellt, wenn der vorgenommene Rechtsgutseingriff von einem Dritten abgewehrt wird. Wird bereits der Wille im Rahmen der Einwilligung als unbeachtlich bewertet, so soll die Rechtsgutsverletzung nach der gesetzgeberischen Wertung gerade nicht vorgenommen und damit auch durch eine Nothilfe verhindert werden dürfen. In diesen Fällen ist (vor-)entscheidend, wann eine Einwilligung nach § 228 StGB unwirksam ist. Fraglich ist aber, wie sich die Frage der Auslegung des § 228 StGB auf die Fälle auswirkt, in denen gar keine Einwilligung abgegeben werden sollte, der Angegriffene aber – durch den Verzicht auf Hilfe – ein Nothilfeverbot erteilen möchte. Hierfür müssen die einzelnen – im Rahmen der Einwilligungslehre diskutierten – Ansätze etwas näher beleuchtet werden.

aa) Zweck der Vorbereitung, Vornahme, Verdeckung oder Vortäuschung einer Straftat (Horn)

Um eine hinreichende Grundgesetzkonformität sicherzustellen, soll nach *Horn* ein Verstoß gegen die guten Sitten nur dann anzunehmen sein, wenn die Körperverletzung zu dem Zweck der Vorbereitung, Vornahme, Verdeckung oder Vortäuschung einer Straftat unternommen wird.[566] In diesen Fällen ist die Einwilligung und damit auch der Wille des angegriffenen Rechtsgutsinhabers im Hinblick auf das Nothilferecht Dritter unbeachtlich. Ein Nothelfer darf eine

---

564 Vgl. etwa *Arzt/Weber*, Strafrecht BT, § 6 Rn. 29; *Duttge*, GS E. Schlüchter, S. 775, 778; *Maurach/Schroeder/Maiwald*, Strafrecht BT I, § 8 Rn. 14; *Frisch*, FS Hirsch, S. 485, 498.

565 *Duttge*, GS E. Schlüchter, S. 775, 778.

566 *Horn*, SK-StGB, § 228 Rn. 9; dieser Auffassung schließt sich „hilfsweise" auch *Paeffgen*, NK-StGB, § 228 Rn. 52, an.

Körperverletzung auch gegen den Willen des angegriffenen Rechtsgutsinhabers verhindern, wenn die Körperverletzung nur zur Vorbereitung, Vornahme etc. einer Straftat vorgenommen wird.

In den Fällen, in denen gar keine Einwilligung abgegeben werden sollte, der Angegriffene dem Nothelfer aber dennoch ein Eingreifen untersagt, kann die von *Horn* bevorzugte Auslegung des § 228 StGB hingegen kaum als Korrektiv für die Dispositionsbefugnis des Angegriffenen im Hinblick auf die Nothilfebefugnis Dritter herangezogen werden. Verzichtet die angegriffene Frau etwa in dem obigen Beispielsfall auf eine Nothilfe, um den Angreifer zu schonen, so geht es ihr bei der Hinnahme der Körperverletzung nicht um den Zweck der Vorbereitung, Vornahme, Verdeckung oder Vortäuschung einer Straftat.

Nur in den seltenen Fallgestaltungen, in denen der Angegriffene eine Hilfe des Nothelfers ablehnt, um den Angreifer bei einer Selbstverteidigung härter treffen zu können als bei einem Eingreifen des Nothelfers, könnte die Vorschrift des § 228 StGB nach der von *Horn* vertretenen Interpretation als Grenze herangezogen werden. In diesem Fall wäre der Angegriffene bei einer eigenen Verteidigung mangels Erforderlichkeit, die Verteidigung durch den Nothelfer wäre das mildere Verteidigungsmittel, nicht gerechtfertigt und plante damit u.U. die Vornahme einer Straftat. Diese Fälle können allerdings bereits ohne Rekurs auf die Vorschrift des § 228 StGB als Ausnahme von dem Grundsatz der Unzulässigkeit einer aufgedrängten Nothilfe angesehen werden.[567] Auch bei schwerwiegendsten Verletzungen, die der Angegriffene nur erträgt, um den Angreifer zu schonen, müsste ein artikuliertes Nothilfeverbot daher im Hinblick auf § 228 StGB als wirksam angesehen werden.

Neben diesen ergebnisspezifischen Bedenken spricht gegen den von *Horn* favorisierten Ansatz vor allem, dass die auf weitere Straftaten gerichtete Intention des Täters überhaupt nichts mit der Reichweite des Schutzes der körperlichen Integrität zu tun hat. Geschützt wird bei einem derartigen Verständnis vielmehr das Rechtsgut, das Gegenstand der anvisierten Straftat ist. Dieser Position kann daher nicht gefolgt werden.[568]

bb) Zweck der Beeinträchtigung

Eine andere Auffassung stellt bei der Beurteilung der Wirksamkeit einer Einwilligung gänzlich oder in erster Linie auf die mit der Verletzung verfolgten

567 Vgl. oben 2. Kap. III. 4. c) aa).

568 Insgesamt ablehnend auch *Duttge*, GS E. Schlüchter, S. 775, 781; *Hirsch*, LK-StGB, § 228 Rn. 9.

Zwecke ab.[569] Bewertet wird dabei vor allem, welche Beweggründe und Ziele der Einzelne mit der erteilten Einwilligung verfolgen wollte. Ein Hauptanwendungsfall des § 228 StGB wären bei dieser Betrachtung möglicherweise Körperverletzungen, die aus sadomasochistischen Motiven ausgeführt würden.[570] Ist bereits die Einwilligung aufgrund des missbilligten Zweckes unwirksam, so muss auch der Wille des Angegriffenen, dem Nothelfer ein Eingreifen zu untersagen, rechtlich irrelevant sein. Bei einem isolierten Abheben auf den Zweck der Beeinträchtigung könnte sich der Nothelfer damit möglicherweise bereits bei leichtesten Körperverletzungen wegen der missbilligten Motivation für die (unwirksame) Einwilligung zum Sittenwächter erheben und derartige Handlungen im Rahmen der rechtfertigenden Nothilfe nach § 32 StGB unterbinden.[571] Dagegen ist zweifelhaft, ob der Wille in den Fällen, in denen der Angegriffene gar keine Einwilligung erteilen, einem Nothelfer aber ein Eingreifen untersagen wollte, um den Angreifer zu schonen, nach dieser Auffassung als unbeachtlich angesehen werden kann. Der bloße Zweck, jemanden durch sein Nothilfeverbot schützen zu wollen, kann wohl kaum als sittenwidrig eingestuft werden. Auch bei schwersten Angriffen auf die körperliche Integrität könnte der Angegriffene danach möglicherweise, hält man die Intensität der Rechtsgutsverletzung für gänzlich irrelevant bei der Beurteilung der Dispositionsgrenze des § 228 StGB, ein wirksames Nothilfeverbot aussprechen. Ein Nothelfer dürfte sich nicht in den Konflikt einmischen und wäre bei der Verletzung des Angreifers nicht nach § 32 StGB gerechtfertigt.

Die praktischen Konsequenzen sprechen ebenfalls gegen diesen Ansatz. Auch auf der Einwilligungsebene muss diese Auffassung aber Kritik unterliegen. Bereits die Beurteilungsgrundlage des Zweckgedankens kann nicht überzeugen. Ein primäres Abstellen auf die mit der Einwilligung verbundene Intention vernachlässigt, dass es nach allgemeiner Auffassung[572] bei der Beurteilung der Einwilligung nur auf die Tat ankommt. Eine auf den Zweck der Handlung abstellende Sichtweise entfernt sich zu sehr vom Rechtsgüterschutz. Daher kann sich auch die Schranke des § 228 StGB nur auf die Körperverletzungshandlung, nicht aber auf den mit ihr verbundenen Zweck beziehen.

---

569 *Berz*, GA 1969, 145, 152; i.E. auch *Roxin*, JuS 1964, 373, 379; weitgehend auf den Tatzweck stellt auch *Stree*, Schönke/Schröder, StGB, § 228 Rn. 7, ab; vgl. zu weiteren Nachweisen für diese Position *Hirsch*, LK-StGB, § 228 Rn. 8.

570 Vgl. dazu die Nachweise aus der Judikatur bei *Hirsch*, LK-StGB, § 228 Rn. 8, und *Paeffgen*, NK-StGB, § 228 Rn. 37.

571 *Seier*, NJW 1987, 2476, 2482.

572 Vgl. etwa *Arzt/Weber*, Strafrecht BT, § 6 Rn. 31.

cc) Intensität der Körperverletzung

Von der modernen Lehre wird die „Sittenwidrigkeit“ zutreffend auf die Fälle reduziert, die durch eine besondere Intensität der Körperverletzung gekennzeichnet sind.[573] Grundsätzlich soll die Sittenwidrigkeit allein nach dem Gewicht des Rechtsgutseingriffs zu beurteilen sein. Abweichungen bestehen freilich darüber, wann ein derartiger Schweregrad erreicht ist.[574] Ein Verstoß gegen die Norm des § 228 StGB soll nach dieser Position nur dann – trotz vorliegender Schwere der Körperverletzung – ausscheiden, wenn mit der Körperverletzung positive Zwecke verbunden werden, etwa bei ärztlichen Heileingriffen.[575]

Überträgt man diese Auslegung des § 228 StGB auf die denkbaren Situationen der Nothilfe, so wird man in den Fällen, in denen sich der Angegriffene mit dem Angreifer solidarisiert oder aus pazifistischen Gründen ein Eingreifen Dritter verbietet, von der Unbeachtlichkeit des Willens des Angegriffenen ausgehen können, wenn es sich um besonders gravierende Angriffe auf die körperliche Integrität handelt.[576] Mag der Zweck des Angegriffenen, den Angreifer durch eine Nothilfehandlung vor Schaden zu bewahren, auch als positiv zu bewerten sein, so überwiegt in diesen Fällen bei einer Gesamtbetrachtung die Schwere der Körperverletzung. In dem obigen Beispielsfall kann der Wille der von ihrem Mann geschlagenen Frau im Hinblick auf die Nothilfebefugnis Dritter zumindest dann als unbeachtlich eingestuft werden, wenn die hingenommenen Verletzungen einen gewissen Schweregrad aufweisen. Für gravierende Körperverletzungen stellt

---

573 *Arzt*, Willensmängel, S. 36 ff.; *Göbel*, Einwilligung, S. 53; *Hirsch*, LK-StGB, § 228 Rn. 9; *ders.*, ZStW 83 (1971), 140, 166 f.; *ders.*, FS Welzel, S. 775, 798 f.; *Jakobs*, Strafrecht AT, 14/9; *Joecks*, StuK-StGB, § 228 Rn. 3; *Otto*, FS Tröndle, S. 157, 168; *ders.*, FS Geerds, S. 603, 618 ff.; *Rudolphi*, ZStW 86 (1974), 68, 86; *Seier*, NJW 1987, 2476, 2482; *Sitzmann*, GA 1991, 71, 81; *Stratenwerth/Kuhlen*, Strafrecht AT, § 9 Rn. 20; *Tröndle/Fischer*, StGB, § 228 Rn. 9; *Weigend*, ZStW 98 (1986), 44, 64 f.

574 Eine Position hält den Anwendungsbereich des § 228 StGB nur dann für eröffnet, wenn die Verletzungsfolgen an § 226 StGB heranreichen (so etwa *Tröndle/Fischer*, StGB, § 228 Rn. 10; ähnlich *Joecks*, StuK-StGB, § 228 Rn. 4). Andere sehen die Grenze der Dispositionsbefugnis bei „wirklich gravierenden Beeinträchtigungen“ (*Hirsch*, LK-StGB, § 228 Rn. 10), bei jedem erheblichen Eingriff (*Göbel*, Einwilligung, S. 56; ähnlich auch *Maurach/Schroeder/Maiwald*, Strafrecht BT I, § 8 Rn. 14: „erhebliche Körperverletzung, insbesondere ohne einsehbaren Zweck“) oder bei jeder Verletzung im Sinne des § 224 StGB (so *Otto*, FS Tröndle, S. 157, 168; *ders.*, FS Geerds, S. 603, 620) erreicht. Dies zeigt, dass die Qualität der Verletzungsintensität insgesamt recht hoch angesiedelt wird.

575 Vgl. *Hirsch*, LK-StGB, § 228 Rn. 10 m.w.N.

576 In diese Richtung auch *Seier*, NJW 1987, 2476, 2482, der eine Grenze bei erheblichen oder irreversiblen körperlichen Beeinträchtigungen befürwortet.

die Übertragung der Schranke des § 228 StGB damit ein Korrektiv des Grundsatzes der Unzulässigkeit einer aufgedrängten Nothilfe dar.[577] Die grundsätzliche Beachtlichkeit des Willens des Angegriffenen im Hinblick auf das Nothilferecht Dritter wird durch die Vorschrift des § 228 StGB in der Sache abgemildert.

e) Keine Übertragbarkeit der Wertung des § 228 StGB auf andere Tatbestände

Der Gedanke des § 228 StGB wird von der überwiegenden Auffassung[578] bei der Bewertung der Wirksamkeit einer Einwilligung nicht auf andere Tatbestände erstreckt. Eine solche Übertragung wäre im Rahmen der Einwilligung eine täterbelastende Analogie i.S. des Art. 103 II GG. Der Gesetzgeber muss entscheiden, wann der Rechtsgutsträger die Kompetenz verliert, über seine eigenen Rechtsgüter zu verfügen. Auch die Befugnis eines Angegriffenen, über das Nothilferecht Dritter entscheiden zu können, ist eine Ausprägung des Selbstbestimmungsrechts des angegriffenen Rechtsgutsinhabers. Dieses Recht kann nur dort eine Grenze finden, wo der Gesetzgeber dies ausdrücklich vorgesehen hat. Ausnahmsweise kann der Wille aber nicht mehr als autonome Entscheidung des Angegriffenen angesehen werden.

2. Sonstige Unbeachtlichkeitsgründe

Der BGH hat in seiner Grundsatzentscheidung ausgeführt, eine aufgedrängte Nothilfe sei unzulässig, wenn der Verletzte den Angriff nicht abwehren will, „obwohl er einen solchen Entschluß fassen darf und kann".[579] Angedeutet werden damit weitere Grenzen in der Dispositionsbefugnis des Angegriffenen.

Begründen lassen sich diese Einschränkungen wiederum mit einer Parallele zur Einwilligungslehre.[580] Auf den nahen Bezug zur Einwilligung wird zudem auch im Rahmen des § 323c StGB, dessen Anwendungsbereich sich mit dem des § 32 StGB bei einem deliktischen Angriff überschneiden kann, hingewiesen. Die Entbindung von einer Hilfeleistungspflicht Dritter soll im Rahmen des § 323c StGB dann unbeachtlich sein, wenn der Gefährdete die Bedeutung und Tragweite der drohenden Schäden nicht erkennt.[581] Im Hinblick auf das Nothilferecht

---

577 Ähnlich schon *Geilen*, Jura 1981, 308, 312: „schlechthin ... entscheidende Restriktionsmoment"; *Seier*, NJW 1987, 2476, 2482.
578 Vgl. etwa *Arzt/Weber*, Strafrecht BT, § 6 Rn. 31; *Hardtung*, MünchKomm, StGB, § 228 Rn. 6.
579 BGHSt 5, 245, 248.
580 So bereits *Seier*, NJW 1987, 2476, 2481.
581 *Rudolphi*, SK-StGB, § 323c Rn. 22 m.w.N.

Dritter kann die Willensentscheidung des Angegriffenen daher als unbeachtlich eingestuft werden, wenn der Angegriffene die Intensität bzw. Gefährlichkeit des Angriffs und für ihn damit verbundene Risiken für seine Rechtsgüter nicht zutreffend einschätzt bzw. einschätzen kann.[582] Ebenso ist die Willensentscheidung von Angegriffenen mit fehlendem Einsichts- und Urteilsvermögen für die Fremdverteidigungsbefugnis Dritter nicht beachtlich.[583] Auch hier müssen Wesen, Bedeutung und Tragweite des Nothilfeverbots für die angegriffenen Rechtsgüter erfasst werden. Ist der Wille des Angegriffenen ausnahmsweise unbeachtlich, ist der Nothelfer – vorbehaltlich eines ausnahmsweise[584] entgegenstehenden mutmaßlichen Willens[585] – zur Nothilfe befugt.

Problematisch ist die Frage, welche Anforderungen an zwangsbedingte Nothilfeverbote zu stellen sind. Im Rahmen der Einwilligungslehre wird zur Beurteilung der Unwirksamkeit einer Entscheidung von der überwiegenden Meinung der Maßstab des § 240 StGB herangezogen.[586] Eine Angriffssituation ist in der Regel auch durch einen gewissen „Nötigungseffekt", etwa bei tätlichen Angriffen, geprägt. Würde man in diesen Fällen die Entscheidung des Angegriffenen als unbeachtlich für das Nothilferecht Dritter einstufen, so verlöre das Angriffsopfer letztlich die Kompetenz, über das „Ob" und „Wie" seiner Verteidigung zu entscheiden. Zudem wird in der Literatur darauf hingewiesen, dass auch in Bedrängnissituationen durchaus noch autonome Entscheidungen gefällt werden können.[587] Auch im öffentlichen Recht wird vertreten, dass die Entscheidung des Opfers, sich nicht verteidigen lassen zu wollen, als ein zu berücksichtigender Faktor in die Entscheidung über den Polizeieinsatz einzufließen ist, d.h. zumindest nicht per se als rechtlich irrelevant beachtet wird.[588] Als unbeachtlich ist die Entscheidung des Angegriffenen daher noch nicht bei jeder Drucksituation anzusehen, sondern erst dann, wenn der Angreifer den Angegriffenen direkt, etwa mit

582 In diese Richtung *Baldus*, LK-StGB, 9. Aufl., § 53 Rn. 19; *M. Koch*, Nothilfe, S. 145; *Lenckner/Perron*, Schönke/Schröder, StGB, § 32 Rn. 25/26; *Kühl*, Strafrecht AT, § 7 Rn. 143, spricht allgemein von der Unbeachtlichkeit irrtumsbedingter Nothilfeverweigerungen.

583 Ebenso *Kühl*, Strafrecht AT, § 7 Rn. 143; *M. Koch*, Nothilfe, S. 144; *Lenckner/Perron*, Schönke/Schröder, StGB, § 32 Rn. 25/26, sprechen von der Unbeachtlichkeit des Willens des Angegriffenen bei einem Angriff auf ein Kind.

584 Etwa wenn der Nothelfer weiß, dass die Nothilfe nicht dem Willen des Angegriffenen entspricht; a.A. *Heller*, Nothilfe, S. 259, wonach bei einem wegen der erforderlichen Entscheidungsreife unbeachtlichen Willen des Angegriffenen ein Dritter einen Angriff generell beenden darf.

585 Vgl. dazu unten 2. Kap. V. 2.

586 Vgl. statt vieler *Lenckner*, Schönke/Schröder, StGB, Vorbem §§ 32 ff. Rn. 48.

587 *Amelung*, ZStW 95 (1983), 1 ff.; *Herzberg*, JA 1985, 336, 341 f.

588 Vgl. *Rachor*, Lisken/Denninger, Handbuch des Polizeirechts, F 892.

vorgehaltener Waffe, dazu nötigt, einem hilfsbereiten Nothelfer ein Eingreifen zu untersagen.[589]

3. Zwischenergebnis

Es kann festgehalten werden, dass der Wille des Angegriffenen im Hinblick auf das Nothilferecht Dritter in folgenden Fällen nicht relevant ist: Möchte der Rechtsgutsinhaber in die Vornahme einer Rechtsgutsverletzung einwilligen, ist diese aber – aus den unterschiedlichsten Gründen – *unwirksam*, so darf eine Nothilfe geleistet werden. Auch bei einem Angriff auf indisponible Rechtsgüter des Angegriffenen darf ein Dritter den Angriff gegen den Willen des Angriffsopfers abwehren. Schließlich ist eine Nothilfe stets zulässig, wenn sich der Wille des Angegriffenen nicht mehr als dessen autonome Entscheidung darstellt, der Angegriffene z.B. durch Drohung oder Gewalt zur Ablehnung einer Nothilfe gezwungen worden ist.

V. Anforderungen an die Willensäußerung des Angegriffenen

Nicht selten[590] wird der Angegriffene einen entgegenstehenden Willen aufgrund der besonderen Angriffssituation gar nicht erklären können, ein potentieller Nothelfer aber hic et nunc entscheiden müssen, ob er sich in den Konflikt einmischt. Es verbleibt nicht immer so viel Zeit, dass der wirkliche Wille des Angegriffenen erforscht werden kann. Vor allem für die Rechtssicherheit des Nothelfers ist es entscheidend, welche Anforderungen an den Willen des Angegriffenen im Hinblick auf die Beurteilung seines Rechts zur Nothilfe zu stellen sind. Diejenigen,

---

589 Zutreffend bereits *Seier*, NJW 1987, 2476, 2481; ebenso *M. Koch*, Nothilfe, S. 145; auch nach *D. Sternberg-Lieben/I. Sternberg-Lieben*, JuS 1999, 444, 448, wird der Wille des Angegriffenen i.E. als beachtlich angesehen, wenn im Hinblick auf die Fälle der Geiselnahme zutreffend darauf verwiesen wird, dass die Entscheidung des Opfers nicht als unerheblich behandelt werden sollte, da das Opfer gerade auf die Möglichkeit setzt, einen glücklichen Ausgang zu erreichen. „Es fehlt die Legitimation dafür, den einzelnen ausgerechnet bei einem derart grundlegenden Persönlichkeitsgut zu bevormunden.“ A.A. offensichtlich *Fechner*, Grenzen, S. 229 f., der eine Erklärung der Geisel „aufgrund der gewaltgeprägten Situation kaum als rechtserheblich“ ansieht; anders in den Fällen der Geiselnahme nun auch *Seuring*, Nothilfe, S. 223: „Ein entsprechender Duldungswille kann ... nicht als eigenverantwortliche Entscheidung angesehen werden.“

590 Nach *Maurach/Zipf*, Strafrecht AT, § 26 II Rn. 52, ist diese Situation „praktisch wohl der Regelfall“.

die eine Nothilfe von der Willensentscheidung des Angegriffenen abhängig machen, halten eine Nothilfe im Ausgangspunkt zumindest dann für unzulässig, wenn der Angegriffene dem Nothelfer ausdrücklich erklärt hat, dass er nicht verteidigt werden möchte und dieser Wille auch rechtlich beachtlich ist.[591] Wie die übrigen Fälle, in denen der Angegriffene seinen Willen nicht explizit zum Ausdruck bringen konnte, zu entscheiden sind, wird in der Literatur kontrovers diskutiert.

1. Meinungsstand

Den im Hinblick auf die Nothilfebefugnis Dritter großzügigsten Vorschlag hat *Krey* unterbreitet. Danach soll die Nothilfe nur dann aufgedrängt und unzulässig sein, wenn der Nothelfer einen entgegenstehenden Willen erklärt hat *und* der Nothelfer diesen Willen auch kennt. Liegen diese beiden Voraussetzungen nicht vor, soll der Nothelfer zu einem Eingreifen berechtigt sein.[592] Nach *Krey* soll der Nothelfer damit die notwendige Rechtsklarheit haben und vom Irrtumsrisiko entlastet werden.[593]

Die Gegenposition ist von *Himmelreich* formuliert worden. Nach dieser Auffassung soll eine Nothilfe in der Regel dann verboten sein, wenn der Angegriffene nicht zu erkennen gegeben habe, dass er die Abwehr durch einen Dritten auch wolle.[594] Eine Nothilfehandlung soll dann gestattet sein, wenn objektive Anhaltspunkte dafür vorlägen, dass sich der Angegriffene auch helfen lassen möchte.[595]

Die überwiegende Auffassung in der Literatur schlägt einen anderen Weg ein. Danach ist die Nothilfe erlaubt, wenn die Verteidigung dem ausdrücklichen oder mutmaßlichen Willen des Angegriffenen entspricht[596] bzw. eine ausdrückliche oder mutmaßliche Erklärung gegen die Fremdverteidigung fehlt.[597] Zur Konkretisierung des mutmaßlichen Willens des Angegriffenen werden dabei z.T.

---

591 Vgl. etwa *Blei*, Strafrecht AT, S. 148; *Erb*, MünchKomm, StGB, § 32 Rn. 164; *M. Koch*, Nothilfe, S. 143; *Krey*, Strafrecht AT, Rn. 523.

592 *Krey*, Strafrecht AT, Rn. 523; ähnlich wohl bereits *Baldus*, LK-StGB, 9. Aufl., § 53 Rn. 19: „Das Nothilferecht ist also von dem Willen des Angegriffenen abhängig, freilich nur in dem Sinne, daß es bei entgegenstehendem Willen des Angegriffenen nicht ausgeübt werden darf."

593 *Krey*, Strafrecht AT, Rn. 523.

594 *Himmelreich*, MDR 1967, 361, 366.

595 *Himmelreich*, MDR 1967, 361, 366.

596 *Geilen*, Jura 1981, 308, 313; *Herzog*, NK-StGB, § 32 Rn. 57; *Jakobs*, Strafrecht AT, 12/62; *Köhler*, Strafrecht AT, S. 276.

597 *Benfer*, Strafrecht AT, Rn. 167; *Erb*, MünchKomm, StGB, § 32 Rn. 164.

die Grundsätze der mutmaßlichen Einwilligung herangezogen.[598] Wenn keine Hinweise auf einen entgegenstehenden Willen des Angegriffenen vorliegen, sei das „rechtlich Vernünftige" maßgebend.[599] Dies soll normalerweise die „Wahrung der Verteidigungschance"[600] bzw. die „Gutserhaltung"[601] durch eine Fremdverteidigung sein. Stellt sich danach erst im Nachhinein heraus, dass der unerkennbare, reale Wille davon abwich und sich der Angegriffene gar nicht helfen lassen wollte, soll dies die Rechtfertigung des Nothelfers nicht hindern.[602] In diesem Zusammenhang hat *Jakobs*[603] folgendes Beispiel gebildet: „Wer das schon ohnmächtige Opfer eines Totschlagsversuchs in erforderlicher Abwehr durch Tötung des Angreifers vor der Vollendung rettet, handelt gerechtfertigt, auch wenn sich später ermitteln lässt, daß das Opfer den Angreifer als seinen Sohn erkannt hat und eher die Tötung dulden wollte als die des Sohnes."

Auch die Rechtsprechung verneint in Einzelfällen offensichtlich bereits ein Recht zur Nothilfe, wenn objektive Umstände darauf hindeuten, dass die Fremdverteidigung nicht dem Willen des Angegriffenen entspricht, da diesbezüglich ausgeführt worden ist: „Darüber hinaus legten es die geschäftlichen Interessen der Wirtin nicht eben nahe, daß sie morgens um 3 Uhr eine handgreifliche Auseinandersetzung zwischen den erheblich angetrunkenen Gästen innerlich billigte."[604]

2. Kritik

Zu entscheiden ist, welche Anforderungen an den Willen des Angegriffenen im Hinblick auf das Nothilferecht Dritter gestellt werden können. Im Auge behalten werden müssen zwei möglicherweise entgegenstehende Interessen: Der Nothelfer muss wissen, ob er zu einer Nothilfe befugt ist oder sich bei einem Eingreifen möglicherweise strafbar macht. Zugleich müssen die Interessen des Angegriffe-

598 *Kühl*, Strafrecht AT, § 7 Rn. 145; *ders.*, Lackner/Kühl, StGB, § 32 Rn. 12; *Maurach/Zipf*, Strafrecht AT, § 26 II Rn. 52; *Roxin*, Strafrecht AT, § 15 Rn. 146; vgl. auch *Suppert*, Notwehr, S. 400.

599 *Jakobs*, Strafrecht AT, 12/62; zustimmend *Roxin*, Strafrecht AT, § 15 Rn. 103; *Kühl*, Strafrecht AT, § 7 Rn. 145; *Seier*, NJW 1987, 2476, 2478; zuletzt auch *M. Koch*, Nothilfe, S. 143.

600 So die Formulierung von *Jakobs*, Strafrecht AT, 7/145; ähnlich auch *Roxin*, Strafrecht AT, § 15 Rn. 103.

601 So *Kühl*, Strafrecht AT, § 7 Rn. 145.

602 *Jakobs*, Strafrecht AT, 12/62; *Roxin*, Strafrecht AT, § 15 Rn. 103; *Seier*, NJW 1987, 2476, 2478.

603 *Jakobs*, Strafrecht AT, 12/62.

604 BGH StV 1987, 59.

nen berücksichtigt werden. Vor diesem Hintergrund sind die vorgestellten Lösungsansätze zu untersuchen.

Die Auffassung *Himmelreichs*, wonach der Nothelfer in der Regel nur dann zum Eingreifen berechtigt sein soll, wenn objektive Anhaltspunkte für ein Eingriffsrecht sprechen, kann nicht überzeugen. Unter objektiven Anhaltspunkten versteht *Himmelreich* offensichtlich besondere Umstände, da er zuvor ausgeführt hat, eine Nothilfe sei in der Regel dann nicht zulässig, wenn der Angegriffene nicht zu erkennen gebe, dass er verteidigt werden wolle. Es sind aber Situationen denkbar, in denen der Angegriffene überhaupt nicht zu erkennen geben kann, ob er auch verteidigt werden möchte. Der Angegriffene kann etwa vom Angreifer festgehalten werden, ohne mit dem Nothelfer in einen kommunikativen Kontakt eintreten zu können. Zudem kann die Brisanz einer Angriffssituation den Angegriffenen überfordern, wenn er seinen Wunsch nach Nothilfe auch noch ausdrücklich oder schlüssig artikulieren müsste. Die Position *Himmelreichs* berücksichtigt damit die Interessen des Angegriffenen nicht angemessen. Zudem besteht durch ein derartiges Verständnis die Gefahr der Ausweitung der Strafbarkeit rechtstreuer Nothelfer bzw. damit verbunden möglicherweise eine Zurückdrängung altruistischer Hilfe für andere Menschen. Nach allem ist der Vorschlag *Himmelreichs*, für die Nothilfebefugnis objektive Anhaltspunkte zu verlangen, abzulehnen.

Das Interesse des Nothelfers, weitgehende Rechtssicherheit darüber zu haben, ob eine Fremdverteidigung im Einzelfall gerechtfertigt ist, wird durch den Vorschlag *Kreys* berücksichtigt, wenn er dem Nothelfer bei einem fehlenden (erklärten) entgegenstehenden Willen eine Nothilfebefugnis einräumen möchte. Dennoch muss auch diese Lösung Bedenken hervorrufen. Weitgehend unberücksichtigt bleiben die Belange des Angriffsopfers. Es sind Fälle denkbar, in denen der Angegriffene einen entgegenstehenden Willen gar nicht artikulieren kann, der Nothelfer aber den mutmaßlichen Willen des Angegriffenen kennt. Weiß z.B. der Untermieter, dass sich die angegriffene Ehefrau von ihrem Mann lieber verprügeln lässt und auf eine Hilfe generell verzichtet, so entspräche eine Einmischung nicht dem Willen des Angriffsopfers.

Vorzugswürdig erscheint daher eine mittlere Lösung, die sowohl die Interessen des Angegriffenen als auch die des Nothelfers berücksichtigt. Bei der Ermittlung des hypothetischen Willens des Angegriffenen bietet sich – auch wenn die hier zu beurteilenden Fälle strukturell anders gelagert sind – eine Orientierung an den Grundsätzen der mutmaßlichen Einwilligung an. Im Rahmen der mutmaßlichen Einwilligung wird die Frage entschieden, ob jemand in das Gut des Rechtsgutsinhabers, dessen Wille ermittelt wird, eingreifen darf. Bei der aufgedrängten Nothilfe handelt es sich um ein Dreipersonenverhältnis. Die zu ermittelnde Willensentscheidung des Angegriffenen wird relevant im Hinblick auf die Rechtfertigung eines Eingriffs in die Rechtsgüter eines Dritten, d.h. des Angreifers. Dennoch bestehen zwischen beiden Situationen durchaus Parallelen. In beiden Fällen geht es um die Frage, wie ein Rechtsgutsinhaber mit seinen Rechtspositionen verfahren möchte. Bei der Einwilligung gibt der Rechtsgutsträger seine Güter direkt preis, während das Angriffsopfer durch einen Verzicht auf Fremdverteidigung diese möglicherweise faktisch aufgibt bzw. darüber entscheidet, wie die angegriffenen Rechtspositionen verteidigt werden sollen. Nur der Rechtsgutsinhaber soll darüber entscheiden dürfen, ob eine andere Person bei einem direkten Eingriff in die eigenen Rechtsgüter oder bei deren Verteidigung altruistisch tätig werden darf. Dementsprechend ist auch bei der mutmaßlichen Einwilligung allgemein anerkannt, dass übereifrige Fürsorge Dritter zurückgedrängt werden soll.[605] *Hellmuth Mayer* hat zur mutmaßlichen Einwilligung ausgeführt: „Die Rechtfertigung ergibt sich ... aus der objektiven Sachlage, d.h. aus den Erwägungen, welche ein vernünftiger Mensch in dieser Situation anstellt."[606] Weiter heißt es: „Auf den bekannten Willen des Betroffenen ist billige Rücksicht zu nehmen. Niemand braucht sich die Bevormundung durch unerbetene Nothelfer gefallen zu lassen."[607]

Auch bei der Anbindung der Nothilfe an den Willen des Angegriffenen soll der Angegriffene und nicht jeder beliebige Dritte über das „Ob" und „Wie" einer Verteidigung entscheiden. Auch hier besteht bei einer unbeschränkten Zulassung der Nothilfe die Gefahr der Bevormundung des Angegriffenen durch mögliche Nothelfer. In beiden Fällen ist, falls kein eindeutiger Wille artikuliert worden ist, ein Interessenkonflikt zu lösen. Es soll auf der einen Seite die Autonomie des Rechtsgutsinhabers gewahrt werden, indem grundsätzlich nur dieser über seine Rechtsgüter direkt verfügen bzw. auf deren Verteidigung verzichten darf. Auf der anderen Seite kann es Situationen geben, in denen der Rechtsgutsinhaber darauf angewiesen ist, dass seine Rechtpositionen entweder durch einen gezielten Eingriff in seine eigenen Rechtsgüter oder die Abwehr eines Angriffs durch eine Verletzung der Rechtsgüter des Angreifers geschützt werden, ohne dass zuvor ein dementsprechender Wille geäußert werden konnte. Daher muss Dritten im Interesse des Rechtsgutsinhabers die Befugnis zuerkannt werden, eine Entscheidung für diesen zu fällen. Bei der mutmaßlichen Einwilligung sollen die individuellen Interessen, Wünsche, Bedürfnisse und Wertvorstellungen zu berücksichtigen sein.[608] Ein entgegenstehender Wille soll nicht durch die objektive

605 Vgl. etwa *Jescheck/Weigend*, Strafrecht AT, § 34 VII 2; *Kühl*, Strafrecht AT, § 9 Rn. 47; *Stratenwerth/Kuhlen*, Strafrecht AT, § 9 Rn. 31 ff.

606 *H. Mayer*, Strafrecht AT, 1967, S. 168.

607 *H. Mayer*, Strafrecht AT, 1967, S. 168; zustimmend *Hirsch*, LK-StGB, Vor § 32 Rn. 132; *Jescheck/Weigend*, Strafrecht AT, § 34 VII 2.

608 *Kühl*, Strafrecht AT, § 9 Rn. 47.

Vernünftigkeit der Tat ersetzt werden können. Fehlen aber Anhaltspunkte, so soll davon ausgegangen werden, dass der Betroffene für sich die objektiv vernünftigste Entscheidung will.[609] In der Regel ist dies die Erhaltung des Rechtsguts.[610] Auch bei der Zulässigkeit einer Nothilfe ist davon auszugehen, dass die Erhaltung des angegriffenen Rechtsguts, vor allem bei Angriffen auf die körperliche Unversehrtheit, für das Angriffsopfer im Vordergrund steht. In der Literatur wird in diesem Zusammenhang zutreffend von der „Wahrung der Verteidigungschance" gesprochen. Nicht in jeder Notwehrsituation ist aber von einem mutmaßlichen Willen des Angriffsopfers zur Nothilfe auszugehen. Wäre die Verteidigung des Angegriffenen für diesen z.B. mit einem weitaus höheren Risiko verbunden als bei einem Nichteinschreiten des Nothelfers und ist dieses Risiko für den Nothelfer auch offensichtlich erkennbar, kann nicht von einem gemutmaßten Willen des Angegriffenen ausgegangen werden.[611] Schließlich können sich aus den situativen Umständen des Einzelfalles Anhaltspunkte dafür ergeben, dass eine Nothilfehandlung entweder an sich oder die Art und Weise einer solchen offensichtlich nicht im Interesse des Angegriffenen liegt.[612]

VI. Dogmatischer Anknüpfungspunkt für die Anbindung der Nothilfe an den Willen des Angegriffenen

§ 32 StGB stellt eine Befugnis des Angegriffenen dar. Das Nothilferecht dient der Verstärkung des Schutzes des Angegriffenen. Nach der ratio legis des § 32 StGB darf der Angegriffene grundsätzlich darüber entscheiden, ob bzw. wie ein anderer eine Verteidigungshandlung und eine damit verbundene Verletzung des Angreifers vornehmen darf. Abschließend ist zu untersuchen, ob die Konsequenz dieser Auffassung – Verbot einer aufgedrängten Nothilfe – de lege lata mit den gesetzlichen Vorgaben des § 32 StGB zu vereinbaren ist.

---

609 *Lenckner*, Schönke/Schröder, StGB, Vorbem § 32 ff. Rn. 57 m.w.N.

610 *Roxin*, FS Welzel, S. 447, 464.

611 In der Tendenz wohl auch *Maurach/Zipf*, Strafrecht AT, § 26 II Rn. 52, wonach der Nothelfer „das Risiko (insbesondere beim Schusswaffengebrauch) für das Opfer abschätzen" müsse, um nach dem hypothetischen Willen des Angegriffenen zu handeln.

612 In diese Richtung wohl auch *Erb*, MünchKomm, StGB, § 32 Rn. 164.

1. § 32 StGB und Gesetzlichkeitsprinzip

Ein legislatorischer Anknüpfungspunkt für die Anbindung der Nothilfe an den Willen des Angegriffenen wäre nicht notwendig, wenn das verfassungsrechtliche Gesetzlichkeitsprinzip des Art. 103 II GG[613] auf geschriebene Erlaubnissätze wie die Norm des § 32 StGB keine Anwendung finden würde. In diesem Fall könnte die Restriktion der Nothilfebefugnis damit begründet werden, dass der Angegriffene nach der ratio legis des § 32 StGB auf die Verteidigung durch Dritte verzichten kann. Wie weit das Gesetzlichkeitsprinzip reicht, lässt sich nur bestimmen, wenn ein Blick auf die Funktion und Bedeutung dieser Verfassungsnorm geworfen wird.

a) Grundlagen

Die staatliche Strafe, vor allem die Freiheitsstrafe, stellt für den Bürger einen besonders gravierenden Eingriff dar. Aus diesem Grunde sind die Anforderungen an rechtsstaatliche Bindungen und Begrenzungen der staatlichen Strafgewalt von fundamentaler Bedeutung. Die Vorschrift des Art. 103 II GG sichert die Garantiefunktion des Strafgesetzes und wird als Ausprägung des Rechtsstaatsprinzips angesehen.[614] Das Gesetzlichkeitsprinzip und die heute noch gebräuchliche lateinische Formulierung „nullum crimen, nulla poena sine lege" gehen auf *Feuerbach* zurück.[615]

Art. 103 II GG bindet sowohl den Gesetzgeber als auch den Strafrichter.[616] Dem Gesetzgeber wird aufgegeben, nur solche strafrechtlichen Normen zu erlassen, die dem Gesetzlichkeitsprinzip, insbesondere dem Bestimmtheitsgrundsatz, entsprechen. Der Strafrichter muss die Strafnormen im Wege des Gesetzlich-

613 Einfachgesetzlich positiviert in § 1 StGB.

614 Herrschende Meinung: BVerfG NJW 1997, 929, 930; *Degenhart*, Sachs, GG, Art. 103 Rn. 49; *Jescheck/Weigend*, Strafrecht AT, § 15 Einführung; *Kunig*, v. Münch/Kunig, GG, Art. 103 Rn. 17; *Pieroth*, Jarass/Pieroth, GG, Art. 103 Rn. 40; *Roxin*, Strafrecht AT, § 5 Rn. 2; *Rudolphi*, SK-StGB, § 1 Rn. 2; *Rüping*, BK-GG, Art. 103 Rn. 14 f.; *Schmitz*, MünchKomm, StGB, § 1 Rn. 8; *Schreiber*, Gesetz und Richter, S. 213 ff.; *ders.*, SK-StGB, 2. Aufl., § 1 Rn. 1; *Wassermann*, AK-GG, Art. 103 Rn. 44.

615 Ausführlich zum Gesetzlichkeitsprinzip aus historischer Perspektive: *Schreiber*, Gesetz und Richter, S. 17 ff.; *Schünemann*, nulla poena, S. 1 ff.

616 BVerfGE 80, 244, 256 f.; *Erb*, ZStW 108 (1996), 266, 294 Fn. 118; *Gribbohm*, LK-StGB, § 1 Rn. 1; *Hassemer*, AK-StGB, § 1 Rn.14; *Schmitz*, MünchKomm, StGB, § 1 Rn. 5.

keitsprinzips interpretieren und sich bei der Auslegung in dessen Grenzen halten.[617] Bezeichnet wird diese Einschränkung üblicherweise als „Analogieverbot". Erst durch die Wechselwirkung von Handlungsanweisung an den Gesetzgeber und Handlungsbegrenzung des Richters entfaltet das Gesetzlichkeitsprinzip seine volle Effektivität. Das Analogieverbot wird daher als „Verlängerung des Bestimmtheitsgebots in der Gesetzesanwendung" angesehen.[618]

Üblicherweise werden dem Art. 103 II GG zwei Funktionen zugeschrieben. Zum einen dient die Vorschrift dem Vertrauensschutz des Normadressaten.[619] Die staatliche Reaktion soll berechenbar und vorhersehbar sein.[620] Der Einzelne soll sein Verhalten den strafrechtlichen Normen anpassen können. Des Weiteren wird dem Gesetzlichkeitsprinzip eine objektiv-institutionelle Komponente zugeschrieben.[621] Der Gesetzgeber und nicht der Strafrichter soll die Bestimmung des strafbaren Verhaltens vornehmen.[622] Eine Ausweitung der Strafbarkeit müsse das Resultat nüchterner Erwägungen im Gesetzgebungsverfahren sein.[623] Die Entscheidungsfindung soll in erster Linie der Gesetzgeber treffen und nicht allein dem Strafrichter in möglicherweise von Emotionen geprägten spektakulären Einzelfällen überlassen bleiben.[624]

---

617 BVerfGE 64, 389, 393; *Schmidt-Aßmann*, Maunz/Dürig, GG, Art. 103 Abs. 2 Nr. 225, spricht von einem „reduzierten Konkretisierungsbeitrag".

618 *Hassemer*, AK-StGB, § 1 Rn. 70.

619 BVerfGE 47, 109, 120; 73, 206, 234; 92, 1, 12; *Kratzsch*, GA 1971, 65, 72; *Nolte*, v. Mangoldt/Klein/Starck, GG, Art. 103 Abs. 2 Rn. 140; *Pieroth*, Jarass/Pieroth, GG, Art. 103 Rn. 43; *Rüping*, BK-GG, Art. 103 Rn. 16 und Rn. 23.

620 BVerfGE 26, 41, 42; 47, 109, 120; 51, 60, 73; *Degenhart*, Sachs, GG, Art. 103 Rn. 67; *Kratzsch*, GA 1971, 65, 69; *Kunig*, v. Münch/Kunig, GG, Art. 103 Rn. 21; *Rudolphi*, SK-StGB, § 1 Rn. 35; *Schmitz*, MünchKomm, StGB, § 1 Rn. 8; *Wassermann*, AK-GG, Art. 103 Rn. 44.

621 BVerfGE 92, 1, 12; *Degenhart*, Sachs, GG, Art. 103 Rn. 67; *Erb*, ZStW 108 (1996), 266, 277; *Grünwald*, ZStW 76 (1964), 1, 13 ff.; *Kunig*, v. Münch/Kunig, GG, Art. 103 Rn. 21; *Nolte*, v. Mangoldt/Klein/Starck, GG, Art. 103 Abs. 2 Rn. 140; *Pieroth*, Jarass/Pieroth, GG, Art. 103 GG Rn. 43; *Schmidt-Aßmann*, Maunz/Dürig, Art. 103 Abs. 2 Nr. 179 ff.; *Schreiber*, Gesetz und Richter, S. 213 ff.; *Schünemann*, nulla poena, S. 9 ff.; *D. Sternberg-Lieben*, Objektive Schranken, S. 314.

622 BVerfGE 47, 109, 120; 91, 1, 12.

623 *Jescheck/Weigend*, Strafrecht AT, § 15 III 2 a; *Kratzsch*, GA 1971, 65, 69.

624 Vgl. *Grünwald*, ZStW 76 (1964), 1, 14 f.; *Erb*, ZStW 108 (1996), 266, 277; *Kratzsch*, GA 1971, 65, 72.

b) Rechtfertigungsgründe und Analogieverbot

Nach überwiegender Ansicht wird der Inhalt des Analogieverbots über das Kriterium des Gesetzeswortlauts einer Norm bestimmt.[625] Eine Grenze der richterlichen Auslegungsbefugnis ist danach erst dort erreicht, wo eine Strafbarkeit über den möglichen Wortsinn des Gesetzes hinausgeht.[626] Nur in diesem Rahmen soll Raum für die verschiedenen anerkannten Auslegungsmethoden bleiben. Sowohl eine Analogie als auch eine teleologische Reduktion[627] sind nach dieser Auffassung nicht mit dem Gesetzlichkeitsprinzip des Art. 103 II GG in Einklang zu bringen.[628] Die Normen des Strafrechts sind danach zwar der Auslegung, nicht aber den verschiedenen Methoden der richterlichen Rechtsfortbildung zugänglich, da diese insoweit das Bestehen einer Lücke im Gesetzesrecht voraussetzen. Insoweit ist die missverständliche Bezeichnung eines „Analogieverbots" nicht im technischen Sinne zu verstehen.[629] Ausgeschlossen ist jede Rechtsanwendung, die über den Inhalt einer gesetzlichen Sanktionsnorm hinausgeht. Der Gegenstand der Auslegung gesetzlicher Bestimmungen kann nur der Gesetzestext als maßgebliches Kriterium sein.[630] Verhindert wird durch ein derartiges Verständnis, dass dem Strafrichter eine praktisch unbegrenzte Interpretationsfreiheit eingeräumt wird. Bereits die Erörterung der ratio legis des § 32 StGB hat aufge-

---

625 BVerfGE 64, 389, 393; *Degenhart*, Sachs, GG, Art. 103 Rn. 70; *Eser*, Schönke/Schröder, StGB, § 1 Rn. 37; *Grünwald*, ZStW 76, (1964), 1, 2; *Hassemer*, AK-StGB, § 1 Rn. 78; *Kratzsch*, GA 1971, 65, 75; *Krey*, Gesetzesvorbehalt, S. 146 ff.; *Kunig*, v. Münch/Kunig, GG, Art. 103 Rn. 26; *Pieroth*, Jarass/Pieroth, GG, Art. 103 Rn. 47; *Rudolphi*, SK-StGB, § 1 Rn. 29; *Rüping*, BK-GG, Art. 103 Abs. 2 Rn. 45; *Schulze-Fielitz*, Dreier, GG, Art. 103 II Rn. 39.

626 Vgl. etwa BVerfGE 92, 1, 12; *Degenhart*, Sachs, GG, Art. 103 Rn. 70; *Kunig*, v. Münch/Kunig, GG, Art. 103 Rn. 26; *Nolte*, v. Mangoldt/Klein/Starck, GG, Art. 103 Abs. 2 Rn. 157; *Pieroth*, Jarass/Pieroth, GG, Art. 103 Rn. 47; *Rudolphi*, SK-StGB, § 1 Rn. 29 f.; *Schmidt-Aßmann*, Maunz/Dürig, GG, Art. 103 Abs. 2 Nr. 226; *Schmidt-Bleibtreu*, Schmidt-Bleibtreu/Klein, GG, Art. 103 Rn. 7d; *Zierlein*, Umbach/Clemens, GG, Art. 103 Rn. 125.

627 Zu den Begriffen: *Larenz*, Methodenlehre, S. 366 ff. Danach liegt eine teleologische Reduktion vor, wenn eine gesetzliche Regelung entgegen ihrem Wortsinn, aber gemäß der immanenten Teleologie des Gesetzes einer Einschränkung bedarf, die im Gesetzestext nicht enthalten ist. Die Ausfüllung einer Lücke geschieht durch die Hinzufügung der sinngemäß geforderten Einschränkung.

628 Besonders deutlich *Kunig*, v. Münch/Kunig, GG, Art. 103 Rn. 26 m.w.N.; *Zierlein*, Umbach/Clemens, GG, Art. 103 Rn. 125; in diese Richtung auch BVerfGE 25, 269, 285.

629 *Nolte*, v. Mangoldt/Klein/Starck, GG, Art. 103 Abs. 2 Rn. 156; vgl. auch BVerfGE 71, 108, 115; *Krey*, Gesetzesvorbehalt, S. 27 f.

630 BVerfGE 71, 108, 115; 73, 206, 235.

zeigt, dass das Prinzip der Rechtsbewährung von einigen Autoren als (alleiniger) Rechtsgrund des Notwehr- und Nothilferechts angesehen wird, obgleich in den gesetzlichen Merkmalen kein Anhaltspunkt für ein derartiges Verständnis zu finden ist. Aus Gründen der Vorhersehbarkeit soll nur der Gesetzgeber, nicht aber der Richter über die Strafbarkeit eines Verhaltens entscheiden. Die Strafgerichte sind gehalten, den Gesetzgeber beim Wort zu nehmen. In den gesetzlichen Merkmalen einer Vorschrift muss sich ein Anhaltspunkt für eine entsprechende Auslegung finden.

Umstritten ist aber die Reichweite dieses Analogieverbots. Bei Verhaltensnormen kann eine für den Täter unzulässige Analogie in einer über den Wortlaut hinausgehenden Interpretation liegen.[631] Auf der Ebene der Rechtswidrigkeit besteht die Gefahr, dass durch die restriktive Interpretation eines Erlaubnissatzes die Strafbarkeit des Täters ausgeweitet wird. So verkürzt die Berücksichtigung des Willens des Angegriffenen die Nothilfebefugnis und führt unter Umständen zu einer Strafbarkeit des Nothelfers.

Auf Verhaltensnormen findet die Grenze des Art. 103 II GG nach allgemeiner Auffassung Anwendung. Gestattet ist nach allgemeiner Ansicht auch eine Gesetzes- bzw. Rechtsanalogie zugunsten des Täters.[632] Weitgehend unstreitig ist auch, dass eine Erweiterung der Rechtfertigung über den Gesetzeswortlaut hinaus – in bonam partem – keine Bedenken im Hinblick auf Art. 103 II GG hervorrufen kann. Zwar sind mit einem derartigen Verständnis möglicherweise nachteilige Auswirkungen für den Angreifer verbunden, der nun seinerseits die gerechtfertigte Handlung des Verteidigers dulden muss. Mit der nahezu einmütigen Auffassung kann aber davon ausgegangen werden, dass es sich dabei lediglich um eine mittelbare Auswirkung handelt, die Art. 103 II GG nicht entgegenstehen. Denn nicht die Notwehrregelung, um deren Anwendung auf den Angreifer es geht, wird einengend ausgelegt, sondern die Erweiterung eines ihr vorgelagerten Rechtssatzes führt dazu, dass sie nicht zur Anwendung kommt.[633]

Kontrovers diskutiert wird hingegen, inwieweit das Analogieverbot eine strafbarkeitsbegründende teleologische Reduktion von gesetzlichen Rechtferti-

---

631 Vgl. BVerfGE 92, 1, 14 ff.

632 *Bockelmann/Volk*, Strafrecht AT, S. 16; *Eser*, Schönke/Schröder, StGB, § 1 Rn. 30; *Gropp*, Strafrecht AT, § 2 Rn. 9; *Hirsch*, GS Tjong, S. 50, 53 f.; *Jescheck/Weigend*, Strafrecht AT, § 15 III 2 d; *Rudolphi*, SK-StGB, § 1 Rn. 25; *Rüping*, BK-GG, Art. 103 Abs. 2 Rn. 51; *Tröndle/Fischer*, StGB, § 1 Rn. 10; *Wassermann*, AK-GG, Art. 103 Rn. 54.

633 Vgl. zu diesem (weitgehend unstreitigen) Problemkreis (mit weiteren Nachweisen) *Hirsch*, GS Tjong, S. 50, 53 f.; *dens.* LK-StGB, Vor § 32 Rn. 36; *Rudolphi*, SK-StGB, § 1 Rn. 25.

gungsgründen, d.h. eine einschränkende Auslegung über den möglichen Wortsinn einer Regelung hinaus, ausschließt.

Vereinzelt wird die Anwendbarkeit des Gesetzlichkeitsprinzips auf den Allgemeinen Teil, also auch auf Rechtfertigungsgründe, gänzlich abgelehnt.[634] Nur die Vorschriften des Besonderen Teils sollen gegenüber Auslegungen, die über den Wortlaut einer Vorschrift hinausgehen, verfassungsrechtlich abgesichert sein. Eine Strafschärfung im Allgemeinem Teil wirkt sich aber ebenso wie eine solche im Bereich der Tatbestände des Besonderen Teils auf die Strafbarkeit des Täters aus.[635] Die systematische Einteilung des Strafrechts in einen Allgemeinen und Besonderen Teil kann die Verfassungsvorschrift des Art. 103 II GG nicht aushebeln. Ansonsten hinge die Anwendbarkeit des Gesetzlichkeitsprinzips von formalen Aspekten der Gesetzgebungstechnik ab.[636] Mit der überwiegenden Auffassung[637] ist das Verbot belastender Analogie auch auf den Allgemeinen Teil zu erstrecken.

Nach einer vereinzelt vertretenen Auffassung sollen aber die Rechtfertigungsgründe von dem Gesetzlichkeitsprinzip des Art. 103 II GG ausgeschlossen sein.[638] Einschlägig sei hier nur der Anwendungsbereich des Art. 20 III GG.[639] Verwiesen wird dabei hauptsächlich auf den Aspekt der Einheit der Rechtsord-

---

634 *Hardwig*, ZStW 78, 1, 8 f. m.w.N.; *Maurach*, Strafrecht AT, 4. Auflage, S. 111 (ohne Begründung); *Tröndle*, LK-StGB, 10. Auflage, § 1 Rn. 38.

635 *Hirsch*, GS Tjong, S. 50, 56.

636 Vgl. etwa die ausführlichere Kritik bei *Engels*, GA 1982, 109, 119; *Krey*, Gesetzesvorbehalt, S. 228 ff.; *Maurach/Zipf*, Strafrecht AT, § 10 Rn. 21 m.w.N.

637 *Eser*, Schönke/Schröder, StGB, § 1 Rn. 26; *Hassemer*, NK-StGB, § 1 Rn. 72; *Hirsch*, LK-StGB, Vor § 32 Rn. 37; *Jescheck/Weigend*, Strafrecht AT, § 15 III 2 c; *Kratzsch*, GA 1971, 65, 67 f.; *Krey*, Gesetzesvorbehalt, S. 228 ff.; *ders.*, JZ 1979, 702, 712; *Kühl*, Lackner/Kühl, StGB, § 1 Rn. 5; *Maurach/Zipf*, Strafrecht AT, § 10 Rn. 21; *Roxin*, Strafrecht AT, § 5 Rn. 41; *Rudolphi*, SK-StGB, § 1 Rn. 24; *Rüping*, BK-GG, Art. 103 Abs. 2 Rn. 50; *Schmitz*, MünchKomm, StGB, § 1 Rn. 13; *D. Sternberg-Lieben*, Objektive Schranken, S. 317; *Zierlein*, Umbach/Clemens, GG, Art. 103 Rn. 123.

638 *Amelung*, JZ 1982, 617, 620; *Günther*, SK-StGB, Vor § 32 Rn. 81; *ders.*, FS Grünwald, S. 213, 219; *Krey*, Gesetzesvorbehalt, S. 236; *ders.*, JZ 1979, 702, 712; *ders.*, Strafrecht AT, Rn. 521; *Roxin*, Strafrecht AT, § 5 Rn. 42 [anders noch *ders.*, Kriminalpolitik und Strafrechtssystem, S. 31: „... gilt Art. 103 Abs. 2 GG selbstverständlich auch hier."]; *Schmidt-Aßmann*, Maunz/Dürig, Art. 103 Abs. 2 Nr. 231; in diese Richtung auch *Lenckner*, Schönke/Schröder, StGB, Vorbem §§ 32 ff. Rn. 25: „Die Garantiefunktion des Strafgesetzes ... gilt, wenn überhaupt, für Rechtfertigungsgründe nur beschränkt."

639 *Amelung*, JZ 1982, 617, 620; *Krey*, JZ 1979, 702, 712.

nung.[640] In anderen Rechtsgebieten sei der Richter nicht an die Grenze des möglichen Wortsinns gebunden.[641] Es sei ungereimt, wenn eine teleologische Reduktion dem Zivil– und Verwaltungsrichter erlaubt, dem Strafrichter hingegen verboten sei.[642] So führt *Günther* aus, dass Erlaubnissätze aus normlogischen Gründen zwingend ein und denselben Normverstoß für alle Rechtsgebiete einheitlich gestalten müssten.[643] Die Rechtsordnung dürfe nicht denselben Normverstoß in einem Teilbereich erlauben, in einem anderen hingegen verbieten.[644] Wenn Art. 103 II GG seine Anforderungen nur an strafrechtlich geregelte Erlaubnissätze richte, könne sich der Gesetzgeber der Garantiefunktion nach Belieben entziehen, indem er den Erlaubnissatz lediglich in einem anderen Rechtsgebiet platzierte. So könne § 32 StGB gestrichen werden und würde über die Norm des § 227 BGB – befreit von den Fesseln des Art. 103 II GG – ins Strafrecht hineinwirken.[645] Des Weiteren würde die Anwendbarkeit des Gesetzlichkeitsprinzips im Strafrecht zu inakzeptablen Friktionen führen. Während die Auslegung des § 32 StGB strafrechtlich durch Art. 103 II GG begrenzt sei, könne im Zivilrecht die parallele Handlung im Rahmen des § 227 BGB völlig unterschiedlich bewertet werden. Dies sei nach Auffassung *Günthers* „nicht haltbar".[646] Um derartige Normwidersprüche zu vermeiden, sollen auch die strafrechtlichen Erlaubnissätze nicht dem Gesetzlichkeitsprinzip unterworfen sein.

Die Argumentation mit dem Topos der Einheit der Rechtsordnung kann im Zusammenhang mit der Verfassungsnorm des Art. 103 II GG nicht überzeugen. Zum einen können verschiedene Rechtsgebiete durchaus unterschiedliche Zielrichtungen verfolgen. Deutlich wird dies etwa in der Diskussion anderer strafrechtlicher Fragestellungen. Von einer weit verbreiteten Ansicht wird z.B. vertreten, dass auch ein polizeirechtswidrig handelnder Hoheitsträger aufgrund der unterschiedlichen Funktionen des Strafrechts und öffentlichen Rechts nach § 32 StGB gerechtfertigt sein kann.[647] Auch bei der Bewertung der Rechtswidrigkeit einer Diensthandlung i.S. des § 113 StGB geht die überwiegende Auffassung

640 So etwa *Bitzilekis*, Einschränkung, S. 88; *Günther*, SK-StGB, Vor § 32 Rn. 81; *ders.*, FS Grünwald, S. 213, 215 ff.; *Krey*, Gesetzesvorbehalt, S. 234 ff.; *Roxin*, Strafrecht AT, § 5 Rn. 42.

641 *Krey*, Gesetzesvorbehalt, S. 234 f.

642 *Krey*, Gesetzesvorbehalt, S. 234 f.

643 *Günther*, FS Grünwald, S. 213, 217.

644 *Günther*, SK-StGB, Vor § 32 Rn. 81; *ders.*, FS Grünwald, S. 213, 215 f.

645 *Günther*, FS Grünwald, S. 213, 217.

646 *Günther*, FS Grünwald, S. 213, 217.

647 So etwa *Beaucamp*, JA 2003, S. 402 ff.; *Beisel*, JA 1998, 721, 722 ff.; *Erb*, MünchKomm, StGB, § 32 Rn. 169 ff.; *Götz*, POR, Rn. 324; *Kirchhof*, NJW 1978, 969, 972; *Rogall*, JuS 1992, 551, 559. Ausführlich zum Streitstand: *Fechner*, Grenzen; *Witzstrock*, Todesschuss.

von einem spezifischen strafrechtlichen Rechtswidrigkeitsbegriff aus.[648] Nach den Anhängern eines wirtschaftlichen Vermögensbegriffs sollen auch sittenwidrige Rechtspositionen unter strafrechtlichem Schutz stehen.[649] Diese Beispiele mögen illustrieren, dass nach der Zwecksetzung der Rechtsgebiete durchaus eine unterschiedliche Bewertung getroffen werden kann.

Die Argumentation mit dem Prinzip der Einheit der Rechtsordnung muss zudem besonders vor dem Hintergrund der Interpretation des Art. 103 II GG Zweifel hervorrufen. Bei der Auslegung des Gesetzlichkeitsprinzips geht es um Verfassungsrecht. Nach dem Sinn und Zweck des Art. 103 II GG stellt der Vertrauensschutz des Bürgers ein wesentliches Ziel dieser Vorschrift dar. Auch bei der Frage der Rechtswidrigkeit ist das Bedürfnis des Bürgers nach einem berechenbaren Strafrecht nicht weniger dringlich als bei Regelungen auf der Tatbestandsebene. Häufig wird es sich in Notwehrfällen um Eingriffe handeln, die – scheidet eine Rechtfertigung für die Verletzungshandlung aus – unter Umständen mit drastischen Strafen und allen nachteiligen sozialen Folgen verbunden sind. Die Rechtswidrigkeit spielt daher für die Strafwürdigkeit einer Tat eine nicht zu unterschätzende Rolle.[650] Sie bewirkt – im Gegensatz zur bloß punktuellen Änderung eines einzelnen Deliktstatbestandes – eine weit größere Ausweitung der Strafbarkeitszone. Vor diesem Hintergrund ist die Einschränkung eines Rechtfertigungsgrundes praeter oder contra legem ebenso wie die Ausweitung einer Verhaltensnorm ein unzulässiger „Wortbruch" i.S. des Art. 103 II GG.

Ein Rekurs auf die diffuse Einheit der Rechtsordnung kann nach allem nicht dafür ins Feld geführt werden, dass das verfassungsrechtliche Analogieverbot bei Rechtfertigungsgründen eskamotiert wird. Auch Art. 103 II GG muss als Teil der Rechtsordnung bei der Interpretation des § 32 StGB berücksichtigt werden.[651]

---

648 Vgl. etwa *Tröndle/Fischer*, StGB, § 113 Rn. 11 m.w.N.

649 Vgl. zum Streitstand etwa *Cramer*, Schönke/Schröder, StGB, § 263 Rn. 93; *Tröndle/Fischer*, StGB, § 263 Rn. 65.

650 *Schmitz*, MünchKomm, StGB, § 1 Rn. 13.

651 Kritisch gegenüber einer Argumentation mit der Einheit der Rechtsordnung in Bezug auf Art. 103 II GG auch *Engels*, GA 1982, 109, 120: „Leerformel"; *Erb*, ZStW 108 (1996), 266, 272 ff.; *Hirsch*, GS Tjong, S. 50, 59 ff.; *Schmitz*, MünchKomm, StGB, § 1 Rn. 13.

c) Zwischenergebnis

Mit der überwiegenden Auffassung[652] ist das Gesetzlichkeitsprinzip zumindest auch auf geschriebene Erlaubnissätze wie die Vorschrift des § 32 StGB prinzipiell anwendbar.

2. Gesetzliche Merkmale und aufgedrängte Nothilfe

Notwendig ist es, in den gesetzlichen Merkmalen des § 32 StGB einen Anhaltspunkt für eine Anbindung der Nothilfe an den Willen des Angegriffenen zu finden.

a) Meinungsstand

Stellungnahmen dazu, wie das Verbot einer gegen den Willen des Angegriffenen ausgeübten Nothilfe mit den gesetzlichen Vorgaben des § 32 StGB zu vereinbaren ist, finden sich im Schrifttum selten. Häufig wird lediglich auf die zumindest in dieser notwehrrechtlichen Fragestellung befürwortete individualistische Interpretation des § 32 StGB verwiesen, um die Unzulässigkeit einer aufgedrängten Nothilfe zu begründen. *Lenckner/Perron* lassen eine Einordnung an den gesetzlichen Vorgaben offen, wenn sie zur Frage der aufgedrängten Nothilfe ausführen: „Hier besteht ... für den Dritten schon keine der Notwehrlage entsprechende *Nothilfelage*, jedenfalls aber ist seine Intervention nicht erforderlich oder spätestens nicht ... geboten."[653] Zum Teil wird eine Verteidigungshandlung des Dritten bei einem entgegenstehenden Willen des Angegriffenen für nicht *erforderlich* ge-

652 BVerfG NJW 1997, 929, 930; in BGHSt 39, 27 wird zurückhaltender formuliert, „Rechtfertigungsgründe sind nicht generell von dem Schutzbereich des Art. 103 Abs. 2 GG ausgeschlossen"; *Bockelmann/Volk*, Strafrecht AT, S. 17; *Engels*, GA 1982, 109, 119 ff.; *Engisch*, FS Mezger, S. 127, 131; *Erb*, ZStW 108 (1996), 266, 272 ff.; *Eser*, Schönke/Schröder, StGB, § 1 Rn. 14a; *Hardtung*, MünchKomm, StGB, § 228 Rn. 6 Fn. 11; *Hassemer*, NK-StGB, § 1 Rn. 72; *Hirsch*, Vor § 32 Rn. 35 ff.; *ders.*, GS Tjong, S. 50, 55 ff.; *B. Koch*, ZStW 104 (1992), 785, 817; *Köhler*, Strafrecht AT, S. 87; *Kratzsch*, GA 1971, 65, 72; *Krause*, FS Bruns, S. 71, 78; *Rudolphi*, SK-StGB, § 1 Rn. 24; *Schmitz*, MünchKomm, StGB, § 1 Rn. 14; *Welzel*, Strafrecht, S. 21; *Zierlein*, Umbach/Clemens, GG, Art. 103 Rn. 123.

653 *Lenckner/Perron*, Schönke/Schröder, StGB, § 32 Rn. 25/26; ähnlich auch *Suppert*, Notwehr, S. 400 Fn. 12: „Richtig dürfte es ... sein, die Begrenzung der Nothilfe auch durch die Entscheidungsautonomie des Angegriffenen nicht mit einem singulären Notwehr-Merkmal, sondern mit der ratio legis zu erklären."

halten.[654] Andere halten eine Fremdverteidigung gegen den Willen des Angegriffenen für nicht *geboten* i.S. des § 32 I StGB.[655]

b) Kritik

aa) Keine Nothilfelage

Die Annahme, eine der Notwehrlage entsprechende Nothilfelage fehle in den Fällen der aufgedrängten Nothilfe, ist sicher eine richtige Beschreibung, wenn die Nothilfe an den Willen des Angegriffenen angeknüpft wird. Dennoch muss dieses Ergebnis nach hier vertretener Auffassung aus den gesetzlichen Merkmalen des § 32 StGB heraus begründet werden. Nur eine Auslegung, die sich an die in § 32 StGB verwendeten Begriffe hält, berücksichtigt das auch auf geschriebene Rechtfertigungsgründe prinzipiell anwendbare Analogieverbot des Art. 103 II GG. Eine Notwehrlage liegt aber bei jedem gegenwärtigen rechtswidrigen Angriff auf ein Rechtsgut vor. Auch in den Situationen, in denen eine Nothilfe gegen den Willen des Angegriffenen geleistet wird, sind diese Voraussetzungen formal gegeben. Nur bei einer Einwilligung fehlt es an einem rechtswidrigen Angriff. Ansonsten wehrt der Dritte auch gegen den Willen des Angegriffenen einen gegenwärtigen rechtswidrigen Angriff ab. Die Umschreibung, es fehle in den Fällen einer aufgedrängten Nothilfe an einer Nothilfelage, kann damit im Hinblick auf die Anforderungen des Art. 103 II GG nicht überzeugen.

bb) Keine Erforderlichkeit

Für die Lösung, eine aufgedrängte Nothilfe als nicht „erforderlich“ einzustufen, könnte ein Vergleich mit der Auslegung des § 323c StGB sprechen. Auch in Sachverhalten, in denen den Einzelnen zugunsten eines in Gefahr Geratenen, d.h. auch bei deliktischen Angriffen auf einen anderen, aus der Vorschrift des § 323c StGB eine Hilfeleistungspflicht trifft, wird z.T. die Erforderlichkeit dieser Handlungsverpflichtung verneint, wenn das Opfer keine Hilfeleistung möchte.[656]

---

654 *Joecks*, StuK-StGB, § 32 Rn. 34; *Köhler*, Strafrecht AT, S. 276.

655 *Blei*, Strafrecht AT, S. 147 f.; *Bockelmann/Volk*, Strafrecht AT, S. 94; *Heller*, Nothilfe, S. 152; *Himmelreich*, GA 1966, 129, 133; *ders.*, MDR 1967, 361, 366; *M. Koch*, Nothilfe, S. 71; *Tröndle/Fischer*, StGB, § 32 Rn. 7 und Rn. 22; *Seuring*, Nothilfe, S. 179 ff.; *D. Sternberg-Lieben/I. Sternberg-Lieben*, JuS 1999, 444, 446.

656 So etwa *Maurach*, JR 1956, 348, 349; *Maurach/Schroeder/Maiwald*, Strafrecht BT II, § 55 Rn. 21; *Kühl*, Lackner/Kühl, StGB, § 323c Rn. 5; *Seelmann*, NK-StGB, § 323c Rn. 38.

Gegen einen Ansatz, eine aufgedrängte Nothilfe als nicht erforderlich einzustufen, sprechen aber verschiedene Bedenken.[657] Zum einen ist bereits im Rahmen des § 323c StGB offensichtlich ungeklärt, ob eine Entbindung von der Hilfeleistungspflicht tatsächlich an dem Merkmal der Erforderlichkeit festzumachen ist.[658] Zudem geht es bei der Interpretation des § 32 StGB – anders als im Rahmen des § 323c StGB – um die Eingrenzung einer Handlungs*befugnis*, was zu einer *Ausweitung* der Strafbarkeit des Nothelfers führt. Daher müssen strengere Anforderungen an den Wortlaut gestellt werden als bei der Erörterung, ob ein Dritter aus einer Hilfeleistungs*pflicht* – mit der Folge der *Verringerung* dessen Strafbarkeit – entlassen werden kann.

Erforderlich bedeutet, dass etwas notwendig ist.[659] Auch eine gegen den Willen eines Angegriffenen ausgeübte Nothilfe ist aber zur Abwendung eines Angriffs – zumindest objektiv – erforderlich bzw. notwendig. Auch die gesetzgeberische Formulierung scheint dieses Verständnis zu bestätigen, wenn es in § 32 II StGB heißt: „Notwehr ist die Verteidigung, die erforderlich ist, um einen gegenwärtigen rechtswidrigen Angriff von sich oder einem anderen abzuwehren." Die Erforderlichkeit bezieht sich nur formal auf die Abwehr eines gegenwärtigen rechtswidrigen Angriffs.

Auch die Berücksichtigung der Auslegung des Begriffs der Erforderlichkeit in anderen notwehrrechtlichen Fragestellungen bestätigt diesen Befund. Die Erforderlichkeit wird nach allgemeiner Ansicht im Notwehrrecht objektiv verstanden.[660] Die subjektive Sicht des Angegriffenen ist zunächst bei der Wahl des mildesten Mittels nicht entscheidend.[661] Ausschlaggebend ist vielmehr eine objektive ex-ante-Betrachtung. Die Erforderlichkeit wird in diesem Kontext als tat-

---

657 Vgl. auch die Kritik von *Seuring*, Nothilfe, S. 171 ff.

658 Ablehnend offensichtlich *Tröndle/Fischer*, StGB, § 323c Rn. 6; wohl auch *Rudolphi*, SK-StGB, § 323c Rn. 22, wenn er davon spricht: „Verweigert der Gefährdete die Annahme der *erforderlichen* Hilfe ... so entfällt die Hilfeleistungspflicht ..."; auch nach *Cramer/Sternberg-Lieben*, Schönke/Schröder, StGB, § 323c Rn. 26, wird der Wille des Gefährdeten nicht unter dem Tatbestandsmerkmal der Erforderlichkeit diskutiert.

659 Duden, Stichwort „erforderlich".

660 Vgl. etwa *Bockelmann*, FS Dreher, S. 235, 247; *Gropp*, Strafrecht AT, § 6 Rn. 79; *Günther*, SK-StGB, § 32 Rn. 60; *Herzog*, NK-StGB, § 32 Rn. 60; *Joecks*, StuK-StGB, § 32 Rn. 15; *Kindhäuser*, LPK-StGB, § 32 Rn. 29; *Kühl*, Lackner/Kühl, StGB, § 32 Rn. 10; *dens.*, Strafrecht AT, § 7 Rn. 107; *Jescheck/Weigend*, Strafrecht AT, § 32 II 2 b; *Roxin*, Strafrecht AT, § 15 Rn. 46; *Tröndle/Fischer*, StGB, § 32 Rn. 16 a; *Wessels/Beulke*, Strafrecht AT, Rn. 337.

661 *Bockelmann*, FS Dreher, S. 235, 247; *Herzog*, NK-StGB, § 32 Rn. 60; *Tröndle/Fischer*, StGB, § 32 Rn. 16 a.

sächliche Schranke verstanden.[662] Es soll nur das konkret zur Angriffsabwehr mildeste Mittel beurteilt werden. Zum Teil wird von einer bloß „technischen Grenze“ gesprochen.[663]

Gegen eine Anknüpfung des Willens des Angegriffenen an das Merkmal der Erforderlichkeit spricht auch der allgemein anerkannte Grundsatz, dass sich der Angegriffene auf die Hinzuziehung privater Hilfe durch Dritte verweisen lassen muss, wenn diese Hilfe eine mildere Abwehr ermöglichen würde. Hier wird wiederum eine rein objektive Betrachtung angestellt. Nimmt der Angegriffene die (angebotene) Hilfe privater Nothelfer nicht in Anspruch und verteidigt sich dennoch, so ist sein Handeln nicht erforderlich und damit rechtswidrig. Die Erforderlichkeit wird also nur danach beurteilt, welche Verteidigungshandlung für den Individualschutz des Angegriffenen – objektiv und ex-ante – notwendig ist. Der Angegriffene kann über das potentielle Nothilferecht eines Dritten im Rahmen der Erforderlichkeit nicht disponieren. Berücksichtigt man bei der aufgedrängten Nothilfe nun den Willen des Angegriffenen im Rahmen der Erforderlichkeit, so setzt man sich möglicherweise in Widerspruch zu diesen Grundsätzen. Zuletzt ist ein Nothelfer, wie der Blick auf § 323c StGB gezeigt hat, unter Umständen sogar bei Angriffen auf indisponible Rechtsgüter des Angegriffenen zu einer Hilfeleistung gegen den Willen des Angriffsopfers und damit zu einer – erforderlichen – Verteidigungshandlung verpflichtet.

Die Erforderlichkeit kann nach allem vor dem Hintergrund des Art. 103 II GG nicht als gesetzlicher Anknüpfungspunkt für die Anbindung der Nothilfebefugnis an den Willen des Angegriffenen angesehen werden. Auch eine gegen den Willen des Angegriffenen verübte Nothilfe ist zur Abwehr eines gegenwärtigen rechtswidrigen Angriffs (objektiv) erforderlich, wenn der Angegriffene den Angriff selbst gar nicht abwehren möchte.

cc) Keine Gebotenheit

Als Anknüpfungspunkt zur Berücksichtigung des Willens des Angegriffenen kommt damit nur das Merkmal der Gebotenheit in § 32 I StGB in Betracht. Zu untersuchen ist, ob dieser Begriff den Anforderungen des Art. 103 II GG genügt. Die Auslegung und Bedeutung der Gebotenheitsklausel wird im strafrechtlichen

---

662 *Erb*, ZStW 108 (1996), 266, 270; *Günther*, SK-StGB, § 32 Rn. 60; *Haft*, Strafrecht AT, S. 86; *Herzog*, NK-StGB, § 32 Rn. 60; *Stree*, JuS 1973, 461; *Wessels/Beulke*, Strafrecht AT, Rn. 342.

663 So etwa *Herzog*, NK-StGB, § 32 Rn. 51 und Rn. 60; ähnlich *Eser/Burkhardt*, Strafrecht I, S. 122, die von einer Beurteilung „allein nach faktischen Effektivitätskriterien“ sprechen; *Schünemann*, GA 1985, 341, 370, hält bei der Erforderlichkeit die „physische Notwendigkeit“ für entscheidend.

Schrifttum kontrovers diskutiert. Sprachlich könnte auch die Bezeichnung „geboten" als „nötig" oder „notwendig" verstanden werden. Der Terminus der Gebotenheit würde sich dann nur auf das Ausmaß des Eingriffs in die Güter des Angreifers beziehen. Legte man den Terminus der Gebotenheit in diesem Sinne aus, so hätte er neben der Erforderlichkeit keinen eigenständigen Bedeutungsgehalt und wäre schlicht überflüssig. Ein Teil der Literatur hält dieses Verständnis für vorzugswürdig und misst der Gebotenheitsklausel im Hinblick auf die diskutierten Einschränkungen des Notwehr- und Nothilferechts keine Bedeutung bei.[664] Die heute wohl überwiegende Auffassung schreibt dem Begriff der Gebotenheit demgegenüber einen eigenständigen Sinngehalt zu.[665] Diese Interpretation kann sich auf die Intention des Gesetzgebers stützen.[666] Die Gebotenheitsklausel wurde vom Gesetzgeber des Zweiten Strafrechtsreformgesetzes – entgegen § 37 des „Entwurfes eines Strafgesetzbuches (StGB)" von 1962[667] und § 14 des Alternativentwurfes aus dem Jahre 1966[668] – ausdrücklich beibehalten, da das Notwehrrecht nach Ansicht des Ausschusses „aus sozial-ethischen Gründen einer Begrenzung" bedürfe, „durch die Fälle ausgeschieden werden, die keine

---

664 Für ein derartiges Verständnis: *Erb*, MünchKomm, StGB, § 32 Rn. 80; *Hruschka*, Strafrecht AT, S. 372 f.; *Kratzsch*, GA 1971, 65, 76; *Krause*, FS Bruns, S. 71, 78; *Lenckner*, GA 1968, 1, 2 ff. [nur im Ansatz *ders./Perron*, Schönke/Schröder, StGB, § 32 Rn. 44, wo eingeräumt wird, dass das Merkmal der Gebotenheit „allenfalls" zum Ausdruck bringen könne, dass es überhaupt Fälle geben könne, in denen das Notwehrrecht Einschränkungen unterliege]; *Schmidhäuser*, GA 1991, 97, 133; *Spendel*, LK-StGB, § 32 Rn. 256; in diese Richtung tendierend auch *Ebert*, Strafrecht AT, S. 71.

665 BGHSt 39, 374, 378; BSG JZ 2000, 96, 97; *Amelung*, GA 1982, 381, 389; *ders./Boch*, JuS 2000, 261, 265; *Courakis*, Notwehr, S. 97; *Eser/Burkhardt*, Strafrecht I, S. 122; *Freund*, Strafrecht AT, § 3 Rn. 126; *Geilen*, Jura 1981, 370 f.; *Günther*, SK-StGB, § 32 Rn. 102 ff.; *Haft*, Strafrecht AT, S. 87; *Himmelreich*, GA 1966, 129, 132 f.; *Hirsch*, LK-StGB, Vor § 32 Rn. 37; *Kindhäuser*, LPK-StGB, § 32 Rn. 33; *Krey*, JZ 1979, 702, 714; *ders.*, Strafrecht AT, Rn. 482, 521; *Kühl*, FS Bemmann, S. 193, 197; *ders.*, Strafrecht AT, § 7 Rn. 163; *ders.*, Lackner/Kühl, StGB, § 32 Rn. 13 ff.; *Matt*, NStZ 1993, 271, 272; *Retzko*, Notwehr, S. 77 ff.; *Roxin*, Strafrecht AT, § 15 Rn. 56; *Satzger*, JuS 1997, 800, 802; *Schünemann*, GA 1985, 341, 369; *D. Sternberg-Lieben/I. Sternberg-Lieben*, JuS 1999, 444, 446; *Stree*, JuS 1973, 461 f.; *Tröndle/Fischer*, StGB, § 32 Rn. 18; *Wessels/Beulke*, Strafrecht AT, Rn. 342.

666 In diese Richtung auch *Günther*, SK-StGB, § 32 Rn. 103; *Köhler*, Strafrecht AT, S. 265; *Kühl*, Strafrecht AT, § 7 Rn. 163; *ders.*, FS Bemmann, S. 193, 197; *Matt*, NStZ 1993, 271, 272; *Retzko*, Notwehr, S. 78; *Roxin*, Strafrecht AT, § 15 Rn. 53; *Schünemann*, GA 1985, 341, 369 f.; *Stree*, JuS 1973, 461, 462 f.; kritisch hingegen *Erb*, ZStW 108 (1996), 266, 295.

667 Vgl. BT-Drs. IV/650 S. 156 f. und BT-Drs. V/32 S. 14.

668 Vgl. BT-Drs. V/2285 S. 3.

Rechtfertigung verdienen.“[669] Ausdrücklich hingewiesen worden ist in diesem Zusammenhang auch darauf, dass der Verzicht auf die Gebotenheitsklausel möglicherweise von der Rechtsprechung dahin missverstanden werden könnte, der Gesetzgeber wolle der sich im geltenden Recht abzeichnenden Tendenz des Ausschlusses solcher Fälle entgegentreten.[670] Der Gesetzgeber wollte durch die Beibehaltung des Wortes „geboten“ klarstellen, dass an den Restriktionstendenzen, die sich im Notwehrrecht in den vergangenen Jahren abgezeichnet haben, grundsätzlich festgehalten werden sollte. Trotz Erfüllung der Voraussetzungen des § 32 II StGB muss die Tat nach § 32 I StGB auch „geboten“ sein, damit sie insgesamt das Prädikat der Rechtmäßigkeit verdient. Insoweit kann die Gebotenheitsklausel als Korrektiv einer an sich zur Abwehr eines rechtswidrigen Angriffs erforderlichen Verteidigungshandlung verstanden werden.[671] Der Gebotenheitsklausel kommt damit eine regulative, begrenzende Funktion zu.[672] Die Beibehaltung dieser Wendung durch den Gesetzgeber ist nicht pleonastisch oder eine „unangebrachte Wortklauberei“[673]. Sie ist vielmehr als wohlbedachte und zu respektierende Entscheidung des Gesetzgebers anzusehen, einen Anknüpfungspunkt für Einschränkungen des Notwehrrechts zu schaffen.[674] Insoweit besitzt die Wendung, die Tat müsse durch Notwehr geboten sein, vor dem Hintergrund des Art. 103 II GG eine verfassungsrechtliche Relevanz.

Bei dem Merkmal der Gebotenheit handelt es sich um einen weiten und unbestimmten Begriff.[675] Dieser muss näher ausgefüllt werden. Im Hinblick auf die

---

669 Vgl. BT-Drs. V/4095 S. 14.

670 Vgl. BT-Drs. V/4095 S. 14.

671 Ähnlich *Jakobs*, Strafrecht AT, 12/42 Fn. 87, der das Merkmal der Gebotenheit als „Angebrachtsein“ beschreibt.

672 Vgl. auch *Eser/Burkhardt*, Strafrecht I, S. 122; *Freund*, Strafrecht AT, § 3 Rn. 126; *Geilen*, Jura 1981, 200, 201 und 370; *Günther*, SK-StGB, § 32 Rn. 102 ff.; *Haft*, Strafecht, S. 87; *Herzog*, NK-StGB, § 32 Rn. 88; *Himmelreich*, GA 1966, 129 ff.; *Roxin*, ZStW 93 (1981), 68, 79; *Schünemann*, GA 1985, 341, 370; *Tröndle/Fischer*, StGB, § 32 Rn. 18; *Wessels/Beulke*, Strafrecht AT, Rn. 345; wohl auch *Duttge*, GS E. Schlüchter, S. 775, 785.

673 So *Spendel*, LK-StGB, § 32 Rn. 256; dagegen *Schünemann*, GA 1985, 341, 370, der die Terminologie des Gesetzes für „besonders gelungen“ hält.

674 Ebenso *Günther*, SK-StGB, § 32 Rn. 103: „Einfallstor“; *Kühl*, Strafrecht AT, § 7 Rn. 164; *ders.*, FS Bemmann, S. 193, 197; *Matt*, NStZ 1993, 271, 272; *Roxin*, Strafrecht AT, § 15 Rn. 56: „Einschränkungsfunktion zugewiesen“; *D. Sternberg-Lieben/I. Sternberg-Lieben*, JuS 1999, 444, 446: „gesetzliches Einfallstor“; die Möglichkeit der Festmachung von Einschränkungen des Notwehrrechts an dem Merkmal der Gebotenheit räumen auch *Stratenwerth/Kuhlen*, Strafrecht AT, § 9 Rn. 80, ein; anders *Erb*, ZStW 108 (1996), 266, 295.

675 *Herzog*, NK-StGB, § 32 Rn. 88; ähnlich *Geilen*, Jura 1981, 370: „blankettartige Leerformel“; *Krey*, Strafrecht AT, Rn. 482: „inhaltlicher Blankettbegriff“.

Vorschrift des Art. 103 II GG kann dem Strafrichter dabei nicht die Befugnis zuerkannt werden, das Merkmal der Gebotenheit mit eigenen Maßstäben zu interpretieren. Ließe man dies zu, so bestünde die bereits skizzierte Gefahr, dass der Richter unter dem Eindruck spektakulärer Einzelfälle eine Entscheidung trifft. Dies soll durch Art. 103 II GG verhindert werden. Als zulässig erscheint aber eine Ausfüllung durch die Berücksichtigung der Grundprinzipien des Notwehrrechts.[676] Leitet der Richter seine Entscheidung aus den Grundgedanken des § 32 StGB ab und können diese an einem gesetzlichen Merkmal festgemacht werden, das vom Gesetzgeber als Korrektiv verstanden werden sollte, so stellt dieses Vorgehen eine im Hinblick auf Art. 103 II GG grundsätzlich unbedenkliche Konkretisierung des Notwehrrechts dar.[677] Für eine Eingrenzung der Verteidigungsbefugnis nach den Grundgedanken des Notwehrrechts bietet der Begriff der Gebotenheit daher im Grundsatz einen „ausreichenden Entwicklungsspielraum“[678] an. Insoweit handelt es sich bei einer Einschränkung des Nothilferechts nach dem Willen des Angegriffenen um eine teleologische Auslegung des Begriffes der Gebotenheit durch eine Konkretisierung nach dem mit der Notwehr und Nothilfe verfolgten Zweck.[679] Im Hinblick auf den Bestimmtheitsgrundsatz des Art. 103 II GG hält es die überwiegende Auffassung prinzipiell für zulässig, auch wertausfüllungsbedürftige Begriffe zu verwenden.[680] Der Gesetzgeber ist nicht gehalten, alle Einzelheiten bis ins letzte Detail zu regeln. Es reicht aus, wenn die Vorgaben des Gesetzgebers abstrakt formuliert werden. Dabei darf auf unbestimmte Rechtsbegriffe zurückgegriffen werden, wenn deren Inhalt erst durch eine Interpretation im Wege der Auslegung bzw. durch Rückgriff auf nor-

---

676 Ebenso *Kühl*, Strafrecht AT, § 7 Rn. 164; *Roxin*, ZStW 93 (1981), 68, 79; *Rüping*, BK-GG, Art. 103 Abs. 2 Rn. 21; noch weitergehend *Amelung*, GA 1982, 381, 389: „Möglichkeit ... Wertungen der Gesamtrechtsordnung zu berücksichtigen.“

677 *Geilen*, Jura 1981, 370, 371; *Kühl*, Strafrecht AT, § 7 Rn. 164; *Schünemann*, GA 1985, 341, 370 f.; *Schroth*, NJW 1984, 2562; aus individualistischer Perspektive auch *Jakobs*, Strafrecht AT, 12/42 Fn. 87; *Günther*, SK-StGB, § 32 Rn. 105 ff.

678 So *Hirsch*, GS Tjong, S. 50, 63; ähnlich *Rudolphi*, SK-StGB, § 1 Rn. 24: „weit größerer Spielraum“.

679 Auch *Krey*, Strafrecht AT, Rn. 521, spricht im Zusammenhang mit dem Merkmal der Gebotenheit von teleologischer *Auslegung*; terminologisch abweichend, aber in der Sache ähnlich *Kühl*, Strafrecht AT, § 7 Rn. 164.

680 BVerfGE 45, 363, 371; BGHSt 30, 287; *Degenhart*, Sachs, GG, Art. 103 Rn. 68; *Köhler*, Strafrecht AT, S. 87 und 92; *Rüping*, BK-GG, Art. 103 Abs. 2 Rn. 26; *Schreiber*, SK-StGB, 2. Aufl., § 1 Rn. 12; *Schulze-Fielitz*, Dreier, GG, Art. 103 II Rn. 35; nur im Grundsatz *Nolte*, v. Mangoldt/Klein/Starck, GG, Art. 103 Abs. 2 Rn. 143.

mative Leitideen erschlossen werden kann.[681] Der Gesetzgeber soll nur die grundlegenden Wertentscheidungen selbst treffen. Anerkannt ist daher, dass die Anforderungen an die Bestimmtheit nicht übersteigert werden dürfen.[682] Grund dafür ist, dass die Gesetze ansonsten zu starr und kasuistisch würden und bei einem derart strengen Verständnis des Bestimmtheitsgrundsatzes der Vielgestaltigkeit des Lebens, dem Wandel der Verhältnisse oder der Besonderheit des Einzelfalles nicht gerecht werden könnten.[683]

Im Hinblick auf die mögliche Unbestimmtheit der Gebotenheit ist zu bedenken, dass zumindest die hier relevante Frage der Einschränkung des Nothilferechts nach dem Willen des Angegriffenen in der Rechtspraxis bereits vor den gesetzgeberischen Stellungnahmen zum Merkmal der Gebotenheit entschieden worden ist. Eine verfestigte Rechtsprechung soll nach Auffassung des Bundesverfassungsgerichts grundsätzlich geeignet sein, strafrechtlichen Normen die erforderliche Bestimmtheit zu bescheinigen.[684] Eine derartige Argumentation ist sicher nicht unbedenklich.[685] Konstatiert werden muss aber, dass zumindest der Vertrauenstatbestand aufgrund einer gesicherten Rechtsprechung im Hinblick auf Art. 103 II GG reduziert ist.[686]

Gegen ein derartiges Verständnis könnte nun eingewendet werden, die Einschränkung des Nothilferechts nach dem Willen des Angegriffenen könnte gesetzlich fixiert werden. Dem müsste aber entgegengehalten werden, dass sich das Gesetz möglicherweise in einer Vielzahl von Einzelheiten verlieren würde. Es müsste nicht nur der Grundsatz der generellen Unzulässigkeit einer aufgedrängten Fremdverteidigung niedergeschrieben werden, sondern auch die möglichen Ausnahmen von diesem Grundsatz bzw. die Anforderungen an die Willensarti-

---

681 Vgl. BVerfGE 45, 363, 372; 57, 250, 262; *Kunig*, v. Münch/Kunig, GG, Art. 103 Rn. 29; *Rüping*, BK-GG, Art. 103 Abs. 2 Rn. 21 m.w.N.; *Zierlein*, Umbach/Clemens, GG, Art. 103 Rn. 126.

682 Vgl. BVerfGE 45, 363, 371; *Nolte*, v. Mangoldt/Klein/Starck, GG, Art. 103 Abs. 2 Rn. 143; dies konstatiert auch *Erb*, ZStW 108 (1996), 266, 290.

683 BVerfGE 45, 363, 371; *Degenhart*, Sachs, GG, Art. 103 Rn. 68; *Nolte*, v. Mangoldt/Klein/Starck, GG, Art. 103 Abs. 2 Rn. 143; *Schreiber*, SK-StGB, 2. Aufl., § 1 Rn. 12; *Zierlein*, Umbach/Clemens, GG, Art. 103 Rn. 126.

684 BVerfGE 45, 363, 372; 57, 250, 262; 73, 206, 243; 93, 266, 292; zustimmend *Nolte*, v. Mangoldt/Klein/Starck, GG, Art. 103 Abs. 2 Rn. 139 (mit Nachweisen, dass diese Methode europaweit anerkannt ist); *Papier/Möller*, AöR 122 (1997), 177, 202 ff.; *Schulze-Fielitz*, Dreier, GG, Art. 103 Rn. 39; vgl. zur subjektiv-historischen Auslegung des § 32 StGB bei Einschränkungen durch eine konstante Rechtsprechung auch *Loos*, FS Wassermann, S. 123, 129.

685 Vgl. etwa die Kritik bei *Amelung*, NJW 1995, 2584, 2587; *Erb*, ZStW 108 (1996), 266, 295; *Köhler*, Strafrecht AT, S. 88 f.; *Kunig*, v. Münch/Kunig, GG, Art. 103 Rn. 29.

686 Ähnlich BVerfGE 45, 363, 372.

kulierung des Angegriffenen. Gerade bei den vielgestaltigen Fällen einer aufgedrängten Nothilfe sollte dieser Aspekt nicht vernachlässigt werden. Bei den Rechtfertigungsgründen geht es zudem um die Auflösung bestimmter Interessenkonflikte. Erlaubnissätze finden auf eine Vielzahl von Verhaltensnormen Anwendung. Sie müssen daher, wollen sie auch atypische Konstellationen erfassen und Besonderheiten berücksichtigen, tendenziell elastischer formuliert werden dürfen als Tatbestände.[687]

Nach allem ist daher festzustellen, dass das Merkmal der Gebotenheit als Anknüpfungspunkt für die grundsätzliche Anbindung der Nothilfe an den (mutmaßlichen) Willen des Angegriffenen erblickt werden kann.

VII. Ergebnis

Die Untersuchung auf der Rechtfertigungsebene hat Folgendes gezeigt: Eine Nothilfe darf bei einer *unwirksamen* Einwilligung zugunsten des angegriffenen Rechtsgutsinhabers geleistet werden. Die Wertentscheidung des Gesetzgebers, einem Bürger in Einzelfällen die Verfügungsbefugnis über sein Rechtsgut zu versagen, muss auch bei der Frage der Zulässigkeit einer Nothilfe beachtet werden. Der Nothelfer hat ein Recht zur Verteidigung angegriffener Individualrechtsgüter. Er ist in diesen Fällen unabhängig vom Willen des Angegriffenen zu einer Fremdverteidigung befugt, um die angegriffenen Individualrechtsgüter zu schützen.

Zulässig ist eine (aufgedrängte) Nothilfe daher auch dann, wenn der Angegriffene keine (unwirksame) Einwilligung erteilen wollte, den Angriff auf indisponible Rechtsgüter aber – etwa aus Solidarität mit dem Angreifer – lediglich *duldet*. Auch hier muss ein Nothelfer die angegriffenen und der Verfügungsbefugnis des angegriffenen Rechtsgutsinhabers entzogenen Rechtsgüter verteidigen dürfen. Untermauert werden kann das Recht zur Nothilfe in diesen Fällen mit ei-

687 Für eine tendenzielle Auflockerung der Anforderungen an den Bestimmtheitsgrundsatz bei Rechtfertigungsgründen auch *Hirsch*, LK-StGB, Vor § 32 Rn. 40; *ders.*, LK-StGB, § 228 Rn. 2; *Geilen*, Jura 1981, 370, 371; *B. Koch*, ZStW 104 (1992), 785, 818; *Nolte*, v. Mangoldt/Klein/Starck, GG, Art. 103 Abs. 2 Rn. 147; *Roxin*, Kriminalpolitik, S. 31 f.; *Schünemann*, GA 1985, 341, 370; *Stree*, JuS 1973, 461, 462; vgl. auch BVerfGE 73, 206, 238 f.; allgemein für eine Abschwächung der Anforderungen des Bestimmtheitsgrundsatzes an Vorschriften des Allgemeinen Teils *Gropp*, Strafrecht AT, § 2 Rn. 5; auch nach *Loos*, FS Wassermann, S. 123, 128, soll die „notwendigerweise nur beschränkte Bedeutung des nulla-poena-Grundsatzes bei den hochgeneralisierten Regeln des Allgemeinen Teils" in der Diskussion um die Einschränkungen des § 32 StGB zu berücksichtigen sein.

nem Vergleich zu § 323c StGB. Ein Nothelfer wird unter Umständen sogar verpflichtet, die angegriffenen Individualrechtsgüter gegen den Willen des Angegriffenen zu verteidigen. Ein Nothelfer muss daher auch ein korrespondierendes Recht zur Verteidigung haben.

Der Nothelfer hat nur deshalb ein Recht zur Nothilfe, um angegriffene Individualrechtsgüter vor Schaden zu bewahren. Er soll nicht – wie von den Vertretern der dualistischen Notwehrlehre z.T. behauptet – aus generalpräventiven Überlegungen durch die Abwehr rechtswidriger Angriffe potentiellen Rechtsbrechern die Unverbrüchlichkeit des Rechts vor Augen führen. Würde der Nothelfer gerade aus diesem Grund sein Nothilferecht haben, so müsste er auch bei anderen – mit höherer Strafe sanktionierten – Delikten als den §§ 216, 228 StGB gegen den Willen eines Angegriffenen zur Nothilfe befugt sein.

Rechtmäßig ist eine aufgedrängte Nothilfe auch, wenn der Nothelfer nur eine Erklärung *zugunsten des Nothelfers* abgibt. Dies ist dann der Fall, wenn der Angegriffene den Nothelfer aus dem Konflikt heraushalten möchte, um eine Verletzung des Nothelfers zu verhindern. Hier handelt es sich, worauf in der Literatur bereits zutreffend hingewiesen worden ist, nicht um ein Nothilfeverbot, sondern lediglich um einen für das Recht zur Fremdverteidigung irrelevanten Nothilfe*verzicht*.

Erlaubt ist eine Nothilfe auch dann, wenn sich der Angegriffene selbst verteidigen möchte und der Nothelfer die gleichen Rechte geltend macht, die der Angegriffene zur Verteidigung seiner angegriffenen Individualrechtsgüter einsetzen möchte.

Rechtswidrig ist eine den Angreifer verletzende Nothilfe, wenn der Angegriffene den Angreifer schonender behandeln möchte, als es die gesetzlichen Grenzen des § 32 StGB von ihm (oder einem Nothelfer) an sich verlangen und der Nothelfer diese vom Angegriffenen zu Gunsten des Angreifers errichtete Eingriffsschwelle überschreitet.

Unzulässig ist eine Nothilfe schließlich, wenn der Angegriffene aus eigenen Risikoerwägungen ein Nothilfeverbot ausspricht. Auch die Schutzerwägungen des Angegriffenen muss der Nothelfer respektieren, wenn sich das artikulierte Nothilfeverbot als autonome Entscheidung des Angegriffenen darstellt. Die Nothilfe dient nur der Verstärkung des Schutzes des Angegriffenen. Ein Angegriffener kann daher auf diesen Schutz aus Selbstschutzerwägungen verzichten, wenn er etwa bei einer Eskalation des Geschehens durch die Nothilfe eine eigene Verletzung befürchtet.

Die skizzierte Nothilfeschranke ergibt sich aus dem Rechtsgrund des § 32 StGB. Der Angegriffene darf – bei Angriffen auf disponible Rechtsgüter – über die Verteidigung seiner Individualrechtsgüter im Verhältnis zum Angreifer selbst entscheiden. Die Nothilfe stellt lediglich eine Verstärkung des Schutzes des Angegriffenen dar. Ein Angegriffener muss sich aber nicht verteidigen (lassen). Das deutsche Notwehrrecht kennt keine Pflicht zur Verteidigung. Das begrenzende Merkmal der Gebotenheit kann daher vor dem Hintergrund der auch auf Rechtfertigungsgründe anwendbaren verfassungsrechtlichen Vorschrift des Art. 103 II GG eine Einschränkung des Nothilferechts ermöglichen.

Erklärt der Angegriffene ausdrücklich, dass er keine Fremdverteidigung wünscht, so muss dieser Wille vom Nothelfer beachtet werden. Da der Angegriffene wegen der Dramatik einer Notwehrsituation seinen entgegenstehenden Willen aber nicht immer explizit artikulieren kann, erscheint es bei einer Abwägung der Interessen des Angegriffenen und des Nothelfers sachgerecht, dem Nothelfer auch dann ein Eingreifen zu versagen, wenn sich aus den äußeren Umständen ergibt, dass die Nothilfe entweder überhaupt oder in der geleisteten Art und Weise ganz offensichtlich nicht dem Willen des Angegriffenen entspricht bzw. dem Nothelfer ein entgegenstehender Wille des Angegriffenen bekannt ist. In der Regel ist aber davon auszugehen, dass es dem mutmaßlichen Willen des Angegriffenen entspricht, seine angegriffenen Individualrechtsgüter von einem Nothelfer verteidigen zu lassen.

3. Kapitel: Aufgedrängte Nothilfe und Notwehrexzess

Entspricht die Fremdverteidigung nicht dem (mutmaßlichen) Willen des Angegriffenen, so ist ein Eingriff des Nothelfers in die Rechtsgüter des Angreifers grundsätzlich nicht nach § 32 StGB gerechtfertigt. Es erhebt sich aber die Frage, ob die mit der Nothilfehandlung verbundene Beeinträchtigung der Rechtssphäre des Angreifers in diesen Fällen regelmäßig strafrechtlich sanktioniert werden muss. In der Literatur wird die Thematik der aufgedrängten Nothilfe ausschließlich auf der Unrechtsebene diskutiert.[688] Aus dem Unbehagen über eine mögliche Bestrafung des Nothelfers wird die rechtliche Bewertung einer Nothilfebefugnis i.S. des § 32 StGB z.T. von den Beweggründen des Angegriffenen abhängig gemacht. In diesem Kapitel soll nun untersucht werden, ob die Straflosigkeit einer oktroyierten Nothilfe auf einer der Unrechtsebene nachgelagerten Stufe angenommen werden kann. Möglicherweise greift in Einzelfällen zugunsten des Nothelfers die begünstigende Vorschrift des § 33 StGB ein. Danach wird ein Täter, der die Grenzen der Notwehr aus Verwirrung, Furcht oder Schrecken überschreitet, nicht bestraft.

Denkbar wäre dies etwa in folgendem Beispielsfall:

F wird von ihrem betrunkenen und gewalttätigen Ehemann M wieder einmal verprügelt. Bereits in der Vergangenheit hatte M seiner Frau dabei schwerwiegende Verletzungen zugefügt. Untermieter U hört das neuerliche Schlagen und eilt der F zur Hilfe. Diese verbittet sich aber jede Einmischung, was U auch zutreffend vernimmt. U weiß zudem, dass er zu einer (aufgedrängten) Nothilfe nicht befugt ist.[689] *Dennoch schlägt er den M, der seinerseits gerade dabei ist, auf die*

688 Vgl. *Seier*, NJW 1987, 2476, 2483: „... der Nothelfer ist aus dem Tatbestand strafbar, den er dem Angreifer gegenüber verwirklicht"; *D. Sternberg-Lieben/I. Sternberg-Lieben*, JuS 1999, 444, 448: „... bleibt es bei der Strafbarkeit des sich einmengenden Dritten."
Auch in den Arbeiten von *Heller*, Nothilfe, S. 228, und *Seuring*, Nothilfe, S. 68, wird die Diskussion um die aufgedrängte Nothilfe ausschließlich auf der Ebene der *Rechtfertigung* geführt.
Heller konstatiert aber (S. 149), dass der seine Hilfe aufdrängende Nothelfer „manchmal unter verschärften Handlungsbedingungen, in einer Stresssituation und im Affekt" entscheide.

689 Die Frage, inwieweit ein Irrtum über die rechtlichen Grenzen eines Rechtfertigungsgrundes, d.h. auch die Fehlbewertung über die Beachtlichkeit des Willens des Angegriffenen hinsichtlich des Nothilferechts, einen nach § 17 StGB unvermeidba-

F einzuschlagen, aus Mitgefühl, Erregung und Angst um die F nieder. U befürchtet, ohne ein sofortiges Einschreiten könnte das Handeln des M möglicherweise erneut gravierendste Folgen für seine heimlich verehrte F haben. Im Zeitpunkt der Verteidigungshandlung des U hatten die Schläge des M allerdings (noch) keine schwerwiegenden Auswirkungen für die F, so dass die Norm des § 228 StGB nicht als Grenze für die Dispositionsbefugnis der angegriffenen F im Hinblick auf die Nothilfebefugnis des U angesehen werden kann.[690] *Das Einschreiten des U ist aus diesem Grunde, hält man mit der überwiegenden Auffassung eine aufgedrängte Nothilfe bei Angriffen auf disponible Rechtsgüter des Angriffsopfers für unzulässig, nicht nach § 32 StGB gerechtfertigt. Wäre die privilegierende Vorschrift des § 33 StGB auf derartige Konstellationen anwendbar, so handelte U zwar rechtswidrig, aber straflos.*

Ob ein Hinwegsetzen über den Willen des Angegriffenen als Überschreitung der Grenzen der Notwehr i.S. des § 33 StGB verstanden werden kann, ist im Schrifttum noch nicht näher beleuchtet worden. Aus den zum Notwehrexzess in allgemeineren Zusammenhängen getroffenen Stellungnahmen lassen sich allerdings diesbezügliche Rückschlüsse ziehen.

I. Einführende Bemerkungen

Roxin hat seinen grundlegenden Beitrag zu § 33 StGB aus dem Jahre 1975 mit den metaphorischen Worten eingeleitet, dass der Notwehrexzess „unter den gesetzlich geregelten Fällen, in denen trotz tatbestandsmäßigen und rechtswidrigen Verhaltens keine Bestrafung eintritt", „sicher der dunkelste" sei.[691] Auch etwa dreißig Jahre später bestehen nicht nur Divergenzen über die dogmatische Begründung des Notwehrexzesses, sondern – damit verbunden – auch Streit über dessen Anwendungsbereich. Als geklärt anzusehen ist lediglich, dass die Notwehrüberschreitung nicht zu einem Ausschluss der Rechtswidrigkeit führt.[692] Der Exzedent handelt rechtswidrig. Vielfach ist die Norm des § 33 StGB in der Literatur kritisiert worden. *Geilen* hat die Notwehrüberschreitung als „ganz aty-

---

ren Verbotsirrtum und damit ein Korrektiv für die Bestrafung einer aufgedrängten und rechtswidrigen Nothilfe darstellt, soll hier außer Betracht bleiben.

690 Vgl. zur Auslegung des § 228 StGB in den Fällen der aufgedrängten Nothilfe oben 2. Kap. IV. 1. d).

691 *Roxin*, FS Schaffstein, S. 105. Ähnlich *Heuchemer/Hartmann*, JA 1999, 165, die den Notwehrexzess unter den Vorschriften, die im Strafrecht die Freistellung von Strafe anordnen, als „die ungeklärteste" einstufen.

692 Vgl. dazu etwa *Fischer*, Notwehrüberschreitung, S. 57 f.

pische und undifferenzierte Entschuldigungsmöglichkeit" bezeichnet.[693] Noch weiter in seiner Kritik ist *M. E. Mayer* gegangen, indem er sagte: „Die Zurechnung, diese feinste Leistung der Strafrechtspflege, wird durch eine grobe Regel mattgesetzt".[694] Gleichwohl stellt die Regelung des § 33 StGB geltendes Recht dar und muss vom Norminterpreten ausgelegt werden. Der Gesetzgeber hat sich zur Einordnung dieser Vorschrift bewusst zurückgehalten.[695] Nach *Horstkotte*[696], dem Vertreter des Bundesjustizministeriums im Sonderausschuss, wurde „eine einigermaßen neutrale Formel" gewählt, die weiterhin für die mannigfaltigen Deutungen der Rechtsnatur des Notwehrexzesses Raum lasse. Der Gesetzgeber solle sich „nicht ohne Not einmischen". *Roxin* hat dies „als bewusstes Bekenntnis des Gesetzgebers zur Unentschiedenheit und Offenheit im Streit der Meinungen" aufgefasst.[697] Wie sich im Folgenden zeigen wird, hängt eine eng- oder weitherzige Interpretation des § 33 StGB maßgeblich von der Bestimmung des Rechtsgrundes des Notwehrexzesses ab. Auch für die Fragestellung, ob die aufgedrängte Nothilfe von der täterbegünstigenden Vorschrift des 33 StGB erfasst werden kann, muss die ratio legis des Notwehrexzesses einen wesentlichen Einfluss haben.

II. Adressatenkreis des § 33 StGB

§ 33 StGB spricht nur davon, dass der Täter die Grenzen der *Notwehr* überschreitet. Auch die gesetzliche Formulierung bzw. die Überschrift des § 32 StGB verwenden lediglich die Bezeichnung „Notwehr". Der Begriff „Nothilfe" wird nicht explizit verwendet. Nur die Wendung „von sich oder einem anderen abzuwenden" deutet auf eine Fremdverteidigungsbefugnis im Rahmen des § 32 StGB hin. Die Norm des § 33 StGB baut systematisch auf der Notwehrregelung auf. Wenn § 32 StGB die Nothilfe neben der Notwehr als gleichberechtigt anerkennt, dann ist davon auszugehen, dass auch der Nothelfer die „Grenzen der Notwehr" überschreiten darf. Bekräftigen lässt sich dies durch die neutrale Formulierung des § 33 StGB. Nicht nur der Angegriffene, sondern jeder „Täter" kann die Grenzen der Notwehr überschreiten. Auch der Nothelfer kann prinzipiell in den

---

693 *Geilen*, Jura 1981, 370, 379.
694 *M. E. Mayer*, Allgemeiner Teil, S. 282/283.
695 Eingehend zur Entstehungsgeschichte des Notwehrexzesses: *Diederich*, Notwehrexzess, S. 5 ff.
696 Sonderausschuss für die Strafrechtsreform, 91. Sitzung, Prot. V, S. 1817.
697 *Roxin*, FS Schaffstein, S. 105, 107.

Genuss der von § 33 StGB angeordneten Straflosigkeit kommen. Die Regelung des Notwehrexzesses gilt für die Notwehr und Nothilfe in gleicher Weise.[698]

III. Asthenische Affekte und (aufgedrängte) Nothilfe

Etwas problematischer als dieser theoretische Befund ist die tatsächliche Feststellung, ob auch der Nothelfer als Exzedent in den von § 33 StGB bezeichneten Affektzustand geraten ist. Verwirrung, Furcht oder Schrecken müssen mitursächlich für die Überschreitung der Grenzen der Notwehr geworden sein. Der Nothelfer ist im Gegensatz zum Angegriffenen zunächst nicht direkt in den Notwehrkonflikt involviert. Dennoch erscheint es psychologisch möglich, dass sich auch ein Nothelfer bei einem Angriff auf eine andere Person einem gesteigerten Motivationsdruck ausgesetzt sieht. Es kann etwa Fälle geben, in denen der Nothelfer in einem persönlichen Näheverhältnis zu dem Angegriffenen steht. Hier wird der Nothelfer bei einem Angriff auf seine Sympathieperson in der Regel nicht kühl, besonnen und ohne jeglichen seelischen Druck zur Nothilfe einschreiten.[699] In der strafrechtlichen Literatur zur Vorschrift des § 32 StGB ist weitgehend anerkannt, dass sich auch ein Nothelfer, ohne selbst Opfer eines Angriffs geworden zu sein, in einer psychischen Ausnahmesituation befinden kann.[700]

Für die Möglichkeit der psychischen Betroffenheit eines Nothelfers spricht auch der Vergleich mit der Regelung des § 35 StGB. Bei dieser Vorschrift wird bereits aus der gesetzlichen Formulierung deutlich, dass auch ungefährdete Notstandshelfer privilegiert werden, wenn sie eine Gefahr für besonders hochrangige Rechtsgüter ihrer Sympathiepersonen auf Kosten unbeteiligter Dritter abwehren. Auch bei der Erklärung für die Begünstigung dieser Norm wird auf den besonderen seelischen Druck nahestehender Person verwiesen, obwohl sich die Notstandshelfer selbst gar nicht in Gefahr befinden.[1701] Die Beschränkung des Notstandsprivilegs auf einen engen Personenkreis wird im E 1962 sogar damit be-

---

698 Ebenso im Ergebnis BGH NStZ 1987, 20; OLG Oldenburg NdsRpfl. 1951, 211, 212; *Diederich*, Notwehrexzess, S. 21; *Erb*, MünchKomm, StGB, § 33 Rn. 16; *Fischer*, Notwehrüberschreitung, S. 37 (m.w.N. aus dem älteren Schrifttum); *Frister*, Voluntatives Schuldelement, S. 226; *Hardtung*, ZStW 108 (1996), 26, 27; *Kühl*, Strafrecht AT, § 12 Rn. 131; *Roxin*, FS Schaffstein, S. 105, 113; *Sauren*, Jura 1988, 567, 568; *Spendel*, LK-StGB, § 33 Rn. 2, 42, 48, 50; *Timpe*, JuS 1985, 117, 118.

699 Ähnlich *Seier*, NJW 1987, 2476, 2477.

700 Vgl. oben 1. Kap. III. 1. b).

701 Vgl. etwa *Hirsch*, LK-StGB, § 35 Rn. 30; *Kühl*, Strafrecht AT, § 12 Rn. 34; *Lenckner/Perron*, Schönke/Schröder, StGB, § 35 Rn. 15.

gründet, dass „die seelische Drucklage", die „den inneren Grund für die Entschuldigung" abgebe, „meist" nur im Hinblick auf die im Gesetz angeführten Personen entstehe.[702]

Aber auch bei anderen couragierten Mitbürgern scheint es nicht ausgeschlossen zu sein, dass Verwirrung, Furcht etc. das Handeln bei der Verteidigung eines Angegriffenen zumindest mitbestimmt haben. Auch der Angriff auf eine geliebte, aber keineswegs nahestehende Person, wie etwa der heimlich Angebeteten, kann durchaus eine psychische Ausnahmesituation für den Nothelfer darstellen. Vor allem bei gewaltgeprägten Übergriffen auf ein Angriffsopfer ist es denkbar, dass es zu einer besonderen Stresssituation auf Seiten des Nothelfers kommen kann.[703] Belegen lässt dies durch einen Fall, den der BGH[704] zu entscheiden hatte. In dieser vielzitierten[705] Entscheidung wurde ein Gastwirt grundlos zusammengeschlagen. Ein Nothelfer wehrte diesen Angriff ab, überschritt dabei aber das zulässige Maß der Verteidigung. Der BGH kam zu dem Urteil, dass es der Anwendung des § 33 StGB nicht entgegenstehe, wenn der „über die Verletzung" des Gastwirtes „betroffene, erregte und Mitleid fühlende" Nothelfer „auch einen Denkzettel verpassen wollte" und ging somit im Ergebnis davon aus, dass die in § 33 StGB genannten asthenischen Affekte das Handeln des Nothelfers wesentlich beeinflusst haben. Auch wenn in dieser Entscheidung aus den bezeichneten Affekten nur die Grenze der Erforderlichkeit überschritten worden ist, muss davon ausgegangen werden können, dass sich auch ein Nothelfer aus Betroffenheit, Erregung und Mitgefühl dazu hinreißen lassen kann, den Angegriffenen gegen dessen Willen gegenüber einem Angreifer zu verteidigen. Letztlich ist es eine rein tatsächliche Frage, ob die in § 33 StGB bezeichneten Einflüsse das Handeln des Nothelfers mitbestimmt haben. Relevant sind die situativen Umstände des Einzelfalles. Sowohl die Qualität des Angriffs als auch die Psyche des Verteidigers sowie das Verhältnis zum Angegriffenen dürften dabei einen nicht unwesentlichen Einfluss haben. Personen, die ängstlicher sind, werden sich auch bei Angriffen auf andere Mitbürger eher von Furcht, Verwirrung oder Schrecken beeinflussen lassen als andere Zeitgenossen. Die Vorschrift des § 33 StGB privilegiert aber auch die gesteigerte Affektanfälligkeit überängstlicher und besonders schreckhafter Menschen.[706]

Ausschlaggebend für den Anwendungsbereich des Notwehrexzesses sind auch die Voraussetzungen, die an die Stärke eines der in § 33 StGB bezeichneten

702 Kritisch zu dieser Begründung *Roxin*, JA 1990, 97, 102.
703 Zutreffend *Erb*, MünchKomm, StGB, § 33 Rn. 16.
704 BGH NStZ 1987, 20.
705 Vgl. dazu etwa die Rezension bei *Otto*, Jura 1987, 604 ff.
706 *Erb*, MünchKomm, StGB, § 33 Rn. 23; *Spendel*, LK-StGB, § 33 Rn. 73.

Affekte gestellt werden.[707] Faktisch aufgelockert wurden die subjektiven Anforderungen durch eine jüngere Entscheidung des BGH. Danach ist es ausreichend, wenn die asthenischen Affekte neben anderen gefühlsmäßigen Regungen für die Notwehrüberschreitung mitursächlich geworden sind.[708] Auch bei einer Motivbündelung aus den in § 33 StGB bezeichneten Affekten und solchen, die von Gefühlen der Stärke bestimmt werden, wie etwa Wut, Empörung oder Zorn, liegen die subjektiven Voraussetzungen des Notwehrexzesses nach Auffassung der Judikatur vor. Zudem führt der Grundsatz, dass „in dubio pro reo" von der motivierenden Wirkung eines asthenischen Affektes für den Notwehrexzess auszugehen ist, zu einer tendenziell extensiven Handhabung des § 33 StGB.[709]

Es lässt sich resümieren: Ebenso wie der Nothelfer das Maß einer vom Angegriffenen gebilligten Verteidigung aus einer psychischen Drucksituation überschreiten kann, erscheint es auch nicht ausgeschlossen, dass sich ein Nothelfer durch die seelische Belastung einer Angriffssituation dazu hinreißen lässt, den Angegriffenen gegen dessen Willen zu verteidigen.

IV. Objektiver Anwendungsbereich in der Diskussion

In den zur Vorschrift des § 33 StGB bisher publizierten Beiträgen werden im Wesentlichen drei denkbare Konstellationen eines Notwehrexzesses unterschieden: der Exzess im *Maß*, in der *Zeit* und in der *Richtung*. Die Situation, in der ein Nothelfer gegen den Willen des Angegriffenen eine Nothilfehandlung vornimmt, soll zunächst den im Schrifttum diskutierten Anwendungsfeldern des § 33 StGB gegenübergestellt werden.

1. Exzess im Maß

Zum unbestrittenen Kernbereich des § 33 StGB wird der intensive Notwehrexzess gezählt.[710] Hier liegt ein gegenwärtiger rechtswidriger Angriff vor; der

---

707 Vgl. zu den Affekten des § 33 StGB *Spendel*, LK-StGB, § 33 Rn. 52 ff.; (aus psychiatrisch-psychologischer Sicht) *Diederich*, Notwehrexzess, S. 156 ff.

708 BGH NStZ 1999, 264, 265; zustimmend *Heuchemer*, JA 2000, 382, 384; im Ergebnis auch *Herzog*, NK-StGB, § 33 Rn. 23 m.w.N.; strenger insoweit *Erb*, MünchKomm, StGB, § 33 Rn. 22: „nur dann, wenn die asthenischen Affekte klar dominieren"; vgl. zu dieser Kontroverse unten 3. Kap. V. 4. c).

709 *Herzog*, NK-StGB, § 33 Rn. 23; *Roxin*, Strafrecht AT, § 22 Rn. 77; *Spendel*, LK-StGB, § 33 Rn. 72.

710 Vgl. statt aller *Lenckner/Perron*, Schönke/Schröder, StGB, § 33 Rn. 7.

Verteidiger überzieht allerdings das *Maß* einer an sich zulässigen Verteidigungshandlung. Zunächst kann die Grenze der Erforderlichkeit überschritten werden. Beispiel: A greift bei seiner Verteidigung aus Furcht zu einem Messer, obgleich ein Faustschlag zur Angriffsabwehr ausgereicht hätte. Darüber hinaus kann der Verteidiger die „sozialethischen“ Einschränkungen des Notwehrrechts nicht hinreichend beachtet haben. Auch diese Fälle stellen einen intensiven Notwehrexzess dar.[711] Beispiel: A wird von einer schuldlos handelnden Person angegriffen. Obwohl ein Ausweichen vor dem Angriff möglich wäre, versetzt A dem Angreifer aus Furcht einen tödlichen Messerstich. Charakteristisch für das Vorliegen eines intensiven Notwehrexzesses ist damit allein die Überschreitung des Maßes einer an sich zulässigen Abwehrhandlung.

Nach der überwiegenden Auffassung sind die Fälle einer aufgedrängten Nothilfe anders gelagert. Bei einer aufgedrängten Nothilfe liegt zwar mit dem gegenwärtigen rechtswidrigen Angriff formal eine Notwehrlage vor. Der Nothelfer hat bei einem entgegenstehenden (relevanten) Willen des Angegriffenen aber kein Recht zur Nothilfe. Handelt der Nothelfer dennoch, so überschreitet er nicht das Maß und damit das „Wie“ einer an sich zulässigen Verteidigung, sondern er handelt, ohne überhaupt zur Nothilfe befugt zu sein, d.h. er überzieht das „Ob“ einer Verteidigung. Nach der hier vertretenen Ansicht ist eine (aufgedrängte) Nothilfe ausnahmsweise zulässig, wenn der Nothelfer den Angriff nicht mit härteren Mitteln abwehrt, als der Angegriffene bei einer eigenen Verteidigungshandlung selbst – zur Schonung des Angreifers – einsetzen möchte. Dies bedeutet: Der Nothelfer handelt rechtmäßig, wenn er das vom Verteidigungswillen des Angegriffenen bestimmte Maß der Verteidigung nicht überschreitet. In diesem Fall kann davon ausgegangen werden, dass ein intensiver Notwehrexzess vorliegt, wenn sich der Nothelfer über das vom Verteidigungswillen des Angriffsopfers umfasste Interesse an einer (schonenden) Verteidigung hinwegsetzt. Dennoch umfasst die Konstellation des intensiven Exzesses nicht die gesamte Bandbreite möglicher Fälle einer aufgedrängten Nothilfe. Möchte sich der Angegriffene z.B. gar nicht verteidigen oder verzichtet aus eigenen Risikoerwägungen auf ein Einschreiten des Nothelfers, so hat der Nothelfer überhaupt kein (eingeschränktes) Recht zur Nothilfe.[712] In diesen Fällen wird nicht das Maß einer an sich zulässigen Verteidigung überschritten. Zu untersuchen ist daher, ob auch diese Konstellationen von dem objektiven Anwendungsbereich des § 33 StGB

---

711 *Erb*, MünchKomm, StGB, § 33 Rn. 11; *Kühl*, Strafrecht AT, § 12 Rn. 152; *Lenckner/Perron*, Schönke/Schröder, StGB, § 33 Rn. 9; *Motsch*, Notwehrexzess, S. 19 ff.

712 Vgl. zu den Beweggründen des Angegriffenen für die Artikulierung eines Nothilfeverbots und die Relevanz für die rechtliche Beurteilung im Rahmen des § 32 StGB oben 2. Kap. III. 1. und 4.

erfasst werden können. Vor allem diese Sachverhaltsgestaltungen sollen Gegenstand der nachfolgenden Erörterung sein.

2. Exzess in der Richtung

Bei einem räumlichen[713] Notwehrexzess verletzt der Verteidiger nicht den Angreifer, sondern einen unbeteiligten Dritten. Beispiel: A schießt auf den fliehenden Räuber R. Die Kugel trifft den Passanten P. Verletzt der Exzedent mit seiner Verteidigungshandlung nicht den Angreifer, sondern eine andere Person, so scheidet eine Privilegierung durch § 33 StGB nach allgemeiner Ansicht aus.[714] Für die Fälle der aufgedrängten Nothilfe ergibt sich damit: Verteidigt der Nothelfer einen Angegriffenen gegen dessen Willen und verletzt dabei nicht den Angreifer, sondern den *Angegriffenen*, so kann eine Straflosigkeit nach § 33 StGB nicht in Betracht kommen.[715]

3. Exzess in der Zeit

Unterschiedlich beurteilt wird, ob auch die Überschreitung der Gegenwärtigkeitsgrenze des § 32 StGB von § 33 StGB privilegiert werden kann.[716] Bezeichnet wird diese Konstellation bekanntlich als extensiver Notwehrexzess.

---

713 So bezeichnet von *Spendel*, LK-StGB, § 33 Rn. 16.

714 Vgl. zur Begründung dieses Ergebnisses unten 3. Kap. V. 4. a).

715 Denkbar wäre dies etwa in den Fällen, in denen der Nothelfer aus eigenen Schutzerwägungen ein Nothilfeverbot artikuliert.

716 Ablehnend: RGSt 54, 36 f.; BGH NStZ 1987, 20; StV 1989, 477; *Geilen*, Jura 1981, 370, 378 f.; *Gropp*, Strafrecht AT, § 7 Rn. 85 f.; (in der Tendenz auch) *Hardtung*, ZStW 108 (1996), 26, 50; *Jescheck/Weigend*, Strafrecht AT, § 45 II 4; *Maurach/Zipf*, Strafrecht AT, § 34 III Rn. 27; *Rudolphi*, JuS 1969, 461, 463; *ders.*, SK-StGB, § 33 Rn. 2; *Sauren*, Jura 1988, 567, 571; *Schmidhäuser*, Studienbuch, 8/29; *ders.*, Lehrbuch, 11/27; (wohl auch) *Tröndle/Fischer*, StGB, § 33 Rn. 2; *Welzel*, Strafrecht, S. 89.
Befürwortend (für den nachzeitig-extensiven Exzesses): *Beulke*, Jura 1988, 641, 643; *Blei*, Strafrecht AT, S. 211; *Diederich*, Notwehrexzess, S. 97; *Erb*, MünchKomm, StGB, § 33 Rn. 14; *Herzog*, NK-StGB, § 33 Rn. 11; *Jakobs*, Strafrecht AT, 20/31; *Joecks*, StuK-StGB, § 33 Rn. 3; *Kühl*, Lackner/Kühl, StGB, § 33 Rn. 2; *ders.*, Strafrecht AT, § 12 Rn. 141; *Lenckner/Perron*, Schönke/Schröder, StGB, § 33 Rn. 7; *Motsch*, Notwehrexzess, S. 95; *Mitsch*, Baumann/Weber/Mitsch, Strafrecht AT, § 23 Rn. 42; *Otto*, Jura 1987, 604, 606; *ders.*, Strafrecht AT, § 14 Rn. 23; *Roxin*, FS Schaffstein, S. 105, 111 ff.; *ders.*, Strafrecht AT, § 22 Rn. 88; *Schroeder*, JuS 1980, 336, 341; *Spendel*, LK-StGB, § 33 Rn. 8 (mit weiteren Nach-

Ein solcher Exzess kann in zwei Formen auftreten: Der Exzedent kann zum einen bereits losschlagen, bevor er das Opfer eines gegenwärtigen Angriffs geworden ist (sog. vorzeitig-extensiver Exzess). Beispiel:[717] A gerät durch die Ankündigung des gewaltbereiten B, er werde ihn sogleich zusammenschlagen, in panische Furcht und macht B durch einen Präventivschlag kampfunfähig. Im Rahmen des 33 StGB kann diese Konstellation relevant werden, da eine „Präventivnotwehr" nach fast einhelliger Auffassung nicht in analoger Anwendung des § 32 StGB gerechtfertigt ist.[718] Zum anderen kann der Exzedent den Angreifer nach Beendigung des Angriffs verletzen (sog. nachzeitig-extensiver Exzess). Beispiel: Nachdem der ursprüngliche Angreifer bereits überwältigt worden ist, versetzt das immer noch verängstigte Angriffsopfer dem auf dem Boden liegenden Angreifer noch einen Tritt in den Magen. In beiden Formen eines extensiven Notwehrexzesses liegt im Zeitpunkt der „Verteidigungshandlung" des Exzedenten kein gegenwärtiger rechtswidriger Angriff vor. Aufgrund der fehlenden Notwehrlage besteht kein (eingeschränktes) Recht zur Notwehr.

Auch der Nothelfer, der den Angegriffenen gegen dessen (beachtlichen) Willen verteidigt, hat, hält man mit der überwiegenden Auffassung eine aufgedrängte Nothilfe bei Angriffen auf disponible Rechtsgüter des Angriffsopfers für rechtswidrig, keine (eingeschränkte) Befugnis zum Eingriff in die Rechtsgüter des Angreifers. Dennoch unterscheiden sich beide Konstellationen in einem Punkt. Im Gegensatz zum extensiven Notwehrexzess liegt bei der aufgedrängten Nothilfe eine Notwehrlage vor. Dieser Unterschied scheint, mustert man einzelne Äußerungen zum extensiven Notwehrexzess, nicht unerheblich für die Beurteilung des Anwendungsbereiches des § 33 StGB zu sein. Einige Autoren wollen die Überschreitung der zeitlichen Grenzen der Notwehr mit der Erwägung, es fehle mangels Angriffssituation an der „Dramatik der Situation", nicht von § 33 StGB erfasst sehen.[719] Dieses Argument trifft auf die Fälle der aufgedrängten Nothilfe nicht zu. Der Angegriffene sieht sich bei der aufgedrängten Nothilfe einem gegenwärtigen rechtswidrigen Angriff ausgesetzt. Wehrt der Nothelfer nun diesen Angriff gegen den Willen des Angegriffenen ab, so kann die „Dramatik der Situation", in der sich der Nothelfer entscheiden muss, ob er den Angegriffenen auch gegen dessen Entscheidung verteidigt, nicht geleugnet werden. Hält

---

weisen aus dem älteren Schrifttum); *Timpe*, JuS 1985, 117, 120 f.; *Trüg/Wentzell*, Jura 2001, 30, 34; *Wessels/Beulke*, Strafrecht AT, Rn. 447.
Auch für den vorzeitig-extensiven Exzess: *Erb*, MünchKomm, StGB, § 33 Rn. 14; *Roxin*, FS Schaffstein, S. 105, 117; *ders.*, Strafrecht AT, § 22 Rn. 88.

717 Nach *Roxin*, FS Schaffstein, S. 105, 111.

718 Vgl. statt aller *Spendel*, LK-StGB, § 32 Rn. 127; anders hingegen *Suppert*, Notwehr, S. 356 ff.

719 So *Geilen*, Jura 1981, 370, 378 f.; zustimmend *Sauren*, Jura 1988, 567, 571.

man das Vorliegen eines gegenwärtigen rechtswidrigen Angriffs für den neuralgischen Punkt bei der Interpretation des § 33 StGB, so muss konstatiert werden, dass diese Voraussetzung bei einer aufgedrängten Nothilfe vorliegt. Die fehlende bzw. vorliegende „Dramatik der Situation" kann aber weder in den Fällen des extensiven Notwehrexzesses[720] noch bei einer aufgedrängten Nothilfe die Richtschnur für die Auslegung des § 33 StGB markieren. Sämtliche Interpretationsfragen müssen, um dogmatisch unangreifbar zu sein, aus den Grundgedanken des § 33 StGB „deduziert" werden.

V. § 33 StGB und aufgedrängte Nothilfe

Vor der methodischen Untersuchung des § 33 StGB soll die Sonderproblematik der vorsätzlichen Überschreitung der Grenzen der Notwehr aufgegriffen werden. Gerade in den hier interessierenden Fällen, in denen sich der Nothelfer aus Furcht etc. um den Angegriffenen über dessen Willen hinwegsetzt, wird es sich dann, wenn der entgegenstehende Wille des Angegriffene vom Nothelfer zutreffend wahrgenommen wird, um eine bewusste Entscheidung des Nothelfers handeln.

1. Das Sonderproblem der bewussten Notwehrüberschreitung

Die allgemeine Frage, ob eine vorsätzliche Überschreitung der Notwehrgrenzen von § 33 StGB begünstigt werden kann, ist in Literatur und Rechtsprechung bereits hinreichend erörtert worden. Herauskristallisiert hat sich bei dieser Kontroverse, dass die ganz überwiegende Auffassung[721] den Standpunkt einnimmt,

---

720 Vgl. etwa die Kritik an dieser Sichtweise bei *Herzog*, NK-StGB, § 33 Rn. 11; *Kühl*, Strafrecht AT, § 12 Rn. 143; *Motsch*, Notwehrexzess, S. 94 f.; *Roxin*, Strafrecht AT, § 22 Rn. 89; auf eine gleichgelagerte psychische Ausnahmesituation in diesen Fällen verweisen auch *Joecks*, StuK-StGB, § 33 Rn. 3; *Mitsch*, Baumann/Weber/Mitsch, Strafrecht AT, § 23 Rn. 42; *Müller-Christmann*, JuS 1989, 717, 718; *Spendel*, LK-StGB, § 33 Rn. 8.

721 RGSt 21, 189, 191; BGH NStZ 1987, 20; 1989, 474, 475; BGHSt 39, 133, 139; *Blei*, Strafrecht AT, S. 212; *Diederich*, Notwehrexzess, S. 49; *Erb*, MünchKomm, StGB, § 33 Rn. 15; *Fischer*, Notwehrüberschreitung, S. 43; *Herzog*, NK-StGB, § 33 Rn. 24; *Heuchemer/Hartmann*, JA 1999, 165, 166; *Jakobs*, Strafrecht AT, 20/30; *Jescheck/Weigend*, Strafrecht AT, § 45 II 3; *Kühl*, Lackner/Kühl, StGB, § 33 Rn. 1; *ders.*, Strafrecht AT, § 12 Rn. 148; *Maurach/Zipf*, Strafrecht AT, § 34 III Rn. 30; *Mitsch*, Baumann/Weber/Mitsch, Strafrecht AT, § 23 Rn. 46; *Motsch*, Notwehrexzess, S. 36 ff. und S. 79; *Müller-Christmann*, JuS 1989, 717, 719; *Otto*, Jura 1987,

auch den bewussten Notwehrexzess von der Vorschrift des § 33 StGB erfasst zu sehen. Die Gegenposition[722] befindet sich nicht nur zahlenmäßig in der Minderheit. Auch die von der erstgenannten Ansicht vorgetragenen Argumente erscheinen stichhaltiger. Diese lassen sich im Wesentlichen wie folgt zusammenfassen.

Bereits die grammatikalische Deutung spricht für eine Gleichbehandlung von bewusster und unbewusster Notwehrüberschreitung. § 33 StGB reduziert den Anwendungsbereich des § 33 StGB nicht auf den unbewussten Exzess, sondern lautet schlicht: „Überschreitet der Täter die Grenzen der Notwehr ...“. Damit deutet der Wortlaut auch auf eine Einbeziehung der bewussten Notwehrüberschreitung hin.[723] Im Hinblick auf die Verfassungsnorm des Art. 103 II GG sollte dieser Gesichtspunkt bei der Interpretation des § 33 StGB nicht unterschätzt werden.[724]

Auch auf die Entstehungsgeschichte wird von Anhängern der überwiegenden Auffassung zutreffend verwiesen.[725] Bei den Beratungen des Sonderausschusses für die Strafrechtsreform wurde ein Vorschlag, der für die bewusste Notwehrüberschreitung lediglich eine fakultative Strafmilderung vorsah, nach eingehender Diskussion zugunsten der heutigen Regelung verworfen.[726]

Des Weiteren sprechen Abgrenzungsschwierigkeiten gegen eine Ausklammerung des bewussten Notwehrexzesses. In praxi dürfte es in Einzelfällen schwierig sein, eine genaue Feststellung darüber zu treffen, wann die Notwehr aus den angeführten Affekten bewusst oder unbewusst überschritten worden ist. Bereits in anderen Zusammenhängen ist die Abgrenzung von bedingtem Vorsatz und Fahrlässigkeit diffizil. Aus diesen Gründen kann eine Berücksichtigung der be-

---

604, 606; *ders.*, Strafrecht AT, § 14 Rn. 26; *Roxin*, FS Schaffstein, S. 105, 107 ff.; *ders.*, Strafrecht AT, § 22 Rn. 82; *Rudolphi*, JuS 1969, 461, 463; *ders.*, SK-StGB, § 33 Rn. 4; *Sauren*, Jura 1988, 567, 570; *Spendel*, LK-StGB, § 33 Rn. 52 ff.; *Stratenwerth/Kuhlen*, Strafrecht AT, § 9 Rn. 97; *Timpe*, JuS 1985, 117; *Tröndle/Fischer*, StGB, § 33 Rn. 3; vgl. zu weiteren Nachweisen aus dem älteren Schrifttum: *Fischer*, Notwehrüberschreitung, S. 41 Fn. 17.

722 *Frister*, Voluntatives Schuldelement, S. 229 ff.; *Lenckner/Perron*, Schönke/Schröder, StGB, § 33 R. 6; *Schmidhäuser*, Lehrbuch, 11/26; vgl. zu weiteren Belegen aus der älteren Literatur: *Fischer*, Notwehrüberschreitung, S. 41 Fn. 19.

723 Ebenso *Diederich*, Notwehrexzess, S. 49; *Jakobs*, Strafrecht AT, 20/30; *Herzog*, NK-StGB, § 33 Rn. 24; *Heuchemer/Hartmann*, JA 1999, 165, 166; *Kühl*, Strafrecht AT, § 12 Rn. 148; *Motsch*, Notwehrexzess, S. 36; *Müller-Christmann*, JuS 1989, S. 717, 719; *Otto*, Jura 1987, 604, 606; *Roxin*, FS Schaffstein, S. 105, 108; *ders.*, Strafrecht AT, § 22 Rn. 82; *Spendel*, LK-StGB, § 33 Rn. 53; *Timpe*, JuS 1985, 117.

724 Einen Verstoß der Gegenposition gegen Art. 103 II GG und § 1 StGB konstatieren *Herzog*, NK-StGB, § 33 Rn. 24, und *Sauren*, Jura 1988, 567, 569.

725 Vgl. statt aller *Roxin*, FS Schaffstein, S. 105, 108 f. Allgemein zum § 33 StGB im neuen Strafgesetzbuch: *Stree*, JuS 1973, 461, 462 f.

726 Vgl. Sonderausschuss für die Strafrechtsreform, 91. Sitzung, Prot. V, S. 1814 ff.

wussten Notwehrüberschreitung mit *Roxin* als „ehrliche und zweckmäßige Lösung“ bezeichnet werden.[727]

Jakobs verweist noch auf einen axiologischen Befund. Es werde häufig gleich zu bewerten sein, ob der Abwehrende in seinem Affekt das erforderliche Maß der Abwehr gar nicht erst beurteilt oder aber aus seinem gewonnenen Urteil keine Schlüsse für die Gestaltung zieht.[728]

Schließlich erscheint die Argumentation der Gegenauffassung, eine gezielte Überschreitung der Notwehr lasse sich im Zusammenhang mit den in § 33 StGB bezeichneten Affekten nicht denken[729], angreifbar. Die Affekte müssen dem Exzedenten nicht zwingend das Bewusstsein von der Überschreitung nehmen. Nur der Antrieb des Täters, sich über die Grenzen der Notwehr hinwegzusetzen, wird beeinflusst. So ist *Erb* darin zustimmen, dass derjenige, der in Panik von einem besonderen Zwang überwältigt wird, in voller Kenntnis um die Überzogenheit seiner Reaktion handeln kann.[730] In eine ähnliche Richtung zielen auch die Aussagen von *Blei*. Danach müssen Verwirrung, Furcht und Schrecken ihre schuldbedeutsamen Wirkungen nicht nur beim Erkenntnis- und Kontrollvermögen (unabsichtliche Überschreitungen), sondern auch und erst recht da entfalten, wo aus ihnen der wahren Sachlage unangepasste Entschlüsse hervorgehen.[731] Der Täter kann also auch bei einer besonderen Gemütslage noch das Bewusstsein von der Notwehrüberschreitung haben, sich aber dennoch aufgrund seiner seelischen Situation zu dieser hinreißen lassen.[732]

Wie die anschließende Erörterung der ratio legis des § 33 StGB zeigen wird, verdient aber auch der Täter, der die Grenzen in voller Kenntnis überschreitet, die gleiche Nachsicht, wie derjenige, der im gleichen Affektzustand wesentliche

---

727 *Roxin*, FS Schaffstein, S. 105, 109 m.w.N.; dem Praktikabilitätsgesichtspunkt zustimmend: *Erb*, MünchKomm, StGB, § 33 Rn. 15; *Diederich*, Notwehrexzess, S. 49; *Herzog*, NK-StGB, § 33 Rn. 24; *Heuchemer/Hartmann*, JA 1999, 165, 166; *Mitsch*, Baumann/Weber/Mitsch, Strafrecht AT, § 23 Rn. 45; *Motsch*, Notwehrexzess, S. 38; *Müller-Christmann*, JuS 1989, 717, 719; *Otto*, Jura 1987, 604, 606; *Timpe*, JuS 1985, 117.

728 *Jakobs*, Strafrecht AT, 20/30; zustimmend *Heuchemer/Hartmann*, JA 1999, 165, 166; *Motsch*, Notwehrexzess, S. 38 f.; *Timpe*, JuS 1985, 117.

729 In diese Richtung *Schmidhäuser*, Lehrbuch, 11/26: „praktisch ausgeschlossen“ (dagegen *Jakobs*, Strafrecht AT, 20/28 Fn. 44: „nicht beweisbar und nicht einmal plausibel“); ähnlich *Lenckner/Perron*, Schönke/Schröder, StGB, § 33 Rn. 6 („kaum denkbar“), die § 33 StGB auf „hochgradige Erregungszustände“ beschränken wollen; weitere Nachweise aus dem älteren Schrifttum finden sich bei *Fischer*, Notwehrüberschreitung, S. 41 Fn. 20.

730 *Erb*, MünchKomm, StGB, § 33 Rn. 15.

731 *Blei*, Strafrecht AT, S. 212.

732 Zutreffend *Motsch*, Notwehrexzess, S. 37; im Ergebnis auch *Fischer*, Notwehrüberschreitung, S. 41.

Umstände des Geschehensablaufs verkennt oder fehlbewertet. Überträgt man die von der überwiegenden Auffassung herausgearbeiteten Argumente auf die hier interessierenden Fälle der aufgedrängten Nothilfe, so kann als vorläufiges Ergebnis festgehalten werden: Auch ein Nothelfer kann sich aufgrund der besonderen Umstände in einem Zustand der psychischen Überforderung befinden und sich trotz des entgegenstehenden und möglicherweise zutreffend erkannten Willens des Angegriffenen zu dessen Verteidigung hinreißen lassen. Die Tatsache, dass es sich dabei um eine *bewusste* Überschreitung handelt, ist für den objektiven Anwendungsbereich des § 33 StGB nicht entscheidend.

2. Natürliche Wortbedeutung des Begriffs „Überschreitung"

§ 33 StGB spricht davon, dass der Täter nicht bestraft wird, wenn die Grenzen der Notwehr überschritten werden. In den Fällen der aufgedrängten Nothilfe hat der Verteidiger kein Eingriffsrecht, wenn sich der Angegriffene bei einem Angriff auf ein disponibles Rechtsgut ein Eingreifen durch den Nothelfer verbittet. Fraglich ist, ob in diesem Zusammenhang von einem Überschreiten der Grenzen der Notwehr gesprochen werden kann.

Vor allem die Judikatur, aber auch Teile des Schrifttums, lehnen unter Hinweis auf die natürliche Wortbedeutung des Begriffs „überschreiten" die Anwendbarkeit des § 33 StGB dann ab, wenn der Verteidiger gar keine (eingeschränkte) Eingriffsbefugnis hatte. Ein Recht, welches gar nicht existiere, könne bereits rein begrifflich nicht überschritten werden. Überschritten werden könne nur etwas realiter Vorhandenes. Zum Teil wird argumentiert, in diesem Zusammenhang müsse vielmehr von der *Anmaßung* eines Rechts gesprochen werden.[733] Mit dieser Erwägung wird der extensive Notwehrexzess aus dem Anwendungsbereich des § 33 StGB ausgeschlossen.[734] Habe der Angriff noch gar nicht begonnen oder sei er schon wieder beendet, so bestehe in dieser Situation überhaupt kein Recht zu Verteidigungshandlungen, welches überschritten werden könne. Auch bei der Verletzung unbeteiligter Dritter wird diese Erwägung zur Ablehnung des § 33 StGB ins Feld geführt.[735] Endlich soll in den Fällen, in denen dem ursprünglichen Provokateur kein (eingeschränktes) Notwehrrecht zu-

733 So etwa *Fischer*, Notwehrüberschreitung, S. 20.

734 RGSt 62, 76, 77; BGH NStZ 1983, 453; 1987, 20; *Fischer*, Notwehrüberschreitung, S, 21; *Maurach/Zipf*, Strafrecht AT, § 34 III Rn. 27; *Rudolphi*, JuS 1969, 461, 463; *ders.*, SK-StGB, § 33 Rn. 2; *Sauren*, Jura 1988, S. 567, 571; *Schmidhäuser*, Lehrbuch, 11/27; vgl. zu weiteren Belegen aus Judikatur und Lehre: *Spendel*, LK-StGB, § 33 Rn. 5 Fn. 1 und 2.

735 *Fischer*, Notwehrüberschreitung, S. 24.

steht, eine Überschreitung der Grenzen der Notwehr nach § 33 StGB ausgeschlossen sein.[736]

Überträgt man diese Argumentationslinie auf die Fälle der aufgedrängten Nothilfe, so käme eine Anwendbarkeit des § 33 StGB zumindest in den Konstellationen, in denen der Nothelfer bei einem (beachtlichen) entgegenstehenden Willen des Angegriffenen überhaupt keine Befugnis zur Nothilfe hat, nicht in Betracht. Die formale Begründung aus der natürlichen Wortbedeutung des Begriffs „überschreiten" unterliegt aber nicht unerheblichen Zweifeln. Zunächst kann die Orientierung am Wortlaut einer Vorschrift immer nur das vorläufige Ergebnis einer Interpretation darstellen. Insoweit stellt ein einseitiges Abheben auf die grammatikalische Auslegung des § 33 StGB ein Begründungsdefizit dar.[737] Selbst wenn man den Wortlaut diesbezüglich für eindeutig hält, stellt sich doch sowohl beim extensiven Notwehrexzess als auch bei einer aufgedrängten Nothilfe die Frage, ob nicht eine zulässige Analogie – in bonam partem – in Betracht zu ziehen ist.[738] Darüber hinaus erscheint der Hinweis auf die begriffliche Unmöglichkeit auch in der Sache angreifbar. Vor allem im jüngeren Schrifttum formiert sich Widerstand gegenüber dieser formalen Argumentation.[739] Vertiefte Überlegungen zur Deutung des Begriffs „überschreiten" hat *Spendel* angestellt.[740] Dabei kommt er zu dem Ergebnis, dass eine Überschreitung zunächst ein Hinausgehen in räumlicher Sicht bedeute. Erst im übertragenen Sinne könne von „Ausschreitung" („Exzess") gesprochen werden. Denkbar sei eine Überschreitung in dem Maß der erforderlichen Verteidigung, aber auch in der Zeit oder Ausübung eines Rechts. Eine (Landes-)Grenze könne ebenso überschritten

---

736 So etwa *Lenckner/Perron*, Schönke/Schröder, StGB, § 33 Rn. 9; *Rudolphi*, SK-StGB, § 33 Rn. 5; weitere Nachweise bei *Renzikowski*, FS Lenckner, S. 249, 254 Fn. 21.

737 Ebenso kritisch bereits *Renzikowski*, FS Lenckner, S. 249, 259.

738 Darauf verweisen (im Rahmen des extensiven Notwehrexzesses) auch *Roxin*, FS Schaffstein, S. 105, 113, und *Heuchemer/Hartmann*, JA 1999, 165, 167; *Fischer*, Notwehrüberschreitung, S. 112, befürwortet insoweit für den nachzeitig-extensiven Exzess – nach Ablehnung einer begrifflichen Vereinbarkeit mit der Regelung des Notwehrexzesses – eine Analogie.

739 Ablehnend insoweit etwa *Erb*, MünchKomm, StGB, § 33 Rn. 14; *Kühl*, Strafrecht AT, § 12 Rn. 143; *Mitsch*, Baumann/Weber/Mitsch, Strafrecht AT, § 23 Rn. 42; *Motsch*, Notwehrexzess, S. 31 ff.; *Müller-Christmann*, JuS 1989, 717, 718; *Otto*, Jura 1987, 604, 605; *ders.*, Strafrecht AT, § 14 Rn. 20 f.; *Renzikowski*, FS Lenckner, S. 249, 259; *Roxin*, FS Schaffstein, S. 105, 112 f.; *Spendel*, LK-StGB, § 33 Rn. 6 f.; *Timpe*, JuS 1985, 117, 121; *Wessels/Beulke*, Strafrecht AT, Rn. 447; unentschieden *Heuchemer/Hartmann*, JA 1999, 165, 167, wonach „die allgemeinen Methoden der Auslegung ... an ihre Grenzen stoßen".

740 *Spendel*, LK-StGB, § 33 Rn. 6; zustimmend *Mitsch*, Baumann/Weber/Mitsch, Strafrecht AT, 23 Rn. 42.

werden wie in zeitlicher Hinsicht eine Frist oder rechtlich der Kreis einer Zuständigkeit oder Befugnis. Legt man diese Ausführungen der hier interessierenden Fragestellung zugrunde, so kann auch bei der aufgedrängten Nothilfe davon gesprochen werden, der Nothelfer überschreite eine Kompetenz bzw. rechtliche Befugnis. Der Nothelfer ist nur bei einem Angriff auf indisponible Rechtsgüter des Angegriffenen befugt, den Angriff gegen dessen Willen abzuwehren. Ansonsten fehlt ihm – mangels Nothilfebefugnis – ein Recht für die Verletzung des Angreifers.

Auch für *Erb* ist der Bezugspunkt des § 33 StGB allein der realiter bestehende rechtswidrige Angriff.[741] Solange dieser Angriff im Raum stehe, sei der Anknüpfungspunkt für Notwehrbefugnisse „ohne weiteres gegeben", so dass der Anwendung des § 33 StGB bei einer Überschreitung zumindest in zeitlicher Sicht rein begrifflich nichts entgegenstehe.[742] Scharf kritisiert worden ist die begriffliche Argumentation der Gegenauffassung schließlich von *Roxin*:[743] „Die Erwägung, dass man ein nicht vorhandenes Recht nicht überschreiten könne, führt irre; denn *nach* Überschreitung der Grenze ist weder beim intensiven noch beim extensiven Exzess in irgendeinem Sinne Notwehr gegeben. Der Unterschied liegt nur darin, dass die gerechtfertigte Notwehr beim intensiven Exzess der Handlung des Täters ‚untergelagert', beim extensiven Exzess dagegen vor-(bzw. nach-)gelagert ist." Letztlich kommt *Roxin* zu dem Ergebnis, dass der Wortlaut in dieser Hinsicht „keine zwingenden Ergebnisse" liefere.

Die Zweifel an der Position, nur ein bereits vorhandenes Recht könne „begrifflich" überschritten werden, sind nicht unberechtigt. Wäre § 33 StGB bereits begrifflich nur auf den intensiven Notwehrexzess zugeschnitten, so stellte sich die Frage, weshalb dies in der gesetzlichen Formulierung nicht deutlicher zum Ausdruck gebracht worden ist. § 33 StGB könnte dann etwa lauten: „Überschreitet der Täter bei einem gegenwärtigen rechtswidrigen Angriff das zulässige Maß der Verteidigung ...". § 33 StGB sagt aber vielmehr, dass die *Grenzen* der Notwehr überschritten werden können. Diese plurale Formulierung spricht für die Existenz mehrerer Grenzen, deren Überschreitung als straflos angesehen wird.

Fraglich ist auch, ob bei der Überschreitung auf das tatsächlich bestehende Recht zur Notwehr abgestellt werden muss. Naheliegender erscheint es, dass die Grenzen durch die Notwehrregelung des § 32 StGB als Bezugspunkt bestimmt

741 *Erb*, MünchKomm, StGB, § 33 Rn. 14.
742 *Erb*, MünchKomm, StGB, § 33 Rn. 14.
743 *Roxin*, FS Schaffstein, S. 105, 112.

werden.[744] § 33 StGB spricht schließlich von einem Überschreiten der „Grenzen der Notwehr" und nicht von den Grenzen eines an sich bestehenden Notwehrrechts. § 32 StGB enthält verschiedene Begrenzungen. Zum einen darf ein Angriff nur im Rahmen der Erforderlichkeit niedergeschlagen werden. Des Weiteren muss der Angriff gegenwärtig sein. Zuletzt darf der Verteidiger den Angriff nur dann abwehren, wenn keine weiteren rechtlichen Beschränkungen bestehen. In diesen Fällen begrenzt die Gebotenheit, so etwa bei der aufgedrängten Nothilfe, die Notwehr- bzw. Nothilfebefugnis. Eine Überschreitung dieser Grenzen könnte auch im Rahmen des § 33 StGB prinzipiell möglich sein. Der notwendige Zusammenhang zwischen Notwehr und Notwehrexzess wird durch den bestehenden rechtswidrigen Angriff hergestellt:[745] Eine zu scharfe Verteidigung stellt eine Überschreitung der Grenze der Erforderlichkeit dar. Bei einer verspäteten Verteidigung könnte insoweit von der Überschreitung der temporalen Grenze der Gegenwärtigkeit, bei der aufgedrängten Nothilfe von der Überschreitung der Grenze der Gebotenheit gesprochen werden. Die grammatikalische Auslegung sollte freilich nicht überbewertet werden.[746] Diejenigen, die auf das Bestehen des Notwehr- bzw. Nothilferechts als Bezugspunkt für die Anwendbarkeit des § 33 StGB abstellen, werden in den Fällen der aufgedrängten Nothilfe nicht von einem Überschreiten, sondern von der *Anmaßung* einer (nicht bestehenden) Nothilfebefugnis ausgehen. Hält man den Wortlaut insoweit für unvereinbar mit der Einbeziehung der Fälle einer aufgedrängten Nothilfe, so muss aber dennoch der Frage nachgegangen werden, ob der teleologische Gehalt des § 33 StGB nicht zumindest eine analoge Anwendung – zu Gunsten des Nothelfers – zulässt.

3. Ratio legis des § 33 StGB

§ 33 StGB gewährt dem Täter das Privileg, trotz einer rechtswidrigen Handlung nicht bestraft zu werden, wenn die Grenzen der Notwehr aus Furcht, Verwirrung oder Schrecken überschritten werden. Im Folgenden muss der Versuch unternommen werden aufzuhellen, weshalb der Gesetzgeber auch bei einer Tat des Exzedenten, die den Angreifer möglicherweise schwerwiegend verletzt hat, von einer Bestrafung absieht. Die gesetzliche Formulierung gibt nur bedingt Auf-

---

744 So (überzeugend) *Motsch*, Notwehrexzess, S. 32; ähnlich *Erb*, MünchKomm, StGB, § 33 Rn. 14.

745 Ebenso *Erb*, MünchKomm, StGB, § 33 Rn. 14.

746 Zurückhaltend auch *Heuchemer/Hartmann*, JA 1999, 165, 167; *Renzikowski*, FS Lenckner, S. 249, 259; *Roxin*, FS Schaffstein, S. 105, 113; ebenso *Kühl*, Strafrecht AT, § 12 Rn. 134, der von einer „teilweisen Offenheit des Gesetzes" spricht.

schluss über die strafrechtssystematische Einordnung[747] bzw. den Grundgedanken des Notwehrexzesses. Es wird lediglich ein Bezug zur Notwehr deutlich. Bestätigt wird dieser erste Befund durch die systematische Stellung des § 33 StGB. Ebenso wie die Vorschrift des entschuldigenden Notstandes auf der Regelung des § 34 StGB aufbaut, ist die Norm des Notwehrexzesses im Anschluss an die Notwehr geregelt. Eine schlüssige Interpretation der Notwehrüberschreitung muss daher die Nähe zur Notwehr erklären. Zugleich muss herausgearbeitet werden, weshalb der Notwehrexzess z.T. großzügiger als der entschuldigende Notstand ist. In beiden Fällen befindet sich der Einzelne möglicherweise in einer psychischen Zwangssituation. Der Adressatenkreis des § 35 StGB ist aber enger gezogen als beim Notwehrexzess. Denn nach § 35 StGB wird nur derjenige privilegiert, der zugunsten eines Angehörigen oder einer sonst nahestehenden Person handelt. Zudem ist die Anwendbarkeit des entschuldigenden Notstandes nur auf bestimmte in Gefahr geratene Rechtsgüter beschränkt.

Der Rechtsgedanke des § 33 StGB wird überaus kontrovers diskutiert. Die verschiedenen Begründungsmodelle unterscheiden sich dabei zwar im Detail, sie lassen aber im Wesentlichen auf drei verschiedene Anknüpfungspunkte reduzieren: die Affektsituation, die Verteidigungshandlung des Exzedenten und das Verhalten des Angreifers.[748]

a) Affektsituation des Exzedenten

Zum Teil wird auf die asthenischen Affekte als Grundlage für die Deutung des § 33 StGB abgestellt. Allein die besondere Situation des Exzedenten soll den Grund für die Regelung der Notwehrüberschreitung erklären.

aa) Erschwerung der normgemäßen Willensbildung

Nach einer älteren, aber auch heute noch vereinzelt vertretenen Auffassung wird der gesetzgeberische Grund für die Straffreistellung des Exzesstäters in der „Unzumutbarkeit rechtmäßigen Verhaltens“[749] erblickt. Dem in einer „psychischen

747 Die ganz überwiegende Auffassung geht hier von der Einordnung als Entschuldigungsgrund aus, vgl. etwa BGHSt 3, 194, 198; BGHSt 39, 133, 139; *Kühl*, Lackner/Kühl, StGB, § 33 Rn. 1; *Lenckner/Perron*, Schönke/Schröder, StGB, § 33 Rn. 2; *Tröndle/Fischer*, StGB, § 33 Rn. 4 (alle mit weiteren Nachweisen); eine Darstellung der vertretenen Ansichten findet sich bei *Fischer*, Notwehrüberschreitung, S. 45 ff.

748 So bereits zutreffend die Einteilung von *Motsch*, Notwehrexzess, S. 42 ff.

749 Vgl. etwa *Welzel*, Strafrecht, S. 183; weitere Nachweise bei *Heuchemer/Hartmann*, JA 1999, 165, 167 Fn. 25.

Ausnahmesituation“[750] handelnden Täter könne die Überschreitung der Notwehrgrenzen nicht zum Vorwurf gemacht werden.[751]

Diesem Ansatz kann nicht gefolgt werden, da die besondere Situation des Täters nicht geeignet ist, die spezifische Ausgestaltung des § 33 StGB zu erklären. Zunächst hat die Erörterung der bewussten Notwehrüberschreitung gezeigt, dass es Situationen geben kann, in denen sich der Täter durchaus normgemäß hätte verhalten können. Das rechtmäßige Verhalten wird ihm durch die besondere Ausnahmesituation lediglich erschwert. Schließlich kann eine allein die innere Seite des Exzedenten berücksichtigende Auffassung nicht den Unterschied zu § 35 StGB deuten. Das Gesetz berücksichtigt in den Fällen des § 33 StGB die „psychische Ausnahmesituation“ des Täters in besonderer Weise privilegierend, nicht aber in anderen Lebenssituationen, in denen der Täter den gleichen Affekten ausgesetzt sein kann. Im Rahmen des § 35 StGB kommt die Straflosigkeit eines Notstandstäters nur in Betracht, wenn die Gefahr nicht anders abwendbar ist. Die Notstandshandlung muss erforderlich sein, d.h. den einzigen und letzten Ausweg aus der Notlage bilden.[752] Obwohl in einer Notstandssituation möglicherweise existentielle Rechtsgüter gefährdet sind und der Notstandstäter in eine „psychische Ausnahmesituation“ geraten kann, bleibt er strafbar, wenn er die Grenzen der Erforderlichkeit nicht beachtet. Diese Besonderheit des § 33 StGB, nach der dem Exzedenten die Missachtung der Grenze der Erforderlichkeit nachgesehen wird, vermag eine allein auf die seelische Situation des Angegriffenen abstellende Sicht damit nicht zu erklären.[753] Zudem muss darüber Aufschluss gegeben werden, weshalb sich gerade Affekte der Schwäche, d.h. Furcht, Verwirrung oder Schrecken, täterbegünstigend auswirken, nicht aber andere psychische Ausnahmesituationen wie Hass, Zorn, Rachsucht oder Wut. Auch im Rahmen des § 213 Alt. 1 StGB wird etwa eine besondere Gemütsaufwallung privilegiert.

Die Ansicht, die Notwehrsituation erschwere die normgemäße Willensbildung des Exzedenten, stellt daher nicht den tragenden Grund des § 33 StGB dar.[754]

---

750 Gemeint sind Verwirrung, Furcht oder Schrecken.

751 *Blei*, Strafrecht AT, S. 211; allgemein *Lackner*, StGB, 22. Aufl., Vor § 32 Rn. 30.

752 Vgl. etwa *Kühl*, Strafrecht AT, § 12 Rn. 46 ff.

753 Kritisch bereits *Roxin*, FS Schaffstein, S. 105, 114; zustimmend *Diederich*, Notwehrexzess, S. 20; etwas allgemeiner in der Kritik *Rudolphi*, JuS 1969, 461, 462.

754 Ablehnend auch *Diederich*, Notwehrexzess, S. 21 f.; *Fischer*, Notwehrüberschreitung, S. 68 ff.; *Frister*, Voluntatives Schuldelement, S. 226; *Motsch*, Notwehrexzess, S. 54 f.; *Rudolphi*, JuS 1969, 461, 462; *Roxin*, FS Schaffstein, S. 105, 114.

bb) § 33 StGB als typisierte Erlaubnistatbestandsirrtumsregelung (Frister)

Abzulehnen ist auch ein jüngerer Ansatz[755] von *Frister*, wonach die Vorschrift des § 33 StGB als typisierte Erlaubnistatbestandsregelung für die Überschreitung der Grenze der Erforderlichkeit gedeutet wird.

Die Feststellung, ob und inwieweit der Verteidiger andere Verteidigungsmöglichkeiten erkannt habe, bereite nach *Frister* in einer Situation, die durch blitzschnelles Handeln und zudem noch von starken Affekten bestimmt sei, erhebliche Schwierigkeiten. Daher sei eine Typisierung eines sich auf die Erforderlichkeit beziehenden Erlaubnistatbestandsirrtums sinnvoll.[756] Nach dieser Konzeption soll § 33 StGB vor allem eine (unwiderlegbare) Vermutung dafür begründen, dass ein im asthenischen Affekt begangener Exzess ein unbewusster war.[757] *Frister* begründet diese Vermutung folgendermaßen: In den Fällen eines asthenischen Notwehrexzesses sei „das Erleben des Täters auf das defensive Bestreben eingeengt", so dass es nur um die Abwehr der Gefahr für die bedrohten Rechtsgüter gehe.[758] Dieses Bestreben motiviere im Prinzip nur zur Wahl eines sicheren Verteidigungsmittels, nicht aber zu einer über die Anwendung des mildesten sicheren Mittels hinausgehenden Verteidigung. Ein bewusster Notwehrexzess sei in einem asthenischen Affekt daher nur in einer Weise denkbar, dass das Verhalten des Verteidigers auch noch durch andere, auf die zusätzliche Verletzung des Angreifers gerichtete Motive bestimmt werde. Diese Fälle seien zwar möglich, könnten aber wegen ihrer Singularität in der Rechtspraxis um der Vorteile einer typisierenden Regelung willen vernachlässigt werden.[759] Konsequenz dieser Auffassung ist eine tendenziell[760] restriktive Auslegung des § 33 StGB: Da sich im Falle eines extensiven Exzesses ein eventueller Erlaubnistatbestandsirrtum nicht auf die Erforderlichkeit der Verteidigung, sondern auf das Vorliegen eines gegenwärtigen rechtswidrigen Angriffs bezieht, soll § 33 StGB auf einen extensiven Notwehrexzess grundsätzlich nicht anzuwenden sein.

Die Konzeption *Fristers* kann einer kritischen Überprüfung nicht standhalten. Bereits die grammatikalische Auslegung des § 33 StGB gibt keinerlei Hinweise darauf, dass es sich bei einer Notwehrüberschreitung lediglich um Irrtumsfälle

---

755 *Frister*, Voluntatives Schuldelement, S. 230.
756 *Frister*, Voluntatives Schuldelement, S. 231.
757 *Frister*, Voluntatives Schuldelement, S. 231.
758 *Frister*, Voluntatives Schuldelement, S. 231.
759 *Frister*, Voluntatives Schuldelement, S. 231/232.
760 In einem Punkt führt die Konzeption zu einer extensiveren Auslegung, als sie die überwiegende Meinung befürwortet. Nach *Frister*, Voluntatives Schuldelement, S. 233, soll – freilich mit gewissen Einschränkungen im Detail – eine analoge Anwendung des § 33 StGB auf den Putativnotwehrexzess angezeigt sein.

im Hinblick auf die Erforderlichkeit handeln soll. Eine Annäherung an die ratio einer Norm muss sich aber zunächst an den gesetzlichen Merkmalen orientieren. Gerade diesen Weg schlägt aber *Frister* bei seiner Deutung des § 33 StGB als typisierter Erlaubnistatbestandsregelung nicht ein.[761] Ausgangspunkt ist für ihn vielmehr, dass ein bewusster Exzess in einer asthenischen Affektsituation praktisch nicht vorkomme. Bereits diese Prämisse muss auf Zweifel stoßen. Dass jemand auch aus Furcht rechtliche Grenzen, die er zutreffend wahrgenommen hat, bewusst überschreiten kann, zeigt ein Blick auf den entschuldigenden Notstand. So kann etwa ein Richter bei einer Bedrohung das Recht aus Furcht beugen, um eine ihm selbst drohende Gefahr für sein Leben oder seine körperliche Unversehrtheit abzuwehren, dabei aber wissen, dass er rechtswidrig und wegen der besonderen Gefahrtragungspflicht in § 35 I 2 StGB auch nicht entschuldigt ist. Auch im Rahmen des § 33 StGB kommt es bei der Beurteilung, ob jemand aus Furcht, Verwirrung oder Schrecken gehandelt hat, nur auf die besondere Affektanfälligkeit des Exzedenten an. Ist der Exzedent besonders schreckhaft oder angstanfällig, so sind auch bewusste Notwehrüberschreitungen denkbar. Zudem ist bereits[762] darauf hingewiesen worden, dass sowohl dogmatische als auch sachspezifische Argumente dafür sprechen, eine bewusste Notwehrüberschreitung nach § 33 StGB begünstigen zu können. Einer unwiderlegbaren Vermutungsregel, nach der jedes Handeln in einem asthenischen Affekt zugleich eine unbewusste Notwehrüberschreitung sei, bedarf es daher überhaupt nicht.[763] Die Eingrenzung des § 33 StGB auf (unbewusste) Überschreitungen der Erforderlichkeitsgrenze, d.h. auf intensive Exzesse, kann darüber hinaus zu Wertungswidersprüchen führen. Nicht plausibel erklären lässt sich mit diesem Ansatz, warum die schlimmsten intensiven Notwehrexzesse immer, weniger gravierende Überschreitungen im Rahmen extensiver Exzesse aber niemals von § 33 StGB privilegiert werden sollen. Auch bei extensiven Exzessen wird es sich aber häufig um Situationen handeln, in denen der Exzedent von einem noch gegenwärtigen Angriff ausgeht und sich damit in einem Irrtum befindet.[764] Unklar ist daher, warum *Frister* auf der Grundlage seines Ansatzes – § 33 StGB als typisierte Erlaubnistatbestandsirrtumsregelung – die Fälle des extensiven Exzesses von vornherein aus dem Anwendungsbereich der Notwehrüberschreitung ausklammern

761 Ablehnend auch *Diederich*, Notwehrexzess, S. 51 f.

762 Vgl. oben 3. Kap. V. 1.

763 Ähnlich *Motsch*, Notwehrexzess, S. 47.

764 Ein solcher Fall lag der Entscheidung BGH NJW 2000, 1348 zugrunde. Vgl. dazu die Besprechung von *Trüg/Wentzell*, Jura 2000, 30, 33: „Derjenige Täter, der in einem nachzeitig-extensiven Notwehrexzess handelt und sich wegen der asthenischen Motive irrt, befindet sich eo ipso in einem Erlaubnistatbestandsirrtum."

möchte.[765] Zuletzt bleibt fraglich, ob auch die Überschreitung der Gebotenheit von dieser Konzeption erfasst werden soll bzw. kann. Nur das Merkmal der Erforderlichkeit wird von *Frister* im Zusammenhang mit der Deutung des § 33 StGB als typisierter Erlaubnistatbestandsirrtumsregelung explizit angesprochen. Auch die Gebotenheit limitiert das Notwehrrecht aber und kann, wenn sich der Exzedent nicht an die „sozialethischen" Einschränkungen hält, aus Furcht etc. überschritten werden.

Nach allem kann der Konstruktion *Fristers*, die Notwehrüberschreitung als typisierte Erlaubnistatbestandsirrtumsregelung im Hinblick auf die Erforderlichkeit der Verteidigung zu erklären, nicht gefolgt werden.[766]

cc) Zwischenergebnis

Eine Auffassung, die lediglich Interna beim Täter berücksichtigt, kann keinen Aufschluss über die spezifische Ausgestaltung des § 33 StGB geben. Es müssen weitere Anhaltspunkte ausfindig gemacht werden, die erklären können, weshalb der Gesetzgeber dem Exzedenten eine Notwehrüberschreitung nachsieht.

b) Verteidigungshandlung

Ein weiterer Ansatz zur Deutung der Vorschrift des Notwehrexzesses hebt auf die Verteidigungshandlung des Exzedenten ab.

aa) Recht gegen Unrecht

Bereits in älteren Stellungnahmen ist der Blick auf den Aspekt der Verteidigungshandlung gerichtet worden. Herausgestrichen wird dabei die positive Wirkung einer (auch überzogenen) Notwehrhandlung. Hintergrund für diese Auffassung ist ein überindividualistisch akzentuiertes Notwehrverständnis, welches auch auf die Beurteilung des Notwehrexzesses ausstrahlt. Aus diesem Blickwinkel hat etwa *Lehnemann* die Notwehrüberschreitung interpretiert, wenn er in seiner Monographie aus dem Jahre 1935 ausführt: „Der deutlich erkennbare Wille des Gesetzgebers geht dahin, daß das Recht sich dem Unrecht gegenüber behaupte. Wer Notwehr übt, kämpft für das Recht, und zwar nicht für sein eigenes, sondern für das Recht aller. Er übt durch Selbstverteidigung Rechtsverteidigung.

---

765 Vgl. auch die Kritik bei *Lenckner/Perron*, Schönke/Schröder, StGB, § 33 Rn. 2; zustimmend *Motsch*, Notwehrexzess, S. 46.

766 Ablehnend im Ergebnis auch *Diederich*, Notwehrexzess, S. 51 f.; *Lenckner/Perron*, Schönke/Schröder, StGB, § 33 Rn. 2; *Motsch*, Notwehrexzess, S. 46 ff.

Demnach wäre es unverständlich, wenn der Gesetzgeber jede Notwehrüberschreitung bestrafen wollte. Im Kampf für das Recht ist der Staat Partei und hat auf der Seite dessen zu stehen, der seine Rechtsordnung verteidigt. Eine kleinliche Rücksichtnahme auf den Verletzten, den Rechtsbrecher, hat auszuscheiden. Das Entscheidende ist die Wiederherstellung des rechtmäßigen Zustandes."[767] *Lehnemann* begründet die Nachsicht des Gesetzgebers mit dem Exzedenten damit, dass dieser das Recht gegen das Unrecht verteidigt habe. Die Erklärung des Notwehrexzesses basiert damit zugleich auf einem kollektivistisch geprägten Verständnis der Notwehr. Auf der Grundlage einer solchen Notwehrerklärung kann es bei der Beurteilung der Rechtmäßigkeit einer (aufgedrängten) Nothilfe überhaupt nicht auf den Willen des Angegriffenen ankommen. Auch gegen den Willen des Angegriffenen verteidigt der Nothelfer das (abstrakte) Recht gegen das Unrecht. Das Verhalten des Nothelfers ist bei diesem Verständnis der Notwehr bereits nach § 32 StGB gerechtfertigt. Die Frage, ob eine aufgedrängte Nothilfe von der ratio des Notwehrexzesses erfasst wird, konnte sich für den erwähnten Autor gar nicht stellen.

bb) Theorie der doppelten Schuldminderung

Auch in jüngeren Stellungnahmen wird bei der Erklärung der Notwehrüberschreitung häufiger auf die Bewährung des Rechts durch eine auch überzogene Verteidigungshandlung hingewiesen.

(1) Darstellung des Ansatzes und Konsequenzen für die aufgedrängte Nothilfe

Die Vertreter dieser heute (noch) überwiegenden Auffassung[768] stützen sich bei der Erklärung der Notwehrüberschreitung allein auf ein doppeltes Fundament: Zum einen sollen die in § 33 StGB bezeichneten Affekte eine psychische Ausnahmesituation kennzeichnen. Dadurch werde die intellektuelle Fähigkeit des

767 *Lehnemann*, Notwehrüberschreitung, S. 18.

768 *Rudolphi*, JuS 1969, 461, 463; *ders.*, SK-StGB, § 33 Rn. 1; *Gropp*, Strafrecht AT, § 7 Rn. 84; *Günther*, JR 1985, 268, 272; *Hillenkamp*, Vorsatztat, S. 269 und 271; *Hirsch*, LK-StGB, Vor § 32 Rn. 195; *Jescheck/Weigend*, Strafecht AT, § 45 II 2; *Lenckner/Perron*, Schönke/Schröder, StGB, § 33 Rn. 2; *Otto*, Jura 1987, 604, 607; *Spendel*, LK-StGB, § 33 Rn. 39 ff.; *Stratenwerth/Kuhlen*, Strafrecht AT, § 9 Rn. 93; *Wessels/Beulke*, Strafrecht AT, Rn. 446; im Wesentlichen zustimmend auch *Diederich*, Notwehrexzess, S. 62; teilweise abweichend *Sauren*, Jura 1988, 567, 569 f. (gegen Minderung des Erfolgsunrechts); nur als Teilaspekt (neben anderen Erwägungen) berücksichtigen *Erb*, MünchKomm, StGB, § 33 Rn. 2, *Herzog*, NK-StGB, § 33 Rn. 6 und *Kühl*, Strafrecht AT, § 12 Rn. 128, die Erwägungen einer mit einer Unrechtsminderung verbundenen Schuldminderung.

Täters zu einem normgemäßen Verhalten reduziert. Zum anderen soll das Handeln in einer Notwehrlage zu einer Unrechtsminderung führen. Diese Reduktion des Unrechts soll zugleich eine Schuldminderung bewirken.[769] Die Kumulation dieser beiden Aspekte soll die Privilegierung des Exzedenten begründen.

Um beurteilen zu können, wie die Fälle der aufgedrängten Nothilfe auf der Basis dieses Ansatzes zu entscheiden sind, ist auf die Herleitung und Erklärung dieser Theorie etwas näher einzugehen. Im Zusammenhang mit dem Notwehrexzess weisen in ersten Ansätzen bereits *Kern* und *Noll* auf ein verringertes Unrecht des Exzedenten hin. *Kern* hat ausgeführt: „Wenn der Angegriffene in seiner Gegenwehr über das erforderliche Maß hinausgeht, so handelt er weit weniger rechtswidrig, als wenn er – ohne angegriffen zu sein – einen anderen körperlich verletzt oder tötet."[770] Auch nach *Noll* bildet die Notwehrüberschreitung den klassischen Fall des verminderten Unrechts.[771] Als Architekt der Theorie der doppelten Schuldminderung gilt in der strafrechtlichen Literatur aber *Rudolphi*.[772] Bei der Auseinandersetzung mit diesem Ansatz sollen daher zunächst dessen Gedanken näher beleuchtet werden.

Rudolphi stellt am Anfang seiner Überlegungen fest, dass die Tat des Exzedenten bei vorsätzlichem oder objektiv fahrlässigem Verhalten personales Unrecht darstellt.[773] Gleichwohl sei das Bestehen der Notwehrlage aber auch für das Unrecht nicht ohne Bedeutung. Die Notwehrlage bewirke eine Minderung des personalen Unrechts.[774] Grund dafür sei die Tatsache, dass der Täter mit seiner Tat einen gegenwärtigen rechtswidrigen Angriff abwehre. Er verhindere den Eintritt einer anderen Rechtsgutsverletzung und schaffe damit zugleich einen dem Erfolgsunwert gegenüberstehenden Erfolgswert. Zwar sei es richtig, dass der Erfolgsunwert der Tat nicht aufgewogen werde. Dies dürfe aber nicht dazu führen, dass dem Erfolgsunwert gegenüberstehenden Erfolgswert überhaupt keine Beachtung mehr zu schenken sei. Gegenstand der Unrechtsbewertung müssen nach *Rudolphi* alle dem Täter personal zurechenbaren Folgen seiner Tat sein, wenn man den sozialen Sinngehalt der Tat nicht verfehlen wolle.[775] Gleiches soll für den in dem Notwehrexzess liegenden Handlungswert gelten. Als Akt der Selbsterhaltung und der Rechtsverteidigung sei die Notwehrüberschreitung nicht

---

769 Vgl. exemplarisch *Spendel*, LK-StGB, § 33 Rn. 39 f.
770 *Kern*, ZStW 64 (1952), 255, 266.
771 *Noll*, ZStW 68 (1956), 181, 188.
772 Besonders hervorgehoben von *Roxin*, FS Schaffstein, S. 105, 114; *Frister*, Voluntatives Schuldelement, S. 227; *Heuchemer/Hartmann*, JA 1999, 165, 167; *Motsch*, Notwehrexzess, S. 56; *Müller-Christmann*, JuS 1989, 717.
773 *Rudolphi*, JuS 1969, 461, 462.
774 *Rudolphi*, JuS 1969, 461, 462.
775 *Rudolphi*, JuS 1969, 461, 462.

allein auf die rechtswidrige Verletzung eines fremden Rechtsguts gerichtet, sondern zugleich von dem Willen getragen, die angegriffenen Rechtsgüter vor Schaden zu bewahren und das Recht gegen das Unrecht zu verteidigen.[776]

Bereits aus diesen Ausführungen wird deutlich, dass *Rudolphi* bei der Feststellung der Unrechtsminderung, welche nach der Theorie der doppelten Schuldminderung entscheidend für das Verständnis des Notwehrexzesses ist, auf die Grundgedanken der Notwehr zurückgreift. Wenn *Rudolphi* darauf verweist, beim Notwehrexzess werde das Recht gegen das Unrecht verteidigt,[777] geht er wohl davon aus, dass die Rechtsbewährung im Rahmen der Notwehr und Nothilfe zumindest ein eigenständiges Teilprinzip darstellt.[778]

Noch deutlicher wird die Verknüpfung der Unrechtsminderung beim Notwehrexzess und der Erklärung der Notwehr, dem Bezugspunkt des § 33 StGB, bei anderen Anhängern dieser Position. So führt *Kühl* aus, dass derjenige, der die Grenzen des § 32 StGB überschreite, zwar rechtswidrig handele, aber anders als ein grundlos Zuschlagender doch ein angegriffenes Rechtsgut verteidige und damit zugleich das Recht bewähre.[779] In ähnlicher Weise argumentiert *Hillenkamp*: „Da auch der Exzesstäter um der Erhaltung des attackierten Rechtsgutes und um der Bewährung der Rechtsordnung willen handelt, ist das Handlungsunrecht, und da dem Erfolgsunrecht ein Erfolgswert gegenübersteht, auch das Erfolgsunrecht gemindert."[780] Schließlich formuliert *Spendel* als Anhänger eines dualistischen Notwehrverständnisses zur Erklärung des Notwehrexzesses: „Wie bei der Notwehr als Kampf um und für das Recht und gegen das Unrecht mehr erlaubt ist als bei einem sonstigen Eingriff, so ist bei ihrer Überschreitung eben auch mehr entschuldigt als bei einem anderen Übergriff."[781]

Zu überlegen ist, ob bei einem derartigen Verständnis auch eine aufgedrängte Nothilfe durch die Norm des § 33 StGB begünstigt werden kann.

Rudolphi und *Hillenkamp* beziehen sich in ihren Stellungnahmen allein auf denjenigen, der bei bestehender Notwehrlage die Grenzen der erforderlichen Verteidigung überschreitet. In einem etwas generelleren Kontext haben sich *Spendel* und *Kühl* geäußert. Die exemplarisch genannten Autoren sind sich aber

776 *Rudolphi*, JuS 1969, 461, 462.
777 Vgl. *Rudolphi*, JuS 1969, 461, 462.
778 Besonders deutlich wird die Nähe der Erklärung des § 33 StGB zu einem dualistischen Notwehrverständnis, wenn *Rudolphi* im weiteren Verlauf seiner Überlegungen vom „Grundsatz der Rechtsbehauptung" spricht (vgl. JuS 1969, 461, 464). Auch in anderen Beiträgen hat sich *Rudolphi* zur dualistischen Notwehrlehre bekannt (vgl. GS Armin Kaufmann, S. 371, 386, 394).
779 *Kühl*, Strafrecht AT, § 12 Rn. 129.
780 *Hillenkamp*, Vorsatztat, S. 271.
781 *Spendel*, LK-StGB, § 33 Rn. 41.

darüber einig, dass bei einer Unrechtsminderung, welche für die Erklärung des § 33 StGB entscheidend sein soll, überindividualistische Kriterien relevant werden. Hält man diesen Gesichtspunkt für ausschlaggebend, so lassen sich zwischen dem intensiven Notwehrexzess und einer aufgedrängten Nothilfe durchaus Parallelen feststellen: Eine Verteidigungshandlung, die über das Maß einer an sich zulässigen Verteidigung hinausgeht, ist mangels Erforderlichkeit rechtswidrig. Dennoch soll der Aspekt der Rechtsbewährung eine Unrechtsminderung bewirken, die sich zwar nicht auf der Ebene der Rechtswidrigkeit, aber bei der Beurteilung des Anwendungsbereichs des § 33 StGB auswirken soll. Grund dafür sei, dass ein rechtswidriger Angriff (wenn auch zu intensiv) abgewehrt worden sei. Hält man diesen Aspekt bei einem intensiven Notwehrexzess für entscheidend, so könnte bei einer aufgedrängten Nothilfe ebenfalls ein vermindertes Unrecht konstatiert werden: Auch gegen den Willen des Angegriffenen wird ein rechtswidriger Angriff abgewehrt und – folgt man einem dualistischen Notwehrverständnis – durch die Abwehr eines rechtswidrigen Angriffs das Recht bewährt. Zu bedenken ist, dass sogar einige Anhänger einer dualistischen Notwehrbegründung – wie etwa *Spendel* – die aufgedrängte Nothilfe generell als rechtmäßig einstufen und damit das sogar das vollständige Unrecht einer derartigen Nothilfehandlung negieren. Auch diejenigen, die bei einem dualistischen Notwehrverständnis mit der überwiegenden Ansicht eine aufgedrängte Nothilfe im Grundsatz als rechtswidrig ansehen, könnten den (eigenständigen) Gedanken der Rechtsbewährung bei der Beurteilung des Unrechtsgehalts aber zumindest als Abzugsposten berücksichtigen. Das Unrecht einer aufgedrängten Nothilfe wäre materiell reduziert. Stellte die Unrechtsminderung den tragenden Gedanken des § 33 StGB dar, könnten die Fälle eines intensiven Notwehrexzesses und der aufgedrängten Nothilfe gleich behandelt werden.

Nicht alle Anhänger der Theorie einer doppelten Schuldminderung verknüpfen die Begründung der Unrechtsminderung mit einem Notwehrverständnis, welches partiell auf überindividualistischen Kriterien basiert.[782] Möglicherweise ließe sich aber auch bei einem individualistischen Verständnis der Notwehr eine für § 33 StGB relevante Unrechtsminderung begründen. Es könnte argumentiert werden, der Nothelfer habe auch bei einem beachtlichen Willen des Angegriffenen ein angegriffenes Individualrechtsgut verteidigt und damit immerhin rechts-

782 Vgl. *Erb*, MünchKomm, StGB, § 33 Rn. 2, der bei einem Handeln „in einer Notwehrlage" eine Unrechtsminderung (zumindest für den intensiven Notwehrexzess) befürwortet, die Notwehr an sich aber individualistisch – ohne Hinzuziehung kollektivistischer Kriterien – begründen möchte (vgl. MünchKomm, StGB, § 32 Rn. 12).

gutsbewahrend gehandelt.[783] Im Vergleich zu einem Täter, der völlig ohne Grund die Rechtsgüter eines anderen Menschen verletzt, könnte das Unrecht dieser Tat, auch wenn die Rechtsgutsbewahrung allein nicht genügt, um eine Rechtfertigung zu begründen, gemindert sein. Dass die Erhaltung eines hochrangigen Rechtsguts unabhängig von überindividualistischen Kriterien vom Gesetzgeber in der Regel täterbegünstigend bewertet wird, zeigt auch der Vergleich mit der Regelung des § 35 StGB. Von einem Teil der Literatur wird auch in diesen Fällen wegen der Rechtsgutsbewahrung eine Unrechtsminderung befürwortet.[784] Stellte die Theorie der doppelten Schuldminderung den tragenden Grundgedanken des § 33 StGB dar, so wäre eine Privilegierung der aufgedrängten Nothilfe sowohl durch den mit der Abwehr eines rechtswidrigen Angriffs verbundenen Gedanken der Rechtsbewährung als auch mit dem Aspekt der Bewahrung eines Individualrechtsguts begründbar.

(2) Kritik

Eine mit der Verteidigungshandlung verbundene Unrechtsminderung kann allerdings, worauf in der Literatur[785] bereits überzeugend hingewiesen worden ist, nicht (allein) Aufschluss über die ratio legis des § 33 StGB geben. Weder der Unterschied zu § 35 StGB noch die besondere Nähe zwischen Notwehrexzess und Notwehr sind mit einer Unrechts- bzw. Schuldminderung (allein) zu erklären.

Teilweise wird im Schrifttum generell bezweifelt, ob bei einer zu intensiven Verteidigung, dem nach der Theorie der doppelten Schuldminderung paradigmatischen Fall des Notwehrexzesses, überhaupt eine Unrechtsminderung vorliegt. Kritik an einer derartigen Verrechnung von beeinträchtigtem und erhalte-

---

783 Vgl. etwa *Wessels/Beulke*, Strafrecht AT, Rn. 446, wonach der Unrechtsgehalt einer Tat „durch den Verteidigungszweck des Handelns erheblich vermindert ist". An dem Verteidigungszweck eines Nothelfers bestehen aber auch bei der aufgedrängten Nothilfe zumindest in den (wohl meisten) Fällen, in denen es dem Nothelfer nur um den Schutz der angegriffenen Rechtsgüter und nicht primär um die Schädigung des Angreifers geht, keine Zweifel.

784 So etwa *Lenckner*, Notstand, S. 35; *Hirsch*, LK-StGB, Vor § 32 Rn. 195 m.w.N.; selbst *Rudolphi*, ZStW 78 (1966), 67, 80 f., nimmt dies an. Auch die Norm des § 35 StGB wird von der wohl überwiegenden Auffassung mit einer Unrechtsminderung erklärt, vgl. dazu die Nachweise bei *Kühl*, Lackner/Kühl, StGB, § 35 Rn. 1; kritisch zu dieser Begründung hingegen *Roxin*, JA 1990, 97, 98 f.

785 Kritisch etwa *Roxin*, FS Schaffstein, S. 105, 115 ff.; *ders.*, Strafrecht AT, § 22 Rn. 72; *Fischer*, Notwehrüberschreitung, S. 76 f.; *Jakobs*, Strafrecht AT, 20/28 Fn. 44; *Timpe*, JuS 1985, 117, 118 f.; *Frister*, Voluntatives Schuldelement, S. 226 ff.; *Motsch*, Notwehrexzess, S. 57 ff.

nem Interesse hat *Frister* geäußert. Er argumentiert, eine nicht erforderliche Verteidigungs- oder Abwehrhandlung werde von unserer Rechtsordnung selbst dann als rechtswidrig bewertet, wenn das geschützte Interesse um ein Vielfaches wertvoller sei als das beeinträchtigte. „Soweit die Verletzung des Angreifers über das zur Abwehr des Angriffs erforderliche Maß hinausgeht, fehlt es an einer echten Interessenkollision, aufgrund derer es erst gerechtfertigt wäre, den in der Erhaltung des angegriffenen Rechtsguts bzw. der Verteidigung des Rechts gegen das Unrecht liegenden Handlungs- und Erfolgswert von dem in der Verletzung des Angreifers liegenden Unwert in Abzug zu bringen."[786] Bündiger formuliert *Jakobs* diesen Gedanken, indem er sagt: „Da die Abwehr nicht erforderlich ist, wird der Erfolg ‚umsonst' herbeigeführt."[787] Auch *Roxin* äußert Zweifel und stuft eine nicht erforderliche Verteidigung als eine „objektiv ganz überflüssige" Handlung ein.[788] Letztlich liegt der Beurteilung einer Unrechtsminderung im Zusammenhang mit dem Notwehrexzess eine materielle Wertung zugrunde, die wesentlich von dem Vorverständnis des Notwehrrechts geprägt wird. Wie bereits skizziert, lässt sich bei einer (Über-)Betonung des Rechtsbewährungsprinzips bereits die vollständige Rechtfertigung einer aufgedrängten Nothilfe und damit wohl erst recht eine Unrechtsminderung begründen. Auch individualistisch könnte bei einem Vergleich zu einem ohne Grund zuschlagenden Täter in den Fällen der aufgedrängten Nothilfe wegen der mit der Verteidigung verbundenen Bewahrung eines Individualrechtsguts eine Unrechtsminderung angenommen werden. Daher erscheint der Einwand, eine (rechtswidrige) Verteidigung führe nicht zu einer Unrechtsminderung, als nicht geeignet, die gesamte Tragfähigkeit dieses Ansatzes in Zweifel zu ziehen.

Der Theorie der doppelten Schuldminderung kann aber aus weiteren Erwägungen nicht gefolgt werden.

Eine Auffassung, die nur die Abwehr eines rechtswidrigen Angriffs bzw. die Bewährung des Rechts in den Vordergrund einer Interpretation des § 33 StGB stellt, kann zunächst zu Ungereimtheiten und Wertungswidersprüchen führen. So geht etwa *Rudolphi* als exponierter Vertreter der Theorie der doppelten Schuldminderung davon aus, eine Notwehrüberschreitung könne nur bei einer bestehenden Notwehrlage in Betracht kommen.[789] Er möchte aus diesem Grunde mit anderen Anhängern dieser Auffassung[790] den extensiven Notwehrexzess nicht im

---

786 *Frister*, Voluntatives Schuldelement, S. 227/228.

787 *Jakobs*, Strafrecht AT, 20/28 Fn. 44.

788 *Roxin*, Strafrecht AT, § 22 Rn. 72.

789 *Rudolphi*, JuS 1969, 461, 462.

790 Vgl. etwa *Gropp*, Strafrecht AT, § 7 Rn. 85; *Jescheck/Weigend*, Strafrecht AT, § 45 II 4.

Rahmen des § 33 StGB berücksichtigen.[791] *Roxin* hat allerdings bereits zutreffend darauf hingewiesen, dass der intensive Notwehrexzess auch unter Abzug dessen, was erlaubt gewesen wäre, ein höheres Unrechtsmaß aufweisen kann als der extensive. Der Unrechtsgehalt ist nach *Roxin* dann, wenn jemand bei einer relativ harmlosen und leicht abzuwehrenden Attacke den Angreifer aus Verwirrung oder Schrecken schwer verletzt oder gar zu Tode bringt, wesentlich größer, als wenn der Überfallene aus fortdauernder Furcht dem abgeschlagenen Gegner noch unmittelbar nach Beendigung des Angriffs einen folgenlosen Schlag versetzt.[792] Dieses Beispiel illustriert, wie vage die Bestimmung einer Unrechtsminderung ist, wenn bei deren inhaltlicher Ausfüllung allein der gegenwärtige rechtswidrige Angriff bzw. die Überschreitung des Maßes einer an sich zulässigen Verteidigung als entscheidendes Kriterium betrachtet wird.[793]

Zudem kann eine Unrechtsminderung nicht die Struktur des § 33 StGB im Gesamtgefüge des Allgemeinen Teils erklären. Begründet werden muss, weshalb § 33 StGB nur denjenigen, dessen Handeln von Furcht, Verwirrung oder Schrecken motiviert worden ist, begünstigt. Der Täter, der aus sthenischen Affekten wie Hass, Wut oder Rache eine objektiv gleichartige Handlung begangen hat, wird hingegen aus dem Anwendungsbereich des § 33 StGB ausgeklammert. In beiden Fällen müsste aber auch eine Unrechtsminderung konstatiert werden, wenn allein auf die Abwehr eines gegenwärtigen rechtswidrigen Angriffs abgehoben wird. Bereits die Erörterung der Anforderungen an ein subjektives Verteidigungselement hat aufgezeigt, dass auch derjenige, der nur in Kenntnis der Notwehrlage handelt, gerechtfertigt ist, wenn er sich gemäß den Vorgaben des objektiven Rechts bewegt. Damit wird das vollständige Unrecht dieser Tat kompensiert. § 33 StGB differenziert nun aber nach der Motivationslage des Exzedenten. Diese Unterscheidung vermag mit der allein auf die Unrechtsminderung einer Verteidigungshandlung abstellenden Theorie der doppelten Schuldminderung nicht plausibel erklärt zu werden.[794]

---

791 *Rudolphi*, JuS 1969, 461, 462; *ders.*, SK-StGB, § 33 Rn. 2.

792 *Roxin*, FS Schaffstein, S. 105, 115.

793 Hinzuweisen ist in diesem Zusammenhang freilich darauf, dass einige Anhänger der Theorie der doppelten Schuldminderung auch bei einem nachzeitigen Exzess eine Unrechtsminderung annehmen (so etwa *Hillenkamp*, Vorsatztat, S. 276; *Lenckner/Perron*, Schönke/Schröder, StGB, § 33 Rn. 7).

794 In diese Richtung zielt bereits die Kritik von *Frister*, Voluntatives Schuldelement, S. 227; *Heuchemer/Hartmann*, JA 1999, 165, 168; *Motsch*, Notwehrexzess, S. 59; *Roxin*, Strafrecht AT, § 22 Rn. 72; *Timpe*, JuS 1985, 117, 118 f.

Unklar bleibt nach diesem Ansatz schließlich auch, weshalb gerade die Überschreitung der Grenzen der Notwehr privilegiert wird.[795] Beim Notstand sind etwa Fälle denkbar, in dem der Notstandstäter aus Furcht, Verwirrung oder Schrecken zur Rettung eines eigenen Rechtsgutes eine falsche Abwägung trifft. Nach einem Teil der Literatur soll auch hier der materielle Unrechtsgehalt verringert sein, wenn die Handlung dem Schutz der gefährdeten Rechtsgüter dient.[796] Unterstellt man, dass sowohl in den Fällen der Notwehr als auch des Notstandes eine Unrechtsminderung vorliegt, so kann nicht überzeugend begründet werden, weshalb die Regelung des Notwehrexzesses für den Täter günstiger ist als diejenige des entschuldigenden Notstandes.

Die besondere Nachsicht, die der Gesetzgeber mit demjenigen, der die Grenzen der Notwehr überschreitet, kann daher nicht allein aus dem Blickwinkel der Verteidigungshandlung und einer damit möglicherweise verbundenen Reduktion des Unrechts begründet werden. Eine mit der Angriffsabwehr verbundene Unrechtsminderung ist allenfalls ein Teilaspekt, nicht aber der tragende Grundgedanke des Notwehrexzesses. Eine überzeugende Erklärung der ratio legis des § 33 StGB kann nur gelingen, wenn der Blick (auch) auf die Person des Angreifers gerichtet wird.

c) Verhalten des Angreifers / Strafzweckerwägungen

In Literatur und Rechtsprechung lässt sich ein Wandel in der Deutung und Auslegung des Notwehrexzesses konstatieren. Die Theorie der doppelten Schuldminderung, über eine längere Zeit die vorherrschende Auffassung, hat sich vor allem in jüngerer Zeit zunehmend berechtigter Kritik ausgesetzt gesehen. Der Blick wird nun (zumindest auch) auf das Angreiferverhalten gerichtet. Die wesentlichen Entwicklungslinien der letzten Jahre lassen sich dabei wie folgt nachzeichnen.

aa) Vorrang der Straflosigkeit des Exzedenten vor dem Strafrechtsschutz des Angreifers als Ergebnis einer rechtspolitischen Interessenabwägung (Fischer)

Fischer sieht in seiner Monographie zum Notwehrexzess aus dem Jahre 1971 den entscheidenden Aspekt darin begründet, dass ein rechtswidriger Angriff und

795 Darauf verweisen bereits *Fischer*, Notwehrüberschreitung, S. 76 f.; *Hardtung*, ZStW 108 (1996), 26, 51; *Motsch*, Notwehrexzess, S. 59; *Roxin*, Strafrecht AT, § 22 Rn. 72; *Timpe*, JuS 1985, 117, 119.

796 Vgl. dazu die Nachweise bei *Kühl*, Lackner/Kühl, StGB, § 35 Rn. 1.

kein sonstiges Ereignis Ursache einer die Affekte auslösenden Gefahr gewesen sei.[797] Die Notwehrüberschreitung sei letztlich das Ergebnis einer „rechtspolitischen Interessenabwägung".[798] Der Verletze habe beim Notwehrexzess „seine Verletzung durch einen rechtswidrigen Angriff selbst veranlasst, hatte es somit in der Hand, der Gefahr der Verletzung dadurch vorzubeugen, dass er den Angriff unterließ."[799] Der Angreifer sei also im Gegensatz zu unschuldigen Dritten „nicht dringend auf den Strafrechtsschutz angewiesen."[800] Wenn sich der Exzedent in den in § 33 StGB (§ 53 III StGB a.F.) bezeichneten Affekten befunden habe, werde der Straflosigkeit des Exzedenten Vorrang vor dem strafrechtlichen Schutz des Angreifers eingeräumt.[801]

bb) Strafzweckorientierte Deutungen

Grundlegende Arbeiten zum Verständnis des Notwehrexzesses haben *Roxin* und *Jakobs* geleistet. Beide Autoren stimmen – mit der heute ganz überwiegenden Auffassung und anders als *Fischer* – darin überein, dass der Notwehrexzess strafrechtssystematisch auf der Schuldebene einzuordnen ist.

(1) Entschuldigung mangels präventiver Sanktionserfordernisse (Roxin)

Für *Roxin* bilden Strafzweckerwägungen den tragenden Grund des § 33 StGB. Auf eine Bestrafung des Exzedenten könne aus präventiven Gesichtspunkten verzichtet werden.[802]

Die Notwehrlage markiert für *Roxin* den „unanfechtbaren Ausgangspunkt" bei der Erklärung des § 33 StGB.[803] Ebenso wie bei der Notwehr mehr als bei anderen Rechtfertigungsgründen gerechtfertigt sei, könne bei der Notwehrüberschreitung auch mehr verziehen werden. In diesem Zusammenhang verweist *Roxin* als Vertreter eines dualistischen Notwehrverständnisses auf den Aspekt

797 *Fischer*, Notwehrüberschreitung, S. 77, 79 und 95.
798 *Fischer*, Notwehrüberschreitung, S. 95. Systematisch ordnet *Fischer* die Vorschrift des Notwehrexzesses, nachdem er den Ausschluss der Tatbestandsmäßigkeit, Rechtswidrigkeit und Schuld des Exzedenten verneint hat, als persönlichen Strafausschließungsgrund ein (vgl. Notwehrüberschreitung, S. 51 ff.; dagegen *Roxin*, Strafrecht AT, § 22 Rn. 73; *Diederich*, Notwehrexzess, S. 18 f.).
799 *Fischer*, Notwehrüberschreitung, S. 95.
800 *Fischer*, Notwehrüberschreitung, S. 95.
801 *Fischer*, Notwehrüberschreitung, S. 95.
802 *Roxin*, FS Schaffstein, S. 105, 116 f.; *ders.*, FS Henkel, S. 171, 189; *ders.*, Bockelmann, S. 279, 283; *ders.*, ZStW 96 (1984), 641, 656; *ders.*, Strafrecht AT, § 22 Rn. 69.
803 *Roxin*, FS Schaffstein, S. 105, 116.

der Rechtsbewährung, um die Besonderheit der Notwehr zu erklären. Interessanterweise betont er im weiteren Verlauf seiner Ausführungen den Unterschied zu den übrigen Notrechten aber vor allem mit der Verantwortlichkeit des Angreifers, wenn er davon spricht, der Angreifer sei an der Grenzüberschreitung zum überwiegenden Teile „selbst schuld".[804] In diesem Punkt deckt sich der Standpunkt *Roxins* damit auch mit dem hier favorisierten Notwehrverständnis, bei dem auf die Verantwortlichkeit des Aggressors verwiesen wird.

Aus der Nähe zur Notwehr folge, dass aus einer „kriminalpolitisch fundierten Strafzwecküberlegung" von einer Bestrafung des Exzedenten im Rahmen des § 33 StGB abgesehen werden könne.[805] In seinen Überlegungen bezieht sich *Roxin* dabei allein auf den Angegriffenen und nicht auf einen Nothelfer als möglichen Täter i.S. des § 33 StGB. Eine strafbewehrte Einschüchterung potentieller, ohnehin furchtsamer und schreckhafter Opfer zugunsten rechtswidriger – und in der Regel sogar strafbarer – Angreifer soll danach „weder um des Betroffenen noch um der Allgemeinheit willen notwendig" sein.[806] Der Angreifer dürfe sich zwar verteidigen, es brauche aber in aller Öffentlichkeit kein Exempel gegen den Exzedenten statuiert zu werden. Die Verantwortlichkeit des Angreifers mache es in Abgrenzung zu den anderen Notrechten verzichtbar, auf den Exzedenten mit den Mitteln des Strafrechts einwirken zu müssen. Bei demjenigen, der ungebeten in die Rechtsgüter Unbeteiligter und Unschuldiger eingreife, müsse eine schadenstiftende Einmischung durch eine strafrechtliche Sanktion vorgebeugt werden. Der Bürger müsse schließlich sicher sein, nicht zum Opfer chaotischer Betriebsamkeit zu werden.[807] Anders sei dies, wenn in die Rechtsgüter des Angreifers eingegriffen werde. *Roxin* bezieht sich dabei wiederum nur auf den Angegriffenen als möglichen Exzedenten: „Wer das Gesetz nur deswegen übertritt, weil er das Opfer eines rechtswidrigen Angriffs geworden ist und sich durch eine besondere schreckhafte Ängstlichkeit auszeichnet, ist ein sozial integrierter Bürger, der spezialpräventiver Einwirkung nicht bedarf."[808]

Aus generalpräventiven Gesichtspunkten soll schließlich auch zu erklären sein, weshalb § 33 StGB gerade nur den Täter, der aus asthenischen Affekten heraus eine Notwehrüberschreitung begehe, privilegiert. Aggressive Affekte

---

804 *Roxin*, FS Schaffstein, S. 105, 117; ebenso *ders.*, Strafrecht AT, § 22 Rn. 69. *Roxin*, FS Schaffstein, S. 105, 117 Fn. 57, stimmt in diesem Punkt ausdrücklich den Ausführungen *Fischers* zu und hebt damit die Verantwortlichkeit des Angreifers als zentrales Kriterium des § 33 StGB hervor.

805 *Roxin*, FS Schaffstein, S. 105, 117; vgl. bereits *dens.*, FS Henkel, S. 171, 189.

806 *Roxin*, FS Schaffstein, S. 105, 117.

807 *Roxin*, FS Schaffstein, S. 105, 117.

808 *Roxin*, Strafrecht AT, § 22 Rn. 69; *ders.*, FS Bockelmann, S. 279, 283.

könnten zwar ebenso die Klarsicht des Einzelnen trüben und zu einer „Unrechtsminderung" führen, sie seien aber generell weit gefährlicher und müssten daher um den Preis der Strafe eingedämmt werden.[809] Affekte der Schwäche, wie Verwirrung, Furcht oder Schrecken, würden hingegen gerade nicht zur Nachahmung anreizen und könnten milder behandelt werden.[810]

Insgesamt fügt sich die strafzweckorientierte Deutung des Notwehrexzesses bruchlos in das von *Roxin* befürwortete Verständnis von Schuld und strafrechtlicher Verantwortung ein.[811] Danach müssen für eine Bestrafung zwei Elemente vorliegen: die Schuld und die präventive Notwendigkeit einer strafrechtlichen Sanktionierung.[812] Zunächst soll die Schuld präventionsfrei als „unrechtes Handeln trotz normativer Ansprechbarkeit" verstanden werden. Der Täter habe unrechtmäßig gehandelt, obwohl er sich rechtmäßig hätte verhalten können.[813] Damit hält *Roxin* am normativen Schuldbegriff, wie er von der überwiegenden Auffassung[814] befürwortet wird, fest.[815] Auf einer zweiten, nachgelagerten und getrennt zu beurteilenden Ebene soll entschieden werden, ob eine Bestrafung aus kriminalpolitischen Erwägungen erforderlich ist.[816] *Roxin* bezeichnet diese Wertung als Verantwortlichkeit.[817] Auf dieser Stufe soll der Notwehrexzess, aber auch der entschuldigende Notstand, strafrechtssystematisch einzuordnen sein.[818]

(2) Entschuldigung wegen vorrangiger Zuständigkeit des Angreifers (Jakobs)

Auch *Jakobs* leitet die Begünstigung des Exzedenten aus Strafzweckerwägungen ab. Ähnlich wie *Roxin* bettet *Jakobs* die Norm des Notwehrexzesses dabei in ei-

809 *Roxin*, FS Schaffstein, S. 105, 117; *ders.*, Strafrecht AT, § 22 Rn. 69.

810 *Roxin*, FS Schaffstein, S. 105, 117; *ders.*, FS Henkel, S. 171, 189; *ders.*, FS Bokkelmann, S. 279, 283; *ders.*, Strafrecht AT, § 22 Rn. 69.

811 Vgl. zu *Roxins* Schuldlehre dessen Beiträge in: Kriminalpolitik, S. 33 ff.; FS Henkel, S. 171 ff.; FS Bockelmann, S. 279 ff.; ZStW 96 (1984), 641, 655 ff.; Strafrecht AT, § 19 Rn. 1 ff.

812 *Roxin*, Strafrecht AT, § 19 Rn. 3.

813 *Roxin*, FS Henkel, S. 171, 181.

814 Vgl. etwa BGHSt 2, 194, 200; *Hirsch*, ZStW 106 (1994), 746, 751; *Lenckner*, Schönke/Schröder, StGB, Vor § 13 Rn. 110 m.w.N.

815 Vgl. *Roxin*, FS Henkel, S. 171 und 181.

816 *Roxin*, Strafrecht AT, § 19 Rn. 9. *Roxin* weist in diesem Zusammenhang explizit darauf hin, dass sich die beiden Elemente wechselseitig begrenzen sollen. Auch nach dem von *Roxin* befürworteten Ansatz setzt Strafe immer Schuld voraus, so dass kein noch so großes Pönalisierungsbedürfnis eine strafrechtliche Sanktion rechtfertigen könne. Die zweite Systemebene wirkt daher lediglich strafbarkeitseinschränkend.

817 *Roxin*, FS Henkel, S. 171, 182; *ders.*, Strafrecht AT, § 19 Rn. 1.

818 Vgl. etwa *Roxin*, FS Henkel, S. 171, 182 ff.

nen generellen Kontext von Schuld und präventiver Bestrafungsnotwendigkeit ein.[819] Kriminalpolitische Erwägungen sind für *Jakobs* aber – anders als in den Überlegungen von *Roxin* – bereits Teil der Schuld. *Jakobs* vertritt einen „funktionalen Schuldbegriff"[820], wonach Schuld unter Gesichtspunkten der positiven Generalprävention bestimmt wird. Das Strafen dient danach nicht der Abschrekkung, sondern allein der Einübung von Rechtstreue. Die Schuld ist damit für *Jakobs* „zweckbestimmt". Durch die Zuschreibung von Schuld und die damit verbundene Bestrafung soll die „Richtigkeit des Vertrauens in die Richtigkeit einer Norm" bestätigt werden. In einigen Fällen entfalle aber der Zweck der Bestrafung, obwohl sich der Täter durchaus anders hätte verhalten können. Als Beispiel führt *Jakobs* die Regelung des Notwehrexzesses an. Der Notwehrexzess lasse die Schuld mangels Zumutbarkeit entfallen.[821] Zwar sei eine Überschreitung der Notwehr durchaus vermeidbar; eine unnötige Verletzung des Angreifers könne aber schuldlos gestellt werden, weil letztlich der Angreifer verletzt werde, der sich wegen seines Angriffs die Folgen selbst zuzuschreiben habe. Was zur Entschuldigung führe, sei nicht die Nachsicht mit dem Angegriffenen, sondern der Umstand, dass die überzogene Abwehr „den Richtigen" treffe.[822] Die Schuldlosigkeit basiere allein auf der Möglichkeit, das Opfer der Angriffsabwehr, d.h. den ursprünglichen Angreifer, auf seine eigene schuldhafte Urheberschaft an der Lage zu verweisen.[823] *Jakobs* belegt diesen Gedanken mit einem Vergleich zum Putativnotwehrexzess. Derjenige, der sich nur für angegriffen hält, bei der Abwehr dieses vermeintlichen Angriffs aber zugleich die Grenzen der Notwehr überzieht, könne nicht entschuldigt werden, weil das Opfer seiner Abwehr nicht darauf verwiesen werden könne, sich die Konsequenzen der Angriffsabwehr zuzuschreiben. Das Opfer habe ja gar nicht angegriffen, sondern wurde nur irrtümlich für einen Angreifer gehalten.[824]

Jakobs hat sich in seinen Ausführungen zwar auch nur auf den Angegriffenen als möglichen Exzedenten bezogen. Da er aber letztlich – wie der Vergleich mit dem Putativnotwehrexzess zeigt – die Straflosigkeit des Exzedenten allein mit der Verantwortlichkeit des Angreifers begründet, ist davon auszugehen, dass auch bei dem Eingreifen eines Nothelfers eine präventive Bestrafungsnotwendigkeit nicht besteht, wenn allein der verantwortliche Angreifer Opfer der Verteidigungshandlung eines Nothelfers wird. Auch bei der aufgedrängten Nothilfe könnte § 33 StGB eingreifen, da das Verhalten des Nothelfers, soweit nur Ver-

---

819 Vgl. *Jakobs*, Schuld und Prävention, S. 20 ff.; *dens.*, Schuldprinzip, S. 33.
820 *Jakobs*, Strafrecht AT, 17/22.
821 *Jakobs*, Strafrecht AT, 20/28.
822 *Jakobs*, Schuldprinzip, S. 33.
823 *Jakobs*, Strafrecht AT, 20/28.
824 Vgl. *Jakobs*, Schuldprinzip, S. 33; *dens.*, Schuld und Prävention, S. 23.

wirrung, Furcht und Schrecken Grund für dessen Handeln waren, in der Terminologie von *Jakobs* „keine drastisch deliktischen Züge trägt". Insoweit könnte angenommen werden, der Angreifer habe sich auch die Folgen einer aufgedrängten Nothilfe selbst zuzuschreiben.

(3) Zusammenfassung und Vergleich der beiden Positionen

Roxin und *Jakobs* stimmen darin überein, dass die Norm des § 33 StGB nur strafzweckorientiert aus einer fehlenden präventiven Bestrafungsnotwendigkeit erklärt werden kann. In der Herleitung für diese Deutung unterscheiden sich die Ansätze allerdings. Grund dafür ist ein unterschiedliches Schuldverständnis der beiden Verfasser. Im Gegensatz zur Theorie der doppelten Schuldminderung streichen beide Autoren allerdings die Verantwortlichkeit des Angreifers heraus. *Roxin* rekurriert zwar als Vertreter eines dualistischen Notwehrverständnisses teilweise noch auf die Verteidigungshandlung, wenn er betont, beim intensiven Notwehrexzess liege eine Unrechtsminderung vor.[825] Auch *Roxin* hält aber – wie bereits *Fischer* – die Tatsache, dass der Angreifer an der Grenzüberschreitung zum überwiegenden Teil „selbst schuld" sei, für den entscheidenden Punkt in der Abgrenzung zu den anderen Notrechten. Noch deutlicher wird der Gedanke der Verantwortlichkeit des Angreifers bei *Jakobs*. Die Verteidigungshandlung spielt danach bei der Erklärung des Notwehrexzesses überhaupt keine Rolle.[826] Nicht die Nachsicht mit dem Exzedenten, sondern der Umstand, dass die Abwehr den Angreifer treffe, ist für *Jakobs* entscheidend. *Roxin* und *Jakobs* stimmen damit in der Sache darin überein, dass die Verantwortlichkeit des Angreifers Grund für die Privilegierung des Exzedenten ist.[827]

---

825 Vgl. *Roxin*, FS Schaffstein, S. 105, 115.
826 Vgl. *Jakobs*, Schuldprinzip, S. 33.
827 Divergenzen bestehen allerdings darüber, welche Anforderungen an die Verantwortlichkeit des Angreifers zu stellen sind:
Jakobs, Strafrecht AT, 20/28, fordert eine „eigene *schuldhafte* Urheberschaft an der Lage". Danach reicht der rechtswidrige Angriff allein nicht für eine Zuständigkeitsverschiebung und Konfliktlösung zu Lasten des Angreifers aus. Diese Interpretation des § 33 StGB fügt sich damit nahtlos in die von *Jakobs* favorisierte Erklärung des § 32 StGB ein, bei der für die Eröffnung von Notwehrbefugnissen ein schuldhafter Angriff verlangt wird.
Roxin spricht zwar an einer Stelle davon, der Angreifer sei für die Exzesshandlung „selbst schuld" (vgl. FS Schaffstein, S. 105, 117 und Strafrecht AT, § 22 Rn. 69). Diese Formulierung ist aber wohl in einem untechnischen Sinne zu interpretieren. *Roxin* geht davon aus, eine Bestrafung des Exzedenten sei bei einem *rechtswidrigen* Angriff nicht notwendig (vgl. Strafrecht AT, § 22 Rn. 69). Zudem ist darauf hinzuweisen, dass *Roxin* auch bei der Notwehr keinen schuldhaften Angriff verlangt (vgl.

cc) Aktuellere Rechtsprechung und Literatur

In einer jüngeren Entscheidung aus dem Jahre 1998 hat sich der BGH zum Rechtsgrund des § 33 StGB geäußert.[828] Der BGH wiederholte in diesem Urteil seine bereits zuvor geäußerte Ansicht[829], wonach für die Annahme eines entschuldigenden Notwehrexzesses der in § 33 StGB genannte asthenische Affekt nicht die alleinige oder auch nur überwiegende Ursache für die Überschreitung der Notwehrgrenzen gewesen zu sein brauche; es genüge vielmehr, dass dieser Affekt – neben anderen gefühlsmäßigen Regungen – für die Notwehrüberschreitung mitursächlich war.[830] Interessant ist die Begründung für diese extensive Auslegung der Notwehrüberschreitung. Der BGH führt insoweit aus: „Dies entspricht nicht nur dem Gesetzeswortlaut („aus ... Furcht"), sondern auch dem Sinn der Vorschrift, soweit sie dem Umstand Rechnung trägt, dass der Angreifer die ihn treffenden Folgen überzogener Abwehr selbst und allein verantworten muss, wenn er durch sein Handeln einen jener Affekte (Verwirrung, Furcht oder Schrecken) ausgelöst hat, die den Angegriffenen über die Grenzen der Notwehr hinausgehen ließen."[831] Der BGH hat damit bei der Interpretation des § 33 StGB die Verantwortlichkeit des Angreifers für die Notwehrüberschreitung herausgestrichen. Bemerkenswert ist in diesem Zusammenhang, dass das Gericht als Beleg für diesen Ansatz auf *Jakobs* verweist.[832] Ob darin allerdings die vollständige Übernahme dessen Konzeption, vorrangige Zuständigkeit des Angreifers nur bei *schuldhaftem* Verhalten, zu erblicken ist, bleibt abzuwarten, dürfte aber wohl eher zu bezweifeln sein.

Auch das jüngere Schrifttum neigt bei der Deutung der ratio legis des § 33 StGB zu einer stärkeren Betonung des Angreiferverhaltens bzw. der Berücksichtigung von Strafzweckerwägungen. Einige Vertreter halten zwar prinzipiell daran fest, dass die Verteidigungshandlung zu einer Unrechtsminderung führen soll, ziehen aber zusätzlich Aspekte der fehlenden Bestrafungsnotwendigkeit heran.

Strafrecht AT, § 15 Rn. 14 ff.). Nach *Roxin* soll aber die Notwehr den Ausgangspunkt der Erklärung des § 33 StGB markieren (vgl. FS Schaffstein, S. 105, 116). Daher muss davon ausgegangen werden, dass *Roxin* – anders als *Jakobs* – keinen schuldhaften Angriff verlangt, um eine Verantwortlichkeit des Angreifers und damit die Möglichkeit einer Privilegierung des Exzedenten durch § 33 StGB annehmen zu können.

828 BGH NStZ-RR 1999, 264 = StV 1999, 145.

829 Vgl. etwa BGH NStZ 1987, 20; zu weiteren Nachweisen für diese Position: BGH NStZ-RR 1999, 264, 265.

830 BGH NStZ-RR 1999, 264, 265.

831 BGH NStZ-RR 1999, 264, 265.

832 Vgl. BGH NStZ-RR 1999, 264, 265.

Andere Autoren heben isoliert auf das Angreiferverhalten bzw. das mangelnde präventive Sanktionsbedürfnis eines in Furcht etc. geratenen Exzedenten ab.

Zumindest als Teilaspekt wollen *Erb, Herzog* und *Kühl* auch Strafzweckerwägungen berücksichtigen. In ihren Ausführungen stimmen die Genannten darin überein, dass sich schuldorientierte und strafzweckorientierte Theorien nicht ausschließen, sondern die letztgenannten Aspekte vielmehr eine sinnvolle Ergänzung der Theorie der doppelten Schuldminderung darstellen würden.[833] Durch die zusätzliche Heranziehung von Strafzweckerwägungen legen die bezeichneten Autoren die Notwehrüberschreitung tendenziell weit aus. Dies zeigt sich etwa daran, dass der nachzeitig-extensive Notwehrexzess in den Anwendungsbereich des § 33 StGB fallen soll.[834] Besonders deutlich wird der Gedanke der Verantwortlichkeit des Angreifers dabei in den Ausführungen von *Erb*. Der extensive Notwehrexzess soll vor allem deshalb von § 33 StGB erfasst sein, da sich „die Tat ausschließlich gegen einen Angreifer, der die Situation auf Grund seines rechtswidrigen Verhaltens selbst zu vertreten" habe, richte.[835] Zusammenfassend lässt sich feststellen, dass nicht wenige Autoren, die bei einer nicht gerechtfertigten Verteidigungshandlung eine Unrechtsminderung annehmen, auf weitere Besonderheiten des Notwehrexzesses hinweisen.[836] Sowohl der Gedanke der Verantwortlichkeit des Angreifers als auch Erwägungen über die fehlende präventive Bestrafungsnotwendigkeit des Exzedenten stoßen auch im Schrifttum zunehmend auf Zustimmung.

Bestätigen lässt sich diese Tendenz zur stärkeren Berücksichtigung des Angreiferverhaltens, wenn man häufig erst in jüngerer Zeit erschienene Beiträge zur

---

833 *Erb*, MünchKomm, StGB, § 33 Rn. 3; *Herzog*, NK-StGB, § 33 Rn. 6; *Kühl*, Strafrecht AT, § 12 Rn. 128; ähnlich auch *Hardtung*, ZStW 108 (1996), 26, 57; *Otto*, Jura 1987, 604, 609.

834 Vgl. *Erb*, MünchKomm, StGB, § 33 Rn. 14 (auch für den vorzeitigen Exzess); *Herzog*, NK-StGB, § 33 Rn. 11; *Kühl*, Strafrecht AT, § 12 Rn. 141 ff.

835 *Erb*, MünchKomm, StGB, § 33 Rn. 14.

836 So auch *Diederich*, Notwehrexzess, passim. *Diederich* lehnt zwar zunächst die Positionen von *Roxin* sowie *Jakobs* ab (S. 24 ff. und S. 34 ff.) und erblickt im Anschluss daran in der Theorie der Unrechts- und Schuldminderung eine „hinreichende Begründung für die Regelung des strafbefreienden Notwehrexzesses" (S. 62), erklärt aber den Unterschied zu den anderen Notrechten damit, „dass durch die Notwehr ausschließlich Rechtsgüter des Angreifers verletzt werden dürfen" (S. 59). Bemerkenswert ist, dass als Beleg für diese Aussage auf *Jakobs* verwiesen wird (S. 60 Fn. 302). Schließlich führt *Diederich* aus, ein „weiterer tragender Grund der Vorschrift", der für die Einbeziehung nachzeitiger Exzesse spreche, sei die Tatsache, dass der Strafrechtsschutz nicht einem Unschuldigen, sondern dem rechtswidrigen Angreifer versagt werde. Mit der Versagung des Strafrechtsschutzes für Angreifer wird ein Bezug zu *Fischer* deutlich, der allerdings die Theorie der doppelten Schuldminderung entschieden ablehnt (vgl. Notwehrüberschreitung, S. 76 f.).

Deutung der ratio des Notwehrexzess mustert. Dabei wird in der Erklärung des § 33 StGB gänzlich auf die mit der Verteidigungshandlung des Abwehrenden verbundene Unrechtsminderung verzichtet und auf die Verantwortlichkeit des Angreifers bzw. strafzweckorientierte Gesichtspunkte verwiesen.[837] Aus Raumgründen sei hier exemplarisch *Alwart* zitiert: „Die Straflosigkeit ... beruht auf der zutreffenden Erwägung, dass es Sache des Angreifers gewesen wäre, die Herbeiführung einer Situation zu vermeiden, in der es nach aller Erfahrung leicht zu Kurzschlußreaktionen, insbesondere zu panikartigen Affekten kommen kann, die dann zwangläufig auf den Angreifer selbst zurückfallen. Unter diesen Umständen muss der Übergriff des Verteidigers, der gleichsam noch mit einem Bein auf dem Boden des Rechts steht, allemal als entschuldigt gelten, während eine aggressive Empörung wider die Anmaßung des Angreifers, jedenfalls nach dem Willen des deutschen Strafgesetzgebers, nicht genügt."[838]

dd) Kritik

Roxin und *Jakobs* haben ihre Ausführungen in einem generellen Kontext zum Verständnis von Schuld und Verantwortlichkeit getroffen. Wie die vor allem neueren Beiträge zum Notwehrexzess gezeigt haben, ist allerdings eine Interpretation des § 33 StGB, bei der die Verantwortlichkeit des Angreifers und präventive Erwägungen einer fehlenden Bestrafungsnotwendigkeit als wesentliche Aspekte betont werden, nicht zwingend mit einem favorisierten Schuldmodell verbunden.[839] Die sub cc) skizzierten Äußerungen haben sich in der Regel speziell auf die Notwehrüberschreitung bezogen, ohne sie in eine bestimmte Schuldkonzeption einzuordnen. Mit dem Angriff bzw. der Verantwortlichkeit des Angreifers wird der Unterschied zu den übrigen Notrechten, in denen bloß Unbeteiligte Opfer eines Rechtsgutseingriffs werden, zutreffend herausgestrichen. Es zeichnet sich damit ein genereller Richtungswechsel bei der Deutung der Notwehr und Notwehrüberschreitung ab: Die Schärfe der Notwehr, traditionell mit dem zusätzlichen Aspekt der Bewährung der Rechtsordnung und damit letztlich auch mit der positiven Wirkung einer Verteidigungshandlung erklärt, wird von der im Vordringen befindlichen Auffassung mit Erwägungen des Individualschutzes und der Verantwortlichkeit des Angreifers begründet. Der Gedanke der Verantwortlichkeit des Angreifers wird auch von der Mehrzahl der

837 *Heuchemer*, JA 2000, 382, 385; *Kindhäuser*, LPK-StGB, § 33 Rn. 3; *Motsch*, Notwehrexzess, S. 71; *Renzikowski*, FS Lenckner, S. 249, 262; *Schroeder*, JuS 1980, 336, 341; *Timpe*, JuS 1985, 117, 121.

838 *Alwart*, JuS 1996, 953, 954.

839 Zutreffend bereits insoweit *Motsch*, Notwehrexzess, S. 72.

neueren Autoren – zumindest als Teilaspekt – bei der Interpretation der Notwehrüberschreitung fruchtbar gemacht. Anders als bei der Notwehr soll mit diesem Aspekt nicht (nur) begründet werden, weshalb angegriffene Individualrechtsgüter auch mit unverhältnismäßigen Mitteln verteidigt werden dürfen, sondern die Verantwortlichkeit des Angreifers wird (auch) herangezogen, um die gesetzgeberische Nachsicht mit dem Exzedenten bei einer Überschreitung der Grenzen der Notwehr zu deuten.

Es lässt sich daher allgemein formulieren: Während bei der Notwehr wegen der Verantwortlichkeit des Angreifers aus Gründen des möglichst umfassenden Individualschutzes des Angegriffenen mehr als sonst erlaubt und damit rechtmäßig ist, kann bei einer rechtswidrigen Notwehrüberschreitung wegen der Verantwortlichkeit des Angreifers auch mehr verziehen und als straflos bewertet werden. Allerdings verzeiht der Gesetzgeber trotz der Verantwortlichkeit des Angreifers nicht alles. Nur derjenige, der in Furcht etc. die Grenzen der Notwehr überschreitet, wird begünstigt. Der Angreifer wird nicht zum „Freiwild" eines Verteidigers. Neben der Verantwortlichkeit des Angreifers ist auch die Person des Exzedenten entscheidend für die Auslegung des § 33 StGB. Dabei zeigt sich wiederum eine Parallele zur Notwehr: Die Verantwortlichkeit des Angreifers kann allein keine Eingriffsbefugnisse potentieller Nothelfer legitimieren. Es kommt – zumindest prinzipiell – auf den Willen des Angegriffenen an. Auch bei der Notwehr ist der Blick nicht nur auf den Angreifer zu richten. Bei der Notwehrüberschreitung muss gedeutet werden, warum § 33 StGB nur denjenigen, der durch asthenische Affekte motiviert worden ist, privilegiert. Überzeugend sind hierbei die in der Literatur bereits mehrfach angeführten präventiven Erwägungen. Affekte der Schwäche reizen nicht zu einer Nachahmung. Bei einem derartigen Täter wird die Nachsicht des Gesetzgebers von der Öffentlichkeit eher toleriert. Dass präventive Gesichtspunkte nicht nur der Vorschrift des § 33 StGB zugrunde liegen, lässt sich durch einen Blick auf die Norm des § 35 StGB untermauern. Auch bei der Erklärung dieser Vorschrift wird von einigen Autoren überzeugend auf die fehlende präventive Bestrafungsnotwendigkeit des Notstandstäters hingewiesen.[840] § 35 StGB enthält verschiedene Begrenzungen: Zum einen wird der Kreis der notstandsfähigen Rechtsgüter im Unterschied zu § 34 StGB auf existentielle Rechtsgüter, sc. Leben, Leib und (Fortbewegungs-)[841] Freiheit, limitiert. Als Grund dafür kann die Erwägung angesehen werden, dass

840 Für eine kriminalpolitische Einordnung des § 35 StGB: *Jakobs*, Schuld und Prävention, S. 20 ff.; *ders.*, Strafrecht AT, 20/4; *Roxin*, JA 1990, 97 ff.; *ders.*, Strafrecht AT, 22 Rn. 1 ff.; *Timpe*, JuS 1984, 859, 860; zuletzt auch *Motsch*, Notwehrexzess, S. 72 f.; in der Tendenz auch *Kühl*, Strafrecht AT, § 12 Rn. 20.

841 § 35 StGB betrifft nicht die allgemeine Handlungsfreiheit im Sinne des 240 StGB, vgl. statt aller *Wessels/Beulke*, Strafrecht AT, Rn. 436.

der Gesetzgeber bei weniger fundamentalen Rechtsgütern ein präventives Sanktionsbedürfnis befürwortet.[842] Zudem ist der Adressatenkreis des § 35 StGB eingegrenzt. Nur derjenige, der die Gefahr von sich, einem Angehörigen oder einer anderen ihm nahestehenden Person abwehrt, handelt ohne Schuld. Gleiche psychische Lagen führen nicht zu gleicher Schuld. Generalpräventiv lässt sich dies damit begründen, dass die Bevölkerung bei einem Handeln für in Gefahr geratene „Sympathiepersonen"[843] eher Verständnis für die Straflosigkeit des in die Rechtsgüter Unbeteiligter eingreifendenden Notstandstäters hat.[844] Handelt aber derjenige, der bei der Abwehr von Gefahren völlig Unbeteiligte schädigt, schuldlos, so muss dies auch und erst recht dann gelten, wenn in die Rechtsgüter des Angreifers eingegriffen wird.

Als Zwischenergebnis lässt sich konstatieren: Der Grund für die Nachsicht des Gesetzgebers ist in der Verantwortlichkeit des Angreifers für den Affektzustand des Exzedenten zu erblicken. Aus präventiven Erwägungen wird die Begünstigung des Exzedenten, der lediglich aus Verwirrung, Furcht oder Schrekken, also Affekten der Schwäche, eine Notwehrüberschreitung begangen hat, erklärbar.

4. Lösung der problematischen Einzelfälle nach der vorzugswürdigen strafzweckorientierten Deutung des § 33 StGB

Die Fälle der aufgedrängten Nothilfe sind noch nicht aus dem Blickwinkel des § 33 StGB beleuchtet worden. Bevor auf diese Fragestellung eingegangen wird, sollen zunächst überblicksartig einige Konstellationen aufgegriffen werden, die in der Literatur bereits aus einer strafzweckorientierten Sicht erörtert worden sind. Zum einen lässt sich durch ein derartiges Vorgehen aufzeigen, dass die Verantwortlichkeit des Angreifers bzw. Strafzweckerwägungen bei der Auslegung einzelner Problemfelder des Notwehrexzesses zu einer sachgerechten Lösung führen. Zum anderen können die dabei vorgebrachten Argumente erste Aufschlüsse über die Behandlung der Fälle der aufgedrängten Nothilfe geben.

---

842 *Kühl*, Strafrecht AT, § 12 Rn. 20; *Timpe*, JuS 1984, 859, 862.

843 So die Bezeichnung von *Hirsch*, LK-StGB, § 35 Rn. 30; *Kühl*, Strafrecht AT, § 12 Rn. 34; *Lenckner/Perron*, Schönke/Schröder, StGB, § 35 Rn. 3.

844 Ebenso *Kühl*, Strafrecht AT, § 12 Rn. 34; *Roxin*, JA 1990, 97, 102; *ders.*, Strafrecht AT, § 22 Rn. 30.

a) Eingriff in die Rechtsgüter unbeteiligter Dritter

Bei einem Eingriff in die Rechtsgüter unbeteiligter Dritter greift die begünstigende Regelung des § 33 StGB nach nahezu einmütiger Ansicht nicht ein.[845] Der Grund dafür liegt nach der hier vertretenen Konzeption auf der Hand: Nur der Angreifer ist für den Übergriff auf die Rechtsgüter eines anderen verantwortlich. Andere Personen haben sich die aus einer Abwehrmaßnahme resultierenden Verletzungsfolgen nicht selbst zuzuschreiben. Ebenso wie der Notwehrkonflikt nur auf Kosten des Angreifers und nicht unbeteiligter Dritter gelöst werden darf, kann der Exzedent nicht von § 33 StGB begünstigt werden, wenn eine andere Person als der Angreifer Opfer einer Verteidigungshandlung geworden ist.

b) Bewusste Notwehrüberschreitung

Bei einer bewussten Notwehrüberschreitung wird allein der verantwortliche Angreifer Opfer der Exzesstat. Auch wenn der Exzedent die Grenzen der Notwehr bewusst überschreitet, reizt seine Straflosigkeit nicht zur Nachahmung an, wenn er bloß aus Verwirrung, Furcht oder Schrecken, d.h. Affekten der Schwäche, zu seinem Handeln motiviert worden ist. Die teleologische Interpretation spricht damit neben den bereits angeführten[846] Gesichtspunkten dafür, dass auch die vorsätzliche Notwehrüberschreitung von § 33 StGB privilegiert werden kann.[847]

c) Motivbündel

Unterschiedlich beurteilt wird von den Anhängern, die zur Erklärung der Notwehrüberschreitung auch auf Strafzweckerwägungen verweisen, die Frage, ob § 33 StGB auch dann eingreifen kann, wenn der Exzedent sowohl aus sthenischen als auch asthenischen Affekten zu seinem Handeln motiviert worden ist. Der BGH hat in der hier bereits skizzierten Entscheidung die Anwendung des § 33 StGB bejaht, obwohl sich aus einem psychiatrischen Gutachten ergab, dass für die Überschreitung der Notwehrgrenzen Furcht, Verwirrung oder Schrecken nicht maßgeblich gewesen sind.[848] Zum Teil wird diesem Urteil von den Anhängern einer (zumindest auch) strafzweckorientierten Deutung des § 33 StGB zu-

---

845 Vgl. statt vieler *Erb*, MünchKomm, StGB, § 33 Rn. 15; *Lenckner/Perron*, Schönke/Schröder, StGB, § 33 Rn. 10; *Roxin*, Strafrecht AT, § 22 Rn. 91; a.A. hingegen *Aschermann*, Rechtsnatur, S. 137.

846 Vgl. oben 3. Kap. V. 1.

847 Ebenso *Roxin*, Strafrecht AT, § 22 Rn. 83 i.V.m. Rn. 69; *Motsch*, Notwehrexzess, S. 78 f.

848 BGH NStZ-RR 1999, 264, 265.

gestimmt.[849] So hält *Heuchemer* die Entscheidung für richtig, da sich diese in eine Schuldkonzeption einfügen lasse, die auf die überwiegende Zuständigkeit des Angreifers für die Affektgenese abstelle.[850] Andere argumentieren, es könne Verständnis für den Exzess aufgebracht werden, wenn der defensive, Schwäche dokumentierende Affekt nicht nur ein ganz nebensächliches Motiv für die Tat gewesen sei.[851] Nach der Gegenauffassung müssen die asthenischen Affekte hingegen eine dominierende Rolle für die Notwehrüberschreitung eingenommen haben.[852] Aus generalpräventiven Erwägungen könne dem Exzedenten keine Nachsicht gewährt werden, wenn die asthenischen Affekte für das Handeln nicht dominierend gewesen seien.[853]

Diese Kontroverse innerhalb der Anhänger einer (zumindest auch) strafzweckorientierten Deutung des § 33 StGB zeigt, dass der Verantwortlichkeitsbeitrag des Angreifers und daraus abgeleitete präventive Erwägungen durchaus unterschiedlich beurteilt werden. Die Verantwortlichkeit des Angreifers kann nicht dazu führen, dass jede Notwehrüberschreitung als straflos zu bewerten ist. Bereits aus der grammatikalischen Auslegung ergibt sich eine derartige Einschränkung: Der Exzedent muss aus Furcht etc. gehandelt haben. Die Verantwortlichkeit des Angreifers findet in den subjektiven Anforderungen des § 33 StGB ein erstes Korrektiv. Eine Mitursächlichkeit von asthenischen Affekten lässt sich aber sowohl mit dem Wortlaut des § 33 StGB als auch mit generalpräventiven Erwägungen noch vereinbaren. Auch demjenigen, der sich zumindest auch aus Affekten der Schwäche zu einer Notwehrüberschreitung hinreißen lässt, kann angesichts des Verhaltens des Angreifers Nachsicht gewährt werden.

d) Besonders krasser intensiver Notwehrexzess

Dissens innerhalb einer (zumindest auch) strafzweckorientierten Begründung der Notwehrüberschreitung besteht weiter darüber, ob besonders intensive Notwehrexzesse von § 33 StGB erfasst werden können. Nur wenige Autoren halten eine Anwendbarkeit des § 33 StGB auch dann für möglich, wenn es aus Furcht, Verwirrung oder Schrecken zu einer krassen Überschreitung der Notwehrgren-

---

849 *Herzog*, NK-StGB, § 33 Rn. 23; *Heuchemer*, JA 2000, 382, 385; *Kühl*, Strafrecht AT, § 12 Rn. 147 m.w.N.

850 *Heuchemer*, JA 2000, 382, 385.

851 *Kühl*, Strafrecht AT, § 12 Rn. 147.

852 *Erb*, MünchKomm, StGB, § 33 Rn. 22; *Motsch*, Notwehrexzess, S. 106; *Roxin*, FS Schaffstein, S. 105, 121; *ders.*, Strafrecht AT, § 22 Rn. 80 m.w.N.

853 So *Motsch*, Notwehrexzess, S. 106.

zen kommt.[854] So soll nach *Erb* demjenigen, der aus einer extremen asthenischen Affektanfälligkeit heraus eine krasse Notwehrüberschreitung begeht, die Begünstigung nach § 33 StGB nicht versagt werden.[855] Überwiegend wird eine Privilegierung des Exzedenten hingegen abgelehnt, wenn dieser affektbedingt die Abwehr drastisch überzieht.[856] Die Begründung dafür fällt unterschiedlich aus. *Herzog* und *Kühl* argumentieren, es fehle in diesen Fällen an einer mit der Verteidigung verbundenen Unrechtsminderung.[857] *Kühl* fügt schließlich noch als zusätzlichen Gesichtpunkt an, dass der Bevölkerung die Nachsicht für solche Täter kaum nahe zu bringen wäre.[858] *Jakobs* verweist mehr auf den verminderten Verantwortungsbeitrag des Angreifers. Danach sei die Entschuldigung nach § 33 StGB „systemwidrig", wenn der Angegriffene schon wegen einer minimalen Gefahr in Verwirrung etc. gerate, da dann die Zurechnung zum Angreifer nicht überwiege.[859] Der letztgenannten Ansicht ist zuzustimmen. Zwar wird sich die hier skizzierte Problematik in den meisten Fällen bereits dadurch auflösen, dass es bei einem geringfügigen Angriff in der Regel nicht zu einem Affektzustand i.S. des § 33 StGB kommt. Aber auch bei besonders affektanfälligen Menschen kann § 33 StGB nur eingreifen, wenn der Verantwortungsbeitrag eine Zuständigkeitsverschiebung zugunsten des Exzedenten und zu Lasten des Angreifers zulässt. Bei einem bloß minimalen Angriff kann der geringfügige Verantwortungsbeitrag des Angreifers die Privilegierung des Exzedenten nicht rechtfertigen. Extrem unverhältnismäßige Abwehrmaßnahmen fallen nicht in den Anwendungsbereich des § 33 StGB. Die im Rahmen dieses Problemfeldes geführte Kontroverse verdeutlicht wiederum, dass die Verantwortlichkeit des Angreifers bzw. generalpräventive Erwägungen von den Anhängern einer auch strafzweckorientierten Bestimmung der ratio des § 33 StGB durchaus unterschiedlich gewichtet werden.

---

854 *Erb*, MünchKomm, StGB, § 33 Rn. 25; im Ergebnis auch (aber nicht als Vertreter einer strafzweckorientierten Deutung des § 33 StGB) *Tröndle/Fischer*, StGB, § 33 Rn. 3: „selbst wenn die Überschreitung unverhältnismäßig ist".

855 *Erb*, MünchKomm, StGB, § 33 Rn. 25.

856 *Herzog*, NK-StGB, § 33 Rn. 14; *Jakobs*, Strafrecht AT, 20/29; *Kühl*, Strafrecht AT, § 12 Rn. 150; *Motsch*, Notwehrexzess, S. 92; *Roxin*, Strafrecht AT, § 22 Rn. 79.

857 *Herzog*, NK-StGB, § 33 Rn. 14; *Kühl*, Strafrecht AT, § 12 Rn. 150.

858 *Kühl*, Strafrecht AT, § 12 Rn. 150; in diese Richtung zielt auch die Argumentation von *Motsch*, Notwehrexzess, S. 92.

859 *Jakobs*, Strafrecht AT, 20/29; ähnlich *Motsch*, Notwehrexzess, S. 92, der von einem „evident tatbestandsimmanenten Merkmal von § 33 StGB" spricht.

e) Nachzeitig-extensiver Notwehrexzess

Die nachzeitig-extensive Notwehrüberschreitung wird von denjenigen, die (zumindest auch) strafzweckorientiert argumentieren, fast einhellig unter die Norm des § 33 StGB gefasst.[860] So argumentiert *Erb*, „der Wegfall präventiver Strafbedürfnisse könne hier ebenso wenig geleugnet werden wie beim intensiven Notwehrexzess, denn auch bei zeitlicher Überschreitung der Grenzen von § 32 StGB richtet sich die Tat ausschließlich gegen einen Angreifer, der die Situation auf Grund seines rechtswidrigen Verhaltens selbst zu vertreten hat".[861] Bei einem nachzeitig-extensiven Notwehrexzess treffen die Folgen der Exzesstat allein denjenigen, der durch seinen gegenwärtigen rechtswidrigen Angriff für den Notwehrkonflikt und damit die psychische Ausnahmesituation des Exzedenten verantwortlich geworden ist. Nach einer zumindest auch strafzweckorientierten Argumentation ist daher für die Beurteilung der Reichweite des § 33 StGB nicht entscheidend, ob der Verteidiger im Zeitpunkt seines Handels ein (eingeschränktes) Notwehrrecht hatte. Sogar derjenige, der mangels Notwehrlage bei seiner „Verteidigungsmaßnahme" überhaupt nicht mehr zu Eingriffen befugt gewesen ist, ist nach § 33 StGB zu begünstigen, wenn zwischen dem gegenwärtigen Angriff und der Exzesshandlung ein unmittelbarer zeitlicher Zusammenhang besteht.[862]

f) Provozierte Notwehrlage

Interessant für die Beurteilung der Fälle der aufgedrängten Nothilfe ist schließlich die Argumentation der Literatur in den Fällen, in denen der Exzedent den auf sich später verübten Angriff provoziert hat. Habe der Täter, wie von der überwiegenden Auffassung bei der Absichtsprovokation angenommen, gar kein

---

860 *Erb*, MünchKomm, StGB, § 33 Rn. 14; *Fischer*, Notwehrüberschreitung, S. 103 (analog); *Heuchemer/Hartmann*, JA 1999, 165, 167, 169 und *Heuchemer*, JA 2000, 382, 385; *Herzog*, NK-StGB, § 33 Rn. 11; *Jakobs*, Strafrecht AT, 20/31; *Kühl*, Strafrecht AT, § 12 Rn. 141; *Motsch*, Notwehrexzess, S. 101; *Roxin*, Strafrecht AT, § 22 Rn. 88; *ders.*, FS Schaffstein, S. 105, 117; *Timpe*, JuS 1985, 117, 121.; zur a.A. (als Vertreter einer auch strafzweckorientierten Deutung des § 33 StGB) tendierend allerdings *Hardtung*, ZStW 108 (1996), 26, 50: „Beschränkung auf den intensiven Exzess liegt näher".

861 *Erb*, MünchKomm, StGB, § 33 Rn. 14.

862 Ein weiteres Argument für die Einbeziehung des extensiven Notwehrexzesses findet sich – unabhängig von der Bestimmung des Rechtsgrundes des § 33 StGB – bei *Trüg/Wentzell*, Jura 2001, 30 ff, die auf dogmatische Widersprüche der Gegenposition beim Zusammenfallen von extensivem Notwehrexzess und Erlaubnistatbestandsirrtum verweisen.

Notwehrrecht, so sei § 33 StGB von vornherein unanwendbar. Nur vom Notwehrrecht umfasste (eingeschränkte) Verteidigungsbefugnisse könnten überschritten werden.[863] Hinter der skizzierten Position steht ersichtlich der Gedanke, einem Absichtsprovokateur das Privileg des § 33 StGB zu verwehren. Möglich wäre dies hingegen auch mit einer an den Grundgedanken des § 33 StGB ausgerichteten Begründung. Eine alleinige Zuständigkeitsverschiebung zu Lasten des Angreifers kann dann nicht in Betracht kommen, wenn der Exzedent durch eine Provokation mitverantwortlich für den Konflikt geworden ist.[864]

Auch in den Fällen der aufgedrängten Nothilfe fehlt es bei einem Angriff auf ein disponibles Rechtsgut und einem beachtlichen entgegenstehenden Willen des Angegriffenen an einer (eingeschränkten) Nothilfebefugnis. Fraglich ist damit, ob die Fälle der aufgedrängten Nothilfe mit der Erwägung, es fehle an einem (eingeschränkten) Recht des Nothelfers, aus dem Anwendungsbereich des § 33 StGB auszuklammern sind. Auf diese Annahme würde die Argumentation von *Motsch* hinauslaufen. Nach *Motsch* soll nämlich ein Notwehrexzess die Möglichkeit eines erlaubten Agierens voraussetzen.[865] Notwendig für die Anwendbarkeit des § 33 StGB sei, dass entweder in der Gegenwart ein Notwehrrecht bestehe oder in der Vergangenheit bestanden habe.[866] Nach dem hier vertretenen Verständnis hat ein Nothelfer, der einen Angegriffenen gegen dessen (beachtlichen) Willen verteidigt, gar kein (eingeschränktes) Recht zur Fremdverteidigung. § 33 StGB enthält nun sprachlich aber nicht zwingend eine Einschränkung, dass der Exzedent ein (eingeschränktes) Recht zur Verteidigung gehabt haben muss. Ein Zusammenhang zwischen § 33 StGB, der systematisch auf der Notwehrregelung aufbaut, und § 32 StGB kann auch durch den gegenwärtigen rechtswidrigen Angriff hergestellt werden. Auch in diesen Fällen kann ein Nothelfer, der sich über den (beachtlichen) Willen des Angegriffenen hinwegsetzt, eine Grenze der Notwehr, nämlich das Erfordernis einer gebotenen Verteidigung, überschreiten. Entscheidend für den Anwendungsbereich des § 33 StGB kann daher nicht sein, ob der Nothelfer in der Vergangenheit, etwa vor der Artikulierung eines einer Fremdverteidigung entgegenstehenden Willens durch den Angegriffenen, ein Recht zur Nothilfe hatte, oder in der Zukunft, etwa wenn sich der Angegriffene doch entschließen sollte, die Hilfe eines Dritten in Anspruch zu nehmen, ein Recht zur Nothilfe haben sollte. Ausschlaggebend ist vielmehr, ob die

863 Vgl. etwa *Lenckner/Perron*, Schönke/Schröder, StGB, § 33 Rn. 9; *Kühl*, Strafrecht AT, § 12 Rn. 152; *Roxin*, Strafrecht AT, § 22 Rn. 93; *Rudolphi*, JuS 1969, 461, 465; *Tröndle/Fischer*, StGB, § 33 Rn. 4; zurückhaltender wohl *Erb*, MünchKomm, StGB, § 33 Rn. 11: „prinzipiell unanwendbar“.

864 Vgl. dazu bereits die Argumentation von *Jakobs*, Strafrecht AT, 20/34.

865 *Motsch*, Notwehrexzess, S. 89.

866 *Motsch*, Notwehrexzess, S. 89.

Grundgedanken des Notwehrexzesses eine (direkte bzw. analoge) Anwendung des § 33 StGB auf die Fälle der aufgedrängten Nothilfe zulassen.

g) Aufgedrängte Nothilfe

Bevor die Fälle der aufgedrängten Nothilfe nach dem hier befürworteten Strafzweckmodell analysiert werden, soll noch einmal auf den Unterschied zwischen Rechtfertigungs- und Entschuldigungsgründen eingegangen werden.

Das Unrecht, d.h. Tatbestand und Rechtswidrigkeit, entscheidet darüber, ob ein Verhalten im Lichte des Strafrechts „regelgerecht" ist. Ein Rechtfertigungsgrund erlaubt den Eingriff in die Rechtsgüter eines anderen Menschen. Der Täter muss sich in der Konfliktsituation richtig verhalten haben. Nur dann wird derjenige, in dessen Rechtskreis eingegriffen wird, verpflichtet, die mit dem Recht in Einklang stehende Handlung zu dulden. Anders sieht es hingegen aus, wenn sich der Täter in einer Konfliktlage falsch entscheidet. Verletzt der Täter im Widerspruch zum Recht die Rechtsgüter eines anderen, so darf sich der von der Handlung Betroffene gegenüber dem Angriff nach § 32 StGB erwehren. Ihn trifft insoweit im Prinzip keine Duldungspflicht. Setzt sich der Täter über den beachtlichen Willen des Angegriffenen hinweg, so haben wir es mit letzterem Fall zu tun. Der Nothelfer hat den Konflikt anders als § 32 StGB, der den Nothelfer bei seiner Befugnis zur Fremdverteidigung an den Verteidigungswillen des Angegriffenen bindet, gelöst und sich somit falsch verhalten. Rechtfertigungsgründe können nur in Ausnahmesituationen eingreifen. Nur in besonderen Fällen ist es für den Betroffenen hinnehmbar, einen Eingriff anderer Bürger in seinen Rechtskreis erdulden zu müssen. Bei der Notwehr werden die Interessen des Angegriffenen höher gewichtet als diejenigen des Angreifers, da letzterer für die Konfliktsituationen verantwortlich ist. Beim Notstand werden unter Umständen sogar völlig Unbeteiligte dazu verpflichtet, Eingriffe anderer Bürger in ihre Rechtsphäre hinzunehmen.

Nicht immer muss das regelwidrige und damit rechtswidrige Verhalten eines Bürgers aber auch strafrechtlich sanktioniert werden. Auch massive Eingriffe in den Rechtskreis Unbeteiligter werden dem Notstandstäter unter besonderen Umständen durch § 35 StGB nachgesehen. Exzesshandlungen, die sich gegen den Angreifer richten, sind in gewissen Konstellationen nach § 33 StGB ebenfalls straflos.

Durch das Absehen von einer strafrechtlichen Ahndung wird dem fremden Rechtsgut, in welches rechtswidrig eingegriffenen wird, der präventive Strafrechtsschutz genommen. Daher können auch Entschuldigungsgründe nur besonders gelagerte Fälle erfassen. Der Verzicht auf die strafrechtliche Sanktionierung rechtswidrigen Verhaltens erscheint aber in Ausnahmesituationen legislatorisch vertretbar. Sowohl in den Fällen des entschuldigenden Notstandes als auch beim Notwehrexzess handelt es sich zunächst um eine psychische Drucksituation des Täters, in der ihm eine nach dem Recht richtige und damit rechtmäßige Entscheidung erschwert wird. Bei der aufgedrängten Nothilfe muss der Nothelfer den (beachtlichen) Willen des Angegriffenen respektieren. Er kann aber durch die Angriffssituation überfordert werden. Gerade bei einem Angriff auf nicht unwesentliche Rechtsgüter – wie bei tätlichen Übergriffen – kann sich der Nothelfer zu einem Eingreifen hingerissen fühlen. Die Diskussion des § 33 StGB kann in diesen Fällen relevant werden, da nicht jeder Angriff auf die körperliche Unversehrtheit per se der Dispositionsbefugnis des Angegriffenen entzogen ist. Unter Umständen – ausschlaggebend ist letztlich die Auslegung des gerade in jüngerer Zeit tendenziell eher restriktiv interpretierten § 228 StGB – kann daher möglicherweise auch bei schwereren oder schwersten Angriffen ein wirksames Nothilfeverbot ausgesprochen werden. Der Nothelfer darf hier eigentlich nicht eingreifen und könnte sich auch dem Recht entsprechend verhalten. Gerät er aber in einen Affektzustand aus Furcht, Angst und Mitgefühl um den Angegriffenen, so wird ihm sein normgemäßes Verhalten durch die psychische Ausnahmesituation erschwert.

Zu beurteilen ist, ob das Handeln des Nothelfers in diesen besonders gelagerten Fällen von § 33 StGB privilegiert werden kann.

Erster Ansatzpunkt zur Erklärung der Vorschrift des § 33 StGB ist die Verantwortlichkeit des Angreifers. Der Strafverzicht wird durch die wesentliche Mitverantwortung des Exzessopfers begründet. Auch bei der aufgedrängten Nothilfe kann der Angreifer den Nothelfer durch seinen Angriff auf eine andere Person in Furcht, Verwirrung oder Schrecken versetzen und ihn so zu seiner Reaktion, Verteidigung gegen den Willen des Angegriffenen, motiviert haben. Die Verantwortlichkeit des Angreifers wird zum Teil recht weit interpretiert. Dies zeigt sich etwa bei der Kontroverse, ob eine analoge Anwendung des § 33 StGB auf andere Rechtfertigungsgründe in Betracht zu ziehen ist. So befürwortet *Jakobs*, ein Anhänger einer strafzweckorientierten Deutung der Notwehrüberschreitung, etwa bei schuldhaftem Verhalten sogar eine analoge Anwendung des § 33 StGB auf die Überschreitung des Festnahmerechts aus § 127 I StPO.[867] Auch *Herzog* und *Otto* möchten den Gedanken des § 33 StGB auf andere Rechtfertigungsgründe übertragen.[868] Danach soll einer analogen Anwendung des § 33

867 *Jakobs*, Strafrecht AT, 20/32; ähnlich auch – mit gewissen Einschränkungen im Detail – *Motsch*, Notwehrexzess, S. 110; ablehnend hingegen *Erb*, MünchKomm, StGB, § 33 Rn. 17 („keine fortdauernde Bedrohung geschaffen"); differenzierend *Roxin*, Strafrecht AT, § 22 Rn. 98.

868 *Herzog*, NK-StGB, § 33 Rn. 17; *Otto*, Jura 1987, 604, 607.

StGB dann nichts entgegenstehen, wenn der vom Exzess Betroffene durch seinen rechtswidrigen Angriff die Situation verursacht hat und dadurch eine Unrechts- und Schuldminderung beim Exzesstäter eingetreten ist.[869] Bei der aufgedrängten Nothilfe liegt der Verantwortungsbeitrag des Exzessopfers – im Gegensatz zu den anderen Notrechten – bereits in einem gegenwärtigen rechtswidrigen Angriff auf einen anderen Menschen. Ebenso wie beim intensiven und nachzeitig-extensiven Notwehrexzess kann hier von einer verminderten Schutzwürdigkeit der Opferinteressen ausgegangen werden.[870] Insoweit kann auch bei der aufgedrängten Nothilfe nach dem Strafzweckmodell im Prinzip von der vorrangigen Zuständigkeit des Angreifers für dessen Rechtsgutsverletzung gesprochen werden. Der Verantwortungsbeitrag kann aber nicht in allen Fällen eine Zuständigkeitsverschiebung zu Lasten des Angreifers nach sich ziehen. Besonders deutlich wird dies daran, dass auch beim Vorliegen eines krassen Missverhältnisses die Anwendung des § 33 StGB überwiegend abgelehnt wird.[871] Entscheidend ist in diesen Fällen das Verhältnis zwischen angegriffenem und verletztem Rechtsgut. Der Verantwortungsbeitrag des Angreifers reicht also trotz eines gegenwärtigen rechtswidrigen Angriffs nicht immer zur Begründung der Straflosigkeit des Exzedenten aus. Liegt kein derartiges Missverhältnis vor, so kann aber auch eine aufgedrängte Nothilfe von § 33 StGB begünstigt werden.

Begründet man die Privilegierung des § 33 StGB mit spezialpräventiven Erwägungen, so lässt sich konstatieren, dass eine Sanktion in den Fällen der aufgedrängten Nothilfe unnötig erscheint. Der Nothelfer hat sich nur durch die außergewöhnliche Situation (Angriff auf einen anderen, entgegenstehender Wille des Angegriffenen und besondere psychische Stresssituation) zu seiner aufgedrängten Verteidigungshandlung hinreißen lassen. Die rechtserschütternde Wirkung der Exzesshandlung und damit die generalpräventive Notwendigkeit einer Bestrafung soll nach dem Strafzweckmodell nur deshalb entfallen, weil der Schaden den rechtswidrig handelnden Angreifer trifft.[872] Neben diesem Gesichtspunkt erscheint es wegen der Singularität solcher Sachverhaltsgestaltungen als überflüssig, die Abweichung vom gewünschten Regelverhalten um der Allgemeinheit willen zu sanktionieren. Auch im Zusammenhang mit § 35 StGB wird argumentiert, dass der Verzicht auf Strafe deshalb möglich sei, weil diesem Täter trotz der Begehung der rechtswidrigen Tat nicht in gleichem Maße wie Tätern in Normalsituationen ein „Mangel an Rechtsgesinnung“ vorgeworfen werden kön-

---

869 Vgl. *Herzog*, NK-StGB, § 33 Rn. 17; *Otto*, Jura 1987, 604, 607.

870 Diesen Gesichtspunkt hält auch *Erb*, MünchKomm, StGB, § 33 Rn. 17, für entscheidend bei der Beurteilung der Reichweite des § 33 StGB.

871 Vgl. dazu oben 3. Kap. V. 4. d).

872 Vgl. *Roxin*, Strafrecht AT, § 22 Rn. 91.

ne.[873] Besonders selten sind auch die Konstellationen, in denen sich jemand aus Furcht etc. um den Angegriffenen über dessen Willen hinwegsetzt, aus zwei Gründen: Zum einen stellt schon die Grundkonstellation der aufgedrängten Nothilfe, wie durch die Rechtspraxis belegt, eine Ausnahmeerscheinung dar. Zum anderen dienen die asthenischen Affekte wie Furcht, Verwirrung oder Schrecken als zusätzliches Korrektiv. Wer letztlich aus dem Affekt der Schwäche handelt und dabei einen verantwortlichen Angreifer verletzt, kann allgemein eher Nachsicht erwarten als derjenige, der einen Angreifer kühl-kalkulierend oder aus Rache verletzt. Bei einem Täter, der nur aus Angst um sich selbst oder einen anderen zu seinem Handeln angetrieben worden ist, kann keine besondere Gefährlichkeit für die Gesellschaft angenommen werden. Für das Handeln des Nothelfers wird möglicherweise Verständnis aufgebracht werden können. Teilweise wird das Verhalten des Nothelfers in der strafrechtlichen Bewertung sogar als nützlich und damit generell als richtig angesehen. Im Rahmen des § 35 StGB wird die Verletzung Unbeteiligter nicht sanktioniert, wenn Leben, Leib oder Fortbewegungsfreiheit in Gefahr geraten sind. In diesen Fällen besteht nach vorzugswürdiger Auffassung bereits keine präventive Bestrafungsnotwendigkeit bei einem Eingriff in die Rechtsgüter Unbeteiligter. Bei der Abwehr rechtswidriger Angriffe kann daher auf eine Bestrafung um der Allgemeinheit willen verzichtet werden, wenn lediglich der verantwortliche Angreifer verletzt wird.

Darüber hinaus kann in den Fällen der aufgedrängten Nothilfe als zusätzlicher Teilaspekt, der freilich außerhalb des hier vertretenen Strafzweckmodells liegt, eine Unrechtsminderung angenommen werden. Das Unrecht eines Täters, der einen anderen gegen dessen Willen gegenüber einem rechtswidrigen Angriff verteidigt und damit rechtsgutsbewahrend tätig wird, erscheint zumindest im Verhältnis zu jemandem, der einen anderen völlig grundlos verletzt, qualitativ reduziert.

Zuletzt spricht für die Einbeziehung der Fälle der aufgedrängten Nothilfe in den objektiven Anwendungsbereich des § 33 StGB ein konkreter Wertungsgesichtspunkt. Nach dem hier vertretenen Verständnis zur Auslegung des § 32 StGB kann der Angegriffene bestimmen, mit welchen Mitteln ein Angriff von ihm selbst oder einem Nothelfer abgewehrt werden soll, um den Angreifer weniger zu verletzen, als es die Grenzen der Erforderlichkeit und Gebotenheit an sich zulassen würden. Hält sich der Nothelfer an diese vom Angegriffenen gesetzte Eingriffsschwelle, so ist eine Verletzung des Angreifers nach § 32 StGB gerechtfertigt. Auch der BGH scheint in den Fällen der aufgedrängten Nothilfe zu dieser Auffassung zu tendieren, wenn er ausführt: „Im Falle der Nothilfe darf der Nothelfer nicht mehr Rechte geltend machen, als der Angegriffene selbst ausüben

873 Vgl. etwa *Gallas*, FS Mezger, S. 311; 323; *Kühl*, Strafrecht AT, § 12 Rn. 21.

will."[874] Dies bedeutet: Überschreitet der Nothelfer das vom Verteidigungswillen des Angegriffenen umfasste Maß einer an sich zulässigen Verteidigung, so liegt ein zum unbestrittenen Kernbereich des § 33 StGB zählender intensiver Notwehrexzess vor. Nicht unwesentliche Überschreitungen könnten von § 33 StGB erfasst werden, etwa wenn der Nothelfer den Angreifer mit einem Messer schwer verletzt, obwohl dem Verteidigungswillen des Angegriffenen nur die Vornahme einer Abwehrmaßnahme durch den Einsatz bloßer Körperkraft entsprochen hat. Nun erscheint es wenig sachgerecht, die Fälle einer (möglicherweise erheblichen) Maßüberschreitung als intensive Exzesse prinzipiell zu begünstigen, den Nothelfer aber in den Fällen, in denen er kein (eingeschränktes) Recht zur Fremdverteidigung hat, z.B. wenn sich der Angegriffene gar nicht verteidigen (lassen) möchte, von vornherein die Begünstigung des § 33 StGB zu versagen.

Nach allem ist § 33 StGB in den Fällen, in denen sich der Nothelfer aus Furcht, Verwirrung oder Schrecken über den (beachtlichen) Willen des Angegriffenen hinweggesetzt und dabei den Angreifer verletzt hat, zumindest analog anzuwenden. Bei einer aus Furcht um den Angegriffenen motivierten aufgedrängten Nothilfe liegt damit ein strafloser Nothilfeexzess vor.

VI. Ergebnis

Es lässt sich Folgendes festhalten: Nach § 33 StGB ist der Nothelfer dann straflos, wenn er sich aus Furcht, Verwirrung oder Schrecken und damit aus Affekten der Schwäche über den beachtlichen Willen des Angegriffenen hinwegsetzt und dabei den Angreifer verletzt hat. Dies folgt aus den Grundgedanken der Notwehrüberschreitung, d.h. der Verantwortlichkeit des Angreifers für die Konfliktlage und eines fehlenden Sanktionserfordernisses für die Handlung des Nothelfers. Hat sich der Nothelfer nur durch die außergewöhnliche Situation (Angriff auf einen anderen Menschen, entgegenstehender und beachtlicher Wille des Angegriffenen, besondere psychische Drucksituation) zu einer Verteidigung hinreißen lassen, so ist die Beeinträchtigung der Rechtsgüter des verantwortlichen Angreifers aus präventiven Aspekten nicht strafwürdig.

Zudem kann das Handeln eines Nothelfers, der einen anderen Menschen vor einem gegenwärtigen rechtswidrigen Angriff bewahrt hat, im Verhältnis zu einem Täter, der ohne Grund in die Rechtsgüter seiner Mitmenschen eingreift, als Unrechtsminderung qualifiziert werden. Auch für die Anhänger einer Deutung, die (isoliert oder zusätzlich) auf eine mit der Abwehr rechtswidriger Angriffe

---

874 BGH StV 1987, 59; so bereits BGHSt 5, 245, 248.

verbundene Unrechtsminderung abheben, kann eine aufgedrängte Nothilfe nach § 33 StGB damit privilegiert werden.

Ein Affektzustand i.S. des § 33 StGB liegt bereits vor, wenn der Nothelfer aus asthenischen und sthenischen Affekten, d.h. einem Motivbündel, zu seiner Handlung motiviert worden ist. Die Tatsache, dass es sich bei einer aufgedrängten Nothilfe in der Regel um eine *bewusste* Überschreitung des Nothilferechts durch den Nothelfer handelt, steht der Anwendung des § 33 StGB mit der insoweit ganz überwiegenden Auffassung nicht entgegen.

Zusammenfassung der wesentlichen Ergebnisse:

1. Eine individualistische Erklärung der ratio legis des § 32 StGB hat sich als vorzugswürdig erwiesen. Der Angreifer ist für die Konfliktsituation verantwortlich und er hat es in der Hand, seine Rechtsgüter durch einen Abbruch des Angriffs zu schützen. Der Notwehrkonflikt wird daher grundsätzlich zu Lasten des Angreifers gelöst. Die Interessen des Angegriffenen, etwa der Schutz vor einer Beeinträchtigung seiner Freiheitssphäre und Autonomie, werden gegenüber einem rechtswidrig und schuldhaften Angreifer höher gewichtet. Gegenüber schuldlos handelnden Angreifern besteht daher nur ein eingeschränktes Notwehrrecht.
   Die traditionelle dualistische Notwehrlehre kann keinen Aufschluss darüber geben, warum § 32 StGB gerade auf eine Güterabwägung verzichtet. Zudem führt die pluralistische Notwehrlehre zu Unsicherheiten in der rechtlichen Handhabung. Bei einer unterschiedlichen Akzentuierung der beiden Gedanken der Rechtsbewährung und des Individualrechtsschutzes lässt sich etwa in der Frage der Zulässigkeit einer aufgedrängten Nothilfe nahezu jedes Ergebnis erzielen. Schließlich bietet die Argumentation mit dem Rechtsbewährungsgedanken keine signifikanten Vorteile hinsichtlich der Erklärung der Einschränkungen des Notwehrrechts.
   Auch die Nothilfe lässt sich individualistisch begründen. Sie ist eine sinnvolle Verstärkung des Schutzes angegriffener Individualrechtsgüter. Zudem sichert die Befugnis zur Fremdverteidigung die Grenze der Erforderlichkeit ab. Eine Selbstverteidigung ist nicht erforderlich und daher rechtswidrig, wenn ein hilfsbereiter Nothelfer den Angriff für den Angreifer schonender beenden könnte als der Angegriffene. Auch ein Nothelfer ist daher ebenso wie der Angegriffene selbst – widerspricht die Verteidigung nicht dem Willen des Angegriffenen – bei einem Eingriff in die Rechtsgüter des Angreifers nicht an den Grundsatz der Verhältnismäßigkeit gebunden.
2. Einschränkungen des Nothilferechts ergeben sich aber aus der individualistischen Grundstruktur des § 32 StGB. Da die Nothilfe zur Verteidigung der Individualrechtsgüter des Angegriffenen institutionalisiert worden ist, kann die Verteidigungsbefugnis eines Nothelfers auch nur so weit gehen, wie sich der Angegriffene gegenüber dem Angreifer selbst verteidigen dürfte. Zudem ist die Nothilfe nur eine Möglichkeit für den Angegriffenen, die Hilfe anderer Mitmenschen in Anspruch zu nehmen. Der Angegriffene kann darüber ent-

scheiden, ob bzw. wie er sich verteidigen (lassen) möchte. Ein Angriffsopfer hat etwa die Befugnis, aus eigenen Risikoerwägungen auf die Hilfe eines Dritten zu verzichten bzw. kann die Modalitäten seiner Verteidigung – zugunsten des Angreifers – bestimmen. Hält sich der Nothelfer nicht an die Reichweite des Verteidigungswillens des Angegriffenen, so ist ein Eingriff in die Rechtsgüter des Angreifers nicht nach § 32 StGB gerechtfertigt. Auch sachspezifische Gesichtspunkte sprechen nicht zwingend gegen den Grundsatz der Unzulässigkeit einer aufgedrängten Nothilfe. Für Verteidigungsmaßnahmen i.S. des § 32 StGB ist zwar mit der ganz überwiegenden Ansicht ein subjektives Rechtfertigungselement zu verlangen. Die Anforderungen werden vom Verteidiger allerdings bereits erfüllt, wenn er in Kenntnis der Notwehr- bzw. Nothilfesituation einen gegenwärtigen rechtswidrigen Angriff abwehrt. Die Gegenposition, die bei der Nothilfe auf den Willen des Angriffsopfers generell keine Rücksicht nimmt, muss daher – liegen die sonstigen Voraussetzungen des § 32 StGB vor – auch denjenigen als gerechtfertigt ansehen, der sich nur über den Willen des Angegriffenen hinwegsetzt, um den Angreifer etwa aus Rache oder Wut zu verletzen.
Dogmatisch ist der Grundsatz der Unzulässigkeit einer aufgedrängten Nothilfe am Tatbestandsmerkmal der Gebotenheit festzumachen. Da der Gesetzgeber der Gebotenheit eine begrenzende Funktion beigemessen hat und der Grundsatz der Unzulässigkeit einer aufgedrängten Nothilfe einer gefestigten Rechtsprechung entspricht, stellt diese Nothilfebegrenzung keinen Verstoß gegen den verfassungsrechtlichen Bestimmtheitsgrundsatz des Art. 103 II GG dar. Auch eine aufgedrängte Nothilfe ist aber – entgegen vereinzelter Stimmen in der Literatur – erforderlich i.S. des § 32 II StGB, wenn die Verteidigung und der damit verbundene Eingriff in die Rechtsgüter des Angreifers objektiv das zur Angriffsabwehr mildeste Mittel darstellt.
Bei der Beurteilung, ob sich ein Angegriffener von einem Nothelfer verteidigen lassen möchte, sind diejenigen Auffassungen abzulehnen, die den Willen des Angegriffenen nur dann als beachtlich ansehen, wenn dieser – einer Fremdverteidigung entgegenstehende – Wille ausdrücklich artikuliert worden ist. Vielmehr sind bei der Beurteilung, wann der Wille des Angegriffenen vom Nothelfer beachtet werden muss, die Grundsätze der mutmaßlichen Einwilligung heranzuziehen. Ein Dritter kann aber davon ausgehen, dass sich der Angegriffene in der Regel auch verteidigen lassen möchte. In Ausnahmefällen muss die besondere Kenntnis des Nothelfers, etwa das Wissen, dass sich der Angegriffene gar nicht helfen lassen möchte, aber berücksichtigt werden. Auch situative Umstände können auf einen entgegenstehenden Willen hindeuten.

Grenzen der Beachtlichkeit des Willens des Angegriffenen im Hinblick auf das Nothilferecht Dritter sind diejenigen Vorschriften, welche die Verfügungsbefugnis eines Rechtsgutsinhabers begrenzen, z.B. die §§ 216, 228 StGB. Bei Angriffen auf indisponible Rechtsgüter ist der Nothelfer unabhängig von dem Willen des Angegriffenen zur Nothilfe und damit zu einem Eingriff in die Rechtsgüter des Angreifers befugt. Die Regelungen der §§ 216, 228 StGB stellen gesetzgeberische Wertentscheidungen dar, die auch als Grenze für die Beachtlichkeit des Willens eines Angegriffenen hinsichtlich der Fremdverteidigungsbefugnis Dritter beachtet werden müssen. Zudem spricht die Norm des § 323c StGB für eine Berücksichtigung dieser Vorschriften. Wenn ein Nothelfer unter Umständen sogar gegen den Willen des Angegriffenen bei Angriffen auf indisponible Rechtsgüter zu einem Eingreifen nach § 323c StGB verpflichtet wird, so muss ihm selbstverständlich auch ein korrespondierendes Eingriffsrecht eingeräumt werden.

Bei der Heranziehung des § 228 StGB als Grenze der Dispositionsbefugnis des Angegriffenen über das Nothilferecht eines Dritten hat sich diejenige Auslegung als vorzugswürdig erwiesen, die primär nach der Intensität und Schwere des Eingriffs in die körperliche Unversehrtheit differenziert. Dies bedeutet: Bei schweren Angriffen auf die körperliche Unversehrtheit des Angriffsopfers ist dessen Wille für den Nothelfer nicht entscheidend.

3. Eine weitere Grenze der Strafbarkeit der aufgedrängten Nothilfe stellt die Vorschrift der Notwehrüberschreitung (§ 33 StGB) dar. Ein Nothelfer ist ebenso wie der Angegriffene Adressat der privilegierenden Norm des § 33 StGB. Psychologisch sind Situationen, in denen sich ein Nothelfer aus Furcht um den Angegriffenen zu einer Verteidigung gegen dessen Willen hinreißen lässt, durchaus denkbar. Die traditionelle Lehre, die § 33 StGB (nur) dann für anwendbar erklärt, wenn die Notwehrüberschreitung zu einer Unrechtsminderung geführt habe, ist abzulehnen. Eine mit der Verteidigungshandlung verbundene Unrechtsminderung kann allein keinen Aufschluss über die besondere legislatorische Ausgestaltung des § 33 StGB geben.

   Als vorzugswürdig hat sich ein Ansatz herausgestellt, der die Vorschrift der Notwehrüberschreitung (zumindest auch) mit der Verantwortlichkeit des Angreifers erklärt und davon ausgeht, dass ein aus Affekten der Schwäche handelnder Exzedent aus präventiven Erwägungen keiner Bestrafung bedarf. Nach diesen Leitlinien kann auch ein Nothelfer, der sich etwa aus Furcht um den Angegriffenen über dessen entgegenstehenden Willen hinweggesetzt hat, privilegiert werden, wenn durch die Verteidigungshandlung lediglich der verantwortliche Angreifer verletzt wird. Die Tatsache, dass der Nothelfer in diesen Konstellationen möglicherweise gar kein (eingeschränktes) Recht zur Verteidigung hatte, etwa wenn sich der Angegriffene überhaupt nicht verteidigen (lassen) möchte, steht nach der hier befürworteten Deutung der Notwehrüberschreitung einer zumindest analogen Anwendung des § 33 StGB nicht entgegen.

Zudem ist das Unrecht eines Exzedenten, der sich aus Furcht, Verwirrung oder Schrecken zur Verteidigung eines anderen hinreißen lässt, im Gegensatz zu demjenigen, der grundlos in die Rechtsgüter eines Mitmenschen eingreift, qualitativ reduziert. Auch diejenigen, die den Anwendungsbereich des § 33 StGB danach bestimmen, ob die Verteidigungshandlung zu einer Unrechtsminderung geführt habe, können daher die Fälle der aufgedrängten Nothilfe nach § 33 StGB durchaus privilegieren. Geht man – entgegen der hier vertretenen individualistischen Deutung des § 32 StGB – davon aus, dass auch eine (rechtswidrige) Verteidigungshandlung zugleich das Recht bewährt und damit eine für die Anwendbarkeit des § 33 StGB notwendige Unrechtsminderung bewirkt werden soll, so können die Fälle der aufgedrängten Nothilfe auch nach diesem Notwehr- und Notwehrexzessverständnis begünstigt werden.

Für die Einbeziehung der Fälle der aufgedrängten Nothilfe in den Anwendungsbereich des § 33 StGB spricht schließlich ein konkreter Wertungsgesichtspunkt. Es kann in der Beurteilung keinen Unterschied machen, ob der Nothelfer ein (eingeschränktes) Recht zur Verteidigung drastisch überzieht, etwa wenn er sich nicht an das vom Angegriffenen zum Schutze des Angreifers vorgegebene Maß der Verteidigung hält, oder er – ohne überhaupt zur Nothilfe befugt zu sein – eine möglicherweise für den Angreifer harmlose Verteidigungshandlung vornimmt. Nach einer weit verbreiteten Argumentationslinie soll aber nur derjenige von § 33 StGB begünstigt werden können, der ein (eingeschränktes) Recht zur Verteidigung überzieht. Diese Auffassung ist im Hinblick auf die Fälle der aufgedrängten Nothilfe anzulehnen. Auch der Nothelfer, der bei einem beachtlichen entgegenstehenden Willen des Angegriffenen gar kein (eingeschränktes) Recht zur Fremdverteidigung hat, sollte nach den skizzierten Grundgedanken des § 33 StGB privilegiert werden können.

Die Tatsache, dass es sich bei der Einbeziehung der Fälle einer aufgedrängten Nothilfe in der Regel um eine *bewusste* Entscheidung des Nothelfers zugunsten des Angegriffenen handelt, steht der Reichweite des § 33 StGB nicht entgegen. Mit der heute ganz überwiegenden Auffassung findet die Vorschrift des § 33 StGB auch auf *bewusste* Überschreitungen der Grenzen der Notwehr Anwendung.

Schrifttumsverzeichnis

Abegg, Julius Friedrich Heinrich: Lehrbuch der Strafrechts-Wissenschaft, Neustadt a.d. Orla, 1836, Nachdruck 1996 (zit. Lehrbuch)

Alternativkommentar zum Strafgesetzbuch: Band 1, §§ 1-21, Gesamtherausgeber: R. Wassermann, Darmstadt 1990 (zit. AK-StGB)

Alwart, Heiner: Zum Begriff der Notwehr, in: JuS 1996, S. 953

Amelung, Knut: Das Problem der heimlichen Notwehr gegen die erpresserische Androhung kompromittierender Enthüllungen, in: GA 1982, S. 381

–: Zur Kritik des kriminalpolitischen Strafrechtssystems von Roxin, in: JZ 1982, S. 617

–: Die Einwilligung des Unfreien, in: ZStW 95 (1983), S. 1

–: Die Rechtfertigung von Polizeivollzugsbeamten, in: JuS 1986, S. 329

–: Über die Einwilligungsfähigkeit (Teil I), in: ZStW 104 (1992), S. 525

–: Sitzblockaden, Gewalt und Kraftentfaltung – Zur dritten Sitzblockaden-Entscheidung des BVerfG, in: NJW 1995, S. 2584

–: Noch einmal: Notwehr gegen sog. Chantage, in: NStZ 1998, S. 70

–: Irrtum und Täuschung als Grundlage von Willensmängeln bei der Einwilligung des Verletzten, Berlin 1998 (zit. Einwilligung)

ders. / Boch, Gerhard: Hausarbeitsanalyse Strafrecht: Ein Ehestreit mit dem Hockeyschläger, in: JuS 2000, S. 261

ders. / Kilian, Ines: Zur Akzeptanz des deutschen Notwehrrechts in der Bevölkerung – Erste Ergebnisse der Dresdner Notwehrerhebung, in: Festschrift für Hans-Ludwig Schreiber, Hrsg.: K. Amelung u.a., Heidelberg 2003, S. 3

Arzt, Gunther: Notwehr, Selbsthilfe, Bürgerwehr – Zum Vorrang der Verteidigung der Rechtsordnung durch den Staat, in: Festschrift für Friedrich Schaffstein, Hrsg.: G. Grünwald, Göttingen 1975, S. 77

–: Willensmängel bei der Einwilligung, Frankfurt a.M. 1970 (zit. Willensmängel)

ders. / Weber, Ulrich: Strafrecht, Besonderer Teil, Bielefeld 2000 (zit. Strafrecht BT)

Aschermann, Hans: Die Rechtsnatur des § 33 StGB: eine Untersuchung unter Entwicklung und Darstellung eines allgemeinen Konzepts zur Zurechnung von Affekttaten, zugl.: Diss., Hamburg 1990 (zit. Rechtsnatur)

Baumann, Jürgen / *Weber,* Ulrich / *Mitsch,* Wolfgang: Strafrecht, Allgemeiner Teil, 11. Auflage, Bielefeld 2003 (zit. Strafrecht AT)

Baumgarten, Arthur: Notstand und Notwehr. Eine Studie im Hinblick auf das künftige Strafrecht, Tübingen 1911 (zit. Notwehr)

Beaucamp, Guy: §§ 32, 34 StGB als Ermächtigungsgrundlagen für polizeiliches Eingreifen, in: JA 2003, S. 402

Beisel, Daniel: Straf- und verfassungsrechtliche Problematiken des finalen Rettungsschusses, in: JA 1998, S. 721

Beling, Ernst: Grundzüge des Strafrechts. Mit einer Anleitung zur Bearbeitung von Strafrechtsfällen, 11. Auflage, Tübingen 1930 (zit. Grundzüge)

Benfer, Jost: Allgemeines Strafrecht, Köln u.a. 1984 (zit. Strafrecht AT)

Berner, Albert Friedrich: Lehrbuch des deutschen Strafrechts, 18. Auflage, Leipzig 1898 (zit. Lehrbuch, 18. Aufl.)

Bernsmann, Klaus: Überlegungen zur tödlichen Notwehr bei nicht lebensbedrohlichen Angriffen, in: ZStW 104 (1992), S. 290

Bertel, Christian: Notwehr gegen verschuldete Angriffe, in: ZStW 84 (1972), S. 1

Berz, Ulrich: Die Bedeutung der Sittenwidrigkeit für die rechtfertigende Einwilligung, in: GA 1969, S. 145

Beulke, Werner: Die fehlgeschlagene Notwehr zur Sachverteidigung – NJW 1988, 1860 –, in: Jura 1988, S. 641

Binding, Karl: Systematisches Handbuch der Deutschen Strafrechtswissenschaft, Leipzig 1885 (zit. Handbuch)

Bitzilekis, Nikolaos: Die neue Tendenz zur Einschränkung des Notwehrrechts: unter besonderer Berücksichtigung der Notwehrprovokation, Berlin 1984, zugl.: Diss., Köln 1983/84 (zit. Einschränkung)

Blei, Hermann: Strafrecht I, Allgemeiner Teil, 18. Auflage, München 1983 (zit. Strafrecht AT)

Bockelmann, Paul: Notwehr gegen verschuldete Angriffe, in: Festschrift für Richard M. Honig, Hrsg.: Juristische Fakultät der Georg-August-Universität Göttingen, Göttingen 1970, S. 19

–: Notrechtsbefugnisse der Polizei, in: Festschrift für Eduard Dreher, Hrsg.: H.-H. Jescheck u.a., Berlin u.a. 1977, S. 235

Bockelmann, Paul / *Volk,* Klaus: Strafrecht, Allgemeiner Teil, 4. Auflage, München 1987 (zit. Strafrecht AT)

Bonner Kommentar zum Grundgesetz, Loseblattausgabe, Gesamtherausgeber: R. Dolzer, Art. 89-104 GG, Stand: Juli 2004

Born, Ulrich: Die Rechtfertigung der Abwehr vorgetäuschter Angriffe – Eine strafrechtsdogmatische Untersuchung, Karlsruhe 1984, zugl.: Diss., Bayreuth 1983

Buri, Maximilian von: Notstand und Notwehr, in: GS 30 (1878), S. 434

Burr, Christian: Notwehr und staatliches Gewaltmonopol, in: JR 1996, S. 230

Chatzikostas, Konstantinos: Die Disponibilität des Rechtsgutes Leben in ihrer Bedeutung für die Probleme von Suizid und Euthanasie, Frankfurt am Main 2001, zugl.: Diss., Frankfurt (Main) 2000 (zit. Disponibilität)

Constadinidis, Angelos: Die „actio illicita in causa" - Ein Beitrag zu den Voraussetzungen und Grenzen der strafrechtlichen Zurechnung eines Handlungserfolges sowie zur Problematik der provozierten Notwehr, zugl.: Diss., Würzburg 1981 (zit. actio)

Courakis, Nestor-Constantin: Zur sozialethischen Begründung der Notwehr: die sozialethischen Schranken des Notwehrrechts nach deutschem und griechischem Strafrecht, Baden-Baden 1978, zugl.: Diss., Freiburg 1977 (zit. Notwehr)

Diederich, Heike: Ratio und Grenzen des straflosen Notwehrexzesses – Studien zu § 33 StGB, Berlin 2001, zugl.: Diss., Köln 2001 (zit.: Notwehrexzess)

Donatsch, Andreas: Garantenpflicht – Pflicht zur Notwehr- und Notstandshilfe?, in: SchwZStr 106 (1989), S. 345

Dreher, Eduard / *Maassen*, Hermann: Strafgesetzbuch mit Erläuterungen und den wichtigsten Nebengesetzen, 1. Auflage, München u.a. 1954

–: Strafgesetzbuch mit Erläuterungen und den wichtigsten Nebengesetzen, 2. Auflage, München u.a. 1956

Dreier, Horst: Grundgesetz, Kommentar, Band III, Tübingen 2000 (zit. Dreier, GG)

Drews, Bill / *Wacke,* Gerhard / *Vogel,* Klaus / *Martens,* Wolfgang: Gefahrenabwehr, Allgemeines Polizeirecht (Ordnungsrecht) des Bundes und der Länder, 9. Auflage, Köln u.a. 1986 (zit. Gefahrenabwehr)

Duttge, Gunnar: Abschied des Strafrechts von den „guten Sitten"? – Zum „Minimum" bei der Auslegung der sittenwidrigen Körperverletzung (§ 228 StGB), in: Gedächtnisschrift für Ellen Schlüchter, Hrsg.: G. Duttge, Köln u.a. 2002, S. 775

Ebert, Udo: Strafrecht, Allgemeiner Teil, 2. Auflage, Heidelberg 1994 (zit. Strafrecht AT)

–: Strafrecht: Ärztlicher Eifer, in: JuS 1976, S. 319

Eisenberg, Ulrich: Kriminologie, 5. Auflage, München 2000

Engels, Dieter: Der partielle Ausschluß der Notwehr bei tätlichen Auseinandersetzungen zwischen Ehegatten, in: GA 1982, S. 109

Engels, Heinz-Jörg: Die Angriffsprovokation bei der Nothilfe, zugl.: Diss., Würzburg 1992

Engisch, Karl: Die normativen Tatbestandsmerkmale im Strafrecht, in: Festschrift für Edmund Mezger, Hrsg.: K. Engisch u.a., S. 127

Eggert, Matthias: Chantage – Ein Fall der Beschränkung des Notwehrrechts?, in: NStZ 2001, S. 225

Erb, Volker: Die Schutzfunktion von Art. 103 Abs. 2 GG bei Rechtfertigungsgründen, in: ZStW 1996 (108), S. 266

Eser, Albin / *Burkhardt,* Björn: Strafrecht I, Schwerpunkt Allgemeine Verbrechenselemente, 4. Auflage, München 1992 (zit. Strafrecht I)

Eue, Jens: Anmerkung zum Urteil des BGH v. 14.3.1989 – 1 StR 25/89, in: JZ 1990, S. 765

Fechner, Frank: Grenzen der polizeilichen Notwehr, Frankfurt am Main u.a. 1991, zugl.: Diss., Hamburg 1991 (zit. Grenzen)

Felber, Roland: Die Rechtswidrigkeit des Angriffs in den Notwehrbestimmungen: zugleich ein Beitrag zur ratio des Notwehrrechts, München 1979, zugl.: Diss., München 1977/78 (zit. Rechtswidrigkeit)

Fischer, Jürgen: Die straflose Notwehrüberschreitung: Voraussetzungen, Rechtsnatur und analoge Anwendung des § 53 Abs. 3 StGB, zugl.: Diss., Frankfurt am Main 1971 (zit. Notwehrüberschreitung)

Frank, Reinhard: Das Strafgesetzbuch für das Deutsche Reich nebst dem Einführungsgesetz, 18. Auflage, Tübingen 1931 (zit. StGB)

Freund, Georg: Strafrecht, Allgemeiner Teil. Personale Straftatlehre, Berlin u.a. 1998 (zit. Strafrecht AT)

Frisch, Wolfgang: Grund- und Grenzprobleme des sog. subjektiven Rechtfertigungselements, in: Festschrift für Karl Lackner, Hrsg.: W. Küper u.a., S. 113

Frister, Helmut: Die Notwehr im System der Notrechte, in: GA 1988, S. 291

–: Die Struktur des „voluntativen Schuldelementes“ – Zugleich eine Analyse des Verhältnisses von Schuld und positiver Generalprävention, Berlin 1993, zugl.: Habil.-Schr., Bonn 1992/93 (zit. Voluntatives Schuldelement)

Fuchs, Helmut: Grundfragen der Notwehr, Wien 1986, zugl.: Habil.-Schr., Wien 1983 (zit. Notwehr)

Gallas, Wilhelm: Zur Struktur des strafrechtlichen Unrechtsbegriffs, in: Festschrift für Paul Bockelmann, Hrsg.: A. Kaufmann u.a., München 1979, S. 155

Geilen, Gerd: Strafrecht AT, 2. Auflage, Bochum 1976 (zit. Strafrecht AT)

–: Notwehr und Notwehrexzeß (1. Teil), in: Jura 1981, S. 200

–: Notwehr und Notwehrexzeß (3. Teil), in: Jura 1981, S. 308

–: Notwehr und Notwehrexzeß (Schluß), in: Jura 1981, S. 370

Geppert, Klaus: Die subjektiven Rechtfertigungselemente, in: Jura 1995, S. 103

Göbel, Alfred A.: Die Einwilligung im Strafrecht als Ausprägung des Selbstbestimmungsrechts, Frankfurt a.M. u.a. 1992, zugl.: Diss., Bonn 1990 (zit. Einwilligung)

Götz, Volkmar: Allgemeines Polizei- und Ordnungsrecht , 13. Aufl., Göttingen 2001 (zit. POR)

Gropp, Walter: Deliktstypen mit Sonderbeteiligung – Untersuchungen zur Lehre von der „notwendigen Teilnahme“, Tübingen 1992, zugl.: Habil.-Schr., Freiburg 1990/1991 (zit. Deliktstypen)

–: Strafrecht, Allgemeiner Teil, 2. Auflage, Berlin u.a. 2001 (zit. Strafrecht AT)

Grünwald, Gerald: Bedeutung und Begründung des Satzes „nulla poena sine lege“, in: ZStW 76 (1964), S. 1 ff.

Günther, Hans-Ludwig: Strafrechtswidrigkeit und Strafunrechtsausschluß, Studien zur Rechtswidrigkeit als Straftatmerkmal und zur Funktion der Rechtfertigungsgründe im Strafrecht, Köln u.a. 1983, zugl.: Habil.-Schr., Trier 1981 (zit.: Strafrechtswidrigkeit)

–: Mordunrechtsmindernde Rechtfertigungselemente – Ein Beitrag zur Konkretisierung unverhältnismäßiger Grenzfälle des § 211 StGB, in: JR 1985, 268

–: Warum Art. 103 Abs. 2 GG für Erlaubnissätze nicht gelten kann, in: Festschrift für Gerald Grünwald, Hrsg.: Erich Samson u.a., Baden-Baden 1999, S. 213

Haas, Robert: Notwehr und Nothilfe – Zum Prinzip der Abwehr rechtswidriger Angriffe; geschichtliche Entwicklung und heutige Problematik, Frankfurt am Main u.a. 1978, zugl.: Diss., Kiel 1977 (zit. Notwehr)

Haft, Fritjof: Strafrecht, Allgemeiner Teil: eine Einführung für Anfangssemester, 8. Auflage, München 1998 (zit. Strafrecht AT)

Hardtung, Bernhard: Der Irrtum im Lichte des § 35 StGB, in: ZStW 108 (1996), S. 26

Hardwig, Werner: Pflichtirrtum, Vorsatz und Fahrlässigkeit, in: ZStW 78 (1966), S. 1

Hassemer, Winfried: Die provozierte Provokation oder Über die Zukunft des Notwehrrechts, in: Festschrift für Paul Bockelmann, Hrsg.: A. Kaufmann u.a., München 1979, S. 225

Hauf, Claus-Jürgen: Strafrecht, Allgemeiner Teil, Berlin u.a. 1996 (zit. Strafrecht AT)

Heger, Martin: Anmerkung zum Urteil des BGH v. 7.3.2002, in: JA 2003, S. 8

Heller, Frank Michael: Die aufgedrängte Nothilfe, Aachen 2004, zugl.: Diss., Potsdam 2004 (zit. Nothilfe)

Herzberg, Rolf Dietrich: Beteiligung an einer Selbsttötung oder tödlichen Selbstgefährdung als Tötungsdelikt, in: JA 1985, S. 336

–: Handeln in Unkenntnis einer Rechtfertigungslage, in: JA 1986, S. 190

Herzberg, Rolf Dietrich / *Schlehofer*, Horst: Der abgebrochene Bankraub – Ein Bericht über eine strafrechtliche Examensklausur, in: JuS 1990, S. 559

Heuchemer, Michael O. / *Hartmann,* Benjamin: Grundprobleme des Notwehrexzesses - § 33 StGB: eine Vorschrift im Schnittfeld von Schuld- und Notwehrlehre, in: JA 1999, S. 165

Heuchemer, Michael O.: Die Behandlung von Motivbündeln beim Notwehrexzess (§ 33 StGB) in der Rechtsprechung – Nachlese zu BGH StV 1999, 145, in: JA 2000, S. 382
Hillenkamp, Thomas: Vorsatztat und Opferverhalten, Göttingen 1981, zugl.: Habil.-Schr., Göttingen 1980 (zit.: Vorsatztat)
Himmelreich, Klaus: Erforderlichkeit der Abwehrhandlung, Gebotensein der Notwehrhandlung; Provokation und Rechtsmißbrauch; Notwehrexzeß, GA 1966, S. 129
–: Nothilfe und Notwehr: insbesondere zur sog. Interessenabwägung, in: MDR 1967, S. 361
–: Notwehr und unbewußte Fahrlässigkeit, Berlin u.a. 1971 (zit. Notwehr)
Hinz, Werner: Die fahrlässig provozierte Notwehrlage unter besonderer Berücksichtigung der Rechtsprechung des Bundesgerichtshofes, in: JR 1993, S. 353
Hippel, Robert von: Deutsches Strafrecht, Zweiter Band, Das Verbrechen, Allgemeine Lehren, Berlin 1930 (zit. Deutsches Strafrecht)
Hirsch, Hans Joachim: Delikte gegen die körperliche Unversehrtheit, in: ZStW 83 (1971), S. 140
–: Einwilligung und Selbstbestimmung, in: Festschrift für Hans Welzel, Hrsg.: G. Stratenwerth u.a., Berlin u.a. 1974, S. 775
–: Die Notwehrvoraussetzung der Rechtswidrigkeit des Angriffs, in: Festschrift für Eduard Dreher, Hrsg.: H.-H. Jescheck u.a., Berlin u.a. 1977, S. 211
–: Der Streit um Handlungs- und Unrechtslehre, insbesondere im Spiegel der Zeitschrift für die gesamte Strafrechtswissenschaft, in: ZStW 93 (1981), S. 831
–: Rechtfertigungsgründe und Analogieverbot, in: Gedächtnisschrift für Zong Uk Tjong, Hrsg.: H.-H. Jescheck, Tokio 1985, S. 50
–: Das Schuldprinzip im Strafrecht, in: ZStW 106 (1994), S. 746
Hoffmann-Riem, Wolfgang: Übergang der Polizeigewalt auf Private?, Überlegungen zur Entwicklung gewerblicher Sicherheitskräfte, in: ZRP 1977, S. 277
Hohmann, Ralf / *Matt,* Holger: Anmerkung zum Beschluss des BGH v. 29.12.1987 – 1 StR 642/87, in: JR 1989, S. 161
Hold von Ferneck, Alexander Freiherr: Die Rechtswidrigkeit. Eine Untersuchung zu den allgemeinen Lehren des Strafrechts, Zweiter Band, Erste Abteilung, Jena 1905 (zit. Rechtswidrigkeit II)
Hoyer, Andreas: Das Rechtsinstitut der Notwehr, in: JuS 1988, S. 89
–: Strafrechtsdogmatik nach Armin Kaufmann – Lebendiges und Totes in Armin Kaufmanns Normentheorie, Berlin 1997, zugl.: Habil.-Schr., Kiel 1992 (zit. Strafrechtsdogmatik)

Hruschka, Joachim: Extrasystematische Rechtfertigungsgründe, in: Festschrift für Eduard Dreher, Hrsg.: H.-H. Jescheck u.a., Berlin u.a. 1977, S. 189

–: Strafrecht nach logisch-analytischer Methode. Systematisch entwickelte Fälle mit Lösungen zum Allgemeinen Teil, 2. Auflage, Berlin u.a. 1988 (zit. Strafrecht AT)

–: Die Notwehr im Zusammenhang mit Kants Rechtslehre, in: ZStW 115 (2003), S. 201

Isensee, Josef: Das staatliche Gewaltmonopol, in: Festschrift für Sendler, Hrsg.: E. Franßen u.a., München 1991, S. 39

Jakobs, Günther: Schuld und Prävention, Tübingen 1976

–: Strafrecht, Allgemeiner Teil, Die Grundlagen und die Zurechnungslehre, Lehrbuch, 2. Auflage, Berlin u.a. 1991 (zit. Strafrecht AT)

–: Das Schuldprinzip, Opladen 1993 (zit. Schuldprinzip)

Janka, Karl: Der strafrechtliche Notstand, Erlangen 1878

Jarass, Hans D. / *Pieroth,* Bodo: Grundgesetz für die Bundesrepublik Deutschland, Kommentar, 7. Aufl., München 2004 (zit. Jarass/Pieroth, GG)

Jescheck, Hans–Heinrich: Lehrbuch des Strafrechts, Allgemeiner Teil, 1. Auflage, Berlin 1969 (zit. Strafrecht AT, 1. Aufl.)

–: *ders. / Weigend,* Thomas: Lehrbuch des Strafrechts, Allgemeiner Teil, 5. Auflage, Berlin 1996 (zit. Strafrecht AT)

Jhering, Rudolf von: Der Kampf um's Recht, Wien 1872

Joecks, Wolfgang: Erfolglose Notwehr, in: Festschrift für Gerald Grünwald, Hrsg.: E. Samson, Baden-Baden 1999, S. 251

–: Strafgesetzbuch – Studienkommentar, 5. Auflage, München 2004 (zit. StuK-StGB)

Kargl, Walter: Die intersubjektive Begründung und Begrenzung der Notwehr, in: ZStW 110 (1998), S. 38

Keller, Rainer: Rechtliche Grenzen der Provokation von Straftaten, Berlin 1989, zugl.: Habil.-Schr., Hannover 1988 (zit. Provokation)

Kelsen, Hans: Allgemeine Theorie der Normen, Hrsg.: K. Ringhofer u.a., Wien 1979

Kern, Eduard: Grade der Rechtswidrigkeit, in: ZStW 64 (1952), S. 255

Kindhäuser, Urs: Strafgesetzbuch, Lehr- und Praxiskommentar, Baden-Baden 2002 (zit. Kindhäuser, LPK-StGB)

Kinnen, Dieter: Notwehr und Nothilfe als Grundlagen hoheitlicher Gewaltanwendung, in: MDR 1974, S. 631

Kioupis, Dimitrios: Notwehr und Einwilligung – Eine individualistische Begründung, Baden-Baden 1992, zugl.: Diss., Saarbrücken 1991 (zit. Notwehr)

Kirchhof, Paul: Polizeiliche Eingriffsbefugnisse und private Nothilfe, in: NJW 1978, S. 969

Klesczewski, Diethelm: Ein zweischneidiges Recht – Zu Grund und Grenzen der Notwehr in einem vorpositiven System der Erlaubnissätze, in: Festschrift für Ernst Amadeus Wolff, Hrsg.: R. Zaczyk u.a., Berlin u.a. 1998, S. 225

Klose, Peter: Notrecht des Staates aus staatlicher Rechtsnot – Zum rechtlichen Funktionszusammenhang zwischen Notwehr und Gefahrenabwehr, in: ZStW 89 (1977), S. 61

Koch, Burkhard: Prinzipientheorie der Notwehreinschränkungen, in: ZStW 104 (1992), S. 785

Koch, Michael: Die aufgedrängte Nothilfe im Strafrecht, Aachen 2003, zugl.: Diss., Regensburg 2003

Köhler, Michael: Strafrecht, Allgemeiner Teil, Berlin u.a. 1997 (zit. Strafrecht AT)

Koriath, Heinz: Einige Gedanken zur Notwehr, in: Festschrift für Heinz Müller-Dietz, Hrsg.: G. Britz u.a., München 2001, S. 361

Krack, Ralf: Anmerkung zum Urteil des BGH v. 21.3.1996 – 5 StR 432/95 (BGHSt 42, 97), in: JR 1996, 468

Kratzsch, Dietrich: § 53 StGB und der Grundsatz nullum crimen sine lege, in: GA 1971, S. 65

–: Aufgaben- und Risikoverteilung als Kriterien der Zurechnung im Strafrecht, in: Festschrift für Diedrich Oehler, Hrsg.: R. D. Herzberg, Köln u.a. 1985

–: Der „Angriff" – ein Schlüsselbegriff des Notwehrrechts. Zugleich eine Besprechung des Urteils BayObLG v. 9.1.1985 – R Reg 5 St 272/84, in: StV 1987, S. 224

Krause, Friedrich-Wilhelm: Zur Problematik der Notwehr, in: Festschrift für Hans-Jürgen Bruns, Hrsg.: W. Frisch u.a., Köln u.a. 1978, S. 71

–: Zur Einschränkung der Notwehrbefugnis, in: GA 1979, S. 329

–: Notwehr bei Angriffen Schuldloser und bei Bagatellangriffen, in: Gedächtnisschrift für Hilde Kaufmann, Hrsg.: H. J. Hirsch u.a., Berlin u.a. 1986, S. 673

Krey, Volker: Studien zum Gesetzesvorbehalt im Strafrecht. Eine Einführung in die Problematik des Analogieverbots, Berlin 1977 (zit. Gesetzesvorbehalt)

–: Zur Einschränkung des Notwehrrechts bei der Verteidigung von Sachgütern, in: JZ 1979, S. 702

–: Deutsches Strafrecht, Allgemeiner Teil, Band 1: Grundlagen, Tatbestandsmäßigkeit, Rechtswidrigkeit, Schuld, Stuttgart u.a. 2001 (zit. Strafrecht AT)

Kühl, Kristian: Angriff und Verteidigung bei der Notwehr (II), in: Jura 1993, S. 118

–: Angriff und Verteidigung bei der Notwehr (Schluß), in: Jura 1993, S. 233

–: Notwehr und Nothilfe, in: JuS 1993, S. 177

–: Die Notwehr: Ein Kampf ums Recht oder Streit, der mißfällt? – Schlaglichter der Notwehrdiskussion der 2. Hälfte des 19. Jahrhunderts in Deutschland und Österreich, in: Festschrift für Otto Triffterer, Hrsg.: K. Schmoller, Wien u.a. 1996, S. 149

–: Die gebotene Verteidigung gegen provozierte Angriffe. Überlegungen aus Anlaß der neuesten Rechtsprechung des Bundesgerichtshofes zur Notwehrprovokation, in: Festschrift für Günter Bemmann, Baden-Baden 1997, S. 193

–: Strafrecht, Allgemeiner Teil, 4. Auflage, München 2002 (zit. Strafrecht AT)

Kunz, Karl-Ludwig: Die organisierte Nothilfe, Möglichkeiten und Grenzen der Inanspruchnahme von Notrechten durch gewerbliche Sicherheitsunternehmen und „Bürgerwehren", in: ZStW 95 (1983), S. 973

Lackner, Karl: Strafgesetzbuch mit Erläuterungen, 22. Auflage, München 1997, (zit. Lackner, StGB, 22. Aufl.)

ders. / Kühl, Kristian: Strafgesetzbuch mit Erläuterungen, 24. Auflage, München 2001 (zit. Lackner/Kühl, StGB)

Lagodny, Otto: Notwehr gegen Unterlassen – Zugleich ein Beitrag zur Subsidiarität der Notwehr gegenüber gerichtlichem (Eil-)Rechtsschutz, in: GA 1991, S. 300

Lange, Richard: Der „gezielte Todesschuß" – Zum Musterentwurf eines Polizeigesetzes, in: JZ 1976, S. 546

Larenz, Karl: Methodenlehre der Rechtswissenschaft, 6. Auflage, Berlin u.a. 1991 (zit. Methodenlehre)

Lehnemann, Wilhelm: Die Notwehrüberschreitung nach geltendem und zukünftigem deutschen Recht, sowie nach holländischem, dänischem, österreichischem, italienischem und nach schweizerischem Recht, Düsseldorf 1935, zugl. Diss., Erlangen 1935 (zit. Notwehrüberschreitung)

Leipziger Kommentar: Großkommentar, Reichs-Strafgesetzbuch nach dem neuesten Stand der Gesetzgebung, Hrsg.: J. Nagler u.a., Band 1, 6. Aufl., Berlin 1944 (zit. LK-StGB, 6. Aufl.)

–: Großkommentar, Strafgesetzbuch nach dem neuesten Stand der Gesetzgebung, Hrsg.: J. Nagler, Band 1, 7. Aufl., Berlin 1954 (zit. LK-StGB, 7. Aufl.)

–: Großkommentar, Strafgesetzbuch, Hrsg.: P. Baldus u.a., Band 1, 9. Aufl., Berlin u.a. 1974 (zit. LK-StGB, 9. Aufl.)

–: Großkommentar, Strafgesetzbuch, Hrsg.: H.-H. Jescheck u.a., Band 1, 10. Aufl., Berlin u.a. 1985 (zit. LK-StGB, 10. Aufl.)

–: Großkommentar, Strafgesetzbuch, Hrsg.: B. Jähnke u.a., Band 1, 11. Aufl., Berlin u.a. 2003

–: Großkommentar, Strafgesetzbuch, Hrsg.: B. Jähnke u.a., Band 2, 11. Aufl., Berlin u.a. 2003

Lenckner, Theodor: Notwehr bei provoziertem und verschuldetem Angriff, in: GA 1961, S. 299
–: Der rechtfertigende Notstand: zur Problematik der Notstandsregelung im Entwurf eines Strafgesetzbuches (E 1962), Tübingen 1965, zugl.: Habil.-Schr., Tübingen 1963 (zit. Notstand)
–: „Gebotensein" und „Erforderlichkeit" der Notwehr, in: GA 1968, S. 1
–: Anmerkung zum Urteil des BGH v. 14.6.1972 – 2 StR 679/71, in: JZ 1973, S. 253
–: Der Grundsatz der Güterabwägung als Grundlage der Rechtfertigung, in: GA 1985, S. 295
Lesch, Heiko Hartmut: Anmerkung zum Urteil des BGH vom 3.2.1993 – 3 StR 356/92, in: StV 1993, S. 578
–: Notwehrrecht und Beratungsschutz: Zur Zulässigkeit der Nothilfe gegen die nach § 218 a Abs. 1 StGB tatbestandslose Abtötung der Leibesfrucht, Paderborn u. a. 2000 (zit. Notwehrrecht)
Lisken, Hans / *Denninger,* Erhard: Handbuch des Polizeirechts, 3. Aufl. München 2001
Loos, Fritz: Zum Inhalt der subjektiven Rechtfertigungselemente, in: Festschrift für Dietrich Oehler, Hrsg.: R. D. Herzberg, Köln u.a. 1985, S. 227
–: Bemerkungen zur „historischen Auslegung", in: Festschrift für Rudolf Wassermann, Hrsg.: C. Broda u.a., Neuwied u.a. 1985, S. 123
–: Zur Einschränkung der Notwehr in Garantenbeziehungen – BGH, NJW 1984, 986, in: JuS 1985, S. 859
–: Zur Einschränkung des Notwehrrechts wegen Provokation, in: Festschrift für Erwin Deutsch, Hrsg.: H.-J. Ahrens u.a., Köln u.a. 1999, S. 233
Löwe-Rosenberg: Großkommentar, StPO, 25. Aufl., Hrsg.: P. Rieß, Band 3 (§§ 72 – 136a), Berlin u.a., Erscheinungsbeginn 1997 (zit. LR, StPO)
Luchterhandt, Otto: Grundpflichten als Verfassungsproblem in Deutschland – Geschichtliche Entwicklung und Grundpflichten unter dem Grundgesetz, Berlin 1988, zugl.: Habil.-Schr., Köln 1985 (zit. Grundpflichten)
Ludwig, Dominik: „Gegenwärtiger Angriff", „drohende" und „gegenwärtige Gefahr" im Notwehr- und Notstandsrecht: eine Studie zu den temporalen Erfordernissen der Notrechte unter vergleichender Einbeziehung der Gefahrerfordernisse des Polizeirechts, Frankfurt am Main u.a. 1991, zugl.: Diss., Bonn 1990 (zit. Angriff)
Lührmann, Olivia: Tötungsrecht zur Eigentumsverteidigung?: eine Untersuchung des Notwehrrechts unter verfassungsrechtlichen, menschenrechtlichen und rechtsvergleichenden Gesichtspunkten, Frankfurt am Main u.a. 1999, zugl.: Diss., Bielefeld 1998 (zit. Eigentumsverteidigung)

Mangoldt, Hermann von / *Klein*, Friedrich / *Starck*, Christian: Das Bonner Grundgesetz, Kommentar, Band 3, 4. Aufl., München 2001 (zit. v. Mangoldt/Klein/Starck, GG)

Marxen, Klaus: Die „sozialethischen" Grenzen der Notwehr, Frankfurt am Main 1979 (zit. Notwehr)

Matt, Holger: Eigenverantwortlichkeit und Subjektives Recht im Notwehrrecht, in: NStZ 1993, S. 271

Maunz, Theodor / *Dürig*, Günter: Grundgesetz, Kommentar von T. Maunz u.a., Loseblattausgabe, Band V, Stand: Februar 2003, München (zit. Maunz/Dürig, GG)

Maurach, Reinhart: Anmerkung zu BGH 5. StS v. 08.05.1956 – 5 StR 29/56, in: JR 1956, S. 348

–: Deutsches Strafrecht, Allgemeiner Teil, 4. Aufl., Karlsruhe 1971 (zit. Strafrecht AT, 4. Aufl.)

Maurach, Reinhart / *Zipf*, Heinz: Strafrecht, Allgemeiner Teil, Teilband I: Grundlehren des Strafrechts und Aufbau der Straftat, 8. Auflage, Heidelberg 1992 (zit. Strafrecht AT)

Maurach, Reinhart / *Schroeder*, Friedrich-Christian / *Maiwald*, Manfred: Strafrecht, Besonderer Teil, Teilband 1: Straftaten gegen Persönlichkeits- und Vermögenswerte, 8. Auflage, Heidelberg 1995 (zit. Strafrecht BT I)

–: Strafrecht, Besonderer Teil, Teilband 2: Straftaten gegen Gemeinschaftswerte, 8. Auflage, Heidelberg 1999 (zit. Strafrecht BT II)

Mayer, Max Ernst: Der allgemeine Teil des deutschen Strafrechts, Lehrbuch, 2. Auflage, Heidelberg 1923 (zit. Allgemeiner Teil)

Mayer, Hellmuth: Strafrecht, Allgemeiner Teil, Stuttgart u.a. 1953 (zit. Strafrecht AT, 1953)

–: Strafrecht, Allgemeiner Teil, Stuttgart u.a. 1967 (zit. Strafrecht AT, 1967)

Mitsch, Wolfgang: Straflose Provokation strafbarer Taten. Eine Studie zu Grund und Grenzen der Straffreiheit des agent provocateur, Lübeck 1986, zugl.: Diss., Würzburg 1985 (zit. Provokation)

–: Nothilfe gegen provozierte Angriffe, in: GA 1986, S. 533

–: Tödliche Schüsse auf flüchtende Diebe, in: JA 1989, S. 79

Montenbruck, Axel: Thesen zur Notwehr, Heidelberg 1983 (zit. Notwehr)

Motsch, Thomas: Der straflose Notwehrexzess – Analyse der ratio legis und Lösung der Erscheinungsformen des § 33 StGB unter besonderer Berücksichtigung neuerer Tendenzen, Berlin 2003, zugl.: Diss., Regensburg 2002 (zit. Notwehrexzess)

Müller-Christmann, Bernd: Der Notwehrexzeß, in: JuS 1989, S. 717

Münch, Ingo von / *Kunig*, Philip: Grundgesetz-Kommentar, Band 3, 5. Aufl., München 2003 (zit. v. Münch/Kunig, GG)

Münchener Kommentar zum Strafgesetzbuch: Band 1, §§ 1-51 StGB, Hrgs.: W. Joecks u.a., München 2003 (zit. MünchKomm, StGB)

–: Band 3, §§ 185-262 StGB, Hrsg.: W. Joecks u.a., München 2003 (zit. MünchKomm, StGB)

Murmann, Uwe / *Rath,* Jürgen: Zur Risikotragungspflicht bei der Notwehr und zu den Grenzen personaler Verursachung – Anmerkung zu BGH, NStZ 1993, 386 –, in: NStZ 1994, S. 215

Müssig, Bernd: Antizipierte Notwehr. Das Prinzip der Abwehr rechtswidriger Angriffe als Kriterium objektiver Zurechnung, in: ZStW 115 (2003), S. 224

Norouzi, Ali B.: Übungsklausur – Strafrecht: Die provozierte Nothilfe, in: JuS 2004, S. 494

Neumann, Ulfrid: Zurechnung und „Vorverschulden": Vorstudien zu einem dialogischen Modell strafrechtlicher Zurechnung, Berlin 1985, zugl.: Habil.-Schr., München 1982 (zit. Zurechnung)

–: Individuelle und überindividuelle Begründung des Notwehrrechts, in: Modernes Strafrecht und ultima–ratio–Prinzip, Hrsg.: K. Lüderssen, Frankfurt am Main u.a. 1990, S. 215 (zit. Modernes Strafrecht)

Niedermair, Harald: Körperverletzung mit Einwilligung und die Guten Sitten – Zum Funktionsverlust einer Generalklausel, München 1999, zugl.: Diss., München 1998 (zit. Einwilligung)

Noll, Peter: Übergesetzliche Milderungsgründe aus vermindertem Unrecht, in: ZStW (1956), S. 181

Nomos Kommentar zum Strafgesetzbuch: Gesamtredaktion U. Neumann u.a., Loseblattsammlung, Band 1, 2, 4 und 5, Stand: November 2003, Baden-Baden (zit. NK-StGB)

Otto, Harro: Rechtsverteidigung und Rechtsmißbrauch im Strafrecht. Zum Zusammenhang zwischen den §§ 32, 34 StGB, in: Kultur, Kriminalität, Strafrecht. Festschrift für Thomas Würtenberger, Hrsg.: R. Herren, Berlin 1977, S. 129

–: Grenzen der straflosen Überschreitung der Notwehr, § 33 StGB – BGH NStZ 1987, 20 -, in: Jura 1987, S. 604

–: Eigenverantwortliche Selbstschädigung und -gefährdung sowie einverständliche Fremdschädigung und -gefährdung, in: Festschrift für Herbert Tröndle, Hrsg.: H.-H. Jescheck u.a., Berlin u.a. 1989, S. 157

–: Einverständnis, Einwilligung und eigenverantwortliche Selbstgefährdung, in: Festschrift für Friedrich Geerds, Hrsg.: E. Schlüchter, Lübeck 1995, S. 603

–: Grundkurs Strafrecht, Allgemeine Strafrechtslehre, 6. Auflage, Berlin u.a. 2000 (zit. Strafrecht AT)

Papier, Hans-Jürgen / *Möller,* Johannes: Das Bestimmtheitsgebot und seine Durchsetzung, in: AöR 122 (1997), S. 177

Pawlik, Michael: Die Notwehr nach Kant und Hegel, in: ZStW 114 (2002), S. 259

Pelz, Christian: Notwehr- und Notstandsrechte und der Vorrang obrigkeitlicher Hilfe, in: NStZ 1995, S. 305

Pfordten, Dietmar von der: Zu den Prinzipien der Notwehr, in: Festschrift für Hans-Ludwig Schreiber, Hrsg.: K. Amelung u.a., Heidelberg 2003, S. 359

Pitsounis, Dimitrios: Die Notwehr als Gegenstand der Rechtsvergleichung, in: Modernes Strafrecht und ultima-ratio-Prinzip, Hrsg.: K. Lüderssen u.a., Frankfurt am Main 1990, S. 227 (zit. Modernes Strafrecht)

Prittwitz, Cornelius: Zum Verteidigungswillen der Notwehr, in: GA 1980, S. 381

–: Der Verteidigungswille als subjektives Merkmal der Notwehr, in: Jura 1984, S. 74

Renzikowski, Joachim: Notstand und Notwehr, Berlin 1994, zugl.: Diss., Tübingen 1993 (zit. Notwehr)

–: Der „verschuldete" Notwehrexzess, in: Festschrift für Theodor Lenckner, Hrsg.: A. Eser u.a., München 1998, S. 249

Retzko, Susanne: Die Angriffsverursachung bei der Notwehr, Münster u.a. 2001, zugl.: Diss., Hagen 2001 (zit. Notwehr)

Richter, Heinrich: Das philosophische Strafrecht, Leipzig 1829 (zit. Strafrecht, 1829)

Ritter, Johannes Martin: Der Volksgenosse als Helfer in Volksnot, in: GS 115 (1941), S. 239

Rogall, Klaus: Das Notwehrrecht des Polizeibeamten – BayObLGSt 1991, 141, in: JuS 1992, S. 551

Rohrer, Guido: Über die Nichtexistenz subjektiver Rechtfertigungselemente, in: JA 1986, S. 363

Rönnau, Thomas: Willensmängel bei der Einwilligung im Strafrecht, Tübingen 2001, zugl.: Habil.-Schr., Kiel 1999 (zit. Einwilligung)

Roxin, Claus: Die provozierte Notwehrlage, in: ZStW 75 (1963), S. 541

–: Verwerflichkeit und Sittenwidrigkeit als unrechtsbegründende Merkmale im Strafrecht, in: JuS 1964, S. 373

–: Ein „neues Bild" des Strafrechtssystems, in: ZStW 83 (1971), S. 369

–: Kriminalpolitik und Strafrechtssystem, 2. Auflage, Berlin u.a. 1973 (zit. Kriminalpolitik)

–: Über die mutmaßliche Einwilligung, in: Festschrift für Hans Welzel, Hrsg.: G. Stratenwerth, Berlin u.a. 1974, S. 447

–: „Schuld" und „Verantwortlichkeit" als strafrechtliche Systemkategorien, in: Festschrift für Heinrich Henkel, Hrsg.: C. Roxin u.a., Berlin u.a. 1974, S. 171

–: Über den Notwehrexzeß, in: Festschrift für Friedrich Schaffstein, Hrsg.: G. Grünwald, Göttingen 1975, S. 105

–: Zur jüngsten Diskussion über Schuld, Prävention und Verantwortlichkeit im Strafrecht, in: Festschrift für Paul Bockelmann, Hrsg.: A. Kaufmann u.a., München 1979, S. 279
–: Die „sozialethischen Einschränkungen" des Notwehrrechts, in: ZStW 93 (1981), S. 68
–: Zur Problematik des Schuldstrafrechts, in: ZStW 96 (1984), S. 641
–: Der durch Menschen ausgelöste Defensivnotstand, in: Festschrift für Hans-Heinrich Jescheck, Erster Halbband, Hrsg.: T. Vogel u.a., Berlin 1985, S. 457
–: Der entschuldigende Notstand nach § 35 StGB (Teil 1), in: JA 1990, S. 97
–: Strafrecht, Allgemeiner Teil, Band 1: Grundlagen, der Aufbau der Verbrechenslehre, 3. Auflage, München 1997 (zit. Strafrecht AT)
Rudolphi, Hans-Joachim: Ist die Teilnahme an einer Notstandstat i.S. der §§ 52, 53 Abs. 3 und 54 StGB strafbar?, in: ZStW 78 (1966), S. 67
–: Notwehrexzeß nach provoziertem Angriff – OLG Hamm, NJW 1965, 1928, in: JuS 1969, S. 461
–: Literaturbericht Strafrecht – Allgemeiner Teil, in: ZStW 86 (1974), S. 68
–: Inhalt und Funktion des Handlungsunwertes im Rahmen der personalen Unrechtslehre, in: Festschrift für Reinhart Maurach, Hrsg.: F.-C. Schroeder u.a., Karlsruhe 1972, S. 51
–: Rechtfertigungsgründe im Strafrecht – Ein Beitrag zur Funktion, Struktur und den Prinzipien der Rechtfertigung, in: Gedächtnisschrift für Armin Kaufmann, Hrsg.: G. Dornseifer u.a., Köln u.a. 1989, S. 371
–: Anmerkung zum Urteil des BGH v. 5.10.1990 – 2 Str 347/90, in: JR 1991, S. 210
Runte, Rainer: Die Veränderung von Rechtfertigungsgründen durch Rechtsprechung und Lehre. Moderne Strafrechtsdogmatik zwischen Rechtsstaatsprinzip und Kriminalpolitik, Frankfurt a.M. u.a. 1991, zugl.: Diss., Frankfurt (Main) 1990 (zit. Rechtfertigungsgründe)
Sachs, Michael: Grundgesetz, Kommentar, 3. Auflage, München 2003 (zit. Sachs, GG)
Satzger, Helmut: Der Schutz ungeborenen Lebens durch Rettungshandlungen Dritter, in: JuS 1997, S. 800
Sauren, Jürgen: Zur Überschreitung des Notwehrrechts, in: Jura 1988, S. 567
Sax, Walter: Der verbrechenssystematische Standort der Indikationen zum Schwangerschaftsabbruch nach § 218a StGB, in: JZ 1977, 326
Schaffstein, Friedrich: Die allgemeinen Lehren vom Verbrechen in ihrer Entwicklung durch die Wissenschaft des gemeinen Strafrechts, Berlin 1930 (zit. Lehren)

Schmidhäuser, Eberhard: Über die Wertstruktur der Notwehr, in: Festschrift für Richard M. Honig, Hrsg.: Juristische Fakultät der Georg-August-Universität Göttingen, Göttingen 1970, S. 185

–: Strafrecht, Allgemeiner Teil, Lehrbuch, 2. Auflage, Tübingen 1975 (zit. Lehrbuch)

–: Strafrecht, Allgemeiner Teil, Studienbuch, 2. Auflage, Tübingen 1984 (zit. Studienbuch)

–: Die Begründung der Notwehr, in: GA 1991, S. 97

Schmidt-Bleibreu, Bruno / *Klein*, Franz: Kommentar zum Grundgesetz, 9. Aufl., Neuwied u.a. 1999 (zit. Schmidt-Bleibtreu/Klein, GG)

Schmitt-Lermann, Hans: Die Lehre von der Notwehr in der Wissenschaft des gemeinen Strafrechts, Breslau-Neukirch 1935 (zit. Notwehr)

Schmitt, Rudolf: § 226a StGB ist überflüssig, in: Gedächtnisschrift für Horst Schröder, Hrsg.: W. Stree u.a., München 1978, S. 263

Schreiber, Hans-Ludwig: Gesetz und Richter: zur geschichtlichen Entwicklung des Satzes nullum crimen, nulla poena sine lege, Frankfurt am Main 1976, zugl.: Habil.-Schr., Bonn 1970/71

Schönke, Adolf / *Schröder*, Horst: Strafgesetzbuch, Kommentar, 26. Auflage, München 2001 (zit. Schönke/Schröder, StGB)

Schroeder, Friedrich-Christian: Die Notwehr als Indikator politischer Grundanschauungen, in: Festschrift für Reinhart Maurach, Hrsg.: F.-C. Schroeder u.a., Karlsruhe 1972, S. 127

–: Notstandslage bei Dauergefahr – BGH NJW 1979, 2053, in: JuS 1980, S. 336

Schröder, Horst: Notwehr bei schuldhaftem Vorverhalten – BGH, NJW 1972, 1821, in: JuS 1973, S. 157

Schroth, Ulrich: Notwehr bei Auseinandersetzungen in engen persönlichen Beziehungen, in: NJW 1984, 2562

Schumann, Heribert: Zum Notwehrrecht und seinen Schranken – OLG Hamm, NJW 1977, 590, in: JuS 1979, S. 559

Schünemann, Bernd: Nulla poena sine lege? Rechtstheoretische und verfassungsrechtliche Implikationen der Rechtsgewinnung im Strafrecht, Berlin u.a. 1978 (zit. nulla poena)

–: Die deutschsprachige Strafrechtswissenschaft nach der Strafrechtsreform im Spiegel des Leipziger Kommentars und des Wiener Kommentars, in: GA 1985, S. 341

Seelmann, Kurt: Grenzen privater Nothilfe, in: ZStW 89 (1977), S. 36

Seier, Jürgen: Umfang und Grenzen der Nothilfe im Strafrecht, in: NJW 1987, S. 2476

Seuring, Sabine: Die aufgedrängte Nothilfe, Berlin 2004, zugl.: Diss., Würzburg 2004 (zit. Nothilfe)

Sitzmann, Valentin: Zur Strafbarkeit sado-masochistischer Körperverletzungen, in: GA 1991, S. 71
Soergel, Hans Theodor: Bürgerliches Gesetzbuch: mit Einführungsgesetz und Nebengesetzen, Hrsg.: W. Siebert, Allgemeiner Teil, Band 2 (§§ 104 – 240), 13. Auflage, Stuttgart u.a. 1999 (zit. Soergel, BGB)
Spendel, Günter: Zur Notwendigkeit des Objektivismus im Strafrecht, in: ZStW 65 (1953), S. 519
–: Der Gegensatz rechtlicher und sittlicher Wertung am Beispiel der Notwehr, in: DRiZ 1978, S. 327
–: Gegen den „Verteidigungswillen" als Notwehrerfordernis, in: Festschrift für Paul Bockelmann, Hrsg.: A. Kaufmann u.a., München 1979, S. 245
–: Notwehr und „Verteidigungswille", objektiver Zweck und subjektive Absicht, in: Festschrift für Dietrich Oehler, Hrsg.: R. D. Herzberg, Köln u.a. 1985, S. 197
Steinbach, Robert: Zur Problematik der Lehre von den subjektiven Rechtfertigungselementen bei den vorsätzlichen Erfolgsdelikten – Studien zur Begründung der Lehre von den subjektiven Rechtfertigungselementen, deren Inhalt und Konsequenzen, Frankfurt a.M. u.a. 1987, zugl.: Diss., Trier 1986/87 (zit. Rechtfertigungselemente)
Stern, Klaus: Das Staatsrecht der Bundesrepublik Deutschland, Band III, Allgemeine Lehren der Grundrechte, 1. Halbband, München 1988 (zit. Staatsrecht III/1)
Sternberg-Lieben, Irene: Allgemeines zur Notwehr, in: JA 1996, S. 129
Sternberg-Lieben, Detlev: Die objektiven Schranken der Einwilligung im Strafrecht, Tübingen 1997, zugl.: Habil.-Schr., Tübingen 1995 (zit. Objektive Schranken)
Sternberg-Lieben, Detlev / *Sternberg–Lieben,* Irene: Zur Strafbarkeit der aufgedrängten Nothilfe, in: JuS 1999, 444
Stiller, Tanja: Grenzen des Notwehrrechts bei der Verteidigung von Sachwerten, Frankfurt am Main 1999, zugl.: Diss., Gießen 1999 (zit. Grenzen)
Stratenwerth, Günter: Prinzipien der Rechtfertigung, in: ZStW 68 (1956), S. 41
–: Strafrecht, Allgemeiner Teil I, Die Straftat, 4. Aufl., Köln u.a. 2000 (zit. Strafrecht AT, 4. Aufl.)
ders. / *Kuhlen,* Lothar: Strafrecht, Allgemeiner Teil I, Die Straftat, 5. Auflage, Köln u.a. 2004 (zit. Strafrecht AT)
Stree, Walter: Rechtswidrigkeit und Schuld im neuen Strafgesetzbuch, in: JuS 1973, S. 461
Suppert, Hartmut: Studien zur Notwehr und „notwehrähnlichen" Lage, Bonn 1973, zugl.: Diss., Bonn 1970/71 (zit. Notwehr)
Systematischer Kommentar zum Strafgesetzbuch: Hrsg.: H.-J. Rudolphi u.a.,

–: Band 1, Allgemeiner Teil (§§ 1 – 79b), 2. Auflage, Frankfurt a.M. 1977 (zit. SK-StGB, 2. Aufl.)
–: Band 1, Allgemeiner Teil (§§ 1 – 79b), Loseblattsammlung, Stand: April 2003
–: Band 2, Besonderer Teil (§§ 267 – 358), Loseblattsammlung, Stand: Februar 2004
Timpe, Gerhard: Grundfälle zum entschuldigenden Notstand (§ 35 I StGB) und zum Notwehrexzeß (§ 33 StGB), in: JuS 1984, 859
–: Grundfälle zum entschuldigenden Notstand (§ 35 I StGB) und zum Notwehrexzeß (§ 33 StGB), in: JuS 1985, S. 117
Tröndle, Herbert / *Fischer,* Thomas: Strafgesetzbuch und Nebengesetze, 52. Auflage, München 2004 (zit. Tröndle/Fischer, StGB)
Trüg, Gerson / *Wentzell,* Stefanie: Grenzen der Rechtfertigung, in: Jura 2001, S. 30
Umbach, Dieter C. / *Clemens*, Thomas: Grundgesetz, Mitarbeiterkommentar und Handbuch, Band II, Heidelberg 2002 (zit. Umbach/Clemens, GG)
Wagner, Heinz: Individualistische oder überindividualistische Notwehrbegründung, Berlin 1984 (zit. Notwehrbegründung)
Warda, Günter: Die Eignung der Verteidigung als Rechtfertigungselement bei der Notwehr (§§ 32 StGB, 227 BGB), in: Jura 1990, S. 344
Weigend, Thomas: Straflosigkeit bei Einwilligung, in: ZStW 98 (1986), S. 44
Welzel, Hans: Das Deutsche Strafrecht, 11. Auflage, Berlin 1969 (zit. Strafrecht)
Wessels, Johannes / *Beulke,* Werner: Strafrecht, Allgemeiner Teil: die Straftat und ihr Aufbau, 33. Auflage, Heidelberg 2003 (zit. Strafrecht AT)
Wimmer, Klaus: Das Anhalten beleidigender Briefe aus der Untersuchungshaft, in: GA 1983, S. 145
Wittemann, Frank: Grundlinien und Grenzen der Notwehr in Europa, Frankfurt am Main 1997, zugl.: Diss., Heidelberg 1997 (zit. Grundlinien)
Witzstrock, Heike: Der polizeiliche Todesschuß, Frankfurt am Main 2001, zugl.: Diss., Bremen 2001/2002 (zit. Todesschuss)
Wohlers, Wolfgang: Einschränkungen des Notwehrrechts innerhalb sozialer Näheverhältnisse, in: JZ 1999, S. 434
Zieschang, Frank: Einschränkung des Notwehrrechts bei engen persönlichen Beziehungen?, in: Jura 2003, S. 527

Hinsichtlich der verwendeten Abkürzungen wird verwiesen auf:
Kirchner, Hildebert / Butz, Cornelie: Abkürzungsverzeichnis der Rechtssprache, 5. Auflage, Berlin 2003

SCHRIFTEN ZUM STRAFRECHT UND STRAFPROZESSRECHT

Herausgegeben von Manfred Maiwald

Band	1	Christian-Peter Frees: Die steuerrechtliche Selbstanzeige. Zur kriminalpolitischen Zweckmäßigkeit des § 371 AO. 1991.
Band	2	Norbert Joachim: Der Hörensagenbeweis im Strafverfahren. 1991.
Band	3	Alfred A. Göbel: Die Einwilligung im Strafrecht als Ausprägung des Selbstbestimmungsrechts. 1991.
Band	4	Karl-Heinz Vehling: Die Abgrenzung von Vorbereitung und Versuch. 1991.
Band	5	Heiko Hartmut Lesch: Das Problem der sukzessiven Beihilfe. 1992.
Band	6	Dirk Schwerdtfeger: Besondere persönliche Unrechtsmerkmale. 1992.
Band	7	Stefan Göhring: Polizeiliche Kontrollstellen und Datenverarbeitung. § 163 d StPO und novellierte Polizeigesetze der Länder zwischen Strafverfolgung, Gefahrenabwehr und vorbeugender Straftatenbekämpfung. 1992.
Band	8	Werner Kemper: Horizontale Teilrechtskraft des Schuldspruchs und Bindungswirkung im tatrichterlichen Verfahren nach der Zurückverweisung. §§ 353, 354 Abs. 2 StPO. 1993.
Band	9	Ovvadias Namias: Die Zurechnung von Folgeschäden im Strafrecht. 1993.
Band	10	Jan Zopfs: Unfallflucht bei eindeutiger Haftungslage? Unverzüglichkeitsgebot und Wahlmöglichkeit in § 142 Abs. 2 und 3 StGB. 1993.
Band	11	Stefan Hiebl: Ausgewählte Probleme des Akteneinsichtsrechts nach § 147 StPO. 1994.
Band	12	Ralf Krack: List als Straftatbestandsmerkmal. Zugleich ein Beitrag zu Täuschung und Irrtum beim Betrug. 1994.
Band	13	Henning Radtke: Zur Systematik des Strafklageverbrauchs verfahrenserledigender Entscheidungen im Strafprozeß. 1994.
Band	14	Bernd J. A. Müssig: Schutz abstrakter Rechtsgüter und abstrakter Rechtsgüterschutz. Zu den materiellen Konstitutionskriterien sog. Universalrechtsgüter und deren normentheoretischem Fundament – am Beispiel der Rechtsgutsbestimmung für die §§ 129, 129a und 324 StGB. 1994.
Band	15	Heinz Koriath: Über Beweisverbote im Strafprozeß. 1994.
Band	16	Burkhard Niepoth: Der untaugliche Versuch beim unechten Unterlassungsdelikt. 1994.
Band	17	Karsten Altenhain: Die Strafbarkeit des Teilnehmers beim Exzeß. 1994.
Band	18	Ina Walbaum: Schuldspruch in der Revisionsinstanz nach freisprechendem Urteil des Tatgerichts. 1996.
Band	19	Birgit Dalbkermeyer: Der Schutz des Beschuldigten vor identifizierenden und tendenziösen Pressemitteilungen der Ermittlungsbehörden. 1994.
Band	20	Thomas Hackner: Der befangene Staatsanwalt im deutschen Strafverfahrensrecht. 1995.
Band	21	Hartmut Loritz: Kritische Betrachtungen zum Wert des strafprozessualen Zwischenverfahrens. 1996.
Band	22	Heinz-Hermann Berghof: Therapie und Strafe im Betäubungsmittelrecht. Recht und Wirklichkeit der Behandlung Drogenabhängiger unter besonderer Berücksichtigung der §§ 35 ff BtMG. 1995.
Band	23	Oliver Mertens: Strafprozessuale Grundrechtseingriffe und Bindung an den Wortsinn der ermächtigenden Norm. 1996.

Band 24 Sönke Bahnsen: Das Akteneinsichtsrecht der Verteidigung im Strafverfahren. Dogmatische Grundlagen und Einzelprobleme im Lichte einer rechtsstaatlichen Verfahrensgestaltung. 1996.

Band 25 Dirk Schwieger: Der Vorteilsbegriff in den Bestechungsdelikten des StGB. 1996.

Band 26 Stephanie Meinecke: Die Auswirkungen von Verfahrensfehlern auf die Strafbarkeit nach den Aussagedelikten. 1996.

Band 27 Ute Lambrecht: Strafrecht und Disziplinarrecht. Abhängigkeiten und Überschneidungen. 1997.

Band 28 Carsten Momsen: Verfahrensfehler und Rügeberechtigung im Strafprozeß. Die Strukturen der Revisionsberechtigung unter besonderer Berücksichtigung des Begriffs "Rechtsnormen, die lediglich zugunsten des Angeklagten gegeben sind" in § 339 StPO. 1997.

Band 29 Ursula Epp: Die Abgeordnetenbestechung – § 108 e StGB. 1997.

Band 30 Bernd Scheiff: Wann beginnt der Strafrechtsschutz gegen kriminelle Vereinigungen (§ 129 StGB)? 1997.

Band 31 Ulrike Fontaine: Max Grünhut (1893-1964). Leben und wissenschaftliches Wirken eines deutschen Strafrechtlers jüdischer Herkunft. 1998.

Band 32 Claudia Keiser: Das Kindeswohl im Strafverfahren. Zur Notwendigkeit eines am Kindeswohl orientierten Umgangs mit minderjährigen Opfern und Zeugen, den Möglichkeiten de lege lata und den Erfordernissen de lege ferenda. 1998.

Band 33 Wiebke Schürer-Mohr: Erlaubte Risiken. Grundfragen des "erlaubten Risikos" im Bereich der Fahrlässigkeitsdogmatik. 1998.

Band 34 Stephan Voigtel: Zum Freibeweis bei Entscheidungen der Strafvollstreckungskammer. Eine Untersuchung zu ausgewählten Fragen des Beweisrechts im gerichtlichen Verfahren in Strafvollstreckungs- und Strafvollzugssachen. 1998.

Band 35 Volkmar Wißgott: Das Beweisantragsrecht im Strafverfahren als Kompensation der richterlichen Inquisitionsmaxime. Die Judikatur des Reichsgerichts zum strafprozessualen Beweisrecht. 1998.

Band 36 Susanne Merz: Strafrechtlicher Ehrenschutz und Meinungsfreiheit. 1998.

Band 37 Uwe Schlömer: Der elektronisch überwachte Hausarrest. Eine Untersuchung der ausländischen Erfahrungen und der Anwendbarkeit in der Bundesrepublik Deutschland. 1998.

Band 38 Michael Liedke: Die Vermögensstrafe gemäß § 43a StGB in ihrer kriminalpolitischen Bedeutung. 1999.

Band 39 Danja Domeier: Gesundheitsschutz und Lebensmittelstrafrecht. Zur Konkretisierung der Verkehrspflichten und ihrer Strafbewehrung, insbesondere mit Blick auf §§ 8 ff. LMBG. 1999.

Band 40 Ritva Westendorf: Die Pflicht zur Verhinderung geplanter Straftaten durch Anzeige. Eine kritische Betrachtung der §§ 138, 139 StGB im Kontext der Unterlassungsdelikte. 1999.

Band 41 Hans Theile: Tatkonkretisierung und Gehilfenvorsatz. 1999.

Band 42 Nicole Lange: Vorermittlungen. Die Behandlung des staatsanwaltschaftlichen Vorermittlungsverfahrens unter besonderer Berücksichtigung von Abgeordneten, Politikern und Prominenten. 1999.

Band 43 Tanja Gunder: Der Umgang mit Kindern im Strafverfahren. Eine empirische Untersuchung zur Strafverfolgung bei Sexualdelinquenz. 1999.

Band 44 Sven-Markus Thiel: Die Konkurrenz von Rechtfertigungsgründen. 2000.

Band 45 Jan Schlüter: Die Strafbarkeit von Unternehmen in einer prozessualen Betrachtung nach dem geltenden Strafprozeßrecht. 2000.

Band 46 Detlef Heise: Der Insiderhandel an der Börse und dessen strafrechtliche Bedeutung. Eine Untersuchung des neuen deutschen Insiderrechts speziell unter Bezugnahme auf die strafrechtstheoretischen und strafrechtsdogmatischen Grundlagen. 2000.

Band 47 Hermann Wichmann: Das Berufsgeheimnis als Grenze des Zeugenbeweises. Ein Beitrag zur Lehre von den Beweisverboten. 2000.

Band 48 Rainer T. Cherkeh: Betrug (§ 263 StGB), verübt durch Doping im Sport. 2000.

Band 49 Kristian Hohn: Die Zulässigkeit materieller Beweiserleichterungen im Strafrecht. Eine Untersuchung über Erscheinungsformen und Grenzen der Lösung beweisrechtlicher Probleme im materiellen Strafrecht. 2000.

Band 50 Malte Rabe von Kühlewein: Der Richtervorbehalt im Polizei- und Strafprozeßrecht. 2001.

Band 51 Donata Meinecke: Die Gesetzgebungssystematik der Versuchsstrafbarkeit von Verbrechen und Vergehen im StGB. 2001.

Band 52 Joachim Bock: Begriff, Inhalt und Zulässigkeit der Beweislastumkehr im materiellen Strafrecht. 2001.

Band 53 Gabriele Rose: Grenzen der journalistischen Recherche im Strafrecht und Strafverfahrensrecht. 2001.

Band 54 Wiebke Reitemeier: Täuschungen vor Abschluß von Arbeitsverträgen. Zum Verhältnis zwischen dem Straftatbestand des Betrugs und dem Anfechtungsrecht wegen arglistiger Täuschung (§§ 263 Abs. 1 StGB, 123 Abs. 1 Alt. 1 BGB). 2001.

Band 55 Peter Rackow: Das DNA-Identitätsfeststellungsgesetz und seine Probleme. 2001.

Band 56 Frank Zschieschack: Geiselnahme und erpresserischer Menschenraub (§§ 239a, 239b StGB) im Zwei-Personen-Verhältnis. 2001.

Band 57 Natascha Sëyfi: Das Sicherungsverfahren (§§ 413 - 416 StPO). 2002.

Band 58 Dirk Seiler: Die *Sperrwirkung* im Strafrecht. 2002.

Band 59 Dorothee Sydow: Die actio libera in causa nach dem Rechtsprechungswandel des Bundesgerichtshofs. 2002.

Band 60 Inga Metrikat: Die Unterbringung in einer Entziehungsanstalt nach § 64 StGB – Eine Maßregel im Wandel? Eine vergleichende, empirische Untersuchung zur Entscheidung des Bundesverfassungsgerichts vom 16.03.1994, BVerfGE 91, 1 ff. 2002.

Band 61 Sabine Caroline Bechtoldt: Die Erledigungserklärung im Maßregelvollzug des § 63 StGB. Eine empirische Untersuchung der Erledigungserklärung und zugleich rechtsdogmatische Erörterung ihrer Rechtskraftproblematik. 2002.

Band 62 Sandra Schulte-Nover: Strafrichter in Deutschland und England. Ein systematischer Rechtsvergleich im Hinblick auf die richterlichen Kompetenzen im Strafverfahren. 2003.

Band 63 Tim Schurig: Belehrung und Beratung des Beschuldigten über sein Aussageverhalten. Eine gemeinsame Aufgabe von Gericht und Verteidigung? 2003.

Band 64 Markus Laski: Die strafrechtlichen Bezüge des Bundes-Bodenschutzgesetzes. 2003.

Band 65 Gunnar Lüer: Die Versäumung im Berufungsverfahren. Das strafprozessuale Anwesenheitsprinzip im Spannungsfeld von autonomer Subjektstellung und öffentlichen Interessen am Beispiel des § 329 Abs. 1,2 StPO. 2003.

Band 66 Thomas Grützner: Die Sanktionierung von Submissionsabsprachen. Eine Untersuchung der bestehenden Möglichkeiten einer Bekämpfung von Submissionsabsprachen unter besonderer Berücksichtigung des § 298 StGB. 2003.

Band 67 Bettina Noltenius: Kriterien der Abgrenzung von Anstiftung und mittelbarer Täterschaft. Ein Beitrag auf der Grundlage einer personalen Handlungslehre. 2003.

Band 68 Bettina Kraft: Tendenzen in der Entwicklung des Jugendstrafrechts seit der Jugendgerichtsbewegung. 2004.

Band 69 Jessica Däbritz: Die Bestimmung strafbaren fahrlässigen Verhaltens in der Forschung am Beispiel ärztlicher Humanerprobungen. Ein Beitrag zur methodischen Ermittlung und inhaltlichen Bestimmung von Sorgfaltspflichten in der Humanforschung. 2004.

Band 70 Maike Steenbock: Über die Unfallflucht als Straftat. Eine kritische Untersuchung zum Zusammenhang der Strafbarkeit der Unfallflucht mit den Besonderheiten des Straßenverkehrs. 2004.

Band 71 Holger Mann: Beschleunigungspotential im Jugendstrafverfahren. 2004.

Band 72 Dorothee Krutisch: Strafbarkeit des unberechtigten Zugangs zu Computerdaten und -systemen. 2004.

Band 73 Heinz-Helmut Fuhrmann: Das Begehen der Straftat gem. § 25 Abs. 1 StGB. Unter besonderer Berücksichtigung der sogenannten "eigenhändigen" Delikte. 2004.

Band 74 Gerwin M. Moldenhauer: Eine Verfahrensordnung für Absprachen im Strafverfahren durch den Bundesgerichtshof? 2004.

Band 75 Dirk Busch: Konzernuntreue. Eine Untersuchung spezifischer Untreuestrafbarkeit innerhalb von Konzernverbindungen mit Aktiengesellschaften und Gesellschaften mit beschränkter Haftung. 2004.

Band 76 Mitsuru Iijima: Die Entwicklung des strafrechtlichen Unrechtsbegriffs in Japan. Eine kritische Betrachtung aus strafrechtsdogmatischer und rechtsphilosophischer Perspektive. 2004.

Band 77 Lena Barbara Kötter: Private Elemente in der Strafvollstreckung. Zur Privatisierung von Bewährungshilfe, Gerichtshilfe und gemeinnütziger Arbeit. 2004.

Band 78 Martin Maria Laufen: Der Wucher (§ 291 Abs. 1 Satz 1 StGB). Systematische Einordnung und dogmatische Struktur. 2004.

Band 79 Maike Aselmann: Die Selbstbelastungs- und Verteidigungsfreiheit. Ein Beitrag zu den Garantiewirkungen von Verfahrensrechten im Hinblick auf die Beweiswürdigung, Strafzumessung und Strafbarkeit des Beschuldigten im Strafprozess. 2004.

Band 80 Ingmar Wolf: Graffiti als kriminologisches und strafrechtsdogmatisches Problem. 2004.

Band 81 Misuk Son: Straftatfolgen im deutschen und koreanischen Strafrecht. Ein prinzipieller Vergleich. 2004.

Band 82 Matthias Saal: Die Beteiligung an einer Schlägerei (§ 231 StGB). Ein Plädoyer für die Streichung der schweren Folge. 2004.

Band 83 Michael Stüber: Die Entwicklung des Prinzips der Unmittelbarkeit im deutschen Strafverfahren. 2005.

Band 84 Patrick Gerberding: Das Rechtsmittelsystem im US-amerikanischen Strafverfahren. Eine rechtsvergleichende Betrachtung. 2005.

Band 85 Rouven Seeberg: Aufgedrängte Nothilfe, Notwehr und Notwehrexzess. 2005.

Frank Merscher

Die Verzahnung von Straf- und Zivilrecht im Kampf gegen häusliche Gewalt

Frankfurt am Main, Berlin, Bern, Bruxelles, New York, Oxford, Wien, 2004.
XXXVI, 242 S., zahlr. Abb.
Europäische Hochschulschriften: Reihe 2, Rechtswissenschaft. Bd. 3950
ISBN 3-631-52310-6 · br. € 51.50*

Die Studie beinhaltet eine umfassende nach Anspruchsgrundlagen geordnete Darstellung des zivil-, straf- und verwaltungspolizeirechtlichen Instrumentariums gegen häusliche Gewalt sowohl in verfahrens-, als auch in materiell-rechtlicher Hinsicht. Das Werk richtet sich in erster Linie an den Rechtsanwender in der Praxis, insbesondere an Rechtsanwälte, Richter, Staatsanwälte und Polizeibeamte. Die vom Autor untersuchten Mängel des bisher geltenden Rechts einerseits sowie die vom Gesetzgeber formulierten Zielstellungen andererseits sind der Maßstab, an dem die zahlreichen Gesetzesnovellen gemessen und kritisch gewürdigt werden. Eingehend behandelt werden die verfahrensrechtlichen Besonderheiten der ZPO, des FGG und der HausratsVO sowie die Systematik des vorläufigen Rechts-schutzes und das Rechtsmittelverfahren. Im materiell-rechtlichen Teil werden der Geltungsbereich, die Tatbestandsvoraussetzungen, die Darlegungs- und Beweislast sowie die Rechtsfolgen einer jeden in Betracht kommenden Anspruchsgrundlage und die Normenkonkurrenz beschrieben. Im letzten Teil der Arbeit wird die Verzahnung von Polizei, Straf- und Zivilrecht aufgezeigt.

Aus dem Inhalt: Dimension der häuslichen Gewalt in der BRD · Historie der Gesetzgebung · Zuständigkeit des Gerichts · Verfahren vor dem Familien- und dem allgemeinen Zivilgericht · Vorläufiger Rechtsschutz · Schutzanordnungen · Rechtsmittel · Materiell-rechtliche Anspruchsgrundlagen · Konkurrenzen · Polizei als Ordnungsbehörde und Strafverfolgungsorgan im Kampf gegen häusliche Gewalt · Staatsanwaltschaft im Kampf gegen häusliche Gewalt · Verfahrensrechtliche Befugnisse des Verletzten bei der Verfolgung häuslicher GewSchG

FSC
www.fsc.org
MIX
Papier | Fördert gute Waldnutzung
FSC® C083411

Kolibri 360 GmbH
Ferdinand-Jühlke-Straße 7
99095 Erfurt, Deutschland
produktsicherheit@kolibri360.de